감성의 리더십

THE PRIMAL LEADERSHIP
by Daniel Goleman

Copyright ⓒ 2002 Daniel Goleman
All rights reserved.

Korean translation copyright ⓒ 2003 by The ChungRim Publishing
This Korean edition was published by arrangement with Brockman, Inc., New York

이 책의 한국어판 저작권은 Brockman, Inc.를 통해
저자와 독점 계약을 맺은 청림출판에 있습니다.
저작권법에 의해 한국 내에서 보호를 받는 저작물이므로
무단 전재와 복제를 금합니다.

감성의 리더십

PRIMAL LEADERSHIP
Realizing the Power
of Emotional Intelligence

다니엘 골먼, 리처드 보이애치스, 애니 맥키 지음 | 장석훈 옮김

청림출판

옮긴이 | 장석훈

서강대와 프랑스 리용 2대학에서 철학, 불문학, 임상 심리학을 공부했다. 현재 출판기획자와 번역자 및 출판 칼럼니스트로 활동하고 있으며 프랑스의 출판 문화를 소개하는 '도도부껭' 사이트를 운영하고 있다. 역서로는 『백만장자 마인드』, 『고통받는 몸의 역사』, 『과학의 즐거움』, 『그들은 어떻게 부자가 되었을까』, 『자아』 등 다수가 있다.

e-mail : naoz@naver.com

감성의 리더십

1판 1쇄 발행 2003년 3월 10일
1판 29쇄 발행 2025년 4월 23일

지은이 다니엘 골먼 · 리처드 보이애치스 · 애니 맥키
옮긴이 장석훈
펴낸이 고병욱

펴낸곳 청림출판(주)
등록 제2023-000081호

본사 04799 서울시 성동구 아차산로17길 49 1010호 청림출판(주)
제2사옥 10881 경기도 파주시 회동길 173 청림아트스페이스
전화 02-546-4341 **팩스** 02-546-8053

홈페이지 www.chungrim.com **이메일** cr1@chungrim.com
인스타그램 @chungrimbooks **블로그** blog.naver.com/chungrimpub
페이스북 www.facebook.com/chungrimpub

ISBN 978-89-352-0509-5 03320

※ 이 책은 저작권법에 따라 보호를 받는 저작물이므로 무단 전재와 무단 복제를 금합니다.
※ 책값은 뒤표지에 있습니다. 잘못된 책은 구입하신 서점에서 바꾸어 드립니다.
※ 청림출판은 청림출판(주)의 경제경영 브랜드입니다.

추천사 | 감정을 경영하라

이 책은 반할 만큼 내 구미에 맞는다. 나는 감정이라는 금기 사항을 경영의 한복판으로 가져와야 한다고 믿어왔다. 사람이 가장 중요한 경쟁력의 원천이 된 지식사회에서 인간에 대한 이해가 없는 경영은 매우 위험할 수밖에 없기 때문이다.

"도대체 이 빌어먹을 자식은 지가 뭐라도 된 줄 아는 모양이지? 확 저걸 그냥……."

직장인치고 이런 감정을 가져보지 않은 사람이 어디 있겠는가? 이런 감정이 적과의 사이에서 일어나는 것이 아니라 부하와 상사, 동료와 동료, 본사와 협력업체 직원, 정규직과 계약직 사이에서 매일 일어나는 일이라면 우리가 어떻게 함께 비전을 나누고 그것을 이루는 과업에 더불어 참여할 수 있겠는가?

이런 식의 감정 폭발은 물리적 위협이 일상적이었던 원시 시대에나 통하던 감정적 발산인데 현대인의 일상 속에서도 여전히 이런 감정은 노출되고 있다. 감정은 인류가 진화의 과정에서 살아남을 수 있도록 해주었다. 두려움이라는 감정 때문에 포유류들은 자신을 먹어치우려는 포식자들의 위협 속에서 살아날 수 있었고, 격분이라는 감정을 통해 어미는 새끼를 보호하기 위해 침입자와 맞서 싸웠다. 질투심, 모욕감, 애정, 자부심 때문에 인간 사회는 나름대로 질서를 가지게 되었다. 감정이 신경학적 차원에서 리더십 딜레마를 만들어낸 것은 인류 역사상 비교적 최근의 일이다.

우리는 그동안 감정적인 문제를 개인의 차원에서 해결해야 하는 일 정도로만 생각해왔다. 쉽게 감정을 드러내는 것은 수련이 부족하기 때문이라고 여기기도 했다. 그러나 우리의 일상에서 가장 매력적인 순간은 가장 감정적인 순간이다. 애정이 그렇고 몰입이 그렇고 열정이 그렇다. 이런 것들 없이 우리가 위대한 성취를 이루어낸 적이 있었는가? 그런데도 경영자들은 이런 능력을 조직의 능력으로 배양하는 일에 체계적인 노력을 기울이지 못해왔다. 우리는 사실 어떻게 감정을 위대한 조직의 성과와 연결시킬 수 있는지에 대해 잘 알지 못한다. 다시 말해 감정을 고려하는 경영은 그저 개인적 리더십의 능력 정도로만 여겨졌을 뿐 보편적으로 개발되어 일상에 적용될 수 있는 경영학의 매력적인 커리큘럼이 되지는 못했다.

감정과 이성은 우리가 날기 위해 필요한 양 날개와 같다. 한쪽 날개만으로는 날 수 없다. 아인슈타인은 다음과 같이 말했다. "지능을 우리의 신으로 받드는 일이 없도록 주의하십시오. 지능에는 강한 근육이 있지만 인격은 없습니다. 그것은 우리를 인도할 수 없습니다. 그것은 우리에게 그저 봉사를 할 수 있을 뿐입니다."

위대한 리더는 자신과 다른 사람들의 감정의 주파수를 맞출 수 있는 사람들이다. 신경학적으로 감정과 욕구와 충동은 변연계의 일부인 중뇌의 한쪽에 있는 편도에서 시작하여 행동 중추가 있는 이마 안쪽의 전전두엽 신피질에 이르는 긴 회로를 가지고 있다. 전전두엽은 감정적 충동에 대한 거부권을 갖거나 좀더 적절한 대응을 할 것을 요구한다. 따라서 저자들은 감정 중추와 전전두엽 뉴런들 사이에는 신경학적 슈퍼 하이웨이가 형성되어 있어야 사고와 감정을 잘 조화시킬 수 있다고 주장한다.

이 책의 저자들에 의하면 감성지능은 네 가지 영역을 가지고 있다. 자기인식, 자기관리, 사회적인식, 관계관리가 그것이다. 자신의 감정을 인식할 수 없다면 당연히 스스로 감정을 통제할 수 없다. 자신과 다른 사람들 사이의 사회적 관계를 인식할 수 없다면 올바른 관계를 만들어낼 수도 없다.

가장 중요한 시작은 자신의 감정을 인식하는 것이다. 자신의 내면에서 우러나는 감정이 커지는 것을 주목하고 왜 그런 감정이 생겨나는지, 어떻게 하면 건설적 조치를 취하게 되는지 알아야 한다. 그것을 통해 다른 사람의 마음속에서 무슨 일이 일어나고 있는지 알 수 있다. 결국 그렇게 되면 서로 감정적 주파수를 맞추어 공감대가 형성될 수 있다. 리더는 그러한 공감을 촉진할 수 있는 적절한 방향으로 조직을 이끌어나가야 한다. 이것이 리더십의 요결이다.

리더십에는 정해진 틀이 없다. 그러나 위대한 리더는 아주 남다른 개인적 스타일을 가지고 있다. 즉 유능한 리더는 감성지능의 네 가지 영역, 즉 자기인식, 자기관리, 사회적인식, 관계관리 중 적어도 한 가지 이상의 탁월한 능력을 가지고 있다고 한다. 더욱이 감성지능은 지속적인 학습을 통해 조직의 공통적인 자산으로 개발될 수 있다는 것이 저자들의 확고한 주장이다.

막스 베버 역시 체제가 지속적인 발전을 할 수 있는 것은 한 사람의 지도자가 가지고 있는 카리스마 때문이 아니고, 체제가 그 안에서 리더십을 키우기 때문이라고 주장한다. 동감이다.

나는 특별한 애착을 가지고 이 책을 읽었다. 개인적으로 이 주제에 대해 깊은 관심을 가지고 있다는 것말고도 그 자체로서의 매력도 만만치 않은 책이다. 아쉬운 것은 3부의 '감성적으로 능력 있는 조직 만들기'의 제안들이 갑자기 힘을 잃고 지리멸렬해지는 감이 있었다는 점이다. 이 부분을 보완하며 읽는 것은 독자들의 몫이고, 이 주제에 관심이 있는 경영자들과 관련 전문가들이 특히 노력해야 할 대목이기도 하다.

구 본 형

서문 | 감성과 새로운 리더십

우리가 이 책을 집필하게 된 주된 동기는 「하버드 비즈니스 리뷰(Harvard Business Review)」에 실렸던 〈무엇이 리더를 만드는가?〉와 〈승리를 위한 리더십〉이라는 두 편의 논문에 대한 독자들의 열렬한 반응 때문이었다. 이 책은 '감성의 리더십'이라는 새로운 개념을 본격적으로 소개하기 위한 것으로 앞서 발표된 논문들보다 훨씬 심화된 내용을 담고 있다. 우리의 주장은 사원들로부터 강한 호응을 얻어내는 것이 리더의 기본 역할이라는 것이다. 이것은 리더가 사원들과 긍정적인 공감대를 형성했을 때만 가능한 것이다. 따라서 리더가 가장 먼저 해결해야 하는 문제는 바로 '감성'이다.

리더십의 감성적 차원이라는 것이 비록 눈에 보이지도 않고 때로는 무시되기도 하지만 이것이야말로 실제적으로 리더가 하고자 하는 모든 일을 가장 잘 수행할 수 있도록 만들어주는 것이다. 그리고 바로 그런 이유 때문에 감성지능(Emotional Intelligence, EI)은 성공적인 리더십의 아주 중요한 요소다.

뇌 연구의 획기적인 발전 덕에 우리는 경영이론 가운데 최초로 신경학과 관련된 리더십 모델을 제시할 수 있게 되었다. 이를 바탕으로 우리는 리더의 정서와 행동이 사원들에게 큰 영향을 미친다는 것과 함께 사람들의 마음을 움직여 열정과 헌신을 이끌어내는 힘의 원천임을 밝혀낼 것이다.

　우리는 이 작업을 수행함에 있어 각기 다른 관점으로 접근을 시작했다. 다니엘 골먼은 그의 저서와 「하버드 비즈니스 리뷰」에 실린 글에 대한 세계적인 반향을 바탕으로 전세계의 리더들과 면담을 했다. 웨더헤드 경영대학 교수인 리처드 보이애치스는 15년간 수천 명의 MBA 소지자들과 회사 중역들을 상대로 감성지능 리더십의 자질 계발을 위한 프로그램을 진행하면서 깊이 있는 연구를 진행했다. 그리고 펜실베이니아 교육대학원 교수인 애니 맥키는 전세계의 기업 및 조직을 대상으로 컨설팅을 하면서 얻은 실제적인 자료를 가지고 여러 조직에서 감성지능을 갖춘 리더를 양성하는 데 도움을 주었다. 우리는 서로의 전문성을 한데 모아 각자의 영역에서 얻은 전망을 하나의 목소리로 제시했다.

　전세계의 여러 기업과 조직에 속한 수백 명의 중역, 관리자, 직원들과 이야기를 나누면서 우리는 여러 가지 형태를 띠는 감성 리더십의 실체를 파악할 수 있었다. 우리는 또한 공감을 불러일으키는 힘을 갖추고 여러 분야의 다양한 조직에서 활동하고 있는 리더들을 만나보았다. 그들 중에는 공식적으로 리더의 직함을 갖고 있진 않지만 필요할 때는 언제든 나서서 리더의 역할을 하다가 다시 다음 기회가 올 때까지 뒤로 물러나 있는 이들도 있었고, 리더의 자리에서 팀 혹은 회사 전체를 이끌면서 조직의 변화를 통해 활발한 분위기를 만들거나 순발력 있게 과감한 변신을 꾀하는 이들도 있었다(그들 중에는 우리가 실명을 밝히는 사람도 있을 것이고, 요구에 따라 가명으로 표기한 사람도 있을 것이다). 그들의 견해는 비록 개인적인 것이긴 해도 수천 명의 리더들을 조사한 자료를 바탕으로 어느 정도 객관성을 확보한 것들이다.

우리는 그 외의 다른 곳에서도 풍부한 자료를 모을 수 있었다. 헤이그룹(Hay Group)의 연구 팀에 있는 동료들은 20여 년 동안 전 세계의 고객을 위해 마련한 리더십의 효용성에 관한 분석 자료를 우리에게 제공해주었다. 그 밖에 전문적인 학술연구자 네트워크에서는 ECI-360(Emotional Competence Inventory 360)을 통해 수집한 자료를 우리에게 건네주었다. ECI-360은 리더십에 필요한 중요한 감성지능 능력을 평가하기 위해 우리가 개발한 방법이다. 여기에 다른 연구자들의 성과물이 덧붙여져 감성지능과 리더십에 관한 이론 체계는 서서히 자리를 잡아가고 있다.

이 모든 연구 성과를 바탕으로 우리는 감성 리더십과 관련해서 다양하게 제기된 의문들에 명쾌한 답을 제시할 수 있었다. 그 의문들은 다음과 같은 것이다. 리더가 혼란과 격동의 소용돌이를 헤쳐나가기 위해서는 어떠한 감성지능이 필요한가? 리더에게 자신에게 불리한 진실까지도 솔직하게 밝히는 내적인 힘을 마련해주는 것은 무엇인가? 사람들로 하여금 최선의 노력을 기울이도록 하고, 어떠한 유혹이 있다 해도 자신을 믿고 따르도록 하는 리더의 능력은 과연 무엇인가? 리더가 창조적 혁신과 적극적인 활동, 그리고 화기애애하고 지속적인 고객 관리를 할 수 있도록 만드는 것은 무엇인가?

관리자의 위치에 있는 사람들은 지금까지 너무도 오랫동안 감성을 합리적 조직 운영에 있어 쓸데없고 번거로운 것으로만 여겨왔다. 하지만 감성이 비즈니스와는 무관한 것이라고 무시하던 시대는 이제 지났다. 오늘날의 조직이 필요로 하는 것은 감성 리더십의 유용성을 깨닫고 감성적으로 사람들 사이에 공감을 불러일으킬 수 있는 리더다.

감성을 갖춘 리더의 상(像)이 임시방편이 아닌 기본 원칙으로 자리를 잡는다면 우리가 속한 조직의 모습이 어떻게 될지 상상해 보라. 우선은 고용 과정에서부터 감성지능을 갖춘 사람들을 채용하게 될 것이다. 승진과 포상에 있어서도 마찬가지일 것이다. 리더로서의 감성지능을 갖추기 위한 지속적인 훈련 과정은 일상 업무 가운데 하나가 될 것이고 조직 전체는 사람들이 함께 일하면서 자신의 개인적 능력을 발휘할 수 있는 새로운 장이 될 것이다.

여기서 한 발 더 나아가보자. 만약 교육 분야에도 감성지능을 적용한다면 우리의 학교와 아이들은 어떻게 달라질까? 우선 고용주의 입장에서는 감성지능 능력을 갖춘 젊은 세대를 미래의 리더로 뽑는 기쁨을 누리게 될 것이다. 학생들 사이에서는 그동안 많은 우려를 자아냈던 사회 병리 현상 — 폭력에서부터 내면의 타락에 이르기까지 — 이 자취를 감추는 가운데 개인적으로 더 많은 기회와 교육의 혜택을 누리게 될 것이다. 사회 병리 현상은 주로 충동과 잔혹한 감정에 대한 스스로의 통제 능력이 결여된 데서 비롯되는 것이기 때문이다. 공동체의 관점에서는 구성원들이 보다 높은 수준의 관용과 봉사정신, 그리고 책임감을 갖게 됨으로써 훨씬 인간적이고 발전지향적인 분위기를 갖게 될 것이다.

그리고 만약 고용주들이 직원을 채용할 때 다른 무엇보다 감성지능 능력을 눈여겨보게 된다면 대학과 전문대학원 — 경영대학원을 포함한 — 에서는 교과 내용에 감성지능의 기초 과정을 포함시키게 될 것이다.

바라건대 특히 경영학을 가르치는 교수들은 학생들이 단순한 경영자가 아닌 리더의 자질을 갖출 수 있도록 감성지능의 중요성을 교육해야 한다는 점을 깨닫기를 바란다. 사업가들은 자신들이 이끌고 있는 조직에 좀더 강력한 지도력을 행사하기 위해서뿐 아니라 경제 전체가 활기를 띨 수 있도록 하기 위해 감성지능 교육을 장려하고 지원해야 할 것이다. 그리고 그로 인한 혜택은 리더들에게만 돌아가는 것이 아니라 우리의 가정과 공동체, 그리고 사회 전체에까지 퍼져나갈 것이라는 점을 명심하기 바란다.

리더는 한 사람이 아닌 여러 사람이다. 따라서 리더십도 집중되어 있는 것이 아니라 분산되어 있게 마련이다. 그것은 최고 위치에 있는 한 명의 개인에게만 있는 것이 아니라 여러 층위의 다양한 사람들에게 존재하는 것이다. 그리고 그들은 나름의 방식으로 그들을 믿고 따르는 집단에 영향을 미친다. 그들이 어떤 위치를 차지하고 있는 리더든지 간에 우리는 이제부터 그들 모두를 위한 그동안의 우리의 연구와 조사 결과를 제시하려고 한다.

추천사 | 감정을 경영하라 5
서문 | 감성과 새로운 리더십 9

1부 \ 감성의 힘

Chapter ONE
가장 위대한 리더십 ·················· 21

리더십의 기본 24
감정은 전염된다 26
리더는 사람들의 마음을 좌우한다 29
우리의 마음을 끄는 리더 31
기분이 일의 결과에 미치는 영향 35
감정의 하이잭 36
기분이 좋으면 일도 잘 된다 38
'분위기'도 측정할 수 있다 40

Chapter TWO
마음을 움직이는 리더 ··············· 45

불협화음을 만드는 리더 48
여러 가지 형태의 불협화음 51
리더십과 뇌의 구조 57
감성지능의 네 가지 핵심 영역 62

Chapter THREE
감성과 리더십 67

- 위대한 리더십의 도구, 감성지능 70
- 차세대 리더의 조건 72
- 감성지능의 네 가지 차원 74
- 자기인식 능력 77
- 자기관리 능력 85
- 사회적인식 능력 90
- 관계관리 능력 95

Chapter FOUR
리더십의 다양한 유형 99

- 전망제시형 리더 101
- 코치형 리더 109
- 관계중시형 리더 114
- 민주형 리더 120

Chapter FIVE
불협화음을 일으키는 리더십 127

- 선도형 리더십 128
- 지시형 리더십 134
- 최악의 리더 141
- 다양한 리더십을 탄력적으로 활용하라 147

2부 \ 새로운 리더 만들기

Chapter SIX
감성 리더가 되는 법 ················159

최고경영자 증후군 161
감성은 타고나는 것이 아니다 167
자발적인 학습 186

Chapter SEVEN
감성 리더로서의 새로운 출발 ········193

첫번째 발견: 나는 어떤 사람이 되고 싶은가 197
두번째 발견: 나는 뜨거운 물 속의 개구리는 아닌가 214

Chapter EIGHT
변화하는 리더십 ················233

세번째 발견: 나의 무엇을 어떻게 변화시킬 것인가 235
네번째 발견: 나의 사고의 틀에서 벗어나야만 한다 253
다섯번째 발견: 나를 지탱하는 관계의 힘은 무엇인가 268

3부 \ 감성 조직 만들기

Chapter NINE
팀의 감성적 현실 ················281

감성과 규범의 언어 285
집단 감성지능의 극대화 291

집단의 감정을 다스리는 리더 300
　　　감성적 차원에서의 조직의 실상 305

Chapter TEN
서로 공감하는 조직의 힘 ………… 311
　　　사람들의 말에 귀 기울이지 않는 리더 313
　　　문제가 많은 조직 315
　　　변화가 시작되는 곳 317
　　　대화를 통해 조직의 실상을 파악한다 321
　　　우리가 하는 일에 대한 우리의 느낌 326
　　　조직의 감성지능을 향상시키기 351

Chapter ELEVEN
지속적인 변화를 이끌어내기 ……… 361
　　　리더십을 변화시키고자 하는 의지 363
　　　감성적이고 지적인 리더십 계발의 과정 372
　　　감성지능, 새로운 리더십의 조건 386
　　　탁월한 리더십에 대한 새로운 정의 389

부록 A | 감성지능 VS IQ 392
부록 B | 감성지능 능력 395

1부 \ 감성의 힘

Chapter ONE

가장 위대한
리더십

위대한 리더 앞에서 우리의 마음은 쉽게 움직인다. 그들은 우리의 열정에 불을 붙이고 우리가 가지고 있는 최고의 것을 끄집어낸다. 그 거역할 수 없는 힘의 근원을 설명하라고 하면 대부분의 사람들은 전략이니 비전이니 굳건한 사상이니 하는 것을 들먹이겠지만 그 힘의 실체는 보다 깊은 데 있다. 위대한 리더는 그의 '감성'을 통해 지도력을 행사한다.

리더가 어떤 일을 하려고 할 때 — 전략을 만들어내든 아니면 전략을 함께 수행할 팀을 꾸리든 간에 — 그것의 성공 여부는 그들이 그것을 '어떻게' 수행하느냐에 달렸다. 그런데 리더들이 다른 모든 것을 제대로 한다 하더라도 감성을 올바른 방향으로 이끄는 가장 기본적인 역할을 외면한다면 그들은 당위와 가능성은 고사하고 그 어떤 일도 제대로 할 수 없다.

영국의 거대 미디어 그룹 BBC의 뉴스국이 직면했던 위기의 순간을 예로 들어보자. 원래 시험 삼아 개설된 BBC 뉴스국은 차츰 규모가 확장되어 어느덧 200여 명의 기자와 편집자들을 거느리게 되었고, 뉴스국에 소속된 직원들은 모두 스스로 최선을 다하고 있다는 자부심을 가지고 근무하고 있었다. 하지만 경영진은 결국 뉴스국을 폐쇄하기로 결정하고 말았다.

경영진의 결정을 뉴스국에 전달하기 위해 회사 간부가 파견되었는데, 그는 처음 이야기를 시작할 때부터 경쟁사는 잘하고 있다는 둥, 자신은 외국에서 멋진 여행을 하고 왔다는 둥 전혀 도움이 되지 않는 소리만 해댔다. 결국 가뜩이나 좋지도 않은 갑작스러운 소식에다 말썽의 소지가 있는 그 간부의 태도까지 더해져 예견된 반발보다 더 큰 문제가 초래되었다. 뉴스국 사람들은 경영진의 결정뿐만 아니라, 그 소식을 전달한 사람에게도 격분했다. 분위기가 어찌나 살벌했던지 간부가 뉴스국을 안전하게 빠져나오기 위해서는 경비를 불러야 할 지경이었다.

다음날 다른 간부가 다시 뉴스국을 찾았다. 그는 시작부터 전날의 간부와는 달랐다. 허심탄회한 어조로 사회에 미치는 언론의 영향력이 얼마나 중요한가를 언급하면서 이제는 그들 모두가 최전선에 나서야 한다고 말했다. 그는 제작진에게 직업적인 면에서 언론인의 위치는 세계경제의 불황과 함께 신분 보장은커녕 보수조차 최저 수준으로 곤두박질쳤다면서 그곳에 있는 사람 중 어느 누구도 부를 축적하기 위해 언론계에 뛰어들지는 않았음을 상기시켰다. 또한 그의 이야기는 뉴스국 직원들에게 언론의 공익성을 향한 열정과 헌신의 마음까지도 불러일으켰다. 끝으로 그는 직원들에게 자신들이 맡은 바 역할을 잘해주기를 바란다는 말로 이야기를 마무리했다. 간부가 이야기를 마치자 직원들은 환호를 보냈다.

위의 두 간부는 경영진의 의사를 전달하는 과정에서 감정과 어조에 큰 차이가 있었다. 한 사람은 사람들 사이에 적대감과 반발심을 불러일으켰고, 다른 사람은 어려움 속에서도 희망과 감동을 느끼도록 만들었다. 이 일화는 리더십에 있어서 '드러나지 않은 매우 중요한 차원'을 보여준다. 그것은 바로 리더의 언행이 감성에 미치는 영향력을 말한다.

리더의 기분과 리더가 다른 사람의 기분에 미치는 영향이 조직 내에서 중요한 역할을 담당한다는 것을 많은 사람들이 알고는 있지만 그러한 감정이 너무 개인적인 것이라거나 수량화하여 따질 수 있는 성질의 것은 아니라고 인식하는 경향이 있다. 하지만 감정에 대한 본격적인 연구 덕분에 리더의 감정이 사람들에게 미치는 영향을 측정하는 방법과, 뛰어난 리더가 자신과 다른 사람들의 감정을 다스리는 법을 이해하고 증진시키기 위해 사용한 효과적인 방법을 자세히 알 수 있는 길이 열렸다. 일터에서 감정이 발휘하는 강력한 영향력을 이해한다면 업무 성과나 재능과 같이 눈에 보이는 부분뿐만 아니라 높은 도덕 의식과 동기, 실행력 등 눈에 보이지 않는 부분에 있어서도 최고의 리더와 그렇지 못한 리더를 구별할 수 있다.

리더십의 기본

감성을 다루어야 하는 리더의 과업은 그야말로 '기본적'이면서도 가장 '중요한' 것이다. 리더십의 기원을 따져보아도 그렇고, 실제로 리더십을 현실적으로 발휘해야 하는 상황에 있어서도 그렇다.

리더라는 존재는 원래부터 사람들의 감정에 큰 영향을 미쳐왔다. 초기 인류의 리더들 — 부족장이나 주술사 — 이 많은 영역에서 자신들의 입지를 확보할 수 있었던 까닭은 그들의 지도력이 감성적 차원에서 권위를 갖고 있었기 때문이다. 동서고금을 막론하고 어떤 집단에서든 모름지기 리더란 자는 불안하거나 위협적인 상황에서, 혹은 수행해야 할 과업이 있을 때 사람들에게 확신과 명쾌함을 주는 존재들이었다. 리더란 집단의 감성을 이끌고 가는 존재다.

현대 조직 사회에서도 감성을 다루는 일은 — 비록 눈에 잘 띄지는 않지만 — 여전히 리더가 해야 할 일 가운데 가장 중요한 것이다. 리더는 사람들의 감성을 긍정적인 방향으로 이끌고 해로운 감정이 야기시킨 오염 물질을 제거해야 한다. 이는 회의실에서부터 매장에 이르기까지 모든 곳에서의 리더십에 적용되는 것이다.

한마디로 말해 어떤 집단에서든 리더는 모든 사람들의 감성을 좌우할 수 있는 최상의 힘을 갖추고 있어야 하는 존재다. 사람들의 감성을 열정의 바다로 이끌어갈 수 있는 리더라면 최상의 성과를 얻을 수 있지만 사람들의 감성을 증오와 불안의 상태로 끌고 간다면 엉뚱한 결과를 자초할 수밖에 없을 것이다. 여기에 바로 위대한 리더가 갖추어야 할 또 다른 중요한 측면이 있다.

위대한 리더가 발휘하는 탁월한 리더십의 영향력은 단순히 일이 잘 되리라는 확신의 수준을 넘어서는 것이다. 사람들은 그들의 리더에게서 감성의 차원에서 그들을 뒷받침해줄 수 있는 관계를 원한다. 즉 서로에게 공감할 수 있는 관계를 원하는 것이다. 모든 리더십에는 많건 적건 어느 정도씩은 이와 같은 기본적인 요소가 포함되어 있게 마련이다.

앞서 BBC 방송국의 두번째 간부처럼 리더가 감성을 긍정적으로 이끌어가면 그는 사람들에게서 최고의 것을 끄집어낼 수 있다. 이것은 일명 '공감'을 통해 얻어낼 수 있는 결과이다. 반면 첫번째 간부가 했듯이 리더가 사람들의 감성을 부정적으로 이끈다면 그는 불화만 조장할 뿐이다. 이는 사람들로 하여금 자신의 능력을 발휘하게 할 수 있는 감성적 기반을 송두리째 흔들어놓는 짓이다. 조직의 성공과 실패는 상당 부분 그 조직의 리더가 감성적 차원의 수완을 얼마나 발휘하느냐에 달렸다.

따라서 모든 사람을 이롭게 하는 위대한 리더십을 발휘할 수 있는 열쇠는 '감성지능'을 바탕으로 한 리더의 지도력이라고 할 수 있다. 리더가 자신과 자신이 맺고 있는 관계를 통제하는 능력에 달렸다는 말이다. 위대한 리더십을 갖추고 있는 리더는 그를 따르는 사람들의 감성을 올바른 방향으로 잘 이끌고 나간다.

그렇다면 그러한 리더십은 어떻게 해야 갖출 수 있을까? 최근 들어 뇌 연구를 통해 리더십의 신경학적 메커니즘과 감성지능의 중요성이 극명하게 드러났다.

감정은 전염된다

리더의 태도 — '무엇을'이 아니라 '어떻게'에 해당하는 태도 — 가 중요한 이유는 인간의 뇌 구조에서 찾아볼 수 있다. 학자들은 우리 뇌 구조의 특징을 일컬어 감성 중추인 대뇌변연계의 '열린 고리(open-loop)' 속성이라고 부르고 있다. 순환계와 같은 닫힌 고리(closed-loop)는 자기 조절 작용을 한다. 즉 주변의 다른 유기체의 순환계에 어떤 문제가 생긴다 해도 그로 인해 우리의 순환계가 영향을 받지는 않는다는 의미다.

반면 열린 고리 체계는 자신을 조절하는 데 있어 외부에 크게 의존한다. 다시 말해서 우리가 우리 자신의 감성적 안정을 유지하기 위해서는 다른 사람들과의 관계에 의지해야 한다. 이처럼 열린 고리의 속성을 가지고 있는 변연계가 진화의 과정을 통해 점차 발달된 구조라는 것에는 의심의 여지가 없다. 왜냐하면 그것은 다른 사람을 감성적으로 구원 — 예를 들어 어머니가 우는 아이를 달래거나 영장류 무리 중에서 파수꾼 역할을 맡은 존재가 위협을 감지하고 즉시 위험을 알리듯이 — 할 수 있기 때문이다.

첨단 시대의 화려함에도 불구하고 열린 고리 구조의 기능은 여전히 지속되고 있다. 중환자실 담당자들을 대상으로 한 어느 연구 결과에 의하면 위안을 주는 주변 사람의 모습을 보면 환자의 혈압이 정상으로 내려올 뿐만 아니라 동맥을 차단하는 지방산의 분비가 억제된다고 한다. 좀더 극단적인 예도 있다. 일 년에 극심한 스트레스(가계는 바닥 상태인데 해고를 당하거나 이혼을 당하는 등)를 서너 번 정도 받는다고 할 때 사회적으로 고립된 중년 남자의 경우는 사망률이 세 배로 늘어나는 데 반해 다른 사람들과 친밀한 인간관계를 맺고 있는 중년 남자의 사망률은 거의 변하지 않는 것으로 나타났다.

과학자들은 이러한 열린 고리를 '대인적 변연조절'이라고도 부른다. 대인적 변연조절을 통해서 사람들은 다른 사람의 호르몬 농도와 심혈관 기능, 수면 리듬, 면역 기능을 변화시킬 수 있다. 바로 이러한 원리에 의해서 서로 사랑하는 두 남녀는 상대방의 뇌에 쾌감과 애정의 마음을 불러일으키는 옥시토신 호르몬의 분비를 촉진시킨다. 비단 사랑의 관계뿐만 아니라, 사회 생활의 다른 모든 부분에서도 인간의 생리적 현상은 서로 뒤섞이며 한 사람의 감성이 그 사람과 관계를 맺고 있는 다른 사람의 영역으로 자동적으로 이행된다. 변연계의 열린 고리 구조가 시사하는 바는 다른 사람이 우리의 생리적 현상과 감성을 변화시킬 수 있다는 것이다.

그러나 열린 고리 구조가 우리 삶의 많은 부분을 차지하고 있음에도 우리는 그 과정을 잘 의식하지 못한다. 과학자들은 실험실 안에서 두 사람이 화기애애한 대화를 나누는 동안 발생하는 생리적 반응 — 심장박동 같은 — 을 측정함으로써 위와 같은 감정의 일치를 포착해냈다. 대화가 시작될 무렵에는 그들의 신체가 각기 다른 리듬에 따라 작용했다. 하지만 15분 정도 대화를 나눈 후부터 그들은 매우 유사한 생리적 반응을 보이기 시작했다. '거울 작용(mirroring)'이라고 부르는 이와 같은 동조 현상은 갈등의 소용돌이가 노여움과 고통으로 인해 아래로 떨어질 때 강하게 나타나며 화기애애한 상호작용이 이루어질 때 보다 미묘한 양상을 띠기 시작한다. 감성적으로 중립적인 대화가 오갈 때에는 거의 찾아볼 수 없는 반응들이다. 연구자들은 사람들이 설사 언어에 의한 교류를 완전히 배제한다 할지라도 서로 끌리는 감정을 느끼는 상황에서는 이런 식으로 마치 봇물이 터진 것처럼 감성이 퍼져나가는 것을 수없이 보아왔다. 가령 서로 모르는 세 사람이 몇 분간 말 없이 마주 앉아 있을 경우, 그 중에서 가장 감정 표현이 풍부한 사람이 — 한마디 말도 하지 않고서도 — 다른 두 사람에게 자신의 감정을 전염시키게 된다. 이와 같은 현상은 사무실, 회의실, 상점에서도 마찬가지로 나타난다. 함께 일을 하는 특정 집단 내의 사람들은 질투와 시기에서부터 불안감과 행복감에 이르기까지 주위 사람의 시시콜콜한 온갖 감정에 '걸려들게' 된다. 그리고 집단의 결속력이 클수록 서로의 기분과 감정, 심지어 마음속 깊이 간직하고 있는 생각 등을 공유하는 정도도 커진다.

한 예로 다양한 산업체에 소속된 70개의 업무 부서를 조사해본 결과 부서원들이 함께 머리를 맞대고 약 두 시간 정도 회의를 하고 난 후 서로의 기분 — 좋건 나쁘건 — 을 공유할 수 있었다고 한다. 어떤 직종에 종사하는 사람이든지 동료들과 같이 일하면서 몇 주 단위로 혹은 몇 시간 단위로 자신의 기분을 살펴보면 어느새 같은 감정을 느낀다는 것을 알 수 있다. 각 집단의 구성원들이 서로 공유하는 기분은 그들이 직업상 겪어야 하는 격렬한 일상과는 별개의 것이다. 프로 스포츠 팀을 조사해봐도 비슷한 결과가 나온다. 팀 성적의 오르내림과는 무관하게 선수들은 며칠 혹은 몇 주 동안이나 같은 기분을 공유하는 경향이 있다고 한다.

리더는 사람들의 기분을 좌우한다

집단 구성원들 사이에서는 변연계의 열린 고리 구조가 지속적인 상호작용을 하는 가운데 감정의 수프 같은 것이 만들어지는데, 그것은 모든 구성원들이 자신의 취향대로 조미료를 넣어 한데 섞은 결과물이다. 그리고 그 수프에 가장 강한 맛을 내는 조미료를 넣는 사람이 바로 리더다. 비즈니스의 세계에서는 모든 이가 그들의 '보스'를 주목한다는 것은 불변의 진리이기 때문이다. 사람들은 자신들의 감정의 실마리를 자신들의 리더에게서 찾는다. 리더를 접하기가 쉽지 않다 하더라도 — 맨 위층의 굳게 닫힌 사무실에서 일하는 CEO를 생각해보라 — 리더의 감정은 그가 부하직원에게 지시하는 어조에 영향을 미치고 그것은 다시 도미노 파장을 일으켜 회사 전체의 감정적 기류에 영향을 미친다.

현재 활동중인 업무 집단을 자세히 관찰해보면 조직의 리더가 직원들 사이에서 공유되는 감정을 결정하는 데에는 몇 가지 방식이 있다는 것을 알 수 있다. 일반적으로 대부분의 리더는 다른 사람들보다 말을 많이 한다. 그리고 사람들은 다른 누구보다도 리더의 말에 더욱 귀 기울인다. 대개의 경우 특정 사안에 대해 제일 먼저 말을 꺼내는 사람도 리더다. 그리고 사람들은 다른 누구의 말보다 그들의 리더가 한 말을 기준으로 하여 사고하고 이야기한다. 리더가 사물을 보는 방식에도 각별한 무게가 실리기 때문에 리더는 집단 내 구성원들이 주어진 상황을 제대로 해석하고 그것에 대해 감정적인 반응을 할 수 있도록 그들을 위해 '자신이 의도하는 바를 다듬어 표현'한다.

하지만 사람들의 감정에 미치는 리더의 영향력은 그가 말을 하느냐 안 하느냐의 차원을 넘어서는 것이다. 우리가 연구한 바에 따르면 리더가 아무 말도 하지 않고 있다 해도 사람들은 그를 눈여겨보고 있다. 집단 전체를 향해 어떤 문제가 제기되는 경우에도 그들은 오로지 리더의 입만 주시한다. 실제로 사람들은 리더의 정서적 반응을 집단의 문제에 대한 가장 적절한 답변으로 받아들인다. 특히 각 구성원들이 저마다 다른 반응을 보이는 난감한 상황에서는 리더의 반응을 곧 자신의 것으로 삼으려고 하는 경향이 있다. 어떻게 보면 리더가 감정의 기준을 설정한다고도 할 수 있다.

리더는 칭찬을 하거나 퇴짜를 놓기도 하고, 긍정적 혹은 부정적 의미의 비판도 하고 사람들의 요구에 부응하거나 맹목적이 되기도 한다. 리더는 각 구성원들에게 더 많은 목표 의식을 부여하여 적극적인 참여를 유도하기 위해 집단이 나아갈 바를 규정하기도 하고, 때로는 그렇게 하지 못하기도 한다. 리더는 사람들에게 그들이 하는 일에 대한 명확함과 방향성을 제시할 수 있다. 그리고 업무의 융통성을 장려함으로써 사람들로 하여금 일처리에 대한 최상의 감각을 마음껏 발휘하게 만들 수도 있다. 이와 같은 리더의 행동을 통해 우리는 그가 리더로서의 감성적 영향력을 어느 정도 발휘하는지 알 수 있다.

하지만 현재 '이른바' 리더라고 불리는 사람들이 모두 감성적 리더인 것은 아니다. 리더로 임명된 사람이 어떤 이유로든 신뢰를 받지 못한다면 사람들은 자신들이 믿고 존경하며 자신들의 감성을 이끌어줄 다른 사람을 리더로서 따르게 된다. 그렇게 되면 사실상의 리더라고 할 수 있는 후자가 사람들의 감정적 반응에 커다란 영향을 미친다. 예를 들어 창시자이자 리더이기도 했던 사람의 이름을 딴 유명한 재즈 그룹의 경우 실제적으로 그들의 정서를 한데 묶어주는 사람은 그룹 내 다른 동료일 수도 있다. 창시자가 공연 계약을 하는 등 부차적인 역할을 계속 담당하고 있다고 하더라도 그룹이 공연에서 어떤 곡을 연주해야 할지 혹은 사운드 시스템을 어떻게 맞춰야 할지를 결정해야 하는 중요한 경우에는 모든 이들의 시선은 그들의 '감성적 리더'라고 할 수 있는, 정서적 영향력을 갖춘 다른 멤버를 향한다.

우리의 마음을 끄는 리더

감성지능을 갖춘 리더는 변연계 부분에 '매력이 넘치는 사람'으로 행동할 수 있는 능력을 갖추고 있다. 즉 그는 감정을 주관하는 주변 사람들의 뇌에 영향력을 행사할 수 있다. 주위에 정력적으로 일하는 타고난 활동가 타입의 리더가 있다면 그가 얼마나 쉽고 간단하게 사람들을 자신의 감성 궤도로 끌어들이는지 한번 관찰해보라. 그가 배신의 아픔을 느끼든 승리의 기쁨을 만끽하든 함께 일하는 사람들은 그와 똑같은 감정을 느낄 것이다.

우리가 리더의 감정 상태를 쉽게 포착할 수 있는 것은 그들의 얼굴 표정과 목소리, 제스처 등에 그들의 감정이 아주 잘 실려 있기 때문이다. 리더가 자신의 감정을 전달하는 능력이 뛰어나면 뛰어날수록 집단 내부에 그의 감정이 퍼지는 강도도 커진다. 물론 그와 같은 감정의 전달을 억지로 꾸며서 할 수는 없다. 대부분의

웃음과 열린 고리

감정은 마치 바이러스처럼 퍼지는 것이긴 하지만 모든 감정이 다 쉽게 퍼지는 것은 아니다. 예일 대학 경영대학원에서 실시한 연구 결과에 따르면 업무 집단 내에서 즐거움과 열기는 아주 쉽게 퍼지는 데 반해 분노는 전염성이 훨씬 떨어지며 우울한 기분은 거의 번지지 않는다고 한다. 좋은 기분이 보다 잘 전염된다는 것은 업무 성취도와도 밀접한 관련이 있다. 예일 대학의 연구 결과를 보면 기분은 사람들이 효율적으로 일하는 데 큰 영향을 미친다고 한다. 기분이 좋아지면 사람들이 더 잘 협력하고 일을 더욱 바르게 처리하며, 능률도 오른다는 것이다.

특히 웃음은 열린 고리의 진가를 보여준다. 이는 또한 모든 감정에는 감염의 속성이 있다는 것을 보여주는 예이기도 하다. 웃음소리를 들으면 우리는 집단 전체를 휩쓰는 자연스러운 연쇄 반응을 통해 자동적으로 입가에 미소를 짓게 되거나 같이 따라 웃게 된다. 우리 뇌에 있는 열린 고리 체계는 유독 미소와 웃음을 잘 감지하도록 되어 있기 때문에 즐거운 일이 있으면 우리는 언제든 웃음으로 화답할 준비가 되어 있다. 이것을 우리는 긍정적인 감정의 하이잭(hijack: 감정이 특정 상황의 분위기를 도중에 다른 방향으로 돌린다는 의미를 갖고 있다. 감정의 하이잭에는 긍정적인 것도 있고, 부정적인 것도 있다 — 역주)이라고 한다.

인간의 모든 감정 중에서 전염성이 가장 강한 것은 미소다. 인간의 미소에는 상대방으로 하여금 다시 미소로 화답하게 하는 거역할 수 없는 힘이 있다. 미소는 아마도 인간의 진화 과정에서 중요한 역할을 담당했기 때문에 지금처럼 우리에게 큰 영향력을 행사하는 감정으로 남게 되었는지도 모른다. 과학자들은 미소와 폭소가 결속력을 강화시키는 비언어적인 방법으로서 발전해왔다고 생각한다. 미소나 폭소를 통해 사람들은 경계심과 적대심을 갖지 않고 긴장을 풀고 편안해진다는 것이다.

웃음은 적대감이 없다는 것을 보여주는 징표 중에서도 유일하게 신뢰할 수 있는 것이다. 다른 표현 — 예를 들어 미소는 꾸며진 것일 수 있다 — 과 달리 웃음에는 부지불식간에 아주 복잡한 신경계가 개입하기 때문에 거짓으로 가장할 수 없다. 거짓 미소는 우리의 감성 레이더에 잘 포착되지는 않지만 억지 웃음의 경우는 공허한 울림이라는 것이 여지없이 드러난다.

신경학적 의미에서 웃음은 두 사람 사이의 거리를 가장 가깝게 단축시켜 주는 것이다. 왜냐하면 웃음은 곧바로 두 사람의 변연계를 이어주기 때문이다. 어느 학자는 웃음과 같은 무의식적이고도 즉각적 반응은 지적인 차원에서 두 사람 사이에서 가능한 가장 직접적인 — 뇌에서 뇌로 이어지는 — 의사소통으로서 이른바 '변연계 결속'의 상태에서 서로에게 한 배를 탄 느낌을 준다고도 했다. 따라서 어울리기를 좋아하는 사람이 쉽게, 그리고 자주 웃는다는 사실은 그리 놀라운 것도 아니라고 할 수 있다. 반면 사람을 믿지 않고 싫어하거나, 불화를 자주 일으키는 사람들은 거의 웃지 않는다. 그러므로 업무 환경에서의 웃음소리는 그 집단 구성원들의 마음과 정신에 신뢰감 같은 것을 심어주는 정서적 신호다.

그러나 일터에서의 웃음은 누군가가 썰렁한 농담을 하나 한다고 해서 만들어지는 것이 아니다. 사회적 관계 속에서 웃음을 짓게 되는 1,200가지의 상황을 조사해본 결과, 웃음은 현란한 말솜씨보다는 오히려 "만나서 반가웠습니다."와 같은 일상의 평범한 말에 대한 친근한 화답으로서 짓게 되는 경우가 많다는 사실이 밝혀졌다. 선한 웃음은 '우리는 통하는 데가 있어요, 서로 잘 맞을 거예요.'라는 친근한 메시지를 담고 있다. 그것은 믿음과 편안함을 안겨주며 세상을 바라보는 눈이 비슷하다는 느낌을 준다. 웃음은 대화 가운데 만들어지는 리듬과 같은 것으로 순간 우리 사이에는 아무런 문제도 없다는 기분이 들게 한다.

• •

사람들은 리더를 예의 주시하고 있으므로 제아무리 미묘한 감정의 표현일지라도 쉽게 영향을 미칠 수 있기 때문이다. 그러므로 리더가 열린 사람일수록 ― 자신의 열의를 잘 표현하는 사람일수록 ― 다른 사람이 그의 열정에 감염될 여지는 커진다. 그러한 재능을 갖춘 리더에게는 감성적으로 사람을 끄는 힘이 있다고 할 수 있다. 사람들은 자연스럽게 그에게 끌리게 마련이다. 사람들이 함께 일하고 싶어하는 리더는 바로 사람들 사이에 즐거운 기분을 자아내는 리더이다.

그렇기 때문에 재능 있는 사람들은 즐거움을 만끽하며 일하기 위해 감성지능이 높은 리더에게 몰려드는 것이다. 반대로 부정적인 느낌을 주는 ― 쉽게 화를 내고 괴팍하며 위세만 부리고 냉정한 ― 리더는 사람들을 멀어지게 한다. 낙관적이고 열정적인 리더의 주변에는 항상 사람들이 모여들고, 부정적인 분위기의 리더는 주위 사람들을 쫓아버린다는 점은 이미 연구 조사를 통해서도 입증된 바 있다.

이제 한 단계 더 나아가 감성이 일의 효율성을 얼마나 크게 좌우하는지를 통해 위대한 리더십의 영향을 좀더 자세히 살펴보자.

기분이 일의 결과에 미치는 영향

감정은 한순간 아주 격렬하게 생겼다 없어지는 것으로 종종 업무 진행에 혼란을 야기하기도 한다. 하지만 기분은 감정보다 덜 격렬한 반면 더 오래 지속되는 느낌으로서 직접적으로 일을 방해하지는 않는다. 그리고 어떤 감정을 유발하는 일이 생기면 그에 상응하는 기분의 여운이 남게 마련이다. 다시 말해서 특정 집단 내에 드러나지는 않지만 지속적으로 흐르는 기분이 있다는 것이다.

일을 수행하는 차원에서는 감정과 기분이 하찮게 보일지 몰라도 실제로 일을 마무리하는 데 있어서는 매우 중요하다. 예를 들어 리더가 걱정하는 모습을 살짝 비치기만 해도 그것은 뭔가 더 주의를 기울이고 심사숙고해야 긴장감을 유발하는 식으로 말이다. 사실 리더가 솔직하게 자신의 마음을 드러내는 것이 위기 상황에 대처하는 데 큰 도움이 될 수 있으며, 지나친 낙관은 오히려 위험 요소를 간과할 소지가 있다. 심각한 문제 — 간부 사원의 성추행 사건 등 — 가 발생했을 때 리더가 노여움을 폭발시킴으로써 틀에 박힌 일상적인 문제 의식에서 벗어나 사내 성추행 문제를 뿌리뽑기 위한 적극적인 문제 해결을 모색하기도 한다.

가벼운 걱정(예를 들어 납품 기한이 임박한 것 같은)은 주의력과 에너지를 더 집중할 수 있게 해주는 반면, 지속되는 고민은 정보를 처리하고 효과적으로 대처할 수 있는 뇌의 기능을 약화시킴으로써 리더의 인간관계를 뒤흔들고 일처리를 어렵게 만든다. 하지만 기분 좋은 웃음을 지을 수 있거나 즐거운 기분을 유지할 수 있다면 일을 제대로 수행하는 데 필요한 신경 활동을 증진시킬 여지는 훨씬 많아진다.

  좋은 기분이든 나쁜 기분이든 그것은 한동안 지속되는 경향이 있다. 그 이유 중의 하나로 기분이 인지 행위와 기억 작용을 왜곡한다는 것을 들 수 있다. 즉 기분이 좋으면 사람들은 상황을 긍정적으로 바라보게 되고 그 상황에서 좋은 부분을 끄집어낼 수 있다. 하지만 기분이 나쁘면 사람들은 자꾸 안 좋은 쪽만 바라보게 된다. 그리고 이와 같은 인지적 왜곡에 더하여 기분이 나쁠 때 분비되는, 스트레스를 유발하는 호르몬 덩어리가 신체에 재흡수되어 몸에서 없어지기까지는 많은 시간이 걸리기 때문에 상사와의 관계가 냉랭해지면 걱정에 사로잡히게 되고 걱정에 사로잡힌 마음과 몸은 그것을 진정시킬 길이 없게 된다. 다시 말해 '회의를 하면서 사장님 때문에 불안했는데, 그래서 어젯밤에는 제대로 잠도 못 잤다.'와 같은 식이 된다. 따라서 긍정적인 사람과 함께 하고 있고 싶은 것은 인지상정이다. 그런 사람은 무엇보다도 마음을 편안하게 해주기 때문이다.

감정의 하이잭

부정적인 감정 — 특히 지속적인 노여움, 불안감, 경박함 — 은 우리의 주의를 눈앞의 일에서 다른 데로 전환시킴으로써 일을 방해한다. 예를 들어 예일 대학에서 실시한 기분과 그 전염성에 대한 연구에 따르면 집단의 업무 수행 능력은 확연하게 긍정적 기분에 자극을 받고 부정적 기분에 의해 감소된다고 한다. 하지만 집단의 구성원들은 자신들의 기분이 업무 수행에 어떤 영향을 미치는지 전혀 몰랐다고 한다.

가령 사람을 상대하는 일이 주 업무인 국제적인 호텔 체인에서 일하는 직원들이 가장 불편함을 느끼는 대인관계는 주로 관리 책임자와의 대화라고 한다. 윗사람과의 대화는 열에 아홉은 불편한 감정 ─ 낭패감, 실망, 노여움, 슬픔, 넌더리, 쓰라림 ─ 으로 귀결되기 때문이다. 여기에서 비롯되는 고통이 고객들과의 관계, 고된 일, 회사 정책, 개인적인 문제들이 야기하는 고통보다 더 크다고 한다. 물론 그렇다고 해서 리더가 부하직원들에게 과도하게 '친절'할 필요는 없다. 직원들의 마음을 불필요하게 자극하지 않으면서도 해야 할 일을 하게 하는 것은 감성적 리더십의 수완에 속한다. 어쨌든 걱정과 근심이 적정 수준 이상을 넘어서면 정신 활동이 저하된다는 것은 심리학의 고전적 법칙 가운데 하나다.

마음이 불편하면 정신 활동이 위축될 뿐만 아니라 감성지능도 떨어진다. 내 감정이 격한 상태에 있으면 다른 사람의 감정을 정확히 읽어낼 수 없다. 결국 다른 사람의 마음에 공감할 수 있는 기본 능력이 저하되고 사회적 관계에 필요한 능력도 약화된다.

한 가지 더 생각해봐야 할 것이 있다. 업무 만족도에 관한 새로운 연구 결과에 의하면, 사람들이 일을 하는 과정에서 느끼는 감정이 업무 환경의 질을 가장 직접적으로 반영한다고 한다. 일을 하는 동안 긍정적인 감정을 느끼는 시간상의 비율은 직원들의 일에 대한 만족도와 회사를 그만두고 싶어하는 마음을 반영하는 가장 중요한 지침이라는 사실도 밝혀졌다. 이런 의미에서 보면 직원들에게 불편한 마음을 갖게 하는 리더는 사업에서도 결코 부진을 면할 수 없다. 반대로 직원들의 마음이 편하면 리더가 사업을 성공으로 이끄는 데 큰 도움이 된다.

기분이 좋으면 일도 잘 된다

기분이 좋으면 최선을 다해 일에 집중할 수 있다. 즐거운 기분은 윤활유와도 같아서 정신 활동의 능률을 높이고 정보 판단을 잘할 수 있게 해주며, 사고의 유연성을 증가시키는 작용과 더불어 복잡한 판단을 내릴 때 중요한 원칙들을 제대로 활용할 수 있게 해준다. 연구 결과로도 입증된 바대로 마음이 즐거우면 다른 사람이나 사물을 긍정적인 관점에서 바라보게 된다. 그것은 다시 그 사람에게 무엇이든 해낼 수 있다는 더 큰 자신감을 안겨주고 창의성과 판단력을 키워주며, 뭔가 도움이 되고자 하는 마음을 갖도록 한다. 예를 들어 낙관적인 사고방식을 갖고 있는 보험회사 직원은 고객으로부터 아무리 많은 퇴짜를 당해도 비관적인 사원들보다 더 오래 일을 계속할 수 있는 에너지가 있기 때문에 실적도 훨씬 더 좋을 수밖에 없다. 뿐만 아니라, 일과 유머의 관계를 조사한 바에 따르면 적절한 타이밍의 유머와 농담은 창의력을 자극하고 의사소통의 길을 열며, 유대와 신뢰감을 강화시킴으로써 일을 더욱 즐겁게 만든다고 한다. 재미있는 농담은 협상의 자리에서 이권을 확보할 수 있는 가능성을 제공하기도 한다. 따라서 감성지능을 갖춘 리더의 필수 조건 가운데 하나가 농담이라는 것은 그리 놀라운 사실도 아니다.

팀 단위의 활동에서는 즐거운 기분이 특히 더 중요하다는 것이 확인되었다. 리더가 팀의 분위기를 열정적이고 협조적으로 만들 수 있느냐 없느냐에 성공의 여부가 달려 있다. 집단 내에서 정서적 갈등이 일어나 각자가 맡은 바 일에 집중할 수 없게 되면 업무의 처리는 난항을 거듭할 수밖에 없다.

62명의 CEO와 그들의 경영진을 연구한 결과를 살펴보자. 연구 대상에 포함된 CEO들의 면면을 보면 「포춘(Fortune)」이 선정한 500대 기업에 드는 회사의 대표도 있고 미국에서 가장 잘 나가는 컨설팅 회사와 비영리 단체, 정부기관 등의 수장들도 있다. 연구를 통해 이들 CEO와 경영진들이 얼마나 정력적이고 열정적이며 추진력이 있는지를 평가하는 것과 더불어 경영진들에게 그들이 얼마나 심한 갈등과 문제 — 서로의 개성이 부딪치거나 회의 중에 화를 내며 의견 충돌을 겪었던 일, 그리고 일에서의 의견 충돌과는 별개로 감정적으로 대립했던 일 등 — 를 겪었는지에 대해 설문조사도 실시했다. 연구 결과에 따르면 최고경영진에 속한 사람들 사이의 전체적인 분위기가 긍정적일수록 일을 하는 데 있어 서로 협조가 잘 이루어지며 그 결과 회사의 경영 실적도 좋아지는 것으로 나타났다. 이는 곧 서로 조화를 이루지 못하는 경영진이 오랫동안 회사를 운영하게 되면 그 회사의 수익은 날이 갈수록 떨어질 수밖에 없다는 말이 된다.

따라서 '집단의 IQ', 즉 모든 사람들이 최대한 발휘하는 재능의 합은 그 집단의 감성지능에 의해 좌우된다. 상호 협력을 잘 이끌어내는 리더는 사람들 간의 화합을 최고 수준으로 유지하며 그 집단에서 내린 결정이 좋은 성과를 낼 수 있도록 만든다. 그는 자신이 이끌고 있는 집단이 주어진 일에 집중할 수 있도록 하는 한편 구성원들끼리의 인간관계에도 신경을 쓰는 균형 잡힌 모습을 보여준다. 위대한 리더는 모든 사람의 사기를 북돋는, 다정하면서도 효율적인 분위기를 조성할 줄 아는 사람이다.

'분위기'도 측정할 수 있다

직원들의 기분이 좋으면 고객을 만족시키기 위해 더 많은 노력을 기울일 것이고, 따라서 회사 매출액도 증가하게 된다는 것은 너무도 당연한 말이다. 실제로 고객 봉사의 수준이 1퍼센트 향상되면 수입은 2퍼센트 늘어난다.

메릴랜드 대학의 교수인 벤저민 슈나이더(Benjamin Schneider)는 은행 지점, 보험회사 지방 사무소, 신용카드 콜센터, 병원 등에서 직원들이 서비스를 행하는 분위기가 고객 만족의 정도를 좌우하며, 이는 곧바로 사업 수익으로 연결된다는 사실을 밝혀냈다. 일선에 있는 직원들의 고객 봉사 수준이 형편없으면 그 회사에 대한 고객 만족도가 급격히 하락하면서 매상도 줄어들 수밖에 없는 것이다.

그렇다면 그에 대한 해결책은 무엇인가? 업무 분위기와 노동 조건(임금)의 개선과 더불어 직원들의 공감을 이끌어내는 리더의 역할이 중요하다. 리더는 직원들의 마음을 헤아리고 그들을 따뜻하게 대함으로써 직원들로부터 고객을 만족시키고자 하는 마음을 이끌어내야 한다. 일례로 슈나이더는 보험회사의 리더들이 감성적인 부분에 주의를 기울이며 리더십을 제대로 발휘하면 직원들의 보험 재계약 성사율이 3퍼센트 내지 4퍼센트 올라갈 정도로 — 이는 수치상으로는 얼마 안 되는 것 같지 않지만 실제로는 엄청나게 큰 상승률이다 — 리더의 역할이 서비스 분위기에 지대한 영향을 준다는 것을 알았다.

조직 컨설팅 전문가들은 오래 전부터 부서 내 사람들 간의 인화와 그들의 업무 수행 사이에는 밀접한 관계가 있다고 주장해왔다. 하지만 그것을 입증해줄 만한 데이터가 너무도 빈약했기 때문에 실제로 리더들은 자신의 스타일이 직원들에게 어떤 영향을 미치는가에 대해 무지할 수밖에 없었다. 그러면서도 '더 좋은 실적'에 대한 그들의 욕심은 점점 커지기만 했다. 하지만 이제 우리는 여러 분야의 기업을 대상으로 한 연구를 통해 리더십이 직원들 사이의 분위기 및 업무 수행 능력과 깊은 관련이 있다는 결론을 얻었다. 따라서 '회사의 분위기'라고 하는 잡힐 듯 말 듯하고 애매모호한 기준이 업무 수행에 얼마나 큰 차이를 야기하는지도 수량화하여 보여줄 수 있게 되었다.

예를 들어 한 다국적 식음료 회사는 긍정적인 분위기를 나타내는 수치를 통해 주요 부서의 연간 매상이 얼마나 높아질 것인지 예측할 수 있었다고 한다. 그리고 19개 보험사의 CEO들을 인터뷰한 결과 그들은 자신들이 조성한 분위기가 전체 조직의 사업 성과를 예측하게 해주었다는 말을 했다. 분위기만을 기준으로 높은 수익과 성장률을 기록한 회사와 그렇지 않은 회사를 분류할 수 있었던 확률은 약 75퍼센트 정도다.

하지만 아무래도 분위기만으로 사업 실적이 좌우될 리는 없다.

미소 띤 서비스

사업에 있어서 제일 중요한 요소라고 할 수 있는 고객 관리는 직원들이 고객에게 감정적으로 어떤 분위기를 전하느냐에 달려 있다고 해도 과언이 아니다. 그것은 곧 우리 뇌의 열린 고리 부분에 의해 좌우되는 것이다. 고객 서비스 업무는 알다시피 스트레스를 가장 많이 받는 업무다. 예민하고 미묘한 감정이 고객으로부터 일선 직원들에게뿐만 아니라 직원들로부터 고객에게로 향한다. 따라서 사업적 관점에서 볼 때 고객을 대하는 직원의 기분이 언짢다는 것은 좋은 일이 아니다. 첫째, 무례함은 상대에 의해 쉽게 감지되는 것으로 손님은 그것에 대해 불만을 느끼고 때로 화를 내기도 한다. 제아무리 좋은 서비스를 제공한다 해도 그것을 행하는 직원의 기분이 불쾌하다면 고객은 좋은 감정을 느낄 수 없다. 둘째, 심술궂은 직원이 손님을 함부로 대하게 되면 때로 돌이킬 수 없는 일을 자초하고 만다. 예를 들어 심장병 병동의 담당 간호사들의 기분이 가라앉아 있는 경우에는 다른 병동에 비해 환자 사망률이 네 배나 높아진다는 사례 조사 결과도 있었다.

반대로 일선에서 근무하는 사람들의 발랄한 정서는 사업에 도움이 된다. 담당 직원과의 관계가 즐겁고 편안하면 고객들은 그곳을 쇼핑하기에 좋은 장소라고 생각하게 된다. 그렇게 되면 단골이 될 뿐만 아니라, 다른 사람들에게도 널리 선전을 해주기도 한다. 그리고 서비스 직원의 마음이 즐거우면 고객을 만족시키기 위해 뭔가 한 가지라도 더 하려고 적극적으로 나선다. 미국의 한 유통센터의 32개 매장을 조사한 바에 의하면 적극적인 직원들이 있는 매장의 판매 실적이 가장 높았다고 한다.

그렇다면 위와 같은 사실은 리더십과 어떤 관계가 있을까? 위에서 언급한 유통센터 매장에서 판매직원들의 기분뿐 아니라 판매를 긍정적인 방향으로 이끈 정서적 분위기를 만들어낸 사람은 바로 매장의 리더였다. 리더가 활기에 넘치고 확신에 차 있을 때, 그의 기분이 다른 모든 직원들에게도 영향을 미쳤던 것이다.

●●●●●●●●●●●●●●●●●●●●●●●●●●●●●●

특정 회사가 특정 분야에서 사업적으로 성공할 것인가 실패할 것인가를 결정짓는 요인들을 헤아리기란 매우 어렵다. 하지만 우리가 분석한 바에 따르면 분위기 — 직원들이 그 회사에서 일하는 것에 대해 느끼는 바 — 가 전체 사업 실적의 20퍼센트 내지 30퍼센트 가량을 좌우한다고는 자신있게 말할 수 있다. 즉 사람들로 하여금 최선을 다하도록 유도하면 그만한 이득이 있다는 것은 분명하다.

분위기가 사업 실적에 영향을 미친다고 할 때 그렇다면 그 분위기를 이끌어내는 것은 과연 무엇인가? 직원들이 자신들이 몸담고 있는 조직의 분위기를 파악하는 방식의 50퍼센트 내지 70퍼센트 정도는 리더 한 사람의 행위를 좇는 데서 비롯된다. 다른 누구보다도 그 집단의 리더가 조성하는 분위기가 사람들이 제대로 일을 할 수 있을지를 직접적으로 좌우하는 것이다.

결론적으로 말하자면 리더의 감성과 행동이 그를 따르는 사람들의 감정과 행동에 그대로 영향을 미친다는 것이다. 리더가 자신의 감정을 잘 다스리고 다른 사람의 감정에 긍정적인 영향을 주는 것은 단순히 개인의 문제가 아니라 사업의 성공 여부를 좌우하는 요인으로 작용한다.

그리고 이러한 모든 사실은 우리로 하여금 우리의 감정을 좌우하는 뇌가 위대한 리더십을 발휘하는 데 과연 어떤 작용을 하는 것인지 진지하게 생각해보도록 한다.

Chapter TWO

마음을 움직이는
리더

폐쇄시 위기에 처한 BBC의 뉴스국 이야기로 다시 돌아가보자. 나쁜 소식을 전하면서 사람들을 격분시켜 경비의 보호 없이는 빠져나올 수 없었던 첫번째 간부는 우리가 공감할 수 없는 리더의 예다. 그는 직원들의 감정을 헤아리지 못하고 오히려 그들의 좌절감을 분노로, 유감을 격분으로 만들었다.

이처럼 리더가 사람들의 처지를 이해하지 못하고 그들의 감정을 헤아리지 않으면 괜히 사람들 사이에 불화만 조장하고 급기야 불필요한 자극만 하게 된다. 그렇게 해서 집단 내부에 생겨난 직원들의 불만은 선입견을 자아내 리더의 말과 임무에 더 이상 주의를 기울일 수 없게 만든다. 결국 균형을 유지하기 어렵게 된 사람들의 업무 수행 능력은 점차 떨어질 수밖에 없다.

임시 해고된 직원들로부터 환호를 받았던 두번째 간부는 공감의 분위기를 조성하는 지도자의 좋은 본보기다. 그는 사람들의 감정에 동조했고, 그 감정을 긍정적인 방향으로 이끌었다. 주관이 뚜렷한 나름의 가치관을 바탕으로 사람들의 감정에 공감하는 말을 하면서 자신이 이야기하고자 하는 요지를 전달했다. 그의 말은 어려운 상황에도 불구하고 사람들의 마음에 용기와 희망을 불어넣었다. 리더가 공감을 이끌어내면 사람들의 눈빛이 희망과 용기로 불타오르는 것을 볼 수 있다.

두 사람 사이의 감정의 파장이 일치할 때 — 그들이 동시에 뭔가를 느낄 때 — 그들은 '공감'하고 있다고 할 수 있다. 그처럼 동시에 일어나는 감정의 반향은 긍정적인 감정을 지속시킨다.

사람들이 리더의 유쾌하고 열정적인 에너지에 부응하여 함께 움직이는 것은 공감을 불러일으키는 리더십의 좋은 예다. 탁월한 리더는 그의 감성적 영향력을 자신이 불러일으키는 공감을 통해 증폭하고 연장시키는 데 뛰어나다. 사람들이 서로 더 많이 공감할수록 그들 사이의 상호작용은 더욱 활발해진다. 다시 말해서 공감은 특정 체제 내의 잡음을 줄여준다. 사업을 할 때 마치 주문처럼 읊조리게 되는 '한 팀'이라는 말에는 "의사소통은 더 원활히 하고, 잡음은 그만큼 더 줄이자."라는 의미가 담겨 있다. 사람들을 한 팀으로 묶고 조직을 위해 헌신하도록 만드는 힘은 바로 그들이 함께 느끼는 감정에 있다.

리더가 사람들의 감정을 잘 다스리고 목표를 성취할 수 있도록 이끌고 나가기 위해서는 그의 감성지능이 중요하다. 공감은 감성지능이 높은 리더에게서 자연스럽게 흘러나오는 것이다. 리더의 열정과 정력은 그룹 전체에 반항을 불러일으키기 때문이다. 물론 리더는 때에 따라 그가 이끄는 사람들의 감정의 파장에 동조하면서 다소 진지한 분위기를 만들어야 할 때도 있다. 예를 들어 모든 사람이 분노하거나(그들이 속한 업무 부서가 폐쇄되는 경우) 혹은 슬퍼하는(많은 사랑을 받고 있던 동료가 중병에 걸린 경우) 일이 생길 때 감성지능이 높은 리더는 사람들의 감정에 공감할 뿐만 아니라 집단을 대신해 그 감정을 표현해주기도 한다. 사람들의 감정에 공감할 줄 아는 리더의 감성 능력은 그가 이끄는 집단 내에 열정과 함께 일체감을 불러일으킨다. 왜냐하면 감성지능이 높은 리더의 공감은 사람들로 하여금 자신들이 이해 받고 보살핌을 받고 있다는 느낌을 갖게 해주기 때문이다.

감성지능이 높은 리더의 지휘 아래서 사람들은 서로를 격려하고 있다는 느낌을 갖게 된다. 그들은 생각을 나누고 서로에게서 배우며 함께 결정을 내리고 일을 처리한다. 그들이 맺은 정서적 유대감은 제아무리 급격한 변화를 수반한 불확실한 상황 속에서도 중심을 잃지 않게 만들어준다. 그리고 보다 중요한 사실은 정서적 차원에서 구성원들이 서로 연결될 때 그들의 일은 더욱더 의미 있는 것이 된다는 점이다. 우리는 결정적인 순간에 일을 제대로 처리했을 때의 흥분된 마음을 서로 공유하는 것이 어떤 느낌인지를 안다. 이러한 분위기에서는 혼자서는 엄두도 내지 못할 일을 함께 협력하여 이루어내고자 하는 의욕이 넘치게 된다. 이와 같은 유대감을 불러일으킬 줄 아는 사람이 바로 감성지능이 높은 리더인 것이다.

한편 리더가 공감의 분위기를 조성하지 못한다면 그 리더 밑에 있는 사람들은 일하는 시늉은 하겠지만 최선을 다하지 않고 적당히 하게 된다. 마음에서부터 우러나는 건전한 영향력을 발휘하지 못하는 리더는 관리자일 뿐이지 진정한 리더가 아니다.

불협화음을 만드는 리더

불협화음이란 본래의 음악적 의미에서 볼 때 불쾌하고 귀에 거슬리는 소리를 말한다. 음악적 차원에서뿐만 아니라 인격적 차원에 있어서도 불협화음은 조화가 깨진 상태를 의미한다. 불협화음을 만드는 ― 공감의 분위기를 만들지 못하는 ― 리더가 있다면 그 집단은 감성적으로 뭔가 조화를 이루고 있지 못하다는 느낌을 준다. 그렇게 되면 집단 내 구성원들은 뭔가 계속 겉도는 느낌을 가질 수밖에 없다.

웃음이 일을 하는 현장에서의 공감대의 정도를 손쉽게 가늠할 수 있는 척도라면 분노, 두려움, 무관심, 침통함의 만연은 그 반대의 상태를 가늠하는 척도다. 조사 결과에 의하면 그러한 불협화음이 현재 우리가 근무하고 있는 일터에 너무나 일상화되어 있는 것으로 나타났다. 예를 들어 미국의 노동자 수천 명을 대상으로 한 설문 조사에서 응답자의 42퍼센트가 자신들의 일터에서 소리를 지르고 욕설을 퍼붓는 일들이 일상적으로 벌어지고 있다고 했으며, 그 중 30퍼센트는 자신도 직접 다른 동료에게 소리를 질러봤다고 응답했다.

  그렇다면 불협화음에서 비롯되는 신체적 피해는 어느 정도인지를 생각해보자. 사람들의 불평이 분노를 동반하게 되면 그것이 설령 직원들 사이에 만연해 있는 솔직한 불평의 소리를 표면화시켜 분위기를 쇄신하거나 공감의 정서를 이끌어내는 계기가 된다 해도, 그렇게 일단 한번 갈등이 폭발하고 나면 감정의 독이 퍼지게 마련이다. 예를 들어 "당신이 회의에 늦는 바람에 시간을 허비하게 됐습니다. 앞으로 제때에 와주신다면 일처리가 좀더 원활할 것 같군요."라고 차분히 말하지 않고 바로 인신공격으로 들어가는 사람들이 있다. 그런 사람들은 비꼬듯 말한다. "나리께서 납시셨군요. 공사다망하실 텐데 저희와의 약속을 지키기 위해 이렇게 나와주시니 몸 둘 바를 모르겠습니다. 선생님의 시간을 많이 빼앗지 않도록 신경 쓰겠습니다."라고 말이다.

  말다툼 중의 심리적 반응을 조사한 연구에서 나타난 바대로 이처럼 사람을 당혹하게 하는 첫마디 말은 일종의 감정적인 복수 행위나 마찬가지다. 특히 그런 공격 — 다른 사람에게 상처를 주는 혐오감과 모욕을 담은 말을 하는 것 — 이 배우자나 직장 상사로부터 행해지는 것이라면 그 공격은 과녁이 된 사람을 향한 부정적인 감정의 하이잭이라고 볼 수 있다.

  워싱턴 대학 심리학 교수인 존 고트먼(John Gottman)은 이와 같이 극단적이고 모욕적인 말이 촉발하는 투쟁도피반응(fight-flight reaction: 생리학자 월터 캐넌(Walter Cannon)이 제창한 개념으로 부담스러운 상황에 직면했을 때 나타나는 반응, 즉 교감신경계가 개체를 흥분시켜서 싸움이냐 도주냐 하는 전투 태세를 만들어주는 반응을 말한다

— 역주)의 격렬함을 가리켜 '범람(flooding)'이라는 표현을 썼다. 가령 과도한 스트레스를 받으면 우리의 심장은 분당 20회 내지 30회 이상 더 뛴다. 감정이 범람하면 다른 사람의 말을 왜곡해서 듣게 되고 온전한 정신으로 반응할 수 없다. 사고작용이 뒤죽박죽되서 거의 모든 반응 — 상황을 빨리 끝낼 수 있는 것이라면 무엇이든지 다 표현하는 반응 — 이 유치할 정도로 즉각적이 된다. 결국 다른 사람과 감성적 혹은 물리적 거리를 둠으로써 더 이상 다른 사람을 신경 쓰지 않으려 하거나 상대하지 않으려는 지경에 이르게 된다.

위의 연구는 부부들을 대상으로 실행된 것이긴 하지만 보스와 피고용인 사이의 삐걱거리는 관계에서도 그와 똑같은 감정의 대가를 치를 수밖에 없는 경우가 많다는 것을 우리는 쉽게 알 수 있다. 피고용인들을 대상으로 실시한 설문 조사 결과를 보면 일반적으로 피고용인들은 관리자와 맞닥뜨리는 것을 되도록 피하면서 책임을 회피하거나, 튀지 않으려고 방어적인 태도를 취한다는 것을 확인할 수 있다. 그리고 관리자와 화이트칼라 직장인들의 대부분은 그러한 갈등이 빚어지는 첫번째 원인으로 바로 리더의 터무니없는 비난과 인신공격을 꼽았다.

한마디로 다른 사람의 마음에 공감하지 못하는 리더의 불협화음은 사람들의 기를 꺾고 해야 할 말을 못하게 하거나 심할 경우에는 회사를 그만두게 만든다. 그리고 그러한 불협화음으로 인해 치러야 하는 대가에는 사적인 것도 포함되어 있다. 즉 그처럼 독기가 가득한 환경에서 일하는 사람들은 그 독기를 집으로 고스란히 가져간다는 것이다. 불만에 쌓인 하루를 보내는 동안 분비됐던

스트레스 호르몬이 일을 마치고 귀가한 뒤에도 한참 동안 그 사람의 몸을 휘감고 있기 때문이다.

여러 가지 형태의 불협화음

불협화음을 자아내는 리더의 모습은 헤아릴 수 없이 다양하다. 기본적으로 그들은 다른 사람들의 마음에 공감할 줄도 모르고(자신이 이끄는 집단과도 마음을 같이 하지 못한다) 사람들로부터 반향되는 감정의 흐름을 자주 부정적인 영역으로 몰아버린다. 그런데 우리가 알아낸 바에 따르면 대부분의 경우 이런 류의 리더들이 일부러 그와 같은 불협화음을 조장하는 것은 아니었다. 그들에게는 단지 직원들과 공감하면서 그들을 이끌고자 하는 중요한 감성지능이 결여되어 있을 뿐이었다.

불협화음을 조장하는 리더에는 극단적으로 사람들을 닦달하고 모욕을 일삼는 입이 거친 폭군 스타일에서부터 교묘하게 사람을 괴롭히는 반사회적 이상 성격자 스타일에 이르기까지 여러 가지 유형이 있다. 어떤 스타일이건 간에 불협화음을 조장하는 리더들은 모두 자신이 이끌고 있는 사람들의 감성적 부분에 영향을 미친다. 그들은 자신의 주변에서 평화라든가 희망이라든가 행복이라든가 하는 것들의 씨를 완전히 말려버리는 존재다. 그들은 비참하기 그지없는 업무 환경을 조장한다. 그럼에도 그들은 그것이 얼마나 파괴적인 행동인가를 자각하지 못한다. 혹은 별로 대수롭지 않다고 생각한다.

그런데 불협화음을 조장하는 리더들 가운데 겉으로 볼 때는 정체를 쉽게 알아차리기 어려운 이들이 있다. 그들은 겉으로는 부드러운 표정과 품위 있는 태도를 취하고 있지만 사람들을 엉뚱한 방식으로 몰아대거나 음흉하게 다룬다. 이런 리더들은 진정한 직업적 가치관을 결여하고 있거나 직원들의 마음을 헤아리지 못하고 자신의 이익 외에는 그 무엇에도 일체 관심이 없는 사람들이다. 그러한 리더와 함께 일하는 사람들이 자신들의 리더에게서 그러한 불성실한 태도를 보게 되면, 가령 사람들을 교묘하게 속여넘기는 리더가 겉으로 다정한 척 꾸미는 모습을 보게 되면 그때부터 리더와의 관계는 냉소와 불신의 양상을 띠기 시작한다.

이따금 근시안적인 차원에서 불협화음을 조장하는 리더들이 한동안 잘 나가는 경우도 있다. 가령 윗사람한테 아부하거나 잘 보여서 승진을 하는 등 원하는 것을 쉽게 손에 넣는 것처럼 보일 때도 있다. 하지만 그들이 사람들 사이에 뿌려놓은 독기는 겉으로 잘 나가는 성공과 마찰을 일으키게 된다. 그들이 조직체 내에서 어떤 자리를 차지하고 있든 그들의 지위가 풍기는 것은 숨기려 해도 숨길 수 없는 의욕저하, 무관심, 과민, 분노와 같은 것들이다. 한마디로 불협화음을 조장하는 리더들은 사람들이 함께 일하기를 꺼리는 사람들이다.

이처럼 부정적인 반향을 일으키며 조직체를 이끌고 있는 사람을 만나게 되면 우리는 곧 심각한 문제가 눈앞에서 벌어질 것이라는 사실을 직감하게 된다. 제아무리 업무 수행 능력에서 잠시 반짝하는 경우가 있다 할지라도 리더가 오로지 부정적인 감성의 영역에서만 반응한다면 그 결과는 사람들의 사기 저하로 나타난다.

이런 리더들은 자신의 — 주로 정신을 좀먹는 — 감정만을 강요하려 할 뿐 다른 사람의 감정은 전혀 받아들이려 하지 않는다.

즉 그들은 다른 사람의 말에는 귀도 기울이지 않고 아예 무시해버린다. 그와는 대조적으로 감성지능이 높은 리더들은 긍정적인 공감을 통해 확실히 동기부여를 할 수 있는 길을 택한다. 그들은 추구할 가치가 있는 목표를 중심으로 사람들을 규합한다.

그리고 우리가 '대책 없는 부류'라고 부르는 리더들도 있다. 그들은 긍정적인 방향으로 공감을 유도하려고는 하지만 자신의 집단 구성원들을 부정적인 감정 상태로 내모는 바람직하지 못한 현실에 대해서는 일체 관여하려 들지 않는 이들이다. 구성원들은 조직체의 실상에 불만을 표시하고 불안을 느끼고 행복해하지 않는데, 리더 혼자서 그 사실을 깨닫지 못하고 아무도 동조해주지 않는 이야기를 혼자서 신나게 떠벌이는 상황이다.

우리가 아는 어떤 회사의 간부는 자신이 몸담고 있는 조직체의 앞날에 대해 다음과 같이 말했다. "우리는 회사를 새로운 도약으로 이끌기 위해 복잡한 미래를 향해 발 빠르게 움직이고 있습니다. 우리 회사의 리더들은 늘 도약의 기회를 엿보고 있고, 중간 관리자들은 경쟁의 고삐를 늦추지 않고 있습니다. 고객의 만족은 곧 우리의 기쁨입니다."

얼핏 듣기에는 더할 나위 없이 긍정적으로 들리는 말이다. 하지만 곰곰이 따져보면 공허한 상투어로 가득 찬 거짓말임을 알 수 있다. 우리는 그가 정확히 무슨 말을 하고자 하는 것인지 도무지 알 수 없다(여러분은 알겠는가?). 하지만 우리가 그 회사의 분위기와 그 리더의 특성을 자세히 들여다보았을 때, 우리는 그곳이 유

생명력이 짧은 동기부여자

어떤 노련한 리더가 자신의 감정 리듬을 통해 추종자들을 이끈다고 할 때 우리는 다음과 같은 당혹스러운 사실에 직면하게 된다. 역사적으로 자신들의 그러한 능력을 이용하다가 비참한 최후를 맞이한 선동가와 독재자가 많다는 사실이 그것이다. 아돌프 히틀러(Adolf Hitler)와 폴포트(Pol Pot) 같은 리더들은 감정이 격해 있는 군중들을 향해 그럴듯한 — 하지만 파괴적인 — 말들을 던진다. 바로 여기에 위대한 리더십과 선동의 중요한 차이점이 있다.

다른 사람들의 공감을 유도하는 리더와 비교해볼 때 선동가는 아주 다른 형태의 감정적 메시지를 퍼뜨린다. 즉 그들은 사람들로부터 두려움과 분노로 점철된 부정적 감정만 끄집어낸다. 가령 그들과 우리의 공동의 적이 우리에게 어떤 위협을 가할 것이라는, 혹은 우리 것을 빼앗을지 모른다는 식의 두려움과 같은 것을 조장한다. 그들이 하는 말은 사람들을 대의명분을 위해 하나가 되게 하는 것이 아니라 도리어 사람들 사이를 이간질한다. 그런 리더들은 사람들의 부정적인 공감을 기반으로 한 — 사람들이 위협을 느끼거나 화가 났을 때 뇌에 어떤 호르몬이 분비되는 투쟁도피 반응식의 생존 감정을 기반으로 한 — 행동 원칙을 세운다. 예를 들어 세르비아의 대통령이었던 슬로보단 밀로셰비치(Slobodan Milosevic)는 이민족을 향한 세르비아계 주민들의 증오심에 불을 붙이는 데 타고난 수완가였다. 그는 국민들을 원한과 두려움, 그리고 분노의 기치 아래 하나로 묶어놓았다. 그 결과 그는 자신과 자신의 국민들에게 돌이킬 수 없는 큰 피해를 안겨주었다.

선동적 언어에는 부정적 감정이 실려 있는데 부정적 감정은 희망과 낙관주의뿐 아니라 진정한 혁신과 창조적 상상력마저도 철저히 짓밟는다. 반면 서로 공유하는 건설적 가치관을 바탕으로 한 리더십은 사람들의 감정이 긍정적 방향으로 반향되도록 한다. 대중의 공감을 불러일으키는 리더십은 공동의 염원을 만들어내면서 미래의 가능성을 이야기하는 언어적 청사진을 통해 사람들로 하여금 믿음을 갖게 한다.

정치 분야는 예로부터 선동가들이 판치는 세계라고 할 수 있지만, 다행히 비즈니스 분야에는 선동가 스타일의 리더가 그렇게 많은 것 같지는 않다. 하지만 일부 경영 리더들은 여전히 사악하기 그지없는 경영술에 의지하여 기업을 운영하고 있는 것도 사실이다. 업무 현장에서의 리더십이 부정적 감정에 바탕을 두고 있다면, 가령 특정의 적을 향한 두려움이나 증오심을 조장하는 식이라면 그것은 어떤 목표를 향해 억지로 사람들을 밀어붙이려고 하는 유치한 속임수이자 조급하고 비열한 방법이다. 사람들로 하여금 어떤 대상을 향해 증오심이나 두려움을 갖게 하는 것이 보다 쉬운 방법일 수는 있다. 왜냐하면 이런 유의 감정은 제대로 분위기만 조성하면 쉽게 드러나기 때문이다. 하지만 생리학적으로 봤을 때 이런 감정들은 짧은 시간 내에 강력하게 폭발하는 특성을 갖고 있는 것으로 우리는 그것에 맞서 싸우거나 도망치게 된다. 만약 그런 감정이 너무 오래 지속되거나 계속해서 반복된다면 사람들은 진이 빠져버리거나 서서히 황폐화되어 갈 것이다. 따라서 사람들이 위기 상황에서 분노나 두려움 때문에 리더를 따르게 된다면 그는 생명력이 짧은 동기부여자에 불과할 뿐이다.

연성이 전혀 없는 회사라는 것을 알게 되었다. 그곳은 확실하지 않은 것은 전혀 용납하지 않았고, 모험도 꺼리며 혁신의 의지도 없을 뿐 아니라 고객의 입장에서 생각하지도 않는 회사였다. 우리는 그 회사의 구성원들이 틀에 박힌 일과만 반복할 뿐이고 그들의 리더가 그려놓은 청사진에는 냉소적으로 반응한다는 것을 알았다. 안타까운 사실은 기업이 곧잘 쓰는 그런 상투적인 말들은 그저 연막에 불과한 것이기 때문에 그 리더는 회사 업무에 대해 직원들과 단 한 번도 진지한 대화를 나눠본 적이 없으며 그러한 현실을 바꿀 의사도 없다는 것이다.

자기 생각에만 빠져 있는 리더들이 주로 이런 대책 없는 리더에 속한다. 또 이런 예도 있다. 소비재 제품을 생산하는 어느 회사의 관리자들이 회사에서 벌어지고 있는 일들에 심각한 문제 의식을 느낀 나머지 CEO와의 면담을 요청했다. 비록 그 회사는 해당 분야에서 열 손가락 안에 드는 잘 나가는 회사였지만 회사의 성장이 하향선을 그리기 시작한 것이다. 현장의 실태를 제대로 파악하고 있는 이들 관리자들은 자신들이 CEO를 도와 회사가 올바른 방향으로 나아가도록 만들고자 나서기로 했다. 그러나 CEO는 관리자들을 면담하는 자리에서 도무지 그들의 말을 들으려 하지 않았다. 관리자들의 우려에 사장이 한다는 소리는 고작 이런 것이었다. "사람들은 한 사람의 영웅을 원하지요. 한 사람만 있으면 됩니다. 우리 직원들에게는 내가 바로 그런 존재지요. 나는 인기 영화배우 같은 존재예요. 사람들은 나를 만나보고 싶어하고 나를 우러러보기도 하지요. 그래서 여러분들을 여기로 오게 하는 것이 좋다는 생각이 들었어요. 그렇게 하면 여러분에게 내가 하고 싶은 말을 할 수 있고, 그럼 여러분은 내가 어떤 사람인지 다른 사람들에게 알려줄 수 있잖아요."

그가 말을 마치자 방 안에 있던 모든 사람들은 할말을 잃고 멍하니 있었다. 그런데 그 침묵을 사장이란 사람은 조금의 의심도 없이 모두가 자신의 말을 잘 알아들은 표시라고 이해했다. 그는 사태를 '우리'라는 관점에서 바라보지 않고 '나'라는 관점에서만 바라봤다. 리더가 오로지 자신에게만 온 정신이 팔려 있다는 것은 다름 아닌 야망의 부정적 이면이다. 위의 예에 나오는 CEO는 사람들 사이에 불화를 조장하면서 회사의 성공을 위해 반드시 도움을 받아야 하는 관리자들의 걱정을 한낱 기우로 여겼다.

하지만 감성지능이 높은 리더는 사람들의 감정 ─ 특히 자신과 다른 사람들의 감정 ─ 의 파장에 주파수를 맞춰 공감을 자아내고 사람들을 올바른 방향으로 이끌어나간다. 우리가 감성지능을 갖춘 리더십을 발휘하고 더 나아가 공감을 자아내는 메커니즘을 이해하려면 뇌 연구에서 밝혀진 새로운 사실들을 눈여겨볼 필요가 있다.

리더십과 뇌의 구조

한쪽 날개만으로 날 수 있는 새는 없다. 가슴과 머리 ─ 감정과 사고 ─ 가 어우러질 때 비로소 타고난 리더십이 발현되는 것이다. 감정과 사고 이 둘은 리더가 하늘 높이 비상하기 위해 갖춰야 할 양 날개와 같은 것이다.

조직의 리더라면 우선적으로 업무의 구석구석을 파악할 수 있는 충분한 지능을 갖추고 있어야 한다. 리더는 분석적이고 개념적인 사고를 바탕으로 과감한 결단을 내릴 수 있는 능력을 갖춰야 한다. 우리는 지능과 명료한 사고 능력을 리더십을 발휘하기 위해 갖춰야 할 기본적인 속성이라고 본다.

이와 같은 기본적인 능력이 없다면 리더로서 감히 명함도 내밀 수 없다. 하지만 지능 하나만으로는 결코 좋은 리더가 될 수 없다. 리더는 자신의 비전을 실현시켜나가는 과정에서 사람들에게 동기를 부여하고, 그들을 이끌고 격려하며, 귀 기울이고 설득할 줄 알아야 한다. 그리고 무엇보다 중요한 것은 이 모든 것을 사람들의 공감을 바탕으로 해야 한다는 것이다. 알베르트 아인슈타인(Albert Einstein)은 다음과 같은 말을 했다. "지능을 우리의 신으로 받드는 일이 없도록 주의하십시오. 지능에는 강한 근육이 있지만 인격은 없습니다. 그것은 우리를 인도할 수 없습니다. 그것은 우리에게 그저 봉사를 할 수 있을 뿐입니다."

지성을 관장하는 신경계와 감성을 관장하는 신경계는 다른 것이지만 이 둘은 서로 긴밀하게 얽혀 있다. 따라서 사고작용과 감정작용을 엮는 뇌의 회로가 위대한 리더십의 신경학적 기반이라고 할 수 있다. 비즈니스 세계에서 제아무리 감성을 배제한 지능에 높은 가치를 두는 경향이 있다고 하더라도 사실 감성이 지능보다 더 강력한 힘을 갖고 있다. 우리에게 위기가 닥치면 감정 중추인 변연계가 뇌의 다른 부분을 통제하기 때문이다.

이처럼 인간의 감정에 특별한 힘이 있는 까닭은 무엇일까? 감정은 생존을 위해 없어서는 안 되는 것으로, 뇌가 우리에게 위험을

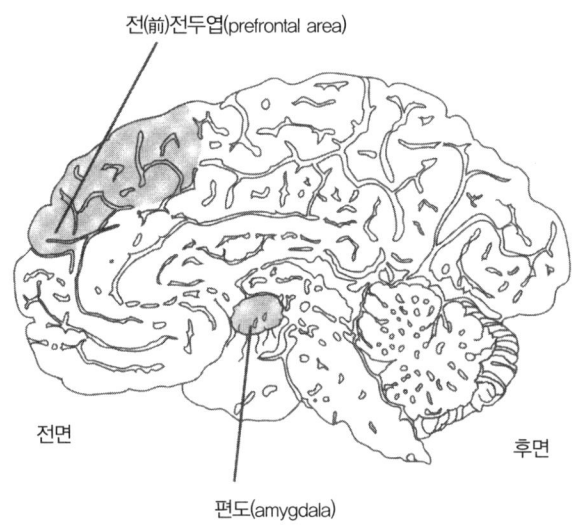

※ 중요한 감정 조절 회로는 전전두엽에서 시작되어 변연계의 일부인 중뇌의 한쪽에 위치한 편도로 이어진다.

알리고 즉각적인 행동 — 싸우거나 도망치거나 얼어붙은 듯 꼼짝도 않거나 — 을 취할 수 있도록 해주는 통로 역할을 한다.

변연계에서 진화된 뇌의 사고 영역은 위협을 느끼거나 스트레스를 받을 때도 계속해서 그곳으로부터 명령을 받는다. 뇌의 변연계 부분에 해당하는 편도(amygdala)는 시시각각 우리에게 일어나는 일을 감시하고 만일의 경우를 대비해서 늘 대기중인 곳인데, 우리에게 억누를 수 없는 감정을 솟구치게 하는 역할을 담당하고

1부 감성의 힘 *59*

있다. 감정의 위기 상황을 감시하는 일종의 레이더인 편도는 위협을 감지했을 때 즉각적인 행동을 취할 수 있도록 대뇌 신피질의 이성 중추를 포함한 뇌의 다른 부분에 명령을 내린다.

인간 뇌의 이와 같은 구조는 지난 1억 년간 진화를 해오면서 맡은 바 역할을 훌륭히 수행했다. 두려움이라는 감정 덕분에 초기 포유류는 그들을 먹어치우려는 포식자들의 실제적인 위협을 헤쳐나올 수 있었으며 격분이라는 감정이 있었기에 어미가 새끼를 보호하기 위해 포식자에 맞서 싸울 수 있었다. 그 밖에도 질투심, 자부심, 모욕감, 애정 등 사회적 관계에서 파생되는 온갖 감정 덕분에 초기 영장류 집단의 가족 체제가 나름의 질서를 가질 수 있었는데 이를 오늘날에는 암흑가의 검은 조직이 똑같이 되풀이하고 있다.

인간이 진화의 과정을 겪으면서 살아남을 수 있었던 것은 여러 가지 다양한 감정 덕분이지만, 신경학적 차원의 리더십 딜레마가 생겨난 것은 채 1만 년도 안 된 일이다. 오늘날과 같은 진보된 문명 속에 살면서도 우리는 과거 물리적 위협에 맞설 수 있도록 설계된 뇌를 가지고 복잡한 현실(예를 들어 뭔가 우리를 속이고 있다는 막연한 느낌이 드는 것 같은)과 맞닥뜨리고 있다. 그래서 우리는 뭔가에 끌려다니는 느낌, 다시 말해서 직장 생활에서 겪는 음흉한 위협보다 신체적 위협을 제어하는 데 필요한 불안감이라든가 노여움 같은 감정에 끌려다니는 듯한 느낌을 갖는 것이다. 예를 들어 다음과 같은 감정의 폭발을 생각해보라. '도대체 이 빌어먹을 자식은 자기가 뭐라도 되는 줄 아나봐. 화가 나 미치겠는데 묵사발을 만들어버릴까.' 사실 이와 같은 감정의 폭발은 물리적 위협이 지금에 비해 훨씬 노골적이던 원시 시대에나 통하던 감정의 발산인데, 이러한 것을 우리는 현대 사회 생활에서 아직 그대로 드러내고 있다.

다행히도 이러한 감정의 충동은 편도에서 출발해 뇌의 행동 중추가 위치한 이마 안쪽의 전전두엽(prefrontal area)에 이르는 긴 회로를 거치게 되어 있다. 전전두엽 부위는 뇌의 각 부분에서 보내온 정보를 받아서 분석하고 난 뒤에 무엇을 해야 할지 결정을 내리는 곳이다. 전전두엽은 순식간에 일어난 충동적 감정에 거부권을 행사하기도 하면서 우리가 좀더 적절한 반응을 할 수 있도록 조절하는 역할을 한다. 그래서 아까와 같은 표현 대신에 다음과 같은 제어가 가능해진다. '기억 안 나? 그 친구는 자네에게 연간 보고서를 주는 사람이잖아. 그러니 후회할 행동을 하기 전에 진정하고 그가 또 무슨 말을 하는지 잘 들어보라고.' 전전두엽이 이와 같은 거부권을 행사하지 않는다면 그 결과는 감정의 하이잭으로 이어져 거기서 편도의 충동이 생겨날 것이다. 결국 감정의 폭발이 발생하는 것은 전전두엽 부위의 회로가 감정의 충동을 제대로 감시하지 못해서다.

감성 중추와 전전두엽의 뉴런들 사이에 벌어지는 의사소통은 우리의 사고와 감정이 잘 조화되도록 하는 신경학적 슈퍼 하이웨이에 해당하는 기관을 통해 이루어지는 것이다. 리더십의 가장 중요한 요소 중 하나인 감성지능 능력은 전전두엽과 변연계 사이의 회로가 얼마나 원활하게 작용하느냐에 달려 있다.

전전두엽 — 변연계 회로에 손상을 입은 신경외과 환자들을 연구한 결과 그들의 인지 능력이 저하되었음을 알 수 있었다. 이와 같은 사실에서 우리는 대뇌의 신피질에만 자리하고 있는 순수한 인지적 능력, 즉 지능과 기술적 지식, 사업 수완 등은 감성지능과 다른 것임을 알 수 있었다.

결국 생물학적 차원에서 볼 때 사람들의 공감을 불러일으키는 리더십을 발휘한다는 것은 우리의 지성과 감성을 한데 묶는 것을 의미한다.

물론 기업의 리더에게는 사업적 안목과 함께 결단력 있는 사고 능력이 절대적으로 요구된다. 하지만 지성만 가지고 조직을 이끌려고 하는 리더는 방정식을 풀기 위해 거쳐야 하는 중요한 단계를 하나 빠뜨리는 셈이다. 한 가지 예를 들어보자. 어느 다국적 회사에 새로 부임한 CEO가 회사의 사업 전략을 바꾸고자 했다. 그러나 그는 실패했고 결국 일 년도 안 되어 그 자리에서 물러났다. 그 회사의 수석 부사장이 우리에게 이런 말을 들려주었다. "그는 직원들을 감정적으로 설득하지도 않은 채 오로지 자신의 지적인 능력만 믿고 회사를 바꿀 수 있다고 생각했습니다. 그는 새로운 전략을 수행할 주체인 직원들로부터 동의를 구하는 과정도 거치지 않고 전격적인 전략 수정에 돌입했지요. 간부들에게 사장의 독불장군식 리더십에 대한 불만을 호소하는 직원들의 전자우편이 쇄도했습니다. 결국 사장은 그 자리에서 쫓겨나고 말았죠."

감성지능의 네 가지 핵심 영역

일을 향한 설렘, 희망, 열정을 불러일으키고 협력과 신뢰의 분위기를 조성하는 것이 리더의 가장 큰 임무라고 주장한 사람은 우리가 처음이 아니다. 우리는 다만 거기서 한 걸음 더 나아가 어떻게 감성지능이 리더로 하여금 그런 기본적인 과업을 수행할 수 있도록 하는지를 보여주고자 할 뿐이다.

감성지능은 자기인식, 자기관리, 사회적인식, 관계관리라는 네 가지 영역으로 나뉘는데 네 가지 모두 사람들과 공감하는 리더십을 발휘하기 위한 중요한 능력이다.

물론 이들은 서로 역동적인 관계를 유지하며 밀접하게 얽혀 있다. 예를 들어 리더가 자신의 감정을 제대로 인식하지 못한다면 자신의 감정을 제어할 도리가 없다. 그리고 그가 자신의 감정을 통제할 수 없다면 관계를 제어하기 위한 그의 노력은 고전을 면치 못할 것이다. 우리는 연구를 통해 이러한 역동적인 관계를 움직이는 체계를 발견했는데, 간단히 말하자면 자기인식은 감정을 공유하는 능력과 자기관리를 용이하게 만들어주며, 이 두 가지가 함께 어우러질 때 효과적인 관계관리가 가능하다. 따라서 감성지능 리더십은 자기인식의 바탕 위에서 형성되는 것이라고 할 수 있다.

자기인식 — 사업 영역에서 곧잘 간과되는 — 은 다른 모든 것의 바탕이다. 자신의 감정을 제대로 파악하지 못하면 그것을 다스릴 수가 없으며 다른 사람들의 감정을 헤아리기도 어렵다. 자기인식이 가능한 리더는 자신의 내면에서 우러나오는 신호에 주파수를 맞출 줄 안다. 자신의 감정이 어떻게 자신과 자신이 하는 일에 영향을 미치는지 알고 있는 것이다. 그는 분노의 감정이 함부로 폭발하도록 하지 않고 그것이 커지는 것을 가만히 주목한다. 그러다 보면 왜 그러한 감정이 생겨났으며, 어떻게 해야 그것에 대해 건설적인 조치를 취할 수 있을지를 깨닫게 된다. 한편 감정에 대한 자기인식이 결여된 리더는 화를 억누를 수 없고 왜 그런 감정이 자신을 몰아대는지도 이해할 수 없다. 그 밖에도 자기인식은 다른 사람의 감정을 공유하거나 다른 사람이 상황을 어떻게 바라보는지를 이해하는 것에 있어서도 중요한 역할을 한다. 그러므로 리더가 자신의 감정을 잘 감지하지 못한다면 그는 다른 사람이 느끼는 것을 공감할 수 없다.

사회적인식은 특히 다른 사람의 감정을 헤아려 그들의 공감을 이끌어내야 하는 리더의 과업을 수행할 수 있도록 만들어준다. 사람들이 느끼고 있는 바를 공감할 수 있다면 리더는 상황에 걸맞는 말과 행동을 할 수 있다. 그것은 곧 사람들의 두려움을 가라앉히는 것일 수도 있고 화를 누그러뜨리는 것일 수도 있고 아니면 기분을 좋게 만드는 것일 수도 있다. 사람들의 마음을 헤아릴 줄 아는 리더는 조직을 끌고 나갈 수 있는 공동의 가치관과 최우선 과제가 무엇인지를 안다.

같은 이유로 사람들의 마음을 헤아리지 못하는 리더는 부지불식간에 파행을 저지르거나 부정적 반향을 유발하는 말과 행동을 하게 된다. 다른 사람의 마음을 헤아린다는 것은 그들의 생각에 귀를 기울여 의도를 제대로 파악하는 것이다. 그것은 곧 리더로 하여금 사람들 사이의 감성 채널에 주파수를 맞춰서 공감의 분위기를 조성하도록 한다. 그리고 그처럼 사람들의 마음에 파장을 맞춘 리더는 그 이후의 미세 조정을 통해 공감의 분위기를 지속시키는 메시지들을 내보낼 수 있게 된다.

결국 리더가 자신의 비전과 가치관을 이해하고 집단의 감성을 파악할 수 있게 되면 리더의 관계관리 능력은 공감을 촉진시키는 쪽으로 나아가게 된다. 하지만 집단의 감성적 기조를 이끌어나가기 위해서는 리더가 먼저 자신이 나아가고자 하는 방향과 우선 과제를 분명히 해야 할 필요가 있다. 여기서 다시 자기인식의 중요성이 부각되는 것이다.

 이상과 같은 네 가지 감성지능 영역들의 역동적인 관계는 이론이 아닌 실천적 중요성을 갖고 있다. 그것들은 사람의 마음을 헤아릴 줄 아는 위대한 리더십을 제대로 수행하기 위해 필요한 기본적 요소들이다. 그러면 이제 리더로 하여금 자신이 이끄는 사람들 사이에 공감을 불러일으킬 수 있도록 하는 감성지능 능력의 바탕인 신경해부학에 대해 살펴보기로 하자.

Chapter THREE

감성과
리더십

　공감이란 뇌의 기능 면에서 볼 때 사람들의 정서 중추가 일제히 긍정적인 방향으로 작동하는 것을 의미한다. 그리고 뇌와 뇌 사이의 이러한 공감의 관계를 만들어내는 가장 강력하고도 직접적인 방법 가운데 하나가 바로 웃음이다. 새로운 활로를 모색하기 위해 전국 대리점 대표들이 한데 모인 어느 기업의 대표자 회의를 통해 리더십을 신경해부학적인 관점에서 논한다는 것이 어떤 것인지 살펴보도록 하자.
　회의에 참석한 영업 담당 부사장은 모두에게 나눠준 시장조사 자료를 보면서 막대한 광고비용 지출에 대해 혼자 엉뚱한 결론을 내렸다. 그의 말을 듣고 그 자리에 모인 사람들은 자료만 뚫어지게 들여다보면서 아무 말도 하지 않았다. 그 침묵은 영업 담당 부사장의 판단이 틀렸다는 것을 의미했다.

드디어 팽팽한 긴장감을 깨고 중역진 가운데 한 사람이 다음과 같은 재치 있는 말을 영업 담당 부사장을 향해 던졌다. "안경을 안 쓰고 보셨나봐요."

모두가 웃음을 터뜨렸다. 이 가벼운 농담 덕에 두 가지 문제가 쉽게 해결되었다. 첫번째는 자칫 노골적인 비판으로 살벌한 분위기를 만들 수도 있었던 문제를 부드럽게 처리했다는 것이고, 또 하나는 그곳에 모인 모든 사람들이 영업 담당 부사장의 판단이 틀렸다고 생각한다는 것을 은연중에 보여줄 수 있었다는 것이다. 덕분에 쓸데없이 반박하고 논쟁하느라 시간 허비하는 것을 피할 수 있었다. 회의에 참석한 사람들은 자연스럽게 이 위기를 어떻게 극복할 것인가 하는 다음 논의로 넘어갔다.

1장에서 다루었던 유머와 열린 고리에 관한 신경생리학적 연구 결과로 미루어 보건대 그 중역의 재치 있는 한마디 말은 대리점 대표들의 정서 중추를 긍정적인 활동 영역으로 옮겨놓았다고 할 수 있다. 그 덕분에 그 자리에 모인 사람들이 부사장의 잘못된 판단에 더 이상 마음을 쓰지 않고 바로 해결책에 대한 논의로 넘어갈 수 있었던 것이다. 더군다나 그 중역은 자신이 사람들을 긍정적인 방향으로 몰고 가겠다는 의도를 노골적으로 비치지 않고도 그와 같은 멋진 일을 해냈다.

우리가 앞서 살펴본 바대로 유머를 적절히 잘 구사한다는 것은 유능한 리더십의 대표적인 특징이다. 그것이 곧 반박이나 논쟁 자체를 아예 회피하라는 것을 뜻하지는 않지만 유능한 리더는 분명

시간을 내서 문제점을 일일이 지적하는 것이 필요할 때와 필요하지 않을 때를 판단할 줄 아는 감각이 있어야 한다.

그렇다고 적절한 유머를 구사하기 위해 굳이 타이밍 감각과 화려한 레퍼토리를 가진 코미디언이 되어야 할 필요는 없다. 별 볼일 없어 보이는 사소한 농담이 긴장된 상황에서 촌철살인의 정서적 힘을 발휘하여 팽팽한 긴장을 해소시키는 수도 있는 법이다. 그로 인해 폭소가 터지든 그저 미소만 짓게 만들든 간에 말이다.

사람들의 긴장과 불안을 순간적으로 이완시켰던 영업 담당 부사장을 향한 농담처럼 유능한 리더십과 웃음의 관계를 보여주는 사례들은 수없이 많다. 또 다른 예로 리더십 평가를 위한 면담을 분석한 결과를 보자. 면담을 통해 연구자들은 간부가 면담 도중 얼마나 자주 면접관들을 웃게 만드는지를 보았다고 한다. 그러고 나서 그들 중에서 누가 과연 뛰어난 리더십을 갖춘 사람인지를 가려내기 위해 그들의 업무 활동을 관찰했다. 그 결과 유능한 리더는 다른 평범한 간부들에 비해 면접관을 두 배 이상 많이 웃게 만들었다는 결과가 나왔다(연구를 통해 성공한 리더의 모습은 다음과 같은 두 가지 요소로 규정된다는 결론을 얻었다. 우선 그들은 그들의 매출 실적을 보여주는 보너스 액수에서 상위 30퍼센트 안에 든다. 그리고 동료와 상사의 90퍼센트가 그를 뛰어난 리더라고 인정한다).

또한 연구자들은 미국과 전세계를 무대로 활동하고 있는 대표이사들과 최고경영자들로 이루어진 고급 리더들을 대상으로 그들의 업무 능력를 평가하는 면담을 실시하기도 했는데, 뛰어난 리더는 면담 과정에서 다른 리더들에 비해 세 배 이상 — 거의 4분에 한 번꼴로 — 재미있는 말을 많이 한다는 결과를 얻었다.

결국 가장 유능한 리더는 심지어 긴장감이 도는 상황에서도 자유자재로 유머를 구사하면서 사람들의 정서적 기조를 바꾸는 긍정적 메시지를 전달한다는 사실이 밝혀졌다. 비록 리더가 하는 말이 계약서나 사업계획서 같은 딱딱한 내용을 담고 있다 하더라도 단 한 번의 웃음이 가져다주는 유쾌한 기분은 그가 친화력 있는 인간관계를 유지할 수 있도록 한다.

위대한 리더십의 도구, 감성지능

어쨌든 중요한 것은 뛰어난 감성에서 비롯되는 매끄러운 유머 구사 능력이야말로 최고의 리더십을 발휘하기 위한 열쇠라는 사실이다. 결국 뛰어난 감성지능이야말로 훌륭한 리더십을 수행하기 위한 도구라고 할 수 있다.

초기에 진행했던 우리의 연구들을 다시 돌아보면 우리가 지능 연구의 기반으로 삼았던 개념의 기원은 지금은 고인이 된 전 하버드 대학 교수 데이비드 맥클레랜드(David McClelland)가 1973년에 제안한 획기적인 주장으로 거슬러 올라간다. 맥클레랜드 교수는 조직이 리더의 자리에 걸맞는 사람을 채용하거나 승진시키려고 한다면 우선 기존 인사 원칙부터 과감하게 버려야 한다고 했다. 그러기 위해 그는 IQ와 전문기술, 그리고 인성 같은 것을 평가하거나 이력서를 한 번 훑어보는 대신 우선 그 분야에서 뛰어난 업무 수행 능력을 보인 사람을 자세히 검토한 후 그를 보통 수준의 업무 수행 능력을 보이는 다른 사람과 체계적으로 비교해보는 방법을 제안했다.

그렇게 하면 뛰어난 업무 수행 능력을 보여준 사람은 그 지위가 요구하는 기본적 능력(그 자리에서 일을 하려면 반드시 갖춰야 할 능력)뿐 아니라 그와는 차원이 다르지만 오히려 더 중요하다고 할 수 있는 능력 — 보통 사람은 할 수 없고, 뛰어난 사람만이 할 수 있는 — 을 갖추고 있음이 드러날 것이라는 게 그의 주장이다. 따라서 맥클레랜드는 그와 같은 능력을 겸비한 사람을 뽑거나, 아니면 그런 능력을 갖출 수 있는 여건을 만들어줘야 한다고 말했다. 그의 제안은 현재 세계적인 대기업과 조직체들에 채택되어 뛰어난 리더로서의 자질을 인정하고 훈련하기 위한 리더십 강화 모델로 자리잡고 있다.

그러면 여기서 맥클레랜드의 동료 라일 스펜서(Lyle Spencer)가 어느 산업 제어 시스템 회사 — 20억 달러의 자산 규모를 갖고 있는 지멘스(Siemens)의 다국적 자회사로, 56개국에 400개의 지점을 두고 있다 — 를 위해 개발한 리더십 능력 강화 모델을 살펴보자. 모델 수립의 첫 단계는 수입과 판매 수익 성장률이 상위 10에서 15퍼센트 이내에 드는 '스타급 리더들'을 가려내는 것에서 시작되었다. 그 다음 그들의 업무 수행 능력을 평균 수준의 능력만 가지고 있는 다른 관리자들과 비교한 후 능력 평가를 위한 집중 면담을 실시했다.

면담이 끝난 후 스펜서는 스타급 리더들에게서만 찾아볼 수 있는 '감성지능 — 기술적, 인지적 능력과는 다른 — 의 능력'으로 목표를 성취하기 위한 강한 추진력, 일을 주도적으로 끌고 나가는 진취력, 협동과 팀워크를 이끌어내는 능력의 세 가지를 꼽았다.

그러고 나서 다른 부서의 책임자들도 이와 같은 감성지능의 능력을 갖출 수 있도록 훈련을 시켰다. 먼저 그들에게 각각의 감성지능 능력에 대한 설명을 한 다음 그들이 현재 어느 정도의 능력을 갖고 있는지 평가했다. 그리고 그들의 감성지능 능력과 업무 수행 능력을 향상시키기 위한 목표를 설정한 것이다.

훈련을 마친 후 관리자들은 자신들의 능력을 크게 향상시킬 수 있었으며 그로 인해 회사의 수익도 대폭 늘었다. 이 같은 훈련을 받지 않은 부서에 비해 두 배나 많은 수익 상승률을 기록했다.

차세대 리더의 조건

감성지능을 갖춘 리더의 역할이 제아무리 중요하다고 해도 우리가 조직이나 국가의 성패가 오로지 카리스마 있는 한 사람의 리더에 의해 좌우된다는 근거 없는 주장을 하려는 것은 아니다. 사회학자 막스 베버(Max Weber)의 주장처럼 특정 체제가 지속적으로 발전할 수 있는 것은 지도자 한 사람의 카리스마 때문이 아니라 체제가 자신의 체계 안에서 리더십을 개발했기 때문이다.

베버의 주장은 오랜 세월에 거쳐 살아남을 수 있는 기업을 세우는 데도 적용된다. 오래 번창하는 회사들은 모두 새로운 세대의 유능한 리더들을 키워낼 수 있는 나름의 묘책을 지니고 있다. 가령 세계적인 제약 회사 존슨앤존슨(J&J)이 실시한 미래의 리더십에 관한 탁월한 연구 분석을 예로 들어보자. 존슨앤존슨의 대표이사인 랄프 라센(Ralph Larsen)은 회사의 성장 계획안을 검토하다가 회사가 계속 성장하려면 더 많은 리더가 필요하다는 것을 깨닫고 리더십의 계발이 회사의 가장 중요한 사명이라고 생각했다. 그는 곧바로 연구팀으로 하여금 존슨앤존슨에 있는 358명의 중간 관리자들을 집중 관찰하도록 했다. 그들 중 절반 가량은 높은 잠재력을 갖고 있는 사람들로 이미 탁월한 업무 수행 능력이 입증된 관리자들이었고, 나머지 사람들은 업무 수행 능력이 그에 조금 못 미치는 부류에 속했다. 45퍼센트의 여자와 55퍼센트의 남자로 구성된 358명의 간부들은 미국, 유럽, 중동, 아프리카, 아시아, 오스트레일리아를 포함한 세계 각국에서 온 사람들이었다. 이들에 대한 평가는 그들의 업무 분야에 정통한 세 명의 상급 간부들에 의해 존슨앤존슨의 리더십 모델과 감성지능 능력을 기준으로 비밀리에 진행되었다. 연구팀은 ECI(감성능력 검사지표), 즉 리더십에 있어서 감성지능의 정도를 평가하기 위한 '360도 평가(하나의 대상에 대한 다양한 정보를 수렴하는 방법 — 역주)'를 통해 확인된 리더십 능력을 가지고 이들 재능 있는 간부들을 평가했다.

실제로 이들 높은 잠재력을 지닌 집단의 간부들은 모두 리더십 능력 가운데 한 가지씩을 갖추고 있다는 것이 드러났다. 반면 나머지 집단의 간부들은 리더십 능력을 거의 갖고 있지 않았다. 결론적으로 공감을 불러일으키는 리더십 능력인 감성지능 능력은 이들 선별된 집단만의 특징이라고도 볼 수 있다. 여기서 그들 간의 문화적 차이는 전혀 무의미했다. 즉 뛰어난 리더들의 감성지능 능력은 출신에 관계없이 고른 수준을 보여주었으며, 이러한 능력은 기업의 업무가 진행되는 곳이면 어디에서든 중요하게 인정받는 것이었다.

감성지능의 네 가지 차원

감성지능의 차원과 그에 수반되는 능력에 대한 우리들의 생각은 새로운 분석 자료가 추가됨에 따라 더욱 깊어지고 정교해졌다.

감성지능의 초기 모델 단계에서는 다섯 부분으로 나뉘었던 감성지능의 주요 영역을 지금은 좀더 단순화하여 네 부분 — 자기인식, 자기관리, 사회적인식, 관계관리 — 으로 나누었다. 그리고 처음에 25개로 분류했던 종류별 능력도 지금은 18개로 단순화시켰다(76~77페이지 참조).

예를 들어 감성지능 영역 가운데 하나인 사회적인식 능력으로는 감정이입 능력과 서비스 능력 등이 있다. 이런 식으로 만들어지는 감성지능 모델은 몇 가지 구체적인 능력들과 그것을 움직이는 뇌의 역동적 움직임을 한데 묶는 역할을 한다.

감성과 뇌에 관한 최근의 연구 결과를 보면 이러한 능력들이 신경학적 기반을 전제로 하고 있다는 것이 더욱 분명하게 드러난다. 그리고 이러한 연구를 통해 뇌의 역동적 활동에 대한 보다 구체적인 윤곽을 잡을 수 있게 된 것은 물론이고, 리더십을 기르기 위한 실용적 지침을 마련할 수도 있게 되었다.

여기서 한 가지 명심할 것이 있는데 — 이 책의 후반부에서 자세히 논하겠지만 — 이와 같은 감성지능 능력은 타고나는 것이 아니라 후천적으로 학습된다는 점이다. 각각의 감성지능 능력은 모두 공감을 불러일으키는 유능한 리더가 되기 위해 갖춰야 하는 것이다. 리더가 지니고 있는 감성지능 능력은 그가 이끌고 있는 집단의 수익에도 큰 영향을 미친다. 따라서 조직적 차원에서 리더가 자신의 능력을 스스로 개발할 수 있도록 지원해주는 것이 곧 비즈니스의 최우선 요구 사항에 부응하는 길이라고도 할 수 있다.

이제 우리는 감성지능의 틀을 형성하는 신경학의 도움을 받아 리더십의 기술을 배우는 데 있어서의 유용한 것과 유용하지 않은 것을 명확히 구분할 텐데 이것이 이 책의 2부에서 중점적으로 다룰 주제다.

우리의 기본 주장은 공감을 불러일으키는 감성지능을 갖춘 리더만이 위대한 리더십을 발휘할 수 있다는 것이다. 우리가 앞으로 소개하려고 하는 리더십 수행에 관한 이론적 작업은 바로 이러한 전제를 바탕으로 하는 것으로, 감성지능의 네 가지 차원에 관한 신경학적 측면과 네 가지 차원에서 비롯된 감성지능 능력과의 관련성을 보여준다. 결국 감성지능 능력이라는 것은 집단 내에 공감대를 형성하기 위한 여러 가지 다양한 리더십 스타일의 기본 원칙이라고 보면 되겠다.

한 가지 흥미로운 사실은 우리가 만나본 리더들은 그들의 명성과는 무관하게 다양한 감성지능 능력 각각에 대해 모두 일정한 수준을 유지하고 있었다는 것이다. 아주 유능한 리더의 경우 여섯 가지 정도의 주요 감성지능 능력에 대해 아주 높은 수준을 보여주었다.

게다가 훌륭한 리더십에는 정해져 있는 일정한 틀이 없다. 다시 말해서 위대한 리더가 되는 길은 여러 갈래이며, 훌륭한 리더일수록 남다른 독특한 스타일을 갖고 있다. 그래도 어쨌든 유능한 리더라면 감성지능의 네 가지 기본 영역들 각각에 대해 적어도 한 가지 이상의 뛰어난 능력을 갖추고 있어야 한다.

감성지능의 네 가지 차원과 그에 수반되는 능력들(부록 B 참조)

개인적 능력: 자신을 다스리는 능력

1. **자기인식 능력**
   - 감성적 자기인식 능력: 자신의 감정을 읽고 그것의 영향력을 깨닫는 것. 결정을 내리는 데 본능적인 감각을 이용한다.
   - 정확한 자기평가 능력: 자신의 장점과 한계를 아는 것.
   - 자기확신 능력: 자신의 가치와 능력에 대해 긍정적으로 생각하는 것.

2. **자기관리 능력**
   - 감성적 자기제어 능력: 파괴적인 감정과 충동을 통제하는 것.
   - 솔직할 수 있는 능력: 솔직히 있는 그대로를 보여주는 것, 진실함.
   - 적응력: 상황의 변화에 적응하고 장애를 극복하기 위해 유연하게 대처하는 것.
   - 성취력: 나름대로 정해놓은 최선의 기준을 충족시키기 위해 노력을 아끼지 않는 능력.
   - 진취성: 주도적으로 먼저 나서고 기회를 포착할 수 있는 능력.
   - 낙천성: 모든 사물을 긍정적으로 보는 능력.

사회적 능력: 관계를 다스리는 능력

3. **사회적인식 능력**
   - 감정이입의 능력: 다른 사람의 감정을 헤아리고 그들의 시각을 이해하며 그들의 생각에 적극적인 관심을 표명할 줄 아는 능력.
   - 조직적인식 능력: 조직 단위에서의 흐름과 의사결정 구조, 경영방식

등을 읽어내는 능력.

- 서비스 능력: 부하직원과 고객의 요구를 알아차리고 부응하는 능력.

4. 관계관리 능력

- 영감을 불러일으키는 능력: 확고한 전망으로 사람들을 이끌고 동기부여를 하는 능력.
- 영향력: 다양한 설득의 기술을 구사할 줄 아는 능력.
- 다른 사람을 이끌어주는 능력: 적절한 피드백과 지도로 다른 사람의 능력을 지지해주는 능력.
- 변화를 촉진하는 능력: 새로운 방향을 제안하고 관리하며, 사람들을 그곳으로 이끄는 능력.
- 유대.형성 능력: 관계의 망을 만들고 유지하는 능력.
- 팀워크와 협동을 이끌어내는 능력: 팀을 구성하고 협력 체제를 조성하는 능력.

자기인식 능력

자기인식이란 간단히 말해서 자신의 감정, 능력, 한계, 가치, 목적에 대해 깊이 이해하는 것을 말한다. 자기인식이 강한 사람은 현실적 감각 — 지나치게 자기비판적이지도 않고, 어리석게 낙관적이지도 않은 — 이 있는 사람이다. 무엇보다 그들은 자기 자신에 대해 솔직한 사람들이다. 그들은 자신의 결점 때문에 다른 사람들의 놀림감이 되는 한이 있더라도 다른 사람 앞에서 자신에 대해 솔직하다.

그리고 자기인식의 능력을 갖춘 리더는 자신의 가치, 목표, 꿈이 무엇인지 제대로 이해하고 있다. 그들은 자신들이 무엇 때문에 어디를 향해 가고 있는지를 아는 사람들이다. 그들은 자신에게 적절하다고 생각되는 것에 맞춰나갈 수 있는 사람들이다. 가령 그들은 대우가 좋은 일자리 제안을 받는다 하더라도 그 일이 자신의 원칙과 장기적 목표에 부합하지 않으면 과감하게 거절할 수 있을 정도로 확고한 신념이 있다. 반대로 자기인식 능력이 부족한 사람은 원칙을 쉽게 내팽개치고 곧잘 마음의 갈등을 초래하는 결정을 내린다. 그런 사람은 스스로 선택한 일이라 할지라도 한 2년 정도 지나면 이렇게 말할 것이다. "조건이 좋아서 시작하긴. 했는데 일이 재미가 없고 따분하기만 해."

자기인식이 투철한 사람들은 자신의 가치관에 부합하는 결정을 내리기 때문에 자신들의 일에 그만큼 열정을 갖고 임하게 된다. 자기인식 능력을 갖추고 있음을 가장 잘 보여주는 것은 자신의 생각을 따져보는 마음과 숙고하는 자세다. 자기인식 능력을 갖춘 사람들은 객관적으로 조용히 따져보는 여유를 갖고 있는 사람들이다. 그렇게 함으로써 그들은 충동적으로 행동하기 전에 몇 번이고 자신의 결정에 대해 생각해볼 수 있는 것이다. 실제로 대부분의 뛰어난 리더들은 영적인 삶을 통해 개발한 자기반성의 독특한 방법을 자신의 일에 반영하고 있다. 어떤 이들은 기도나 명상의 방법을 사용하고, 또 어떤 이들은 자신을 이해하기 위한 철학적 성찰의 방법을 사용하기도 한다.

자기인식 능력을 갖춤으로써 갖게 되는 이러한 특성들 덕분에 리더는 공감대를 형성하는 데 필요한 확신과 진실함을 가지고 행동에 임할 수 있다.

최고의 업무 수행 능력을 이끌어내는 방법

전문적으로 이야기한다면 우리가 지침으로 내세운 가치들은 뇌에서의 감성적 기조에 따른 사고의 위계 질서에 따라 분류된다. 감성적 기조란 것은 개인적으로 좋아하는 일과 리더의 위치에서 해야만 하는 일, 그리고 시키는 대로 해야 하는 입장에서 어쩔 수 없이 하는 일 등으로 인해 만들어진다. 그리고 이러한 감정에 힘과 방향이 주어지면 특정 목표가 마음에 드는지 안 드는지를 결정하게 된다. 예를 들어 불우한 환경의 어린이들을 도와준다거나 자신의 분야에서 탁월한 사람과 함께 일을 할 수 있다는 생각에 마음이 설레는 사람은 동기부여가 확실한 사람이다.

이러한 모든 일은 바로 뇌의 전두엽 — 주의력과 자기인식이 생기는 부위 — 에서 일어난다. 전두엽은 좋아하는 것에 대한 감정을 제어하는 일을 한다. 따라서 이 부위에서 일어나는 신경회로의 작동은 우리의 긍정적인 느낌을 간직하고 있다가 우리가 목표를 향해 나아갈 때마다 반복적으로 그것을 우리 마음에 전달한다. 그렇게 형성된 즐거운 기분은 마치 응원단처럼 우리가 계속 앞으로 나아갈 수 있도록 한다.

신경학적 관점에서 볼 때 우리로 하여금 삶의 목표를 향해 꾸준히 나아가도록 만드는 힘은 우리가 그 일을 해냈을 때 느끼게 될 성취감을 미리 일깨워주는 마음의 능력에 있다. 그리고 이 능력은 편도와 좌측 전전두엽을 이어주는 회로에 놓여 있다.

우리의 열정을 자극하여 최선을 다하게 만드는 것이 무엇이건 간에 — 순수한 열정, 혹은 뭔가 더 좋은 일을 하기 위해 배우고 있다는 만족감이나 뛰어난 능력을 가진 동료들과 일을 한다는 즐거움, 그도 아니면 그저 돈 버는 맛 — 이 모든 동기들은 동일한 신경회로를 지나가게 되어 있다. 일에 대한 열정이 뇌의 차원에서 어떻게 나타나는가를 보면 우리가 일을 할 때 좌측 전전두엽 신피질에 연결된 회로에서 기분 좋은 감정이 지속적으로 풍부하게 흘러나오는 것을 알 수 있다. 그와 동시에 좌측 전전두엽 부위의 뇌회로는 일을 지속하는 데 방해가 되는 좌절감이나 근심을 누그러뜨림으로써 우리가 일에 보다 적극적으로 임할 수 있도록 해준다. 이는 우리가 더 나은 가치를 지닌 목표를 향해 나아가는 도중에 불가피하게 맞닥뜨릴 수밖에 없는 방해와 좌절, 그리고 실패를 스스로 극복할 수 있음을 보여준다. 우리는 위기의 순간에 처해도 거기에 숨겨져 있는 기회나 유익한 교훈을 찾아내 계속 앞으로 나아갈 수 있다.

결국 소극적이고 부정적인 마음을 제어하고 대신 적극적인 마음을 불러일으키는 전전두엽 회로의 기능이 얼마나 잘 작동하는가에 따라 잘못된 생각으로 쉽게 희망을 잃어버리는 비관주의자와 목적을 달성했을 때 누리게 될 보람을 떠올리며 역경을 견뎌내는 낙관주의자가 나뉘게 되는 것이다.

이런 과학적 사실을 어떻게 리더와 조직에 적용할 수 있을까? 사람들은 일에 대한 동기부여가 너무도 당연하게 이루어지는 것으로 여긴다. 다시 말해 사람들은 자신들이 일에 애착을 갖고 있다고 여긴다. 하지만 실상은 좀 다르다. 자신의 맡은 바 일에 완전히 몰입하는 사람만이 자신의 일에서 진짜 즐거움을 찾을 수 있으며, 그러한 즐거움이야말로 진정한 동기부여의 원천이다. 물론 보너스니 포상이니 하는 것도 어느 정도는 사람들로 하여금 일을 좀 더 적극적으로 수행하도록 하는 자극제 역할을 하기는 한다. 하지만 외부로부터 주어지는 동기부여만으로는 사람들이 가지고 있는 최고의 업무 수행 능력을 이끌어낼 수 없다.

미래를 내다보는 혜안

직관력은 업무적 차원에서나 일상의 차원에서나 어떤 중대한 결정을 내려야 할 때 절대적으로 요구되는 리더십 능력이다. 이 능력은 자기인식 능력을 갖춘 리더에게서 자연스럽게 발견되는 능력이기도 하다. 리더를 비롯한 직장인들이 사업상 활용할 수 있는 온갖 자료들이 홍수처럼 넘쳐나는 요즘 같은 시대에 직관적 감각이 중요하게 다루어지는 이유는 무엇인가? 신경학 연구에 따르면 우리가 직관력과 같은 마음의 작용에 귀를 기울이면 우리에게 주어지는 많은 자료들을 제대로 활용할 수 있으며, 따라서 더 나은 사업적 판단을 내릴 수 있다고 한다. 결국 감성에 관한 우리 뇌의 기억 창고 덕분에 우리는 정보를 더욱 효과적으로 판단할 수 있는 것이다. 감성은 이성과 다른 것이 아니라 이성의 한 부분이라는 것은 과학적으로도 입증되었다.

예리한 추측 능력은 과거 그 어느 때보다도 중요한 리더의 자질이 되었다. 왜냐하면 오늘날의 리더들은 자신이 가지고 있는 수많은 자료들이 앞으로 어떤 결과를 보여주게 될지 전혀 알 수 없는 상태에서 계속적으로 주어지는 정보의 홍수 속에 살고 있기 때문이다. 캐피탈원(Capital One)의 대표이사인 리처드 페어뱅크(Ricahard Fairbank)는 우리에게 이렇게 말했다. "리더는 자신의 직관력에 의존해서 가시적 전략을 찾아내는 사람입니다. 자료만 갖고서는 예측할 수 없는 것이 많지요. 앞으로 3년 후 당신에게 무슨 일이 일어날지 어떻게 알아낼 수 있겠어요? 하지만 지금 뭔가 시작해두지 않으면 당신은 3년 후 속수무책이 될 것입니다. 우리 회사는 뛰어난 자료분석가를 채용했습니다. 그리고 세계에서 가장 큰 오라클 데이터베이스 가운데 하나를 보유하고 있지요. 그런데 이런 최상의 조건으로 하루 종일 자료 분석을 한다 해도 다음날이 되면 우리는 또다시 낯선 정보 속에서 헤맬 수밖에 없어요."

오늘날의 리더들은 과거에 집착하지 말고 미래를 창조하면서 자신들의 회사를 키워나가야 하기 때문에 앞을 내다볼 줄 아는 혜안이 그 어느 때보다 중요하다. 그런데 앞을 내다보는 혜안에는 과거의 믿음에서 한 발짝 앞으로 나아가는 도약의 과정이 필요하다. 그것은 곧 주어진 자료를 뛰어넘어 예리한 추측을 할 수 있는 능력을 말하는 것이다.

물론 직관만 가지고 엉뚱한 판단을 하게 되는 경우도 있다. 특히 일종의 동물적 감각에만 의존하여 주어진 자료와는 정반대되는 결정을 내릴 때 리더들은 종종 엉뚱한 판단을 한다. 예를 들어보자. 캘리포니아 주에서 크게 성공한 60여 명의 기업인을 대상으로 실시한 조사에서 그들은 이구동성으로 사업적 판단을 내릴 때 자신들의 동물적 직관을 바탕으로 정보를 검토했다고 밝혔다. 가령 어떤 사업 계획이 주어진 자료에 기초해서 볼 때 타당성이 있는 것이라 할지라도 느낌이 좋지 않으면 그 계획을 유보시키거나 아예 폐기해버린 경험이 있다고 한다. 그들에게 있어 동물적 직관은 가장 믿을 만한 정보였던 것이다.

아무리 해당 분야의 선두 자리에 있는 회사일지라도 리더가 엉뚱한 것을 위해 모험을 하면 자칫 앞날이 위태로워질 수 있다. 사업에서 모험을 시도하는 것은 내일의 날씨를 예측하는 것과 크게 다르지 않다. 실제로 리더들의 의사 결정 과정을 알아보기 위해 과학자들은 실험 지원자들에게 기상 자료에서 얻은 정보를 갖고 날씨를 예측해보라고 했다. 날씨에 관한 정보와 실제 그것이 날씨에 미치는 영향은 서로 매우 복잡한 개연적 상관관계에 있기 때문에 제아무리 분석적 추론을 동원한다 하더라도 그 관계를 명확하게 밝히는 것은 아주 어려운 일이다. 그들이 주어진 정보를 갖고 예측을 할 때마다 그들에게 예측 결과를 알려주었다. 결국 실험을 통해 그들은 자신들의 예측이 맞았는지 틀렸는지를 알 수 있었다. 이것은 리더가 결정을 내릴 때에도 똑같이 주어지는 조건이다.

그런데 놀라운 것은 기상 정보와 날씨 사이의 긴밀한 관계는 밝혀내지 못했어도 50회 정도의 시행착오를 겪고 난 후 그들의 예측이 맞을 확률은 무려 70퍼센트까지 상승했다는 것이다. 예측을 계속함에 따라 서서히 감을 잡게 될 것이다. 즉 우리의 뇌는 시행착오를 통해 교훈을 이끌어낸다. 논리적 지성이 어찌할 바를 모르는 상황에 처해도 사람들은 그 문제의 핵심을 직관적으로 잡아낼 수 있다. 그것은 다시 말해서 감을 제대로 잡는 것이다. 시행착오를 통해 깨달은 사실을 바탕으로 직관에 따라 행동하는 것이다.

이 실험을 통해 우리는 리더가 단순한 시행착오의 경험을 통해 지식을 축적하는 내막을 상세히 알 수 있었다. 우리의 뇌는 예측이 들어맞은 경우와 그렇지 않은 경우에 대한 판단 원칙을 꾸준히 기록해놓는다. 가령 사람들이 이러저러한 리더십에 어떻게 반응하는지, 그리고 특정 상황에서 어떤 전술이 먹혀들었는지를 기록해놓는다. 노력하는 학생과 같은 성실함을 갖춘 우리의 뇌는 경험을 통해 교훈을 습득하여 다음에 그와 유사한 고비, 난관 혹은 결정의 순간에 처할 때 더 잘 대처하도록 만들어준다.

이러한 종류의 학습은 주로 언어가 도달할 수 없는 뇌의 깊숙한 부위(뇌에서 가장 오래된 부분인 척수 상단 부위에 있는 대뇌기저핵)에서 일어나는 것이기 때문에 리더는 지혜를 얻기 위해 직관적 감각을 신뢰하는 법을 배울 필요가 있다. 복잡한 결정을 내려야 할 때 뇌의 신경회로를 보면 그것이 대뇌기저핵뿐만 아니라 뇌가 특정 기억과 연관된 감정을 기록해두는 편도와도 연결되어 있음을 알 수 있다. 평생을 걸쳐 쌓아둔 교훈에 의존하여 중요한 결정을 내려야 할 때 우리로 하여금 최선의 행동을 취하도록 만들어주는 것은 뇌의 언어 영역이 아니라 바로 우리의 감정을 제어하는 영역인 것이다.

리더가 주어진 업무를 수행하는 동안 그의 뇌는 각각의 사건의 바탕이 된 결정의 원칙이나 인과관계의 틀을 자동으로 압축해서 보관한다. 뇌가 이처럼 학습 행위를 묵묵히 계속하고 있기 때문에 리더는 자신의 일에서 얻은 경험을 바탕으로 노련미를 축적해나갈 수 있는 것이다. 이러한 노련미는 리더가 새로운 기술을 습득하는 능력이 퇴화되기 시작하는 시점에 도달한 후에도 계속해서 원숙해진다.

결정의 상황에 처할 때마다 우리의 뇌는 그동안의 경험을 은밀하게 적용하여 최상의 판단을 이끌어낸다. 그러나 뇌는 이러한 판단을 우리에게 언어의 형태로 전달하지는 않는다. 대신 뇌의 감성적 부위가 변연계에서 직감에 이르는 신경회로를 자극하여 이것이 옳은 것 같다는 거역할 수 없는 느낌을 우리에게 전달한다. 그러면 편도가 위장관까지 퍼진 신경회로를 통해 제일 먼저 그 판단 내용을 전하는 일을 한다. 그렇게 전달된 판단 내용은 결국 문자 그대로 복부로부터 우러나오는 본능적 직감을 유발한다. 본능적 직감은 주어진 자료만 가지고 전혀 판단이 서지 않는 복잡한 결정을 내려야 할 때 안내자 역할을 한다. 이 본능적 직감은 잠재학습 — 우리가 학습하고 있다는 사실을 인식하지 못하는 가운데 학습하는 것 — 에 관한 최근의 연구 성과를 통해 새로운 과학적 대상으로 주목받고 있다.

결론적으로, 감성지능을 갖춘 리더는 직관을 통해 축적된 삶의 지혜를 이용할 수 있다. 그리고 그가 그러한 지혜가 전하는 목소리를 들으려면 자신의 내면의 소리에 귀 기울이게 하는 자기인식 능력이 필요하다.

자기관리 능력

자기관리 능력은 자기인식 능력 — 자신의 감정을 헤아릴 줄 알고 자신이 무엇을 하고자 하는지 분명히 아는 것 — 에서 비롯된다. 자기관리 능력이란 리더가 목표를 성취하기 위해 갖춰야 할 보다 구체화된 힘이다. 자신의 느낌을 이해하지 못한다면 스스로 감정을 제어할 도리가 없다. 오히려 그 감정에 놀아나게 된다. 물론 그 때의 감정이 도전을 기꺼이 받아들이고자 하는 마음이나 열정 같은 긍정적인 것일 때는 문제가 되지 않는다. 하지만 당혹감, 분노, 불안, 공포와 같은 부정적인 감정에서 쉽게 벗어나기 어렵다.

더구나 이처럼 부정적인 감정이 밀어닥칠 때는 그 힘이 매우 압도적이다. 부정적 감정이 쇄도하는 것은 뇌가 우리로 하여금 위협을 감지할 수 있도록 하기 위함이다. 따라서 부정적 감정은 뇌의 사고 능력을 오로지 현 사안에만 몰입하도록 만든다. 예를 들어 시장점유율이 떨어졌다는 소식이 전해지면 그에 대처할 전략적 방안을 짜내도록 하거나 그것을 감당할 수 있도록 만드는 것이다.

의기소침해 있거나 불안한 사람의 뇌를 촬영해보면 편도와 전전두엽의 오른쪽 부위의 활동이 두드러져 있는 것을 알 수 있다. 특히 편도가 한쪽으로 치우쳐져 있는 것을 볼 수 있는데 이는 감성의 중추가 전전두엽 부위에서 활발하게 활동함으로써 우리를 불안하게 만드는 것에 모든 주의를 집중시키고 오로지 그것만 생각하게 만들기 때문이다. 하지만 기분 좋은 상태에 있는 사람의 뇌를 촬영해보면 중요한 신경회로의 흐름이 전전두엽 신피질의 좌측 부위에서 편도로 향하는 것을 알 수 있다. 좋은 기분을 만들어내는 뇌의 신경회로는 전전두엽 좌측 부위에 집중되어 있으며 괴로움을 안겨주는 편도와 그와 연관된 부위의 활동을 막는 역할을 한다.

학자들은 전전두엽의 좌측 부위가 편도의 뉴런 활동을 막는 주요 신경회로의 한 부분이며, 따라서 그것은 사람들이 괴로움을 느끼지 않도록 만들어준다고 믿고 있다. 이러한 신경회로의 활동 덕분에 리더는 불안정한 감정을 잠재우고 대신 확실하고 열정적인 감정을 유지할 수 있는 것이다.

따라서 자기관리의 능력 — 꾸준히 자기 자신과 나누는 내면의 대화라고 할 수 있는 — 은 우리가 감정의 노예가 되지 않도록 만들어주는 감성지능의 한 요소다. 그것은 리더십을 갖추기 위해 필요한 것으로, 우리를 정신적으로 깨어 있게 만들고 우리의 힘을 한 곳으로 모으는 역할을 한다. 그리고 그것은 우리를 혼란시키는 감정이 생길 때 우리가 궤도에서 이탈하지 않도록 지켜주는 역할도 한다. 이처럼 자기통제가 가능한 리더에게는 긍정적인 공감이 가능하도록 만드는 즐거운 마음과 낙관적인 태도 및 열정이 있다.

이 모든 것이 감성지능에는 아주 중요하다. 감정이란 것은 전염성이 매우 강하기 때문에 — 특히 리더의 감정이 다른 사람들의 감정에 영향을 미친다는 점에서 — 리더는 무엇보다도 먼저 감정상의 건전한 균형을 잡아야 한다. 즉 자신의 감정을 통제할 수 있어야 한다. 너무도 당연한 말이지만 리더가 자신의 감정을 다스리지 못하면 다른 사람의 감정을 효과적으로 제어할 수 없다. 따라서 리더의 감정 처리는 단순히 개인적인 문제가 아니다. 리더가 자신의 감정을 통제하지 못하고 함부로 새어나가도록 놓아두면 그것은 그대로 사람들에게 영향을 미친다.

그렇다고 해서 리더는 결코 삶의 애환에서 비롯되는 하소연을 해서는 안 된다는 것은 아니다. 이혼, 자녀와의 갈등, 사랑하는 이의 고통 등에서 자유로울 수 있는 사람은 없다. 하지만 중요한 것은 리더의 개인적인 삶의 문제가 그가 업무상 맺고 있는 관계에 영향을 주어서는 안 된다는 것이다. 자신의 분노를 거리낌없이 표현하고 자신의 괴로움을 닥치는 대로 발산하는 리더는 조직을 최상의 업무를 수행하도록 이끌 수 없다.

다시 한 번 말하지만 여기서 뇌는 아주 중요한 역할을 한다. 가령 두 사람이 만났을 때 그들의 편도는 서로 얽히면서 공감이나 불협화음을 만든다. 이처럼 신경의 팽팽한 줄다리기에서는 정서적으로 보다 강한 자기관리의 능력을 가진 사람이 승리하게 된다. 전전두엽 좌측 부위의 활동이 두드러진 사람 — 항상 낙관적인 사람 — 이 그와는 다른 의견을 가지고 예민하게 대립하는 사람과 대화를 나눌 때에는 정서적으로 잘 동요되지 않는 사람이 쉽게 흥분하는 사람을 압도한다.

그 비결은 어디에 있을까? 사사건건 시비를 거는 사람은 상대방을 흥분시키고 그것에 대해 스스로 화를 내기 시작한다. 다시 말해서 열린 고리 구조에서는 흥분한 편도가 다른 부위도 쉽게 동요시키는 경향이 있다. 하지만 상대방이 자신이 화를 낸 데 대해 보복성 공격을 해오지 않으면 — 실제로 낙관적인 사람들은 상대가 아무리 화를 내도 자신의 긍정적 감정을 그대로 유지하는 경우가 많다 — 편도가 흥분되었던 사람은 자신의 화를 가라앉힌다. 아니면 적어도 더 이상 화를 내지는 않는다. 아무리 화가 났다 해도 상대방이 흐트러짐 없이 대하면 더 이상 시비조로 나갈 수 없기 때문이다.

낙관적인 태도와 즐거운 기분을 유지할 수 있는 리더는 아무리 힘든 상황에서도 공감을 불러일으키는 긍정적인 감정을 발산한다. 자신의 감정과 충동을 제어함으로써 그는 신뢰와 안정, 그리고 어디에도 치우치지 않은 분위기를 이끌어낼 수 있다. 자기관리 능력은 리더에게서 '트리클다운 효과(trickle-down effect: 조직의 상층부에서 시작된 것이 전체로 퍼지는 현상 — 역주)를 이끌어낸다. 자신의 상사가 차분한 태도를 유지하는데 혼자서만 성급하게 굴 부하직원은 없을 것이다.

자기관리 능력은 남보다 앞서서 중요한 판단을 내리는 데도 유용하다. 오늘날처럼 기업이 끊임없이 생겼다가 사라지고 기술은 현기증이 날 정도로 빠르게 변화하는, 한치 앞도 제대로 보기 어려운 시대에 자신의 감정을 쉽게 통제하는 리더는 변화에 유연하게 대처할 수 있으며 자신의 조직도 그에 잘 적응하도록 만들 수 있다.

또한 자기관리 능력은 리더를 솔직할 수 있도록 만든다. 솔직함은 리더십의 덕목일 뿐만 아니라 조직의 힘이 되기도 한다. 솔직할 수 있는 능력 — 자신의 감정과 믿음과 행동을 다른 사람에게 숨김없이 보여주는 능력 — 은 다른 사람들에게 그가 성실하다는 느낌, 즉 자신들의 리더를 신뢰할 수 있다는 느낌을 준다. 기본적으로 성실성이라는 것은 우리가 충동을 어떻게 통제하여 후회할 행동을 하지 않느냐에 의해 결정되는 것이다. 그리고 성실성은 리더가 자신의 가치관에 따라 산다는 것을 의미하기도 한다. 성실한 리더는 자신을 다른 모습으로 꾸미지 않기 때문에 진실해 보인다. 결국 성실성은 다음과 같은 질문으로 귀결된다고 볼 수도 있다. 당신이 지금 하고 있는 일은 당신의 가치관에 위배되지 않는가? 감성지능이 높은 리더는 솔직함을 요구받는 질문에 대해 언제나 떳떳할 수 있는 성실성을 갖추고 있다.

리더로서 잊지 말아야 할 가장 중요한 임무는 자신의 마음 상태를 다스리는 것이다. 미국에서 유행어처럼 쓰이고 있는 '쿨(cool)'이라는 말은 본래 인종차별이 심하던 시대에 분노를 삭일 줄 알고 노여움을 심오한 감정의 표현으로 승화시킬 줄 아는 아프리카계 재즈 음악인들의 능력을 가리키는 말이었다. 리더십을 제대로 발휘하기 위해서는 자신의 흔들리는 마음을 다스리고 대신 긍정적인 감정을 표현할 수 있는 능력이 필요하다.

사회적인식 능력

자기인식 능력과 감정적 자기관리 능력에 이어, 감성지능이 높은 리더가 갖추어야 할 것은 사회적인식 능력, 다시 말해서 감정이입의 능력이다. 감정이입의 능력은 편도에 연결된 확장된 신경회로에서 비롯되는 것으로, 다른 사람의 얼굴과 목소리를 통해 그 사람의 감정을 읽어내고 대화 도중에 상대방의 감정에 동조하는 능력을 말한다. 편도에 연결된 확장된 신경회로는 우리에게 꾸준히 정보 — '방금 한 말에 이 사람이 약간 기분이 상했군, 지금은 좀 지루해 하는 것 같군, 이 말엔 흡족해 하는군 등등' — 를 전달하는데, 전전두엽과 그와 관련된 뇌의 다른 부분은 이 정보를 가지고 우리가 그 다음에 할 말이나 행동을 조절하게 된다.

상대방이 어떤 반응을 보였는지에 주목하면서 편도와 그에 연결된 신경회로는 우리를 그 반응에 동조하도록 만든다. 그것은 마치 사람들 사이에 형성된 감정을 중계하는 것과도 같다. 그리고 이 신경회로는 우리의 생리학적 상태까지 상대방의 기분에 맞추도록 함으로써 우리의 감정 상태를 오로지 하나에 집중할 수 있도록 만든다.

신경학적인 측면에서 과학자들은 이와 같은 동조 현상을 일컬어 '변연계 공명(limbic resonance)'이라고 한다. 변연계 공명이란 '서로 주고받는 가운데 내적으로 적응되는 조화의 과정'이다. 그것에 의해 두 사람은 서로의 감성 상태를 조화시켜 나간다. 우리가 어떤 사람과 진정한 관계를 맺을 때 우리는 서로 '동일한 파장'에 놓여 있다는 느낌을 받게 되는데, 그때 우리는 뇌의 차원에서 서로가 결합되어 있음을 경험한다. 이와 같은 묵시적 조화는 바람직한 인간관계 — 엄마와 아기 사이, 커피 한 잔을 두고 서로 대화를 나누는 사이, 일을 하면서 함께 웃는 동료 사이 — 에서라면 쉽게 볼 수 있는 것이다. 집단을 하나의 감정으로 휘어잡을 수 있는 능력이 바로 여기에서 비롯된다.

감정이입의 능력이 감성지능이 높은 리더가 갖춰야 할 꼭 필요한 요소 중의 하나임은 분명하지만, 리더가 다른 사람들의 마음을 움직이기 위해 자신의 메시지를 잘 표현하는 능력 또한 간과해서는 안 된다. 공감을 불러일으키는 능력은 자신의 감정을 확신을 갖고 표현할 수 있는 리더에게서 나오는 것이다.

감성지능을 갖춘 리더는 긍정적인 방향으로 감정을 발산한다. 그들은 자신들이 간직한 꿈을 분명하게 표현함으로써 낙관적인 태도, 연민, 유대감 — 희망찬 미래를 향해 나아갈 수 있도록 해주는 — 을 불러일으켜 사람들의 마음을 움직인다. 신경학적 차원에서 보면 그러한 표현은 곧 즐거운 감정을 발산하며 그것이 전전두엽 부위를 드나드는 회로의 주된 감정이 된다. 전전두엽 부위는 동기부여의 핵심적 역할을 담당하는 곳이다.

이와 같은 긍정적인 시각이 퍼져나갈 때 그 집단은 공동의 목표를 향해 힘차게 나아가게 된다. 가령 마틴 루터 킹(Martin Luter King)이 "나에게는 꿈이 있습니다."라는 말로 미국의 인권 운동을 이끌어나간 경우를 생각해보자. 그 말은 나에게도 언젠가는 다른 사람과 똑같은 기회가 주어질 날이 올 것이라는 희망을 전세계 모든 사람에게 심어준 말이다.

사회적인식 능력, 특히 감정이입의 능력은 공감을 불러일으켜야 하는 리더의 과업에서 매우 중요한 것이다. 특정한 순간에 사람들이 느끼고 있는 것에 동조함으로써 리더가 그에 걸맞는 말과 행동 — 두려움을 누그러뜨리거나 분노를 달래주거나 유쾌한 기분에 동참하는 등 — 을 할 수 있는 것이다. 이처럼 집단 구성원들의 감정에 동조하는 리더는 그 집단을 이끌어나갈 수 있는 공동의 가치관과 올바른 일의 순서를 파악할 수 있다.

반대로 감정이입에 서투른 리더는 자기도 모르는 사이에 원칙에서 벗어나 부정적인 반응을 유발하는 말과 행동을 하게 된다. 감정이입 — 다른 사람의 관점에 귀를 기울이고 받아들이는 것 — 을 통해 리더는 사람들의 감성적 채널에 주파수를 맞추게 되고 그리하여 공감을 불러일으킨다. 그리고 사람들에게 감성적 파장을 맞춘 리더는 사람들이 그의 말을 잘 따를 수 있도록 미세한 조정을 할 수 있게 된다.

일터에서의 감정이입

감성지능의 여러 차원 가운데 사회적인식 능력은 아마도 가장 파악하기 쉬운 능력일 것이다. 감수성이 뛰어난 선생님이나 친구들이 보여주는 감정이입을 감지하지 못하는 사람은 없다. 마찬가지로 무감각한 코치나 상사에게서는 감정이입을 찾아볼 수 없다는 것도 쉽게 알 수 있다. 하지만 비즈니스 영역에서는 감정이입의 능력을 특별히 칭찬하거나 포상하는 경우를 거의 볼 수 없다. 감정이입이라는 말은 비즈니스에는 전혀 어울리지 않는 말로 약육강식의 시장 현실에는 그것이 자리할 공간은 없는 것 같다.

그렇다고 감정이입의 능력 — 사회적인식의 기본적인 능력 — 이 '누이 좋고 매부 좋은' 식의 우유부단함을 의미하지는 않는다. 그리고 그것은 리더가 자신의 감정을 다른 사람의 것으로 대치하고 모두의 비위를 맞춰야 한다는 것을 의미하지도 않는다. 그렇게 해야 한다면 그것은 끔찍한 일이 될 것이고 실제로 가능하지도 않다. 감정이입은 그보다는 오히려 직원들의 감정에 대해 깊이 숙고하고 나서 그것이 제대로 표현될 수 있도록 현명한 결정을 내리는 것을 의미한다. 이러한 감정이입이 바로 공감을 불러일으킨다. 따라서 감정이입의 능력이 결여된 리더의 행동은 불협화음을 유발할 수밖에 없다.

감정이입은 자기관리 능력을 바탕으로 생겨나는 것이다. 이는 곧 리더가 감정 표현을 적절하게 해야지, 사람을 옥죄듯 하면 안 된다는 것을 의미한다. 감정이입을 할 수 있는 감성지능을 갖춘 리더는 직원들이 사적인 일 혹은 공적인 일로 슬퍼할 때 함께 슬퍼할 수 있다.

한편 반응에 신중을 기한다고 해서 그것을 꼭 냉정하다고 볼 수는 없는데, 왜냐하면 리더가 자신의 감정을 감춘 채 감성적으로 무관심한 척할 수도 있기 때문이다. 다른 사람의 감정과 생각을 헤아릴 수 있는 리더는 자신의 말과 행동을 바르게 이끌어줄 강력한 감성적 안내 장치를 이용할 수 있게 된다.

결국 감정이입은 사회적 유용성 면에 있어서도 없어서는 안 되는 것이다. 감정이입을 잘하는 리더들은 고객과 의뢰인과 부하직원들의 요구를 금방 알아차리고 그것을 충족시켜 주는 데 능숙하다. 그들은 다른 사람들이 하고자 하는 말을 기꺼이 들어주기 때문에 대단히 살가운 사람이라는 느낌을 준다. 그들은 귀 기울여 들음으로써 사람들이 하고 싶은 말을 제대로 파악한 후 그들이 기대하고 있는 반응을 보여준다.

따라서 감정이입은 인재를 가까이 둘 수 있는 비결이라고도 할 수 있다. 위대한 리더는 주위에 좋은 사람들을 많이 불러모을 뿐만 아니라 끊임없는 감정이입을 통해 인재들을 늘 가까이에 두고 있기도 하다. 특히 요즘과 같이 기업들이 너 나 할 것 없이 경쟁적으로 재능 있는 인재들을 모셔 가려고 할 때는 리더의 감정이입의 중요성이 더 커진다. 능력 있는 사람들로 하여금 회사를 떠나게 만드는 주된 요인 중의 하나가 바로 공감을 불러일으키지 못하는 리더라는 사실은 이미 밝혀진 바 있다.

결국 점점 세계화되고 있는 오늘날의 경제 체제 속에서 다양한 성향의 동료들과 호흡을 맞추고 서로 다른 문화권의 사람들과 거래를 하기 위해서는 감정이입의 능력이 무엇보다 중요하다. 상이한 문화적 배경을 갖고 대화를 나누다보면 실수하거나 오해하기 쉽다. 감정이입은 그에 대한 하나의 해결책으로써 바디랭귀지로 표현되는 미묘한 차이를 감지할 수 있도록 해주거나 언어 이면에 감춰진 감성적 요소를 들을 수 있도록 해주기도 한다.

관계관리 능력

자기인식, 자기관리, 감정이입이라는 세 요소는 감성지능의 마지막 요소인 관계관리 능력에서 결국 하나로 엮인다. 관계관리 능력을 통해 리더십에 있어 가장 가시적인 형태의 도구들이라고 할 수 있는 설득, 갈등관리, 협동 등에 대해 살펴볼 수도 있다. 관계를 노련하게 관리한다는 것은 곧 다른 사람의 감정을 잘 다룬다는 말이다. 이를 위해서도 역시 리더는 자신의 감정을 자각하고 있어야 하며, 감정이입을 통해 자신이 이끄는 사람들의 감성에 파장을 맞출 수 있어야 한다.

가령 리더가 불성실하거나 눈 가리고 아웅 하는 식으로 행동한다면 그를 따르는 사람들의 감성 레이더가 리더의 거짓된 부분을 포착하여 본능적으로 그를 신뢰하지 않게 된다. 관계를 제대로 제어하는 기술은 거짓이 없는 것에서 비롯된다. 즉 자신의 솔직한 감정에 따라 행동해야 하는 것이다. 리더가 자신의 관점과 가치관을 뚜렷하게 인식하고 긍정적인 감성 영역에 확고하게 뿌리를 내린 뒤 집단의 감정에 파장을 맞춘다면 관계관리의 수완은 그들 사이의 교감을 낳아 공감을 불러일으킨다.

하지만 관계를 제어한다는 것은 말처럼 쉬운 것이 아니다. 사회성이 뛰어난 사람 중에 비열한 사람이 드문 것은 사실이지만 관계를 제어한다는 것은 이처럼 단순하게 다정다감한 것과는 다른 것이다. 그보다 관계관리는 목적성이 뚜렷한 다정다감함이라고 할 수 있다. 목적성이란 시장 전략에 동의한다거나 새로운 계획에 열의를 보인다거나 하는 것을 떠나서 제대로 된 방향으로 사람들을 이끄는 것을 말한다.

그렇기 때문에 사회성이 뛰어난 리더는 다양한 사람들과 두루 공감하기 위해 노력한다. 그런 리더에게는 공통 분모를 찾아내고 관계를 맺는 탁월한 능력이 있다. 그렇다고 해서 리더는 계속 사회적 관계만 맺어야 한다는 것은 아니다. 그보다는 혼자서 해낼 수 있는 중요한 일은 없다는 전제하에서 일을 해야 한다는 것을 의미한다. 그러한 리더는 행동을 취해야 할 때 그에 걸맞는 인맥을 갖추고 있는 사람이다.

특히 기술 발전으로 인해 업무를 원격 처리 — 전자우편이나 전화로 — 하는 경우가 점점 늘어남에 따라서 그 어느 때보다 관계의 틀을 만드는 일이 중요해지고 있는 추세다. 리더십의 과업을 고려해볼 때, 확고한 전망을 갖고 사람들에게 동기부여를 하는 일이 점점 더 중요해지고 있는 것이다.

뛰어난 영감을 지닌 리더는 공동의 목표를 향해 사람들을 이끌어나갈 수 있다. 그들은 사람들에게 의미 있는 전망을 세우는 데 방해가 되는 눈앞의 이익을 넘어서 궁극의 목표가 무엇인지를 알게 해준다. 사람들이 높이 평가하는 가치가 무엇인지를 아는 리더는 그들이 강한 열의를 갖고 업무에 임할 수 있도록 만든다. 그는 길잡이가 되는 자신의 가치관을 명확히 자각하고 있기 때문에 자신이 이끌고 가는 사람들에게 진실성을 바탕으로 한 관점을 분명히 제시할 수 있다. 뛰어난 영감을 지닌 리더가 집단의 목표를 명확히 자각하고 있으면 어떤 역경에도 불구하고 사람들을 이끌고 지도해나갈 수 있다. 어느 회사의 생산 책임자가 이런 말을 한 적이 있다. "저는 한 사람으로 이루어진 회사입니다. 직원도 없고 실권도 없습니다. 저는 사람들과 서로 다른 여러 가지 계획을 나눌 뿐입니다. 저는 사람들에게 무엇을 하라고 시킬 수 없습니다. 다만 그들 스스로의 계획에 호소함으로써 그들을 납득시킬 수 있을 뿐이죠."

결국 리더십의 내용이 점점 복잡해지면서 사람들 사이의 협력을 요구하게 됨에 따라 관계를 다루는 리더의 수완은 더욱 중요해질 수밖에 없다. 가령 큰 규모의 조직에서는 사실상 독자적인 팀을 만들어 하부 조직의 대표에게 리더십을 분배해야 한다. 특히 오늘날의 조직이 시대에 뒤떨어진 기능적 틀 — 영업 따로, 전략 따로, 보수 따로 식의 — 에서 벗어나게 됨에 따라 점점 더 많은 팀의 리더들이 다른 역할을 맡은 조직과의 교류 차원에서 다른 팀의 동료들과 정기적으로 협력하여 일을 하고 있다. 그러한 협력을 가장 활발히 해야 하는 조직은 바로 최고의 위치에 있는 부서다. 최고 부서의 협력을 통해 모든 사람들이 쉽게 정보를 공유하고 효과적으로 협력을 가능하게 만드는 친밀하면서도 원활한 관계가 성립된다.

관계를 제어하는 능력을 갖춘 리더는 자신의 감성지능을 발휘하여 업무의 효율을 높일 수 있다. 그런데 그것보다 더 중요한 것이 있다. 최고의 리더를 평가하는 기준은 그가 자신만의 리더십 유형을 구축하면서 훌륭한 조화를 이뤄냈는지의 여부다. 이에 대해서는 다음 장에서 자세히 살펴보도록 하겠다.

Chapter FOUR

리더십의 다양한 유형

공감을 불러일으키는 리더의 능력은 바른 것을 말할 줄 아는 올바른 성품에서 비롯되는 것이기도 하고, 특정한 리더십 유형을 포괄하는 통합적 활동 전체에서 비롯되는 것이기도 하다. 일반적으로 가장 유능한 최고의 리더는 여섯 가지 서로 다른 방법론들 가운데 한 가지 이상에 기초해서 행동하고 여러 유형을 상황에 따라 요령 있게 번갈아가면서 사용한다.

여섯 가지 리더십 유형 중 네 가지 — 전망제시형, 코치형, 관계중시형, 민주형 — 는 사람들의 업무 수행 능력을 향상시키는 분위기를 유발하지만 다른 두 가지 — 선도형, 지시형 — 는 특정 상황에서는 유용하긴 하나 매우 주의해야 하는 유형이다. 후자에 대해서는 나중에 자세히 살펴보도록 하자.

우리는 우선 각각의 특정한 리더십 유형이 조직과 그 조직의 정서적 분위기에 어떤 식으로 영향을 미치는지를 알아내기 위해 전 세계 3,871명의 간부들로부터 수집한 자료를 분석했다. 거기서 우리는 업무 환경에 영향을 미치는 몇 가지 핵심적 요소들을 가려낼 수 있었다. 더 나아가 다양한 리더십 유형을 통해 조성된 분위기가 수익의 차원, 즉 판매 수익률, 매출 성장률, 이윤율 등에 각각 어떤 결과를 초래했는지도 살펴보았다.

분석 결과를 보면 다른 모든 조건이 동일하다고 할 때, 긍정적인 방향으로 감성적 영향을 미치면서 특정의 리더십 유형을 취한 리더들은 그렇게 하지 않은 리더들보다 확실히 더 많은 수익을 올렸다. 더욱 중요한 사실은 최상의 성과를 얻은 리더들은 한 가지 유형의 리더십만 고집하지 않았다는 것이다. 그보다 그들은 특정 시기의 일이 돌아가는 상황에 따라 여섯 가지 서로 다른 유형 — 서로 무관하고 별개의 것인 — 가운데서 몇 가지 방법들을 선택해 사용했다.

여섯 가지 리더십 유형들을 프로 골퍼의 가방에 담긴 골프채라고 생각해보자. 경기를 하면서 프로 골퍼는 어떤 샷을 구사할 것인가에 따라 가방에서 골프채를 고른다. 때로 그는 어떤 것을 집을까 고민할 때도 있지만 대부분은 자동적으로 골라낸다. 자신의 앞에 놓여 있는 난관을 '감지'하고서 신속하게 그에 알맞은 골프채를 꺼내어 우아하게 휘두른다. 사람들에게 큰 영향을 미치는 리더가 일을 처리하는 방식도 이와 같다.

분류된 리더십 유형(102~103페이지 참조)을 통해 우리는 다음과 같은 사실을 알 수 있었다. 즉 각각의 리더십 모델이 요구하는 기본적인 감성지능 능력이 있다는 것과, 각각의 방법과 그 결과를 잇는 관계가 임의적이며 매우 억지스럽다는 것이 그것이다. 결국 위의 연구를 통해 우리는 각각의 리더십 유형이 업무 분위기와 성과에 실제로 어떤 식으로 영향을 미치는지를 알게 되었다.

우선 사람들에게 공감을 불러일으키는 네 가지 리더십 유형을 살펴보고 나서, 잘못 사용되면 불화를 초래할 수도 있는 나머지 두 개의 리더십 유형도 살펴보도록 하자.

전망제시형 리더

샤와나 르로이가 대도시 빈곤 가정을 위한 사회사업 단체를 맡기 위해 그곳을 처음 방문했을 때만 해도 그 단체는 많은 문제 — 대부분이 오랜 공무원 생활로 인해 원칙과 규율밖에 모르는 전임자가 남겨놓은 — 를 안고 있었다.

그 단체가 하는 일은 유능한 사람들을 끌어모아서 그들에게 가치 있는 임무를 맡기는 것이었다. 적어도 그들이 일을 시작한 초반에는 그것이 가능했다. 하지만 그들이 그들의 임무를 수행하기 위해서는 너무 많은 규칙의 제약을 받아야만 했다. 수많은 규칙들로 인해 단체의 임무와 목표는 뒷전으로 밀려났고, 사람들 또한 열정을 잃고 헤매게 되었다. 단체의 필요성과 후원자들의 불평은 계속 커져만 가는데도 불구하고 일의 진행 속도는 여전히 느렸으며, 효율성은 거의 밑바닥 수준이었다.

리더십의 유형

전망제시형

공감을 유도하는 방법: 사람들과 꿈을 공유한다.

분위기에 미치는 효과: 매우 긍정적.

효력을 발휘하는 상황: 변화에 대한 새로운 전망이 요구될 때나 뚜렷한 방향성이 요구될 때.

코치형

공감을 유도하는 방법: 개인이 원하는 것을 전체의 목표와 결부시킨다.

분위기에 미치는 효과: 매우 긍정적.

효력을 발휘하는 상황: 장래를 내다보면서 구성원의 업무 수행력 향상에 도움을 주고자 할 때.

관계중시형

공감을 유도하는 방법: 사람들을 서로 엮는 가운데 조화를 일궈낸다.

분위기에 미치는 효과: 긍정적.

효력을 발휘하는 상황: 어려운 상황에서도 팀의 불화를 해소하기 위해 사람들에게 용기를 심어주거나 유대를 더욱 공고히 하려고 할 때.

민주형

공감을 유도하는 방법: 사람들의 자발적 행동을 존중하고 참여를 통해 조직에 헌신하도록 한다.

분위기에 미치는 효과: 긍정적.

효력을 발휘하는 상황: 사람들의 의견을 수용하여 의견의 일치를 얻고자 할 때나 구성원들로부터 가치 있는 자발적 참여를 유도하려고 할 때.

선도형

공감을 유도하는 방법: 도전할 만한 흥미로운 목표를 제시한다.

분위기에 미치는 효과: 번번이 제대로 된 성과를 얻지 못할 경우에는 매우 부정적이다.

효력을 발휘하는 상황: 의욕이 넘치고 유능한 팀으로부터 최고의 결과물을 이끌어내고자 할 때.

지시형

공감을 유도하는 방법: 비상시에 뚜렷한 방향을 제시해줌으로써 두려움을 누그러뜨린다.

분위기에 미치는 효과: 잘못 사용하면 매우 부정적이다.

효력을 발휘하는 상황: 위기 상황에서 전환을 꾀하자고 할 때나 문제가 있는 구성원을 다룰 때.

• •

첫번째 조치로 르로이는 직원들과의 일대일 면담을 통해 그들이 지금까지 어떤 일을 했으며 그리고 이 단체에서 그들이 가장 자랑스럽게 생각하는 점은 무엇인지를 알아보았다. 사람들은 자신들이 일을 통해 얻는 보람과 일을 하는 과정에서 맞닥뜨리게 되는 좌절감에 대해 이야기할 수 있는 기회를 얻은 것을 반기는 눈치였다. 르로이는 면담을 통해 가난한 사람들을 돕는 본연의 임무에 전념해야 한다는 생각을 자기 혼자만 하고 있는 것은 아님을 알았다. 그리고 그녀는 이러한 전망을 다른 사람들도 공유하고 있다면 이제 곧 단행할 조직 혁신의 과정에서도 사람들이 쉽게 흔들리지는 않을 것이라고 확신했다.

이처럼 긍정적인 분위기에서 대화를 나누는 것을 시작으로 르로이는 사람들에게 그들이 이루고자 하는 꿈에 대한 자각과 그것을 왜 추구해야 하는지를 몸소 보여주었다. 그녀는 사람들로 하여금 그들이 갖고 있는 미래의 희망에 대해 이야기하도록 만들었고, 그들이 갖고 있는 열정과 헌신의 마음을 일깨웠다. 그러고 나서 그녀는 기회가 주어질 때마다 그들을 이렇게 한데 모이게 했던 공동의 가치를 언급하면서 사람들에게 전망을 제시했다.

그 다음 단계로 르로이는 사람들을 따로 불러서 그들이 가난한 사람들을 돕는 삶을 살고 있는지를 물어보았고, 그들 각자가 날마다 하는 일이 그들의 단체가 목표를 달성하는 데 어떤 영향을 미치고 있는지를 깨닫게 해주었다. 이러한 과정을 통해 사람들은 진취적 태도와 문제 해결의 실마리는 바로 자기 자신에게서 비롯된다는 생각을 갖게 되었다.

다음 단계로 르로이는 그 단체가 갖고 있는 문제점들을 좀더 구체적으로 따져보기 시작했다. 즉 일을 방해하는 운영 방식과 무의미한 규칙으로는 어떤 것들이 있는지, 그리고 폐기해야 할 낡은 체계는 과연 무엇인지를 확인하기 시작했던 것이다. 그와 동시에 그녀는 자신이 만들고자 하는 새로운 조직체에 걸맞는 원칙들을 세우기로 했다. 일단 새로운 조직은 투명하고 거짓이 없어야 하며, 엄정한 방식으로 성과물을 내는 데 주력해야 했다. 이제 그러한 계획을 실행에 옮기는 과정에서 르로이와 그녀의 팀은 거의 모든 구성원들의 도움과 참여를 받아서 경직된 관료 사회의 폐습들에 맞서 그것들을 바꾸기 시작했다. 그녀가 이렇게 앞장서서 나가자 단체의 정서적 분위기는 그녀의 열정과 헌신에 맞춰 변화해나갔다. 결국 그녀는 조직 전체의 분위기를 새로 만든 것이다.

의욕을 고취시키는 전망제시형 리더십

샤와나 르로이는 조직의 분위기를 바꾸고 정서적 환경을 쇄신하는 전망제시형 리더십의 전형을 보여주었다. 전망제시형 리더는 조직이 나아갈 바를 분명히 정한다. 하지만 어떻게 거기에 도달할지에 대해서는 이야기하지 않는다. 즉 사람들이 자유롭게 조직을 쇄신하고 새로운 것을 시험하고 예정된 위험을 맞이할 수 있도록 여건을 조성할 뿐이다. 분명한 청사진을 갖고 있고 일과 사람이 겉돌지만 않는다면 사람들은 자신이 무엇을 해야 하는지 알 수 있다. 그리고 모두가 공동의 목표를 향해 나아간다는 사실을 자각하게 되면 어떤 일을 함께 하는 것도 가능해진다. 왜냐하면 사람들은 조직에 대한 소속감을 느낄 때 자부심을 갖기 때문이다.

전망제시형 리더에게는 또 다른 이점도 있다. 즉 가장 소중한 직원들이 그들을 떠나지 않는다는 것이다. 사람들이 회사가 내세우는 가치와 목표와 임무에 공감하게 되면 그들에게는 자연스럽게 회사를 아끼는 감정이 생긴다. 현명한 기업은 기업의 전망과 임무가 사람들에게 그 기업 고유의 '브랜드'를 형성한다는 것을 알고 있다. 그것은 동종 업계의 다른 회사와 그 회사를 구분하는 하나의 방법이기도 하다.

게다가 전망제시형 리더십은 원대한 전망을 바탕으로 전체 조직이 할 일을 설정하기 때문에 현재의 업무 수행 결과를 통해 얼마나 전망을 향해 나아갔는지에 관한 평가 기준을 마련할 수 있다. 전망제시형 리더는 그들이 하는 일이 어떤 중요성을 갖고 있으며 왜 그런 중요성을 갖는지를 명확히 함으로써 사람들에게 그들이 하는 일이 전체의 계획에서 어떤 부분을 차지하는지를 보여준다. 그러한 리더는 조직의 모든 장기적인 목표와 전략을 위해 사람들의 자발적 참여를 최대한으로 끌어낼 수 있다. 전망제시형 리더십은 리더십의 가장 고전적인 형태이며 경영학 수업에서 가장 많이 언급하는 리더십이기도 하다.

한때 식스 플래그 엔터테인먼트(Six Flags Entertainment)의 최고경영자였던 보브 피트먼(Bob Pittman)의 경우를 생각해보자. 놀이공원의 관리인들이 손님들에게 불친절하다는 소문을 들은 피트먼은 그 문제를 현장에서 직접 살펴보기로 했다. 그는 몰래 관리인 복장을 입고 나타나 공원을 청소하면서 왜 그런 문제가 생기는지를 확인할 수 있었다. 책임자가 공원을 먼지 한 점 없이 치워놓으라고 지시를 내렸지만 손님들이 계속에서 공원에 오물을 버리는 바람에 관리인들의 일은 끝이 없었고, 급기야 관리인들은 일에 치여 두통을 호소하기에 이르렀던 것이다.

피트먼의 전망제시형 전략은 책임자들이 관리자들의 주된 업무 내용을 다시 정하도록 하고 손님들 또한 기분 좋게 만들어주는 것이었다. 놀이 공원이 지저분하면 손님들이 불쾌하게 여길 것이므로 관리인들이 해야 하는 일은 즐거운 마음으로 공원을 깨끗이 청소하는 것이었다. 피트먼은 이렇게 다시 조직을 정비함으로써 관리자들로 하여금 그들이 하는 작은 일들이 보다 큰 전망하에 이루어지는 것임을 분명히 보여주었다.

우리가 연구한 바에 따르면 여섯 가지 리더십 유형 중에서 가장 효과적인 것은 뭐니뭐니해도 전망제시형이었다. 끊임없이 사람들에게 그들의 일이 더 큰 목적을 추구하는 과정에서 차지하는 위치를 상기시킴으로써 전망제시형 리더는 무미건조하고 평범한 일상에 원대한 의미를 부여한다. 일을 하는 사람들 역시 그러한 공동의 목표가 자신들에게도 이로운 것임을 이해하게 된다. 그렇게 해서 전망제시형 리더는 사람들의 의욕을 고취시키는 일을 한다.

전망제시형 리더가 되는 길

사람들에게 영감을 불어넣는 능력은 전망제시형 리더십의 가장 든든한 밑바탕이 되는 감성지능 능력이다(감성지능 능력의 자세한 내용은 부록 B 참조). 감성지능의 삼총사라고 할 수 있는 자기확신 능력, 자기인식 능력, 감정이입 능력과 함께 전망제시형 리더는 영감을 불어넣는 능력을 통해 그들이 바람직하다고 여기는 목적을 분명히 표현하고 그것을 사람들이 공유하고 있는 가치관과 조화를 이루도록 한다. 나아갈 방향을 바꿔야 할 때가 되면 자기확신의 능력과 변화를 촉진하는 능력을 통해 변화를 원활하게 한다.

또 다른 감성지능인 솔직할 수 있는 능력 역시 중요하다. 사람들에게 신뢰를 받고자 하는 리더는 자신이 견지하고 있는 전망을 진심으로 믿어야 한다. 만약 리더가 어떤 전망을 내세워야 할지 몰라 우왕좌왕한다면 사람들은 그것을 금방 알아차린다. 게다가 솔직해진다는 것은 회사 내에 드리워져 있는 연막을 제거한다는 것을 뜻하기도 한다. 그것은 각각의 위치에 있는 모든 사람들이 회사에 소속감을 느끼고 최선의 결정을 내릴 수 있도록 정직해지는 것이며 정보와 지식을 공유하려는 움직임이다. 리더들 중에는 정보를 독점하는 것이 자신에게 권력을 가져다준다고 잘못 생각하는 사람들이 있다. 하지만 전망제시형 리더는 지식을 공유하는 것이 성공에 이르는 비결이라는 것을 잘 알고 있다. 따라서 그들은 지식을 서로 주고받고 널리 퍼뜨린다.

감성지능의 능력 가운데 전망제시형 리더에게 가장 중요한 것은 감정이입의 능력이다. 리더가 다른 사람들이 어떻게 느끼는지를 감지하고 그들의 관점을 이해할 수 있다는 것은 그가 진정으로 사람들에게 영감을 불어넣어 줄 전망을 제시할 수 있다는 말이다. 그와 반대로 사람들을 엉뚱한 길로 인도하는 리더는 영감을 불어넣지 못하기 때문이다.

전망제시형 리더십은 그것이 갖고 있는 긍정적인 영향력 덕분에 여러 가지 사업 환경에 잘 들어맞는다. 특히 표류하고 있는 사업이 전환점에 들어섰다거나 혹은 새로운 전망이 절실히 요구될 때 매우 효과적이다. 따라서 전망제시형 리더십은 '전환의 기치'를 내건 조직을 급격히 변화시키고자 하는 리더에게 유용하다.

그러나 전망제시형 리더십이 모든 경우에 다 들어맞는 것은 아니다. 특히 전문가 집단 혹은 자신보다 경험이 더 많은 동료들과 일을 할 때는 이 방법이 맞아떨어지지 않는다. 그리고 리더를 마치 화려하고 과장된 전망을 제시하는 존재로 보거나 아니면 얼마 있지 않아 임기를 마칠 존재로만 보는 사람들에게도 이 방법은 적절하지 않다. 이런 사람들에게 전망제시형 리더십을 사용할 경우 자칫 냉소만 남을 수 있으며 이것은 리더십을 제대로 발휘하는 데 장애가 된다. 또 다른 한계도 있다. 만약 전망제시형 리더가 되고자 하면서도 계속 권위적인 리더로 군림하는 사람이 있다면, 그는 팀 단위의 관리에서 요구되는 평등의 정신을 훼손시킬 수 있다.

이런 문제점만 주의한다면 전망제시형 리더십은 현명한 리더들이 될 수 있는대로 자주 집어드는 유용한 '골프채'라고 할 수 있다. 홀인원을 보장할 수야 없겠지만 롱드라이브만큼은 가능하게 해주기 때문이다.

코치형 리더

그녀는 그 회사의 신입이었다. 그리고 임신 8개월째였다. 하루는 밤늦게까지 일하다가 고개를 들어보니 그녀의 사무실 밖에 사장이 서 있어서 깜짝 놀랐다. 그는 그녀에게 일이 잘되어가냐고 물으면서 의자에 앉더니 이야기를 하기 시작했다. 사장은 그녀의 인생 전반에 대해 모두 알고 싶어했다. 일은 마음에 드는지, 앞으로 어떤 일을 하고 싶은지, 출산 후에도 계속 일을 할 계획인지 등등.

그들의 이런 대화는 다음달 그녀가 출산을 할 때까지 매일 계속되었다. 그 사장의 이름은 광고 업계의 전설적 인물인 데이비드 오길비(David Ogilvy)였다. 임신한 신입 사원의 이름은 셸리 라자루스(Shelley Lazarus)로, 그녀는 지금 오길비가 설립한 거대 광고 회사인 오길비앤매더(Ogilvy & Mather)의 최고경영자다. 그녀는 자신이 아직도 광고 업계에서 일하고 있는 가장 큰 이유 중의 하나는 수십 년 전 입사 직후 나눈 몇 시간 동안의 대화를 통해 자신의 조언자인 오길비와 다진 유대감 때문이라고 말한다.

오길비의 리더십은 코치형이었다. 그가 직원들과 나누는 대화는 일회적 관심의 차원에서 벗어나 그의 꿈, 삶의 목표, 일 속에서 펼치고 싶은 바람 등을 물어보는 깊이 있는 것이었다. 많은 사람들이 리더라면 누구나 다 좋은 코치가 되어야 한다고 생각하지만 이런 모습을 보여주는 리더는 의외로 드물다. 위로부터의 압박이 심하고 긴장을 풀 수 없는 상황이라는 이유로 대부분의 리더들이 코치 역할을 "할 시간이 없다."고 말한다. 그러나 코치형 리더로서의 모습을 등한시하면 결국 자신에게 큰 힘이 될 수 있는 사람들을 놓치게 된다.

코치 행위의 초점이 일이 아닌 개인의 발전에 놓여 있긴 하지만 코치형 리더는 사람들로 하여금 놀라울 정도의 긍정적 반응을 불러일으키기 때문에 결국에는 일에 있어서도 더 좋은 결과를 가져오게 된다. 직원들과 개인적인 문제에 대한 대화를 나눔으로써 코치형 리더는 그들과의 관계에서 유대와 신뢰를 쌓을 수 있다. 코치형 리더는 직원들을 그저 단순히 일을 위한 도구로 바라보지 않고 그들이 갖고 있는 진정한 관심사를 서로 나누고자 한다. 그리고 그것을 위해 지속적인 대화를 나누게 되고 대화를 통해 직원들은 허심탄회하게 자신의 일에 대한 평가와 반응을 들을 수 있다. 그렇게 자신에 대한 평가를 듣는 것은 사장의 이해관계뿐 아니라 자신의 포부를 펼치는 데도 도움이 된다.

전원 휴양 사업체인 존슨아웃도어즈(Johnson Outdoors)의 사장인 패트릭 오브라이언(Patrick O'Brien)이 이런 말을 한 적이 있다. "직원들을 개인적으로 아는 일이 그 어느 때보다 중요해졌습니다. 갓 입사한 직원들과 한 시간 가량 꾸준히 개인적인 대화를 나눈다면 6개월 뒤에는 그들이 먼저 나를 찾아옵니다."

실전에서의 코치형 리더

코치의 역할은 리더에게서 어떤 모습으로 나타날까? 코치형 리더는 사람들로 하여금 자신만의 장단점을 깨닫게 해줌으로써 개인적인 삶에 있어서나 일에 있어서 꿈을 키워나갈 수 있도록 도와주는 역할을 한다.

코치형 리더는 리더로서의 책임 영역과 직원들이 해야 할 바를 분명히 하면서 직원들에게 장기적인 발전 목표를 세울 수 있도록 용기를 북돋워주고 목표에 도달하기 위한 계획을 구체적으로 잡을 수 있도록 도와준다. 사람들은 일을 할 때 자신이 제일 좋아하는 부분에 끌리게 마련이다. 일에서 사람들이 제일 좋아하는 부분이란 다름 아닌 자신의 꿈, 자신의 정체성, 그리고 자신의 포부와 관련된 부분을 말한다. 코치형 리더는 일상의 업무를 장기적인 목표와 연결시킴으로써 사람들에게 항상 동기를 부여한다. 그런데 그러한 연결을 실현시키는 것은 직원들을 사적으로 깊이 알 때 비로소 가능한 것이다.

코치형 리더는 사람들에게 일을 맡길 때도 남다르다. 즉 그는 사람들에게 단순히 해야 할 일을 시키는 것이 아니라 그들을 비약시킬 수 있는 한 단계 높은 수준의 과업을 부과한다. 이런 비약의 경험은 사람의 정서에 긍정적인 영향을 미친다. 거기에는 자신의 능력을 넘어서도록 만드는 성공에 대한 달콤한 열망이 있다. 더 나아가 코치형 리더는 순간적인 실수는 덮고 넘어간다. 오히려 그러한 실수가 그의 꿈을 이루는 데 큰 도움이 될 수 있다는 것을 알기 때문이다.

코치의 역할은 진취적인 태도를 갖고 있으며 일에 있어서 좀더 발전하고자 하는 직원들을 상대로 할 때 더 큰 효과가 있다. 그와 반대로 직원이 의욕도 없고 자신의 고집과 눈앞의 이익에만 지나치게 집착한다면 코치형 리더십은 실패할 수밖에 없다. 그리고 리더 자신에게 직원들을 돕는 데 필요한 전문적 소양이라든가 감수성이 부족해도 실패하게 된다. 코치형 리더십을 제대로 발휘하지 못하면 그것은 자칫 너무 세세한 데까지 신경을 쓰거나 직원들을 지나치게 간섭하는 부정적인 모델이 될 수도 있다. 이와 같은 오류는 직원들의 자신감을 흔들어놓고 급기야 일의 수행력에 있어서도 하향 곡선을 그리게 만든다. 안타깝게도 우리는 이런 코치 유형에 익숙하지 못한 관리자들을 많이 보아왔다. 특히 두려움이나 냉담함이 아닌 뭔가 기운을 북돋을 수 있도록 사람들의 일에 대한 적절한 반응을 꾸준히 보여줘야 하는 시점에서 그러한 오류가 종종 발생한다.

가령 선도형 — 오로지 업무 수행 능력을 높이는 데만 초점이 맞춰진 — 리더는 세세한 경영 방식이나 꼼꼼하게 일의 요령을 일러주는 것이 코치의 역할이라고 생각하는 경우가 많다. 그러한 리더들은 판매 수치와 같은 오로지 눈앞의 목표에만 온 신경을 쏟는다. 그런 해결사적 유형은 직원들이 마음에 품고 있는 장기적인 포부를 살펴볼 틈을 주지 않는다. 그렇게 되면 직원들 쪽에서는 리더가 자신들을 한낱 일을 위한 도구로밖에 생각하지 않는다고 믿게 된다. 그리고 직원들은 동기부여를 받기는커녕 자신이 하찮게 평가받고 있다고 생각하게 된다.

하지만 코치의 역할을 잘 해냈을 경우 그것은 직원들의 능력을 믿고 키워줄 뿐만 아니라 그들의 자신감도 북돋는 것이 된다. 그렇게 되면 직원들은 자율적으로 그리고 높은 업무 수행력을 갖고 일에 임하게 된다.

코치형 리더가 되는 길

코치가 된다는 것은 리더가 일종의 상담자로서 직원들의 목표와 가치관을 파악하고 그들이 자신들의 능력을 확장시킬 수 있도록 도와주면서 그들의 능력을 개발시키는 감성지능을 발휘하는 것이다. 그것은 연구 결과로도 밝혀졌듯이 두 가지 다른 능력과 짝을 이루어 최고의 상담자의 모습이 어떤 것인지를 가늠하게 해준다. 여기서 말하는 다른 두 가지 능력이란 감성적 자기인식 능력과 감정이입의 능력이다.

감성적 자기인식 능력이 있는 리더는 진실하다. 그리고 그는 직원이 뭔가 인위적이거나 공격적이라고 느낄 만한 충고가 아닌 직원의 이해관계를 최대한 고려한 조언을 해줄 수 있다. 그리고 감정이입의 능력은 반응을 보여주기 전에 먼저 귀를 기울여 들을 줄 아는 능력을 말한다. 그렇게 되면 추구하고자 하는 목적에서 벗어남이 없이 서로의 입장을 주고받을 수 있다. 따라서 훌륭한 코치는 종종 자신에게 이런 질문을 한다. 이것은 나의 문제/목표인가,

아니면 그들의 문제/목표인가?

　코치 행위가 사람들의 감성에 미치는 놀라운 긍정성은 리더가 직원과의 관계에서 어떤 식의 감정이입과 친밀한 관계를 형성했느냐에 따라 결정된다. 훌륭한 코치는 사람들이 갖고 있는 잠재력에 대한 믿음과 그들이 최선을 다할 수 있다는 기대감을 숨기지 않는다. 거기에 담긴 내용은 다음과 같다. "나는 당신을 믿고 당신에게 투자하며 당신이 최선을 다할 것을 기대합니다." 그렇게 되면 사람들은 리더가 자신에게 신경을 쓰고 있다는 것을 알게 되고 더 나아가 좀더 나은 업무 수행 능력을 보여주겠다고 마음먹게 되며, 자신이 일을 잘할 수 있다는 믿음을 갖게 된다.

　때때로 리더의 코치 행위는 적극적인 조언자 프로그램의 형태를 띠기도 한다. 특히 오랫동안 성장을 지속해온 건실한 회사에서 지속적으로 리더십을 개발하는 것은 사기 진작 면에서나 사업 번창에 있어서 한몫을 한다. 뛰어나고 전도 유망한 직원들을 붙잡아두는 것이 어려운 요즘과 같은 시대에 직원들에게 자기 발전의 체험을 마련해주는 회사는 자신이 속한 조직에 충실한 직원들을 만들어낼 수 있다. 한마디로 코치형 리더는 '최종 결과'에 급급하지 않고 우회적인 방법을 통해 그 결과를 얻어낸다.

관계중시형 리더

　조 토리(Joe Torre)는 유서 깊은 메이저리그 야구 팀 뉴욕 양키스의 심장이자 영혼이라 불리는 사람이다. 1999년 뉴욕 양키스가 월드시리즈에서 우승했을 때 감독을 맡고 있었던 그는 선수들이 우승에 대한 부담 때문에 정서적으로 압박을 받자 그들의 마음을 잘 돌봐준 것으로 유명하다. 흔히 제멋대로이고 남의 마음을 헤아릴 줄 모르는 괴팍한 사람들이 많은 프로 스포츠 분야에서 토리는 예외적으로 팀워크와 협동이 얼마나 중요한 것인지를 보여준 독보적인 존재라고 할 수 있다.

1999년 월드시리즈 결승전이 끝난 뒤 경기장에서 거행된 시상식을 떠올려보자. 토리는 자신에게 특별한 의미를 지닌 선수들을 찾아 그들을 포옹해주었다. 그 중 한 명인 폴 오닐(Paul O'Neill) 선수의 경우에는 아버지가 경기 직전 일흔아홉을 일기로 세상을 떠났다. 그는 아버지의 부음을 전해 듣긴 했지만 대망의 결승전에 빠질 수 없었다. 그리고 경기가 끝나자 그는 그제서야 울음을 터뜨렸다. 나중에 클럽하우스에서 있었던 자축연에서 토리는 오닐이야말로 진정한 '전사'라고 칭하면서 그가 마음속에서 얼마나 갈등하고 싸웠는지를 알고 있다고 했다.

그리고 토리는 또 다른 두 명의 선수를 언급했다. 그 둘의 경우에도 시즌 중에 가족들 가운데 한 사람이 세상을 떠났다. 그 중 한 사람이 스콧 브로셔스(Scott Brosius)인데, 그는 불치병 진단을 받은 아버지에 대한 걱정이 가실 날이 없을 텐데도 경기를 할 때마다 항상 즐거운 마음을 갖기 위해 노력했기 때문에 토리는 지난 몇 개월 동안 그를 자주 칭찬했었다. 그리고 토리는 두 선수가 이듬해 계약 문제로 어려움에 처하자 승리 자축연 때 그들이 주목받았던 일을 상기시키며 그들을 적극 두둔했다. 그는 두 선수를 칭찬하면서 자신의 보스인 구단주에게 뉴욕 양키스에 두 선수는 없어서는 안 될 중요한 선수들이라고 분명하게 말했다.

물론 토리는 우유부단한 사람이 아니다. 오히려 그는 필요한 경우 단호하게 징계도 내리는 사람이다. 하지만 그는 선수들에게 자신의 감정을 솔직히 드러내는 사람이다. 자신의 형이 심장 이식을 기다리던 중 목숨이 위태로워졌던 해에 토리는 그에 대한 걱정을 숨기지 않았고 선수들과 그 마음을 같이 나누었다. 그는 팀이 우승하기 전 봄에 전립선 암 치료를 받을 때도 그렇게 했다.

이처럼 감정을 터놓고 사람들과 함께 나누는 것은 관계중시형 리더의 전형적인 모습 가운데 하나다. 그리고 이런 리더들은 사람들과 그들의 감정 역시 소중하게 생각한다. 과업과 목표를 성취하는 것보다 오히려 사람들의 감성적 욕구에 더 주안점을 둔다. 그들은 사람들의 마음을 편안하게 해주고 서로 간의 조화를 이끌어내고 팀의 공감하는 분위기를 조성하기 ― 토리가 했던 것처럼 ― 위해 노력한다.

비록 관계중시형 리더십은 일을 직접적으로 수행하는 데에는 다소 한계가 있는 것이 사실이지만 조직 전체의 분위기에 긍정적인 영향을 미친다는 점에 있어서는 모든 부분에서 발전을 꾀하는 전망제시형 리더와 코치형 리더 다음으로 탁월하다. 직원들이 회사 구성원 이전에 인간이라는 사실을 깨달음으로써 ― 가령 그들이 개인적 삶에서 어려움에 처했을 때 감성적인 차원에서 도움을 줌으로써 ― 관계중시형 리더들은 사람들이 조직에 대한 확고한 충성심을 가지도록 할 수 있고 구성원들 간의 유대를 강화시킬 수 있다.

관계중시형 리더십은 어떤 경우에 필요할까? 이러한 유형이 갖고 있는 긍정적인 영향으로 인해 관계중시형 리더는 어떤 경우에도 쉽게 공감을 불러일으킬 수 있다. 따라서 팀의 조화를 꾀하고, 사람들의 사기를 진작시키고, 의사소통을 원활하게 하고, 조직 내에 팽배한 불신을 치유하려고 할 때는 반드시 이 방법을 써야 한다.

특히 여러 문화권에서 사업을 하는 데 꼭 필요한 인간관계를 구축하기 위해서는 사람들 간의 강한 유대관계에 커다란 가치를 두어야 한다. 대부분의 아시아 문화권에서는 — 라틴 아메리카와 일부 유럽 국가들도 마찬가지다 — 돈독한 인간관계를 형성하는 것이 사업의 필수 조건이다. 이는 관계중시형 리더에게서는 자연스럽게 확인되는 과정이기도 하다.

관계중시형 리더가 되는 길

관계중시형 리더는 실제 상황에서 뛰어난 협동 능력을 보여준다. 이러한 리더들은 주로 조화를 추구하고 친밀한 상호작용이 가능한 분위기를 조성하고 개별적 인간관계의 틀을 세우는 데 관심을 기울인다. 이와 같은 것들은 리더가 자신이 이끄는 사람들과의 결속력을 다지는 데 도움이 된다. 따라서 관계중시형 리더는 조직의 운영 주기 중에서 나타나는 침체기에 더욱 중요한 의미를 둔다. 왜냐하면 이러한 시기일수록 위기 상황에 필요한 감성이라는 자산을 축적할 수 있기 때문이다.

관계중시형의 리더는 업무 목표보다는 사람들의 정서적 욕구에 더 주의를 기울인다. 따라서 감정이입의 능력 — 다른 사람의 감정과 욕구와 관점들을 감지할 수 있는 능력 — 은 관계중시형 리더십에 있어서도 기본적인 능력에 포함된다. 감정이입을 통해 리

'화기애애' 만으로는 부족하다

자산이 60억 달러에 이르는 세계적인 소비재 회사의 수석 부사장이 이렇게 말했다. "우리는 어떻게 해야 친절하면서도 솔직할 수 있는 것인지 모르겠어요. 우리 회사는 한 집안이 소유하고 있고, 인맥으로 형성된 회사입니다. 우리 회사의 간부들은 사람을 소중히 여기고 존중하는 데 역점을 두고 있습니다. 잘못이 있다면 모든 것을 조화롭게 꾸리는 데 너무 신경을 쓴다는 것일 겁니다. 그만큼 우리의 화기애애함은 지나친 감이 없지 않습니다. 우리는 얼굴 붉힐 일은 되도록 피하려고만 하기 때문에 오히려 사람들을 더 나은 모습으로 이끌 수 있는 적절한 피드백을 해주는 친절함은 없습니다."

사람들과의 관계에만 신경을 쓰는 리더는 분명 문제가 있다. 일이 감정보다 뒷전인 것이다. 이런 식으로 관계중시를 남용하는 리더는 업무에 대한 제대로 된 피드백을 할 수 없다. 적절한 피드백은 직원들의 업무 수행 능력을 더 발전시켜 줄 수 있는데도 말이다. 이런 리더들은 종종 피해를 볼 것이 불을 보듯 뻔한 상황에서도 사람들과의 친화에만 너무 신경을 쓰는 경향이 있다. 이처럼 '전전긍긍'하는 관계중시형의 리더는 분위기를 고조시키는 것이 아니라 오히려 가라앉게 만든다는 사실이 입증되기도 했다. 사람들이 싫어할까봐 안절부절못하면서 싫은 말은 되도록 하지 않으려는 리더들은 결국 조직을 몰락시키고 만다.

이러한 리더들은 갈팡질팡하기 일쑤다. 지나치게 관계에만 신경을 쓰는 태도로 인해 그들의 조직은 결국 최악의 상황에 이르게 된다. 사람들은 위기 상황 혹은 복잡한 상황에서 그것을 헤쳐나갈 수 있도록 분명한 지시를 해주기를 바라는데 오리무중 상태의 리더 — 다정하긴 하지만 — 는 사람들에게 아무런 길잡이 역할도 해주지 못한다.

● ●

더는 직원을 단순히 어떤 일을 책임진 존재로서만이 아닌 전인적 인격체로 존중하기 때문에 사람들이 행복감을 느끼게 된다.

감정이입 능력을 갖추고 있는 리더가 발휘하는 관계중시형의 리더십은 사기 진작에 효과가 크다. 그것은 틀에 박히고 반복적인 업무를 하면서 생기 없이 움직이던 직원들의 사기도 끌어올릴 수 있는 능력이다. 결국 관계중시형 리더십은 다양하고 때때로 서로 배척하기도 하는 개인들을 조화로운 집단으로 만들어야 할 때 그들 사이의 갈등을 효과적으로 처리할 수 있는 감성지능 능력에 의지한다.

하지만 그러한 이점에도 불구하고 관계중시형 리더십 역시 그것 하나만 사용하기에는 무리와 위험이 따르는 방법이다. 오로지 사람들을 칭찬하고 격려하는 데에만 관심을 두는 이 방법을 선호하는 리더는 자칫 직원들의 부족한 업무 수행 내용에 대해서는 아무런 교정도 해주지 않는 오류를 범할 수 있다. 게다가 관계중시형 리더들은 어떻게 하면 업무 수행력을 더 높일 수 있는지에 대해서는 아무런 건설적인 조언도 해주지 않기 때문에 직원들은 혼자서 그 방법을 알아내야만 한다.

그러한 이유 때문에 많은 관계중시형 리더들이 — 앞에서 예를 든 조 토리도 마찬가지다 — 전망제시형과 긴밀히 결부시켜서 이 방법을 사용하는 것인지도 모른다. 전망제시형 리더들은 해야 할 바를 제시하고 그 기준을 설정한 다음에 사람들에게 그들이 조직의 목표를 달성했는지의 여부를 알려준다. 때문에 그러한 전망제시형 방법에 사람을 배려하는 관계중시형을 결부시킨다면 커다란 성과를 얻을 수 있을 것이다.

민주형 리더

대도시 근교의 빈민가에 위치한 어느 카톨릭 사립 학교는 오랫동안 적자를 면치 못하고 있었다. 더 이상의 학교 운영이 어려워지자 대주교구에서는 해당 지역 카톨릭 학교들을 관할하고 있는 메리 수녀에게 그 학교를 폐쇄하라는 지시를 내렸다.

 하지만 메리 수녀는 즉시 학교 문을 닫지 않고 대신 그 학교의 선생님들과 학교 운영진을 한자리에 모아서 그 학교를 어렵게 만드는 재정난에 대해 구체적으로 설명했다. 그녀는 사람들에게 그 학교를 계속 운영할 수 있는 묘책을 가지고 있는지, 그리고 폐쇄한다면 어떤 방식으로 해야 좋을지 등에 대해 의견을 구했다. 그러고 나서 그녀는 가만히 사람들의 말에 귀를 기울였다. 그녀는 그 모임 뒤에 가진 학부모들과 지역사회의 책임자들을 만난 자리에서도 똑같이 사람들의 의견을 물었다. 뒤이은 학교 선생님들과 운영진과의 회의에서도 그녀의 태도는 여전했다. 몇 개월 동안 지속된 일련의 만남들을 통해 모아진 의견은 분명했다. 그것은 학교를 폐쇄해야 한다는 것이었다. 카톨릭 교회에서 운영하는 학교에 계속 다니고 싶은 학생들은 전학을 시키기로 했다.

이렇게 해서 나온 최종 결론을 보면 메리 수녀가 대주교구의 지시를 받아 단독으로 학교 폐쇄를 단행했을 경우의 상황과 별 차이가 없어 보인다. 하지만 그 과정은 하늘과 땅 차이다. 학교와 관련된 사람들 전체의 결정을 끌어냄으로써 메리 수녀는 그러한 조치에서 생겨날 수 있는 반발의 여지를 해소시킨 것이다. 사람들은 학교 폐쇄에 애석하게 생각했지만 그 불가피함을 받아들였다. 사실상 그 점에 대해 어느 누구도 이의를 달지 않았던 것이다.

메리 수녀가 취한 이 같은 방법과 역시나 폐쇄 명령을 받은 또 다른 카톨릭 학교의 한 사제가 취한 방법을 비교해보자. 이 사제는 명령에 의거하여 바로 학교를 폐쇄 조치했다. 어떤 결과가 나왔을까? 학부모들은 소송을 제기했으며 교사들과 함께 피켓 시위를 벌였다. 그리고 지역 신문에서는 그 사제의 결정을 비난하는 사설을 실었다. 그러한 논란과 반발로 인해 그 학교가 최종적으로 문을 닫기까지는 약 1년의 시간이 걸렸다.

그와 달리 메리 수녀가 취한 방법은 먼저 이해 당사자들과 신뢰와 존중의 관계를 구축한 뒤 그들로부터 자발적 참여를 이끌어내는 것이었다. 민주형 리더는 일대일 면담이나 모임을 통해 직원들(메리 수녀의 경우에는 학부모들을 비롯한 투자자들이었다)의 관심사에 귀를 기울이는 데 시간을 투자함으로써 사람들의 사기를 높인다. 이와 같은 방법이 조직의 전체 분위기에 미치는 영향은 전반적으로 긍정적이다.

민주형 리더십을 발휘해야 할 때

　민주형 리더십은 메리 수녀의 경우처럼 리더가 어떤 방향으로 이끌고 나아가야 할지 확신을 갖지 못하고 현명한 직원들의 생각을 듣고자 할 때 아주 좋은 방법이다.

　루이스 거스너(Louis Gerstner)의 경우가 아주 좋은 예일 것 같다. 그는 IBM이 파산 위기에 처했던 1993년에 회장직을 맡았다. 컴퓨터 업계에 대해서는 문외한이라고 할 수 있는 거스너는 되도록 많은 베테랑 직원들에게 조언을 구하는 민주형 방법에 의지했다. 1년에 90억 달러의 지출을 삭감하고 수천 명의 직원들을 일시 해고하는 조치를 취하긴 했지만 결국 거스너는 세상이 깜짝 놀랄 만한 성공적인 전환을 이루어내고 새로운 회사 경영 전략도 세웠다. 거스너는 당시의 일을 회상하면서 그가 내렸던 그때의 모든 결정은 "IBM과 컴퓨터 산업에 대해서 나보다 더 많이 알고 있는 직원들에게서 얻은 충고"에 바탕을 둔 것이라고 말했다.

　민주형 리더십은 비록 흔들리지 않는 전망을 갖고 있다고는 해도 그것을 실현할 수 있는 방법을 비롯한 다른 참신한 생각들을 듣고자 하는 리더에게 유용한 방법이다. 예를 들어 호주 웨스트팩 은행(Westpac Bank)의 최고경영자인 데이비드 모건(David Morgan)은 매년 약 20일에 걸쳐 한 번에 40명씩, 총 800명에 이르는 각 부서의 우수 사원들과 만나 대화를 나눈다. 모건은 이렇게 말한다. "그것은 내가 그들로부터 피드백을 받는 시간이지요. 저는 일이 실제로 어떻게 돌아가는지 알고 싶습니다. 과거에는 업무 현장과 멀찌감치 떨어진 사무실에 앉아서도 회사를 경영할 수 있었을지 모르지만 오늘날엔 아닙니다. 일이 진행되는 상황을 모르면 거기서 큰 화가 초래될 수도 있지요."

그러한 피드백의 시간이 유용한 것이 되기 위해서는 리더가 좋은 내용이든 나쁜 내용이든 모든 이야기를 열린 마음으로 들어야 한다. 모건이 이어서 말했다. "좀 무례한 듯한 직원들의 말에도 귀를 기울여야 합니다. 나에게 사실을 이야기했다고 해서 그 사람을 해고시킨다면 사람들은 더 이상 아무런 말도 하지 않을 겁니다. 그러므로 사람들이 당당하게 이야기할 수 있도록 그들이 한 말에 대해 그 어떤 불이익도 주어서는 안 됩니다. 우리가 솔직할 수만 있다면 해결하지 못할 문제는 없습니다."

물론 민주형 리더십에도 결점이 있다. 이 방법에 지나치게 의존하는 리더는 피곤하고 힘들 것이다. 왜냐하면 끊임없이 생각을 짜내야 하면서도 결론은 잘 나지 않는 회의가 계속 이어지고, 눈에 보이는 성과라고는 계속해서 늘어나는 모임의 횟수밖에는 없는 경우가 생길 수 있기 때문이다. 그리고 모두가 합의한 전략을 마련할 때까지 중요한 결정을 미루는 리더는 이리저리 눈치만 보게 된다. 그렇게 해서 치르게 되는 대가는 결국 문제 해결을 지연시키거나 오히려 악화시키는 혼란과 방향의 상실이다.

내막을 잘 모르거나 능력이 부족한 직원의 조언을 구하는 것은 돌이킬 수 없는 결과를 초래할 수 있다는 것은 더 말할 나위도 없다. 마찬가지로 민주형 리더십을 발휘해 합의를 이끌어내는 방식은 즉각적 조치가 취해져야 하는 긴급 상황에는 적합하지 않은 방법이다. 예를 들어 변화하는 시장 상황에 위협을 받고 있으면서도 어떤 조치를 취해야 하는지에 대한 합의만을 지속적으로 모색했던 어느 컴퓨터 회사의 최고경영자의 경우를 생각해보자. 경쟁사에 계속해서 고객들을 빼앗기는, 그리고 고객의 요구가 변화하는 와중에서도 그 최고경영자는 오직 대안을 모색하기 위한 모임만을 꾸려나갔다. 그리고 새로운 기술 혁신으로 인해 시장이 급격히 변화할 때도 그는 자신의 방식을 그대로 고집했다. 결국 상황을 파악하기 위한 특별 대책 위원회를 소집하기도 전에 이사회는 그의 자리에 다른 사람을 앉혔다.

민주형 리더가 되는 길

민주형 리더는 감성지능의 세 가지 능력인 팀워크와 협동, 갈등 관리, 그리고 영향력을 기반으로 활동한다. 의사소통을 가장 원활히 할 수 있는 사람은 바로 다른 사람의 말에 제대로 귀를 기울일 줄 아는 사람이다. 그리고 귀를 기울일 줄 안다는 것은 민주형 리더에게 있어서 가장 중요한 능력이다. 이런 리더들은 사람들에게 그가 사람들의 생각과 관심사를 진심으로 듣고 싶어하며 언제든 귀를 기울일 준비가 되어 있다는 느낌을 준다. 또한 그들은 위에서 군림하는 리더가 아니라 팀의 한 일원으로 서로 도와가며 일을 하는 존재이다. 그리고 그들은 집단 내의 불화를 치유하는 등 갈등을 가라앉히고 조화를 이루는 방법을 알고 있다.

감정이입이라는 감성지능 능력은 민주형 리더십에서도 중요한 역할을 한다. 특히 집단의 분열 양상이 극심할 경우에 더욱 그러하다. 다양한 생각을 가진 사람들을 조화로 이끌 수 없다면 리더와 그 조직은 잘못된 길로 접어들 수밖에 없다.

지금까지 살펴본 네 가지 리더십 유형 — 전망제시형, 코치형, 관계중시형, 민주형 — 은 모두 다 사람들 사이에 공감을 불러일으키는 긍정적인 방법들이다. 각각의 유형은 조직의 감성적 분위기에 나름대로 강력하고 긍정적인 영향을 미친다. 다음 장에서 살펴볼 두 가지 유형 — 선도형, 지시형 — 또한 리더가 자유자재로 사용할 수 있는 방법들이다. 하지만 이들을 사용할 때는 각별한 주의가 요구되며, 그것이 긍정적 영향을 미칠 수 있다는 확신이 들 때만 사용해야 한다. 선도형과 지시형 리더십을 별 주의 없이 너무 자주 사용하게 되면 공감이 아닌 불화를 초래하게 된다.

Chapter FIVE

불협화음을 일으키는
리더십

※ 사용에 주의를 요함

화려하게 등장한 세계적인 자료 저장 시스템 개발 회사 EMC는 전통적 기업에서 흔히 볼 수 있는 열정적 경영의 전형을 보여주었다. 수년간 이 회사의 최고경영진은 시장을 선도하기 위해 의도적으로 판촉 경쟁에 나섰다. 실제로 EMC의 최고경영자인 마이클 룻거스(Michael Ruettgers)는 승부 근성을 기준으로 영업 담당자들을 선발했으며 EMC의 사활을 공격적 영업에 두었다고 말했다. EMC의 한 영업 담당 이사는 우리에게 이런 말을 했다. "우리는 마치 투견과도 같습니다. 차이가 있다면 우리는 풀어놓은 투견이라는 점이지요."

그러한 고집 덕분에 그 회사는 엄청난 흑자를 기록하게 되었다.

1995년에 EMC는 처음으로 개방형 저장 시스템을 수출했는데 그 때의 매출액은 약 200만 달러였다. 그러나 1999년이 되자 그때까지 누구의 주목도 받지 못했던 EMC는 주식수익, 판매율, 이익률, 순익마진, 자기자본이익률 등을 모두 고려한 순이익에서 미국에서 상위 4위 안에 드는 회사로 성장했다.

룻거스와 그의 경영진은 선도형 리더에 속한다. 그들은 사람들에게 최고의 역량을 기대하는 리더는 직접 그것을 보여줘야 한다는 것을 실행에 옮겼다. 이러한 리더십 유형은 아주 뛰어난 역량을 가진 전문가들을 대상으로 하는 기술적 영역이나 EMC의 경우처럼 몰아붙이는 식의 영업을 하는 기업에 잘 들어맞는 방법이다. 특히 선도형은 회사의 경영 주기중 성장만이 최우선 관심사인 단계에서 기업주의 입김이 강할 때 유용한 방법이다. 집단의 구성원들 모두가 뛰어난 능력과 의욕을 갖고 있고 스스로 알아서 해나갈 수 있는 역량을 지니고 있을 때 이 방법은 놀라운 결과를 가져온다. 역량을 갖춘 팀을 이끌고 있는 선도형 리더는 정해진 시간 안에, 혹은 그보다 앞서서 일을 마무리할 수 있다.

선도형 리더십

선도형 리더십이 제대로 발휘되면 앞서 말한 바대로 뛰어난 성과를 올릴 수 있지만, 그것을 남용해서는 안 되며 반드시 필요한 경우에만 제한적으로 사용해야 한다. 선도형 방법은 일반적인 기업 경영의 묘와는 대치되는 것이기 때문이다. 그렇지만 사람들은 일반적으로 선도형 리더십을 훌륭한 방법이라고 보는 것 같다. 그 방법을 통해 리더로서의 높은 업무 수행 능력을 보여줄 수 있기 때문이다. 선도형 리더는 오로지 더 좋고, 더 신속한 것에만 정신이 팔려 있으며 다른 모든 사람들에게도 그렇게 하기를 요구한다. 그는 업무 수행 능력이 떨어지는 사람을 재빨리 가려내고 그들에게 분발할 것을 요구한다. 만약 직원들이 힘든 과정에 직면했을 경우에는 혼자서 그 상황을 헤쳐나가야 한다.

하지만 선도형 리더십을 오용하거나 남용하게 되면, 혹은 엉뚱한 상황에 사용하게 되면 리더의 섣부른 요구에 직원들이 혹사당할 수 있다. 그리고 선도형 리더는 일정한 원칙을 갖고 있는 경우가 드물기 때문에 — 그저 사람들에게 "자기 할 일만 잘 알아서 하면 된다."고 말한다 — 그를 따르는 사람들은 리더가 원하는 바를 추측할 수밖에 없게 된다. 그렇게 되면 직원들은 리더가 자신들을 너무 몰아친다고 생각하거나 심할 경우에는 자신들의 일처리 방식을 리더가 미더워하지 않는다고 스스로 단정짓게 되어 사기가 떨어질 수밖에 없다. 게다가 선도형 리더들은 자신들이 설정한 목표에만 온 정신을 집중하고 있기 때문에 그 목표를 달성하기 위해 함께 일해야 하는 사람들에 대해서는 별 신경을 쓰지 않는 것처럼 보일 수 있다. 그렇게 되면 결국 남는 것은 불화밖에 없다.

우리가 조사한 자료에 따르면 선도형 리더십은 분위기에 악영향을 끼치는 경우가 많았다. 리더가 선도형 방법에 지나치게 의존할 경우 감정의 희생이 불가피하기 때문이다. 결국 선도형 리더는 다음과 같은 역설적 상황에 처하게 된다. 성과에 집착해서 사람들을 강하게 몰아붙일수록 사람들 사이의 불안감도 더욱 커진다는 것이다. 적당한 압력은 사람들에게 힘을 불어넣어 줄 수 있지만 ─ 마감일을 맞추려고 하는 경우 ─ 그러한 몰아붙임이 지속되면 오히려 사람들의 기력을 소진시키는 결과를 가져온다. 사람들이 원대한 포부를 향해 나아가는 데서 멀어지면 오로지 생존의 문제에만 매달리게 된다. 리더의 몰아붙임에 의해 사람들의 혁신적 사고는 억압당하고 만다. 선도형 리더가 사람들로부터 동의를 얻어낼 수는 있을지 몰라도 ─ 그리하여 당장의 효과는 볼 수 있을지 몰라도 ─ 사람들로부터 온 마음을 다하는 지속적인 업무 수행은 기대할 수 없다는 것을 명심해야 한다.

예를 들어 샘이라는 이름의 간부가 있다고 하자. 학력 면에서 그는 출발이 화려했다. 그는 과 수석으로 졸업했다. 그리고 나서 대규모 제약 회사의 R&D(Research and development, 연구개발) 부서 생화학자로서 탁월한 전문적 능력을 발휘하며 일찌감치 촉망받는 인재로 주목받았다. 사내에서 기술적인 조언이 필요할 때 사람들이 의지하는 사람은 바로 그였다. 더 뛰어난 능력을 발휘하고 싶었던 그는 자신의 일을 더 잘 해내기 위한 방법을 찾는 데 온 정신을 집중했다.

신제품 개발 팀의 책임자로 임명되자 샘은 더욱 두각을 나타내기 시작했다. 그가 이끄는 팀의 일원들도 대체로 팀의 리더만큼이나 능력 있고 스스로 일을 찾아서 하는 사람들이었다. 팀의 리더로서 샘이 한 일은 팀을 선도하고 늦게까지 일하고 어떻게 하면 자신처럼 엄청난 압박 속에서도 최상의 과학적 성과물을 낼 수 있는지를 몸소 보여주는 것이었다. 그의 팀원들도 그처럼 기록적인 시간 안에 자신들에게 주어진 일을 완수했다.

하지만 샘은 R&D 부서 전체를 책임지는 위치에 올라서자 비틀거리기 시작했다. 그의 새로운 임무는 사람들에게 일의 전망을 분명히 전달하고 책임 영역을 확실히 하며, 사람들이 좀더 나아질 수 있도록 독려하는 등 보다 폭넓은 리더십의 영역에 속하는 일이었다. 하지만 샘은 자신의 부하직원들이 자신만큼 능력 있다고 생각하지 않았다. 실제로 그는 다른 사람들에게 권한을 넘겨주는 일이 거의 없었고 세세한 모든 일에 간섭하는 관리자가 되어가고 있었다. 그리고 일이 조금이라도 지체되면 그는 직원들이 더욱 분발할 수 있도록 그들을 돕는 것이 아니라 아예 본인이 직접 나서서 그 일을 대신하려고만 했다. 결국 그는 사장의 제안에 따라 — 그로서도 다행스럽게 — 신제품 개발 팀의 책임자인 과거의 자리로 돌아가게 되었다.

샘의 일화에서 선도형 리더의 전형적인 특징을 볼 수 있다. 우선 사람들의 성과를 인정하는 기준이 아주 높게 설정되어 있고, 일을 제대로 못했을 경우 그냥 넘어가지 못하며, 일을 완수하기 위해 언제든 소매를 걷어붙일 준비가 되어 있다. 사람들이 일을 하는 데 어려움이 있는 것 같으면 그 일을 자신이 직접 처리해버린다. 그러나 그렇다고 해서 선도형 방법이 별 효과가 없다는 것은 아니다. 선도형 리더십에도 나름의 효과가 있다. 하지만 그것은 능력이 아주 뛰어난 직원들이 리더가 일을 지시할 필요도 없이 스스로 일을 찾아서 할 때뿐이다.

선도형 리더십에 필요한 요소

성공적인 선도형 리더가 되기 위해서는 무엇이 필요한가? 선도형 리더십 유형에 있어 감성지능은 기회를 포착하려는 진취적인 태도와 아울러 업무 수행 능력을 높이기 위한 방법을 지속적으로 찾는 데서 발휘된다. 선도형 리더에게 성취 능력이란 자신과 자신이 이끌고 있는 사람들의 업무 수행 능력을 높일 수 있는 새로운 방안을 모색하는 것을 의미한다.

  선도형 리더는 돈이나 지위와 같은 외적 보상을 바라고 일을 한다기보다는 자신의 뛰어난 능력을 확인하고 싶은 강한 욕구에서 일을 하는 것이다. 선도형 리더가 되기 위해서는 진취적인 태도와 함께 언제든 일을 더 잘할 수 있는 기회를 잡거나 혹은 만들 수 있는 수완이 있어야 한다.

  그런데 다른 감성지능 능력 없이 그러한 리더십을 발휘하게 되면 실패하고 만다. 가령 감정이입의 능력이 결여되어 있을 경우 이런 유형의 리더는 일을 맹목적으로 몰아치기는 하는데 그 일을 하는 사람들의 불만이 차츰 고조되고 있다는 것을 잘 눈치채지 못한다. 그리고 자기인식 능력이 결여된 리더는 자신이 실패한 이유를 알 수 없다.

  이런 유형의 리더에게는 다른 사람들과 일을 함께 하는 협동 능력이나 원활하게 의사소통을 하는 능력(적절한 때 사람들이 일을 더 잘할 수 있도록 피드백을 해주는 능력)이 부족하다. 그 중에서도 가장 심각한 것은 감성적 자기관리 능력이 결여되어 있다는 것이다. 그러한 선도형 리더의 문제점은 사소한 것까지 관여하고 다른 사람의 일을 끝까지 지켜보지 못하는 조바심으로 나타난다.

  대체로 선도형 방식은 전망제시형의 열정과 관계중시형의 팀워크 같은 다른 리더십 유형과 어울릴 때 제대로 발휘될 수 있다. 선도형 리더가 가지고 있는 가장 일반적인 문제는 재능 있는 생화학자가 연구부서의 책임자로서는 실패한 샘의 경우처럼 '기술자'가 관리자로 승진되는 경우에 곧잘 나타난다.

사실 샘은 자신의 능력을 넘어선 승진 발령을 받은 것으로, 피터의 법칙(Peter Principle: 승진과 업무 수행 능력이 비례하지 않는 경우를 일컫는 말 — 역주)의 전형적인 예다. 샘은 과거의 직위가 요구하는 모든 기술적 능력은 갖추고 있었다. 하지만 그는 새로운 직위가 요구하는 임무를 완수하는 데 필요한 리더십은 갖추고 있지 못했다. 그래서 그는 사람들이 실수를 하거나 책임을 다하지 못하면 대신 그들의 일을 처리했다.

이것은 그가 다른 사람들이 자신만큼 일을 잘하지 못하리라는 생각에 그들이 일을 제대로 하지 않는다는 결론은 너무 빨리 내리는 데 반해 일을 잘했을 경우 그에 대한 칭찬엔 너무 인색하기 때문이었다. 피터의 법칙에 해당하는 선도형 리더의 또 다른 특징은 그들이 업무의 기술적인 부분에선 매우 뛰어나지만 리더십을 발휘하는 데 필요한 서로 어울려 같이 일하는 능력은 등한시 한다는 것이다.

리더가 선도형 리더십만 사용하거나 그것을 제대로 사용하지 못하면 직원들과 전망을 공유하지 못할 뿐만 아니라 공감 또한 이루어지지 않는다. 이런 리더들은 주로 숫자에 집착하는 경향이 있는데, 이는 사람들의 사기를 북돋고 동기를 부여하는 데는 그다지 적합하지 않다.

지시형 리더십

어느 컴퓨터 회사가 곤란한 지경에 빠졌다. 판매율과 수익률이 떨어지고 주가가 곤두박질치고 있으며 주주들의 항의도 점차 거세지기 시작했다. 이사회 측은 돌파구를 마련하기 위해 명망 있는 최고경영자를 새로 영입했다. 그는 정리해고를 단행하고 부서를 축소시키는 등 예전에 볼 수 없었던 강력하고 예외적인 조치들을 밀어붙였다.

아직 안심할 상황은 아니었지만 마침내 회사는 고비를 넘겼다. 하지만 그를 위해 치른 대가가 만만치 않았다. 최고경영자는 업무지시를 하는 과정에서 처음부터 무시무시한 공포 분위기를 조성했다. 마치 현대판 칭기즈칸처럼 그는 간부들이 실수라도 할라치면 불쾌감을 숨기지 않으면서 사람들을 몰아세웠고 그들의 체면을 마구 깎아내렸다. 안 좋은 소식을 보고하는 사람에게 거의 죽일 듯이 달려드는 그의 태도가 두려운 나머지 사람들은 그에게 전혀 보고를 하지 않았다. 곧 뛰어난 능력을 가진 그의 위상에 흠집이 나기 시작했다. 그는 남아 있는 다른 많은 사람들도 해고했고 회사 전체의 사기는 바닥에 떨어졌다. 이는 회사 운영이 잠시 반짝 궤도에 진입했다가 다시 하락 국면에 들었음을 보여주는 것이었다. 결국 최고경영자는 이사회의 직권으로 해임되었다.

확실히 비즈니스의 세계에는 직원들에게 부정적인 영향을 미치는 고압적인 자세의 리더들이 많이 있다.

이런 예도 있다. 한 종합병원에서 적자가 나자 이사회가 새로운 원장을 임명해서 운영의 정상화를 시도했다. 하지만 그 결과는 참혹했다. 그 병원의 한 외과의사가 이렇게 말했다. "그는 무자비하게 직원들을 해고했어요. 특히 간호사들을 많이 해고했어요. 그러자 병원은 흑자를 내는 듯했지요. 하지만 곧 심각한 인원 부족에 시달려야 했어요. 우리는 환자들의 요구에 일일이 다 응할 수가 없었고 모든 직원들의 사기가 떨어졌어요."

환자들의 불만이 느는 것은 당연한 결과였다. 그 병원은 다른 병원과의 경쟁에서 환자들을 놓치게 되었고, 원장은 마지못해 자신이 해고했던 직원들 중 많은 수를 다시 고용해야 했다. 그 외과 의사는 이렇게 말했다. "지금까지도 원장은 자신의 무자비함을 인정하려 들지 않아요. 그는 계속해서 위협과 협박으로 일을 처리하고 있어요. 간호사들은 다시 일자리를 찾았지만 아무래도 사기는 예전 같지 않아요. 그런 상황인데도 원장은 환자의 만족도가 낮다고 불평입니다. 그는 문제의 책임이 자신에게도 있다는 것을 모르고 있어요."

실전에서의 지시형 리더

지시형 리더, 즉 종종 강압적 방법으로 조직을 이끌어나가는 리더는 실제 상황에서는 어떤 모습일까?

"시키는 대로 해."라는 모토하에 일하는 이런 유형의 리더는 사람들이 명령에 즉각적으로 따라주기를 바랄 뿐이지 그에 대해 일일이 설명하는 일을 귀찮아한다. 만약 부하직원들이 말 없이 시킨 대로 하지 않으면 지시형 리더들은 협박을 한다. 그리고 사람들에게 알아서 하라고 맡기는 법 없이 모든 상황을 세세히 통제하고 감독한다. 결국 일의 피드백에 있어서도 ― 그런 것이 가능하다면

— 잘한 것에 초점이 맞춰지는 것이 아니라 못한 것에만 맞춰진다. 한마디로 불화로 나아가는 전형적인 길이다.

우리가 조사한 자료에 따르면 모든 리더십 유형 가운데 지시형 리더십이 거의 모든 상황에서 가장 효과가 나쁜 유형이라는 사실이 밝혀졌다. 이러한 유형이 조직의 분위기에 미치는 영향을 한번 생각해보자. 감성의 전염은 위에서 아래로 급속히 퍼져나가는 것이라는 사실을 감안한다면 강압적이고 냉정한 리더는 다른 모든 사람의 감성에 악영향을 미치는 것이 당연하다. 따라서 조직의 전체 분위기도 자연히 나빠진다. 앞서 예로 든 강압적인 병원 원장과 같은 사람이 환자의 불만이 자신의 강압적인 리더십 스타일 때문이라는 것을 잘 알아차리지 못한다 해도 그 둘 사이의 관련성은 엄연히 존재한다. 그가 간호사나 의사들과 맺는 관계는 간호사와 의사들의 감성적 기조를 부정적으로 만들 것이고, 그것은 다시 환자들에게 좋지 않은 분위기를 전염시킬 것이다. 그렇게 되면 환자가 받는 의료 서비스의 질도 자연히 떨어지게 된다.

칭찬에 인색하고 직원들을 곧잘 비난하는 지시형 리더는 직원들의 사기와 자부심과 일에 대한 보람 — 업무 수행 능력을 향상시키도록 만드는 — 을 손상시킨다. 결국 이러한 유형의 리더십은 모든 리더에게 요구되는 중요한 힘을 약화시킨다. 이 힘이 있어야 사람들이 자신의 일이 공동의 원대한 목표를 향해 나아가는 데 일익을 담당하고 있다는 느낌을 갖게 되는데, 사람들이 자신은 공동의 목표를 위해서 하는 역할이 거의 없고, 심지어 소외된 듯하고 뭘 하는지도 모르겠다고 생각한다면 과연 그 조직은 목표 달성에 성공할 수 있을까?

하지만 지시형 리더십이 갖는 많은 문제점에도 불구하고 그것이 효과적으로 발휘되어 세상을 더욱 윤택하게 만든 예를 찾는 것은 어렵지 않다. 과거 명령 및 통제에 의해 유지되었던 계급의 질서는 20세기에 들어서도 사업 경영 방식의 특징으로서 여전히 유효했다. 그러한 조직들에서는 전쟁터에 가장 적합한 군대식 질서 — 상명 하달식의 방법 — 를 많이 빌어왔다. 하지만 오늘날에는 군대 조직에서조차 지시형 리더십을 팀스피리트 혹은 팀워크와 같은 자발적인 참여를 유도하는 경우에만, 그것도 다른 유형의 리더십과 함께 사용하고 있다.

이에 대한 또 다른 예를 의료 분야에서도 찾아볼 수 있다. 오늘날 미국의 많은 의료 조직들은 일종의 리더십의 위기를 겪고 있다고 할 수 있다. 왜냐하면 미국의 의료 사회가 그동안 선도형과 지시형 리더십을 선호해왔기 때문이다. 물론 이들 리더십 유형은 수술실과 응급실 같은 곳에서는 효과적일 수 있다. 하지만 전체적으로 보면 그것은 리더의 지위에 오른 많은 의료인들이 다양한 리더십 유형을 익힐 기회가 거의 없었음을 의미하는 것이다.

오늘날 대부분의 조직에서 "시킨 대로 해."라는 식의 강압적 보스는 공룡과도 같은 존재로 취급을 받고 있다. 어느 기술 회사의 최고경영자는 이렇게 말했다. "사람들을 마구 거리로 내몰아 돈을 벌어오라고 시킬 수는 있습니다만 그렇게 해서 과연 회사가 유지될 수 있을까요?"

지시형 리더십이 유효한 경우

사람들에게 부정적인 영향을 미침에도 불구하고 지시통제형의 리더십은 현명하게 사용할 경우에는 감성지능을 갖춘 리더의 리더십 유형 가운데서 중요한 위치를 차지할 수도 있다. 가령 급하게 돌아가는 상황에서 위기에 처한 사업을 관리해야 하는 리더에게는 지시형 리더십이 사람들로 하여금 불필요한 사업 관행을 버리고 새로운 방식에 빨리 적응하게 하는 데 — 특히 초기에는 — 효과적이다. 마찬가지로 건물에 화재가 났다거나 폭풍이 다가올 때, 혹은 부당하게 회사를 넘겨줘야 할 상황에서 지시통제형의 리더는 사람들이 혼란을 잘 이겨나갈 수 있도록 만들어준다. 게다가 다른 모든 리더십 유형으로 직원들을 다루는 데 실패해도 이 방법으로는 성공을 거두는 경우가 있다.

우리가 조사 과정에서 만난 어느 간부는 이와 같은 지시형 리더십의 장점을 십분 활용한 사람이었다. 그는 적자를 면치 못하고 있는 식료품 회사의 경영 방침을 바꾸기 위해 한 부서의 책임자로 임명되었다. 처음 몇 주 동안 그는 자신이 꾀하고자 하는 변화를 분명히 인지시키기 위해 강하게 직원들을 몰아붙였다.

가령 그 회사의 최고경영진은 정기적으로 매우 형식적인 회의를 했는데, 이 회의는 위압적인 분위기로 꾸며진 회의실 한가운데에 놓여 있는 대리석 회의탁자에 둘러앉은 채로 진행되었다. 사람들 간의 거리는 잡담을 하기 어려울 정도로 떨어져 있었고 모임은 그 자체로 강압적이었다. 따라서 아무도 분위기를 흩뜨릴 엄두를 내지 못했다. 한마디로 이 회의실의 존재는 임원들 간의 대화와 협력의 부재를 의미했다.

서로를 열린 마음으로 대할 수 있도록 하기 위해 새로 부임한 책임자는 그 회의실을 — 지시형 리더십의 단호함으로 — 폐쇄해버렸다. 그것은 곧 긍정적인 효과를 가져왔다. 그때부터 경영진은 평범한 회의실에 모여 회의를 했다. 그 공간은 새로 부임한 책임자의 말 그대로 '서로 진짜 대화를 할 수 있는 분위기'였다.

그는 회사 차원의 결정을 내리기 전에 동의를 받아야 하는 것들을 일일이 열거한 아주 구체적인 결재 지침에 대해서도 이러한 방법을 적용했다. 새로운 지시 내용은 다음과 같았다. 기존의 결재 지침은 백지화하고 결재 서류가 무한정 오고가는 일은 없도록 한다는 것이었다. 그 책임자는 이렇게 말했다. "저는 사람들이 서로 대화하기를 바랍니다. 누구라도 필요하면 간부회의에 나와서 '나는 이러이러한 일을 하는데 당신들의 도움과 조언이 필요하다.'라는 식으로 이야기할 수 있기를 바라지요. 나는 간부들이 그저 결재 도장 같은 존재가 아닌 사람들에게 실제적인 뭔가를 해줄 수 있는 사람이 되기를 바랍니다."

이런 요지의 말을 하면서 새로 부임한 책임자는 이 모든 일을 강하고 설득력 있게 밀어붙였다. 하지만 그는 자신의 강경 전략을 사람이 아닌 기존의 관행을 대상으로 행사했기 때문에 제대로 된 효과를 얻을 수 있었다. 사실 그는 자신이 사람들의 재능과 능력을 소중히 한다는 것을 분명히 했다. 그가 급격한 변화를 이끌어내기 위해 필요로 한 것은 바로 그들의 일처리 방식을 바꾸는 것이었기 때문이다.

지시형 리더십에 필요한 요소

지시형 리더십을 효과적으로 발휘하기 위해서는 영향력, 성취능력, 진취적인 태도의 세 가지 감성지능 능력이 필요하다. 그리고 지시형 리더십이 엉뚱한 방향으로 나아가지 않도록 하기 위해서는 선도형 리더십과 마찬가지로 자기인식 능력과 감성적 자기제어 능력, 그리고 감정이입의 능력이 필요하다.

뭔가를 성취하고자 하는 욕구가 있다는 것은 리더가 더 나은 결과를 얻기 위해 조직을 강력한 방법으로 이끌고 나간다는 것을 의미한다. 지시형 리더십에 있어 진취적인 태도는 기획 포착 능력뿐만 아니라 어떤 '명령'을 내릴 때 중간에서 이리저리 생각하느라 주저하지 않고 즉석에서 바로 지시를 내릴 수 있다는 것을 의미하기도 한다. 또한 지시형 리더가 진취적인 태도를 갖추고 있으면 어떤 상황을 무작정 기다리지 않고 힘있게 앞으로 나아가면서 일을 성사시킬 수 있다.

이런 유형의 리더십을 제대로 발휘하는 데 가장 중요한 것은 감성적인 차원에서 자기제어의 능력을 갖추는 것이다. 자기제어 능력이 있는 리더는 화를 억제하고 인내심을 가질 수 있다. 그리고 심지어는 자신의 노여움을 자유롭게 이용하여 사람들로 하여금 어떤 변화나 결과를 유도해낼 수 있도록 즉각적인 주의를 요구하거나 움직일 수도 있다.

그러나 리더에게 감성적 차원에서 자기를 제어할 수 있도록 해주는 자기인식 능력이 결여되어 있을 경우 — 아마도 이런 유형의 리더에게서 가장 많이 나타나는 문제점일 것이다 — 에는 매우 심각한 문제가 발생한다. 노여움의 감정뿐만 아니라 역겨움과 경멸감 같은 것을 드러내는 강압적인 리더는 사람들에게 감정적으로 아주 치명적인 영향을 미친다.

더 심각한 경우는 리더가 자신의 화를 표출할 때 감정이입의 능력이 결여되어 있으면 — 감정이 제어가 되지 않는 상태라면 — 이러한 유형은 걷잡을 수 없게 된다. 독재적 성향이 있는 리더는 그것의 직접적인 영향을 받는 사람들의 반응에는 아랑곳없이 그저 호통치듯 명령만 내린다. 따라서 아리스토텔레스의 말처럼 지시형 리더십을 효과적으로 사용하기 위해서는 리더가 '합당한 이유에 의해 적절한 시기에 알맞은 방식으로 정확한 대상을 향해 화를 내야' 한다.

이 말은 지시형 리더십은 급격한 변화에 직면한 상황이거나 위협이 임박한 상황처럼 강력하게 밀어붙여야 하는 경우일 때만 아주 신중히 사용해야 한다는 것을 의미한다. 만약 지시형 리더가 자신이 언제 강력한 지시를 내려야 하는 것인지를 제대로 안다면 — 그리고 언제 그만둬야 할지를 안다면 — 엄정하게 일을 처리할 수 있는 그의 능력은 오히려 더욱 강화될 것이다. 하지만 리더가 활용할 수 있는 리더십 도구가 오직 지시형 리더십 하나밖에 없다면 그는 조직을 위기에 빠뜨리고 말 것이다.

최악의 리더

지시형(혹은 선도형) 리더십을 제대로 사용하지 못하면 치명적인 불화를 초래할지도 모른다는 명백한 사실에도 불구하고, 많은 사람들이 어느 모로 보나 공감의 분위기와는 반대의 모습을 보여주는 거만하고 강력한 최고경영자를 수익 면에서 큰 수확을 거두는 유능한 존재로 생각한다. 만약 우리의 주장대로 감성적 지능이 그렇게 중요한 것이라면 이와 같은 비열한 리더들이 성공을 거두는 이유는 어떻게 설명할 수 있을까?

우선 이들을 자세히 관찰해보자. 눈에 두드러지는 성과를 거둔 간부가 있다고 해서 그가 과연 회사를 실제적으로 이끄는 리더라고 할 수 있을까? 거대한 기업을 이끄는 최고경영자에게는 사실상 직접적으로 명령을 내리는 부하직원은 없다. 오히려 각 부서의 책임자들이 사람들을 이끌고 그들과 함께 일하며 수익에 직접적인 영향을 미친다.

빌 게이츠(Bill Gates)와 그의 회사인 마이크로소프트(Microsoft)가 바로 이런 경우에 속하는 대표적인 예라고 할 수 있다. 탁월한 선도형 리더인 빌 게이츠는 사람들로 하여금 스스로 일을 찾아서 하게끔 뒤에서 독려하는 뛰어난 수완을 갖고 있다. 그러면서도 각 부서마다 공감을 일으키는 리더십을 갖추도록 하는 것이다. 바로 그와 같은 경우에 회사가 어떤 성과물을 내기 위한 팀워크를 길러내는 데 요구되는 다양한 리더십은 절대적으로 필요하다.

리더들 가운데는 간혹 높은 시가총액이나 지나치게 과감한 구조조정과 같은 것으로 '환상에 불과한 성공'을 거두는 이들도 있다. 잠시 동안의 환상으로 유능한 인재들을 무자비하게 교체해버린 사실을 은폐할 수 있을지는 모르지만 그로 인해 그 회사는 언젠가 응분의 대가를 치르게 된다. 그리고 이러한 리더들은 결국엔 악랄한 리더가 되어 자기 중심적으로 일을 벌이는 자아도취적인 본색을 드러내는 경우가 많다.

가령 알 던랩(Al Dunlap)의 경우를 보자. 그는 자신의 자서전 『비열한 사업(Mean Business)』에서 과감하게도 스콧페이퍼(Scott

Paper)의 최고경영자로서 발휘한 자신의 리더십이 "미국의 기업 역사상 가장 성공적인 기업 회생 가운데 하나를 이룩한 것"이라고 자랑했다. 그러나 비열하기까지 했던 자신의 가차없음을 리더십의 한 방편으로 사용하면서 수천 명의 직원을 해고한 던랩에 대한 세상의 평가는 그의 해고 조치가 너무 지나친 것이었으며 결국 회사의 업무 수행 능력에도 심각한 문제를 초래한 원인이었다는 것이 지배적이다. 후일 선빔(Sunbeam)의 최고경영자로 재직하면서 그가 이룩한 일시적이고도 표면적인 성공 역시 다소 엉뚱한 요인에서 비롯된 것으로 보인다. 선빔의 최고경영자 자리에서 해임된 지 2년 후에 던랩과 몇몇 간부들이 공정거래위원회로부터 기소를 당했는데, 이유는 '선빔의 리스트럭처링이 성공적으로 이루어진 것처럼 보이도록 하고 회사의 판매 실적을 부풀리기 위해 사기극을 꾸민' 혐의 때문이었다.

던랩같이 엄청난 몸집의 거인처럼 군림하는 리더들은 눈앞에 보이는 재정적 목표 이외의 것은 일체 신경 쓰지 않는다. 장기적인 안목에서 그 일을 위해 사람들과 조직이 치러야 할 대가에 대해서는 눈 하나 깜짝하지 않는다. 결국 알 던랩 같은 경영자가 운영하는 회사는 마치 스테로이드를 과다 복용한 것과 같은 모습을 보이고야 만다. 아주 높은 성과를 얻기 위해 짧은 시간 동안 사람들을 몰아붙이는 것인데 이는 장기적인 차원에서는 필연적으로 그것을 유지하는 데 필요한 인력이라든가 자본력을 고갈시키는 결과를 낳게 된다.

그런 문제성 보스에게는 감성지능의 능력 가운데 중요한 한두 가지가 결여되어 있는 것으로 보인다. 그에겐 여전히 그것을 상쇄하고도 남을 만큼 상황을 효율적으로 이끄는 능력이 있다 해도 말이다. 이는 곧 세상에 완벽한 리더는 없으며 완벽한 리더가 필요하지도 않다는 것을 의미한다. 리더를 너무 우상화 하게 되면 우리는 리더의 자격을 갖추기 위해서는 반드시 모든 면에서 뛰어나야 한다는 터무니없는 기준을 설정하게 된다.

최악의 리더에 대해 고찰하면서 우리는 그들이 다음과 같은 독특한 역량을 공통적으로 지니고 있다는 것을 알게 되었다. 즉 그들은 업계나 언론에 노출되지 않으면서도 자신의 신랄한 행동을 교묘하게 상쇄하는 능력이 있다. 예를 들어 GE의 초기 시절에 잭 웰치(Jack Welch)는 급격한 혁신을 단행하기 위해 강력한 철권 경영을 실시했다. 당시 GE가 처해 있는 상황에서는 그와 같은 상명하달식의 경영이 적절했다고도 할 수 있다. 나중에 웰치가 좀더 분명하게 감성지능을 발휘하며 GE의 새로운 전망을 제시하고 그것을 향해 사람들이 나아갈 수 있도록 격려하는 리더로 변화한 것에 대해서는 세상은 그다지 큰 관심을 갖지 않았다.

가장 성공적인 리더

'거칠고 무식한' 리더가 온갖 잡음에도 불구하고 좋은 성과를 거둔 — 일회적이고 표면적인 것에 불과하지만 — 일화를 예로 들면서 감성지능의 유용성에 대해 회의적인 시선으로 그럴듯한 반론을 펴는 것은 쉬운 일이다. 하나밖에 보지 못하는 그러한 주장 — 위대한 리더는 인정사정 보지 않음으로써(혹은 그럼에도 불구하고) 성공했다는 식의 주장 — 에는 구체적으로 어떤 리더십을 통해 성과를 얻었는지에 대한 확실한 근거가 없기 때문이다.

리더에 관한 과학적인 연구는 우리 앞에 드리워진 베일을 걷는 것으로부터 시작한다. 체계적인 비교를 하기 위해 운동장을 고르는 작업부터 시작한다는 것이다. 이와 같은 객관적인 방법을 통해 자세히 들여다보면 실제로는 고도성장의 붐이나 인원축소 등의 일시적인 조치, 혹은 회계 조작 같은 것으로 인해 반짝 성과를 얻은 것임에도 불구하고 '거칠고 무식한 리더'가 마치 진정한 리더인 양 내세우는 허울뿐인 성공의 실체를 파악할 수 있다.

한번은 미국 보험 회사 연합회에서 기꺼이 공개 조사에 응하겠다는 각오로 자신들의 업무 수행 능력과 최고경영자들의 리더십 자질에 관한 연구 조사를 의뢰한 적이 있다. 조사 팀은 19명의 주요 보험 회사의 최고경영자들이 이룩한 성과들을 추적한 뒤 수익률 및 성장률 등의 기본적 평가 자료를 근거로 그들을 '탁월'과 '우수'의 두 부류로 분류했다. 그러고 나서 조사 팀은 웬만큼 잘 해나가는 최고경영자와 탁월한 최고경영자를 구분할 수 있도록 해주는 능력을 가려내기 위해 집중적인 면담에 들어갔다. 조사 팀은 우선 최고경영자 각각에 대한 평가를 내리고, 그들의 진술을 통해 직접적이고 신빙성 있는 평가 자료를 얻고자 했다.

가장 성공적인 최고경영자와 그렇지 않은 경영자를 가름하는 능력은 다름 아닌 주요 감성지능 능력임이 밝혀졌다. 가장 성공적인 최고경영자들은 자신들의 이사진을 협력자의 지위에 올려놓은 후 그들을 코치하고 그들과의 개인적 인간관계의 질을 향상시키기 위해 많은 시간을 할애했다. 최악의 리더들에게 가장 많이 결여되어 있는 것으로 밝혀진 능력이 바로 감정이입의 능력, 손발을 척척 맞추는 협동력, 우수한 인재를 관리하고 키우는 능력이었다.

최고경영자가 감성지능의 역량을 유감 없이 발휘할 때 그 회사는 높은 수익률과 성장률을 기록할 수 있다. 특히 그러한 역량이 부족한 최고경영자가 이끄는 회사들과 비교할 때 그 차이는 매우 크게 나타났다.

누가 최악의 리더와 함께 일하려 할 것인가

최악의 리더들에 대한 또 다른 공공연한 비밀이 있다. 그들은 인재를 썩히는 일이 많다는 것이다. 남부럽지 않은 최고의 자격과 능력을 갖춘 우수 인력들 — 뛰어난 업무 능력을 발휘할 잠재력을 가지고 있는 극소수의 인재 — 에게는 자질이 부족한 보스가 저지르는 과오를 끝없이 참고만 있을 이유가 없다. 따라서 오래지 않아 그들은 다른 일자리를 찾아 떠나게 될 것이다. 사람들이 회사를 그만두는 첫번째 이유는 바로 보스에 대한 불만이었다. 주어진 일을 더 쉽게 처리하는 능력을 가진 사람이 비합리적인 보스를 만나면 그냥 대충 일하는 사람보다 회사를 그만둘 확률이 네 배나 높다는 조사 결과도 있다.

700개 미국 회사에서 일하고 있는 200만 명의 피고용인들을 대상으로 한 면담을 통해 피고용인들이 회사에 오래 남아 일할 수 있도록 해주는 요인은 — 그리고 그들의 생산성을 높여주는 요인은 — 바로 그들을 지휘하는 보스와의 관계에 있다는 사실이 밝혀졌다. "사람들은 회사를 보고 입사해서 관리자들 때문에 퇴사하더군요." 자료 분석을 담당한 갤럽(Gallup Organization)의 부사장 마커스 버킹엄(Marcus Buckingham)이 말했다.

위와 같은 조사와 자료를 통해 얻을 수 있는 결론은 너무도 명백하다. 즉 이러한 리더들은 바뀌어야 하며 그렇지 않으면 회사를 떠나야 한다는 것이다.

다양한 리더십을 탄력적으로 활용하라

공감을 불러일으키는 능력이 아무리 부족한 리더라 할지라도 지금까지 우리가 설명한 리더십 유형을 다양하게 활용해 나간다면 새롭게 탈바꿈하는 기회를 가질 수 있다. 다음의 사실을 상기해보자. 하버드 대학 교수로 재직하고 있는 데이비드 맥클레랜드는 감성지능의 능력 중 여섯 가지 이상의 주요 능력을 갖추고 있는 리더는 그러한 능력이 결여되어 있는 리더에 비해 훨씬 더 리더로서의 자질이 뛰어나다는 사실을 알아냈다. 또한 그는 다양한 모습의 인기 있는 리더들이 서로 다른 리더십 유형을 통해 사람들의 공감을 이끌어낸다는 사실도 알아냈다. 가령 자기확신, 유연성, 진취적인 태도, 성취 능력, 감정이입의 능력, 다른 사람의 재능을 이끌어내는 능력이 뛰어난 리더가 있는 반면 자기인식 능력, 솔직함, 긴장 속에서도 평온함을 유지하는 능력, 조직인식 능력, 감화력, 협동력 등이 뛰어난 리더도 있을 수 있다.

감성지능의 역량을 폭넓게 갖출수록 더욱 뛰어난 리더가 될 수 있다. 왜냐하면 폭넓은 감성지능의 역량을 갖추었다 함은 리더가 조직을 운영하는 과정에서 부딪치게 되는 다양한 요구를 처리하는 데 더 유연하게 대처할 수 있다는 것을 의미하기 때문이다. 여섯 가지 리더십 유형은 각각 서로 다른 감성지능의 능력들을 이끌어낸다. 그렇기 때문에 최고의 리더란 적절한 시기에 적절한 방법을 사용할 수 있는 리더이며 필요한 경우에는 자신이 선택한 방법이 아니다 싶을 때 다른 방법으로 순발력 있게 옮겨갈 수도 있는 리더이다. 그런 능력이 없는 사람들은 활용할 수 있는 리더십의 유형이 제한적일 수밖에 없고, 따라서 어떤 상황에는 잘 들어맞지 않는 부적절한 한 가지 유형에만 지나치게 의존하게 된다. 여기서 다시 한 번 미국 보험사의 최고경영자 19명을 대상으로 한 연구 조사를 살펴보자. 이미 언급한 바대로 이 연구를 통해 우리는 가장 성공적인 회사를 이끌어가는 최고경영자들은 일군의 중요한 감성지능 능력을 갖추고 있다는 것을 알았다. 예를 들어 뭔가를 개선하려는 마음과 변화를 촉진시키는 능력, 감정이입의 능력, 다른 리더들을 이끌고 나가는 재능 등이 그것이다. 그런데 여기서 더 나아가 조사 팀은 회사 내에서 핵심 인물로 불리는 몇몇 피고용인들에게 19명의 최고경영자들이 이끌고 있는 회사에서 일하는 것이 어떤지 물어보았다. 질문의 초점은 그들이 현재 얼마나 '만족' 하고 있는가보다는 주로 최고경영자들이 그들의 업무 수행에 미치는 영향에 맞춰졌다.

  사업 수익의 차원에서 높은 성과를 내는 최고경영자들과 그렇지 못한 최고경영자들이 이끄는 조직체는 분위기가 서로 달랐다. 탁월한 능력을 소유한 최고경영자가 이끄는 조직은 의사소통의 원활함부터 직원들의 유연함과 혁신성에 이르기까지 모든 면에서 사정이 훨씬 나았다. 업무 수행 능력이 뛰어난 최고경영자들은 피고용인들로 하여금 회사가 마치 자신의 것인 양 애착을 느끼고 자신의 책임을 분명히 인식하도록 만들었고, 업무 수행 능력의 기준을 높이 설정하여, 사람들에게 좀더 '높은' 목표를 향해 나아가고자 하는 의욕을 불어넣었다. 한마디로 말해서 이러한 최고경영자들은 사람들이 힘을 내어 일에 집중할 수 있고 자신의 일에 자부심을 느끼며 자신이 한 일을 사랑하고 늘 그 일과 함께 하고자 하는 분위기를 조성할 줄 알았다.

리더십은 모든 종류 — 꼭 사업뿐만 아니라 — 의 조직에 있어서 업무 수행의 밑바탕이 되는 것이다. 최근 영국 정부는 42개 학교의 리더십 유형의 분석과 각각의 유형이 학생들의 학업 성취도에 어떤 영향을 미치는지에 관한 조사를 의뢰한 적이 있다. 학업 성취도가 높은 학교 가운데 69퍼센트에 해당하는 학교의 교장들이 네 가지 이상의 공감을 불러일으키는 리더십 유형을 갖추고 그들을 필요에 따라 구사하고 있었다. 그러나 학생들의 학업 성취도가 낮은 학교의 3분의 2는 학교장이 한두 가지의 리더십 — 불화를 조성하는 리더십 — 에만 의존하고 있다는 결과가 나왔다. 숨겨진 고리는 결국 '분위기'에 있었다. 학교를 이끌어가는 리더가 자신의 리더십 유형을 탄력적으로 활용한다면 — 상황에 따라 선생님들과 일대일 면담을 한다거나 학교 전체를 위한 원대한 목표를 설정한다거나 아니면 그저 귀를 기울여 듣는다거나 — 교사들 사이의 분위기는 아주 긍정적이 된다. 그러나 리더가 발휘하는 리더십에 융통성이 없으면 — 지시 및 통제형만 고집하면 — 교사들의 사기는 크게 떨어진다.

리더가 여섯 가지 이상의 리더십 유형 가운데 되도록 많은 유형을 구사할수록 분위기는 더 좋아진다. 우리가 조사한 바에 의하면 네 개 이상의 유형 — 특히 공감을 유도하는 유형 — 을 자유자재로 구사할 수 있는 리더는 최상의 분위기와 최고의 업무 수행 능력을 이끌어낼 수 있다. 자신이 어떤 식으로, 왜 사람들을 이끌어야 하는지를 명확히 알고 있는 노련한 리더와 '동물적 직감' 하나로 사람들을 이끈다고 말하는 기업인들은 이처럼 다양한 리더십 유형을 자유자재로 활용하는 사람들이다.

그러면 이제 탄력적으로 리더십을 활용하는 것이 과연 어떤 것인지를 살펴보도록 하자.

상황에 맞는 리더십의 발휘

세계적인 식음료 회사의 핵심 부서 책임자인 조안은 부서가 심각한 위기에 봉착했을 때 그 자리로 발령을 받았다. 그 부서는 지난 6년간 목표 수익을 한 번도 달성하지 못했다. 급기야 최근에는 5,000만 달러의 적자까지 냈다. 최고경영진의 사기는 그야말로 바닥까지 떨어져 있었다. 불신과 분노의 감정이 팽배했다. 그러한 상황에서 조안이 내린 결단은 단호했다. 바로 그 부서를 혁신하는 것이었다.

조안은 인기 있는 리더들의 특징인 리더십 유형을 상황에 따라 아주 능숙한 솜씨로 활용하면서 그 일을 해냈다. 처음에 그녀는 효과적인 리더십을 발휘하고 유대감과 신뢰를 쌓을 수 있는 창구가 없다는 사실을 알았다. 그리고 과연 어디에서부터 삐걱거리는 것인지 문제의 원인을 찾는 것이 시급하다고 생각했다. 그 일을 시작하고서 처음 한 주 동안 그녀는 점심 및 저녁 식사 시간을 이용해서 관리자들 한 사람 한 사람을 만났다. 조안은 그들이 사업과 조직의 차원에서 현재의 상황을 어떻게 생각하고 있는지를 알고 싶었다. 하지만 그녀의 초점은 해당 관리자가 문제를 어떻게 진단하고 있는지를 알아보기 위한 것이 아니라 그 사람들을 알고자 하는 것이었다. 관계중시형의 방법을 사용하여 그녀는 그 사람들의 삶과 꿈, 그리고 포부 등을 알고자 했던 것이다.

또한 그녀는 코치의 모습이 되어 그들이 자신들의 지위와 일에서 성취하고자 하는 것을 얻을 수 있도록 도와줄 방도를 찾았다. 가령 팀을 잘 꾸려나가지 못하고 있다는 평가를 받고 있는 한 관리자는 그녀를 믿고 자신의 걱정거리를 털어놓기도 했다. 그는 자신이 열심히 하고 있다고 생각했지만 그가 자신의 팀을 이끌고 성공하기 위해서는 반드시 불식시켜야 할 지속적인 불평에 시달리고 있었다. 그 사람이 유능한 간부이며 회사에 꼭 필요한 존재라는 것을 파악한 조안은 그가 부족하다고 여기는 팀 관리 능력의 문제점이 무엇인지를 함께 찾아보기로 했다. 그녀는 그가 부하직원들과 마찰을 일으키거나 다른 사람들을 화나게 만드는 말 실수를 종종 한다는 것을 알았다. 그녀는 그가 말 실수를 하게 되면 회의가 끝난 뒤 따로 그를 불러내어 그가 어떤 행동을 했는지 재빨리 알아차릴 수 있도록 지적해주겠다고 약속했다.

이런 식으로 조안은 모든 간부들과의 일대일 만남을 진행시켜 나갔다. 그녀의 목표는 부서를 재건하는 일이었다. 그렇게 함으로써 난항에 처한 상황에 대한 나름의 해결책을 모색하자는 것이었다. 그녀는 민주형 리더의 전형적인 태도를 취함으로써 모두가 자신의 문제와 불만을 자유롭게 털어놓게끔 했다. 그것은 그녀의 말처럼 "잘못된 모든 것을 정화하는 과정이었다".

그 모든 과정을 마친 후 조안은 사람들이 비로소 문제 해결에 집중할 마음의 준비가 되어 있다는 것을 느꼈다. 그리고 그녀는 모두에게 앞으로 해야 할 일이 어떤 것인지에 대한 구체적인 세 가지 안을 내라고 지시했다. 사람들의 제안들을 한데 모은 조안은 비용 삭감과 같은 우선적으로 필요한 조처부터 취해야 한다는 것을 알 수 있었다. 부서 내 각각의 팀이 우선적으로 취해야 할 조처를 위해 구체적인 행동에 들어가게 되자 조안은 그녀가 필요로 했던 사람들의 헌신적 참여와 반응을 이끌어낼 수 있었다.

그와 같은 미래에 대한 적절한 전망을 갖춘 조안은 전망제시형 리더십을 발휘했다. 즉 그 다음 단계를 적당한 관리자들에게 맡기고 그들이 스스로의 일에 책임감을 갖도록 만든 것이다. 가령 제품의 가격을 인하하고도 별다른 수익을 올리지 못했던 팀의 경우에는 가격을 조금 인상하는 가장 확실하고도 분명한 해결책을 제시하여 그것을 실행에 옮겼다. 이전의 영업 담당자는 어찌할 바를 몰라서 그냥 문제가 곪아터지도록 내버려두었었는데 새로 부임한 영업 담당자는 구체적인 책임 의식을 갖고 그 문제를 해결하기 위해 단가를 조정했다.

그후에도 몇 개월 동안 조안은 계속해서 각자의 맡은 바 일이 얼마나 중요한 것인가를 상기시키면서 조직 전체에 새로운 임무를 부여하는 가운데 주로 전망제시형 리더십을 활용하여 부서를 이끌고 나갔다. 그러한 계획이 실행에 옮겨진 첫 몇 주간 조안은 여전히 다음과 같은 것을 깨달았다. 즉 사업이 위기에 처해서 상황이 급박하게 돌아갈 때 자신이 지시형 리더로 옮아가는 것을 정당화하기 시작하면 그로 인해 리더가 자신의 책임을 다하지 못하게 된다는 것이다. 그녀는 이 점에 대해 다음과 같이 말했다. "저는 우리가 반드시 해야 할 일에 대해 이런 식의 부수적인 결과가 따라오는 것을 엄격하게 처리했습니다. 그것은 훈련과 집중이 필요한 일이었지요."

그로부터 7개월 뒤 우리의 조사 팀이 조안을 만났을 때 그녀의 부서는 연간 수익 목표를 500만 달러나 초과 달성했을 정도로 성장해 있었다. 조안이 그 자리에 부임할 때만 해도 5,000만 달러의 적자를 기록하고 있던 그 부서는 5년 만에 처음으로 목표를 달성한 것이다.

적절한 도구의 선택

그렇다면 언제 어떤 리더십을 사용해야 하는지를 알 수 있는 방법은 무엇일까?

공감을 가장 크게 불러일으키는 리더는 자신의 리더십 유형을 상황에 기계적으로 맞춰나가는 과정을 초월하여 훨씬 더 유연하게 대처한다. 그들은 사람들을 개별적으로, 그리고 집단적으로 자세히 관찰해두었다가 적절한 리더십이 요구되는 때를 알아차리고 즉시 필요한 리더십 유형을 적용한다. 이는 곧 훌륭한 리더들은 공감을 불러일으키는 네 가지 리더십 유형뿐 아니라 상황에 따라 선도형 리더와 지시형 — 급히 강력한 명령을 내려야 할 때 — 리더의 긍정적인 면도 적절하게 발휘할 수 있음을 의미한다. 그러나 이처럼 다소 위험한 유형의 리더십을 통해 집단을 이끌어나갈 때에는 스스로 규칙을 가지고 있어야 한다. 그래야만 화를 참지 못하거나 공격적인 성향을 보이더라도 그것이 불화로 이어지지 않는다. 그렇게 하는 것이 가능한 리더는 목표로 한 성과를 얻을 수도 있고 직원들로부터 참여와 열의를 이끌어낼 수도 있다.

다양한 리더십 유형을 활용하는 것은 효과적인 리더십 발휘를 위한 아주 중요한 요소인데 이것은 사람을 채용하고, 승진을 시키고 그 외에 여러 가지 계획을 세우는 데도 적용된다. 간단히 말해서 누군가를 리더의 자리에 앉히고자 한다면 네 가지 이상의 다양한 리더십 유형을 융통성 있게 발휘할 수 있는 사람을 찾으면 된다는 말이다. 만약 그런 조건을 충족시키는 사람이 없을 경우에는 당신이 염두에 두고 있는 사람이 적어도 특정한 한 가지 유형 혹은 몇 가지 유형들을 자유자재로 구사하고 있는지 확인해보도록 한다.

가령 어떠한 변화를 추구해야 하는 리더에게는 전망제시형의 리더십이 필요하다. 그것은 변화를 이끌 수 있는 힘으로 새로운 전망을 제시할 줄 아는 능력이다. 만약 무능한 사람에 대해 빠른 시일 내에 근본적이고 시급한 조치를 취해야 하는 상황이라면 어느 순간까지는 지시형을 취했다가 적절한 시기에 그만둬야 한다. 사업 운영상 직원들의 동의를 구하거나 참여를 유도하거나 혹은 새로운 생각을 이끌어내야 하는 상황이라면 민주형 리더십을 취해야 한다. 만약 뛰어난 능력과 스스로 동기를 부여할 줄 아는 사람들로 구성된 팀 — 변호사 집단 혹은 약학 연구자들과 같은 — 을 그저 이끌어가기만 하면 되는 상황이라면 신중한 선도형 리더십을 활용하면 된다.

앞으로 리더의 유형은 점점 더 다양해질 것이다. 그러나 리더십의 유형이 아무리 다양해진다 해도 가장 중요한 것은 그 종류가 아니라 주어진 리더십 유형이 제대로 발휘되도록 만드는, 그야말로 모든 리더십의 기본을 이루고 있는 감성지능 능력을 강화하는 것이다. 리더십은 학습 가능한 것이다. 하지만 그것을 얻기 위한 과정은 결코 쉽지가 않다. 거기에는 시간이 필요하고 무엇보다 헌신적 참여가 필요하다. 하지만 잘 발달된 감성지능을 갖춘 리더십은 개인이나 집단 모두에게 가치가 있을 뿐 아니라 기운을 불어넣어 주는 것이기도 하다.

2부 \ 새로운 리더 만들기

Chapter SIX

감성 리더가
되는 법

다섯 가지 발견

한소매 체인이 새롭게 변신을 꾀하는 과정에서 최고경영진 모두의 거취가 바뀌게 되었다. 승진을 하거나 좌천되거나 아니면 회사를 그만두게 된 것이다. 음모와 정치적 공작과 술수가 판을 친 것은 두말할 나위도 없었다. 인사책임자 빌은 바로 그 격변의 한가운데에서 모든 대화와 논쟁에 관련되었다. 그는 사람들에게 '자신이 모든 것을 알고 있는 사람'이라는 인상을 심어주면서 자신이 생각하는 것, 그리고 자신이 안다고 생각하는 것을 이야기했다.

경영진 가운데 일부는 자신들과 이해관계가 맞아떨어진다는 이유로 빌에게 맞장구를 쳐주면서 그의 높은 자부심을 더욱 추켜세우기도 했다. 그 외의 다른 사람들은 그저 그를 피하려고 했다. 그런 혼란의 와중에서 이사회가 유능하지만 강압적인 면이 있는 한 간부에게 사직을 권고하는 일이 벌어졌다. 그것은 경영진 전체를 한바탕 뒤집어놓는 사건이었다. 빌은 자신의 말을 들어주는 사람이라면 아무나 붙잡고 장황하게 나름대로 분석까지 해가면서 그 이유를 퍼뜨렸다. 그의 말 가운데 많은 부분이 비방이었고 헛소문이었다. 빌이 쓸데없는 말을 하고 돌아다닌다는 것을 알게 된 사장은 안됐다는 듯 이렇게 말했다. "빌은 제 코가 석 자라는 걸 모르나보군."

그러나 사장을 비롯해 최고경영진의 그 누구도 그를 따로 불러내서 그의 행동에 관해 솔직하게 말해주지 않았다. 그랬다면 그는 더 나은 모습으로 바뀔 수도 있었을 것이다. 어쨌든 그러는 동안 빌은 스스로를 '해결사'이며 경영진으로부터 인정받는 사람이라고 여겼다. 빌이 자신이 처한 복잡한 상황을 제대로 파악하지 못하고 그 안에서 스스로 어떻게 처신해야 하는지도 몰랐던 이유는 그에게 자기인식 능력이 결여되어 있었기 때문인데, 그것은 그의 정치적인식 능력과 감정이입 능력에 심각한 문제가 있다는 사실과도 밀접한 관련이 있다.

빌처럼 고위직에 있는 리더에게 어떻게 자신을 제대로 판단하지 못하는 일이 생길 수 있을까? 하지만 그런 일은 우리가 생각하는 것보다 훨씬 더 많이 일어난다. 실제로 리더가 올라야 할 사다리가 높으면 높을수록 엄밀한 자기판단 능력은 점점 더 저하되는 것 같다. 빌의 예에서와 같이 문제는 예리한 피드백이 없었다는데 있다. 솔직한 피드백을 받는 것에 있어 오히려 리더의 지위에 있는 사람들이 다른 사람들보다 훨씬 더 많은 문제를 보인다. 특히 리더로서 한 일에 대한 피드백을 받을 때 더욱 그러하다. 좀더 구체적으로 말하면 — 탁월한 리더십을 발휘하는 데 감성지능이 분명한 영향을 미친다는 전제하에서 — 리더는 감성지능의 능력 가운데 자신에게 부족한 부분이 어떤 것인지를 알아야 한다. 빌이 헛소문을 퍼뜨리고 다닐 때 그가 내리는 분석은 비록 진실은 아니었을 망정 조직 내에 괜한 긴장을 조성하는 것이었다. 하지만 결국 사람들은 그의 말을 심각하게 받아들이지 않게 되었다.

여기서 우리는 한 가지 역설을 발견할 수 있다. 즉 조직 내에서 리더의 지위가 높아질수록 그는 더욱더 가혹한 피드백을 받아야 한다는 것이다.

최고경영자 증후군

어느 유럽계 기업의 최고경영자가 우리에게 이런 말을 해주었다. "저는 제가 뭔가 진실을 모르고 있다는 느낌을 자주 받습니다. 그런데 누구를 탓해야 할지 모르겠습니다. 제게 거짓말을 하고 있는 사람은 없으니까요. 하지만 저는 사람들이 어떤 정보를 숨기거나 중요한 사실을 다른 것으로 위장하고 있어서 제가 눈치채지 못하고 있다는 느낌이 들어요. 하지만 사람들은 거짓말을 하고 있지 않아요. 그렇다고 내가 알고 싶어하는 것을 하나도 빠짐없이 다 알려주고 있는 것도 아니에요. 저는 늘 추측만 해야 합니다."

이는 최고경영자 증후군의 대표적인 증상이다. 이 증후군은 직원들이 중요한(그리고 대개의 경우 좋지 않은) 정보를 알고 있는데 리더는 정작 그 정보에 대해 차단된 상태일 때 나타난다. 무엇 때문에 리더들이 중요한 사안에 대해 정보를 차단당하는 것일까? 리더에게 사실을 보고해야 하는 사람이 리더의 노여움을 두려워하는 경우가 종종 있다. 특히 선도형이나 지시형 리더십을 선호하는 리더에게 이런 일이 자주 벌어진다. 그런 리더에게 나쁜 소식을 전해야 할 경우 보고자는 소식을 전했다는 이유만으로 상징적인 의미에서의 처형을 당할 수도 있는 것이다. 그래서 '선량한 시민' 혹은 공동체를 생각하는 사람처럼 보이기 위해, 아니면 괜히 적정선을 넘은 이야기를 꺼내서 불경한 이교도처럼 보이지 않기 위해 리더에게 듣기 좋은 정보만 전달하는 사람들이 생기는 것이다. 그도 아니면 그저 단순히 좋은 게 좋은 것이라는 생각에 리더에게 부정적인 사실을 감추는 사람들도 있다.

그 동기가 어떻든 간에 리더는 자신의 주변에서 진행되는 일에 대해 단편적인 정보만 얻을 수밖에 없다. 그리고 이러한 증후군은 조직 내에서 전염성을 가지고 확대되기 시작한다. 그 증후군은 최고경영진 사이에만 퍼지는 것이 아니라 대부분의 고위 간부들에게도 퍼진다. 처음에는 단순히 보스를 기쁘게 해주기 위해 시작했지만 결국에는 정보가 위로 전달될수록 차츰 긍정적인 피드백만 해주고 부정적인 것은 제쳐놓게 된다.

리더가 자신의 업무 수행 내용에 대해 놓쳐서는 안 될 구체적인 피드백을 받아야 할 경우에는 문제가 더욱 심각해진다. 회사와 관련된 나쁜 소식을 보스에게 전달하는 데는 약간의 용기만 있으면 되지만, 사람들이 어떻게 느끼는지에 대해 보스가 전혀 모르고 있다는 사실이나 그가 사람들을 격려한답시고 하는 말이 아무런 효과도 없다는 사실을 그에게 알리는 데는 훨씬 더 많은 용기가 필요하다.

물론 많은 사람들 — 리더뿐만 아니라 — 이 자신들의 업무 수행 내용에 대해 유용하고 적절한 피드백을 받기 어렵다는 불평을 하는 것은 사실이지만 최고경영진의 경우에는 자신의 업무 수행 내용에 대해 믿을 만한 정보를 얻기가 훨씬 더 어렵다. 예를 들어 2만 8,000명의 관리자들을 대상으로 시행된 177개의 독립된 연구 결과들을 토대로 살펴볼 때 관리자의 지위가 높을수록, 혹은 관리자가 맡은 역할이 복잡할수록 그들의 업무 수행에 대한 피드백을 신뢰하기가 점점 더 어려워지는 것으로 나타났다. 그리고 리더가 여자이거나 소수 민족일 경우 문제는 더 복잡해졌다. 일반적으로 여자는 남자보다 어떤 지위에 있든 — 리더의 위치에 있든 그렇지 않든 — 자신의 업무 수행 내용에 대해서 유용한 피드백을 받기가 어렵다. 이는 소수 민족 출신의 리더 — 말레이시아의 화교나 런던의 시크교도 등 — 에게도 마찬가지로 나타나는 현상이다.

사람들은 이러저러한 이유를 들어 자신과 같은 조직에서 일하는 사람들 — 그들이 상사든 부하직원이든 간에 — 에게 그들의 업무 수행 내용에 대해 솔직한 피드백을 해주지 않는다. 가장 큰 이유는 아무래도 그러한 피드백을 해주는 것이 거북해서다. 사람들은 다른 사람의 감정을 다치게 하거나 기분 나쁘게 만드는 것을 꺼린다. 사람들은 다른 사람들이 자신을 어떻게 평가하는지(부정적인 것뿐만 아니라 긍정적인 것까지)는 있는 그대로 솔직하게 알고 싶어하면서도 정작 자신들은 솔직한 평가를 해주지 않는 것이다.

하지만 솔직한 평가는 그 어떤 다른 정보도 줄 수 없는 중요한 의미를 지니고 있다.

모든 사람이 다 평균 이상이 될 수는 없다

최고경영자 증후군에서 자기평가는 어떤 의미를 지닐까? 의심의 여지없이 리더가 자신을 제대로 인식하고 자신의 업무 수행 능력을 정확히 파악하는 것은 그가 다른 사람에게 받는 피드백만큼 중요하다. 그런데 바로 거기에 최고경영자 증후군의 가장 심각한 문제가 놓여 있다고 할 수 있다. 대부분의 사람들이 어느 정도는 자신의 능력을 과대 평가하는 경향이 있긴 하지만, 우습게도 자신의 능력을 가장 과대 평가하는 사람들은 업무 수행 능력이 가장 떨어지는 사람들이다. 인간의 한계를 너무도 잘 보여주는 이와 같은 결점은 리더 자신에게뿐만 아니라 그가 이끄는 조직 전체에도 심각한 결과를 초래한다.

켄터키 렉싱턴 소재의 헬스케어파트너(Health Care Partners)라는 회사의 최고경영자인 에릭 하터(Eric Harter)는 보건 서비스 회사들의 최고경영자들을 대상으로 연구한 결과, 최고의 성과를 거두고 있는 회사의 리더들은 리더십 능력 가운데 자기인식 능력이 뛰어났고 그렇지 못한 회사의 리더들은 자기인식 능력이 떨어진다는 사실을 알아냈다. 학구적인 경영자라고 할 수 있는 하터는 대학원에 진학하여 가장 유능한 경영진과 그렇지 못한 경영진을 구분하는 특징을 연구했다. 그는 지난 10년 동안 흑자 운영을 한(대차대조결산과 자기자본이익률을 기준으로) 보건 서비스 회사들의 최고경영자들을 연구하고 나서 그들을 지난 10년 동안 적자 운영을 한 같은 업종의 최고경영자들과 비교했다.

그는 리더들의 자기인식 능력이 어느 정도인가에 주목하면서 열 가지 리더십 능력(여기에는 자기확신과 감정이입 능력 같은 것이 포함되어 있다)이 얼마나 뛰어난지에 대해 최고경영자들이 스스로 내린 판단과 부하직원들의 판단을 비교해보았다. 놀랍게도 실적이 나쁜 회사의 최고경영자들은 스스로에게 열 가지 리더십 능력 중 일곱 가지 항목에 대해 가장 높은 점수를 주었다. 하지만 그들의 부하직원들이 점수를 매긴 것을 보면 그와는 정반대의 점수 분포도를 보이고 있다. 그들은 자신들의 최고경영자가 스스로 가장 높은 점수를 매긴 항목에 가장 나쁜 점수를 준 것이다. 한편 경영 상태가 좋은 회사의 직원들은 자신들의 최고경영자가 열 가지 리더십 능력을 골고루 발휘하는 모습을 자주 접할 수 있었다고 응답했다.

하터의 연구 결과는 다양한 조직에서 근무하는 다양한 지위의 787명을 대상으로 한 우리의 조사 결과와 일치했다. 그 자료들을 조직의 차원에서 분석했을 때 우리는 아주 놀라운 결과를 얻을 수 있었다. 즉 고위직에 있는 직원들은 그렇지 못한 직원들에 비해 20가지 항목의 감성지능 능력에 대해 스스로에게 훨씬 더 관대하게 점수를 매긴 것이다. 조직에서 리더가 차지하고 있는 지위가 높으면 높을수록 자신에 대한 평점이 더욱더 부풀려지는 경향이 있었다. 이는 그들이 특정 분야의 능력에 대해서 자신이 다른 사람들에 비해 몇 배나 더 뛰어나다고 여긴다는 뜻이다. 이와 같은 엉뚱한 자기인식으로 인해 중역과 관리자의 지위가 높으면 높을수록 그들이 자신을 바라보는 시각과 다른 사람들이 그들을 바라보는 시각의 차이는 점점 더 커졌다. 아주 높은 지위에 있는 사람일수록 자신이 다른 사람들에게 어떻게 처신하는지에 대한 부정확한 시각을 갖고 있다는 말이다.

따라서 분명한 것은 리더십 능력에 대한 정확한 정보를 알아내는 것은 리더가 자기인식 능력을 키우고 그것을 적절하게 활용하는 데 매우 중요하다는 사실이다. 그런데 왜 최고의 위치에 있는 많은 리더들이 정확한 피드백을 원하면서도 그를 위한 분위기를 조성하지 않는 것일까? 그들이 터무니없이 허영심이 강하다거나 스스로를 실수 없는 전능한 존재로 생각하기 때문이 아니다. 그들과 대화를 나눠본 결과 우리는 그들이 자신은 변화할 수 없다고 굳게 믿고 있다는 것을 알게 되었다. 따라서 그들이 자신의 리더십이 팀과 조직에 어떤 영향을 미치고 있는지에 대한 아주 유익한 피드백을 받는다고 하더라도 그들의 마음속에서는 오랫동안 ― 대부분의 경우 평생 ― 유지해오던 방식을 바꾸기는 어렵다는 생각이 떠나질 않는 것이다. 그와 비슷한 현상은 리더를 따르는 다른 사람들에게도 나타난다. 자신들의 리더가 정말로 변할 수 없다고 믿는다면 굳이 하기 싫고 말하기 거북한 부정적 피드백을 해줄 필요가 없는 것이다.

그러나 우리는 그 반대의 경우를 뒷받침해주는 증거도 볼 수 있었다. 즉 아무리 나이가 많은 리더라 할지라도 끊임없이 리더로서의 새로운 수완을 배울 수는 있다는 것이다. 리더는 자신의 리더십 유형을 전면적으로 바꿀 수 있으며 또 그래야 한다. 때로 그것은 삶 자체의 변화를 동반하기도 한다. 그것은 팀에 잔잔한 파문을 일으키고 조직 전체에 아주 중요한 전환의 계기를 가져온다.

감성은 타고나는 것이 아니다

닉 밈켄은 보험 업계에서 일약 스타와도 같은 존재였다. 그는 계속해서 최우수 보험 사원으로 뽑혔다. 하지만 25명의 보험 사원을 직접 관리해야 하는 신도시의 영업소 책임자가 되자 그는 자신의 능력을 전혀 인정받지 못했다. 닉은 일찌감치 자신의 그러한 처지를 깨닫고 자신이 실수를 해서는 안 된다는 것을 감지했다. 그가 맡게 된 영업소의 실적은 전미 영업소 가운데 하위 25퍼센트 그룹에 속해 있었던 것이다.

지금은 헤이그룹으로 불리는 리더십 자문 회사 맥버앤컴퍼니(McBer & Company)는 그가 영업소를 맡은 처음 몇 달 동안 그와 함께 일하면서 그의 리더십 스타일에 관한 컨설팅을 해주었다. 다음은 맥버앤컴퍼니의 컨설팅 내용이다. 우선 직원들의 피드백을 보면 세일즈 분야에서 잘 나가던 닉의 스타일이 리더십의 차원에서는 선도형으로 바뀌었다는 것을 알 수 있었다. 그는 그동안 영업 실적을 올리는 데 썼던 자신의 고강도 추진력을 리더십에도 그대로 활용했던 것이다. 하지만 그 방법은 그의 영업소에서는 오히려 직원들의 사기를 꺾을 뿐이었다. 그리고 더 심각한 것은 스트레스가 급증하고 실적 보고 마감일이 다가오자 닉이 직원들에게 비현실적인 할당량을 과도하게 부과하는 형태로 지시형 리더십을 사용하게 되었다는 점이다. 그러는 동안 영업소에는 팽팽한 긴장감이 흐르게 되었다.

그것에 대한 첫번째 조치로 맥버앤컴퍼니는 닉으로 하여금 자신의 영업 수행력이 아닌 직원들의 영업 수행력을 제대로 파악하도록 했다. 이는 직원들의 업무 수행 능력을 키워줄 수 있게끔 그의 업무 지시 스타일을 바꿀 방도를 찾는다는 것을 의미했다. 간단히 말해서 그것은 코치형 및 전망제시형 리더십을 활용하는 것이었다. 다행히 이들 리더십 유형을 사용함으로써 닉은 자신이 이미 갖추고 있었던 많은 긍정적 능력들 — 그로 하여금 뛰어난 세일즈맨이 되도록 만들어주었던 — 을 제대로 발휘할 수 있었다. 그것은 바로 감정이입 능력, 자기관리 능력, 영감을 불러넣는 능력과 같은 것들이었다. 이제 그는 그러한 능력들을 활용하여 팀의 구성원들을 이끌기만 하면 되는 것이었다.

시간이 어느 정도 지나자 그는 직원들과 함께 그들의 목표와 업무 수행 능력에 관해 지속적인 대화를 나누는 일대일 코치형 리더십을 발휘할 기회를 갖게 되었다. 그는 직원들의 일처리 방식을 가만히 두고 보지 못해서 자신이 직접 뛰어들어 도맡아 처리해버리고 싶은 충동을 억눌렀다. 그리고 그는 비판과 긍정적 독려 사이의 균형을 맞추고자 하였다. 결국 닉은 모든 이들이 공유하는 가치관과 전망을 바탕으로 영업소의 목표를 향해 사람들을 이끌어나가는 법을 배웠다.

그로부터 18개월 뒤 영업소에는 차츰 달라지는 기색이 역력했다. 닉의 직원들이 내린 평가를 보면 그가 선도형과 지시형의 독재적인 스타일에서 코치형 스타일로 바뀌었으며, 전망제시형 리더십도 키워나가고 있다는 것을 알 수 있었다. 거기에 덧붙여 리더십 유형의 변화로 인한 성과도 나타나기 시작했다. 직원들은 영업 실적에 대한 포상이 정당하게 이루어지고 있으며 일에 대한 동기부여가 점점 더 커지고 있다고 말했다. 또한 그들은 닉의 지도 덕분에 자신들이 남들에 비해 어떤 부분에서 앞서가는지를 분명히 자각하게 되었다고 했다.

닉이 리더십 능력을 꾸준히 키워나가는 사이 3년이란 세월이 지났다. 그동안 그의 영업소는 영업 실적에 따라 주어지는 전국적인 상 가운데 하나를 수상했다. 전국 100개의 영업소 가운데 여덟 곳에만 주어지는 상을 받게 된 것이었다. 특히 닉은 회사 역사상 그 상을 받은 사람으로는 최연소자였다. 그가 새 영업소의 관리자가 된 지 5년 만에 실적이 최하위권이었던 곳이 선두 그룹으로 승격된 것이다.

우리는 닉의 사례와 같은 일화를 수없이 접했다. 그러한 일련의 일화에서 알 수 있는 것은 리더는 만들어질 수 있고, 감성지능은 배울 수 있다는 것이다. 앞에서 보았듯이 닉은 공감을 불러일으키는 리더십 유형을 배우고 그것을 자신의 업무에 적용했다.

그래도 아직 궁금한 것이 남아 있다. 사람들은 태어날 때 이미 어느 정도의 감정이입의 능력을 가지고 있는 것일까, 아니면 그것은 완전히 후천적인 것일까? 둘 다 맞는 말이다. 분명히 감성지능은 유전적으로 타고나는 것이라고 할 수 있다. 그렇지만 후천적 요인 역시 그만큼 중요하다. 비록 사람마다 타고난 능력이 서로 다르긴 하지만 처음의 출발이야 어떻든 간에 누구나 그 능력을 향상시키는 법을 배울 수 있다.

이미 갖고 있는 능력을 더욱 향상시키는 것이 관건이 될 때도 있다. 가령 세일즈맨으로서의 닉은 오랫동안 고객을 대상으로 자신의 감정이입 능력을 활용해왔지만, 보스로서의 닉은 직원들이 업무 수행을 위해 필요로 하는 것에는 관심을 두지 않고 오로지 그들이 잘못한 것만 보려고 하는 선도형 리더십의 부정적인 면을 갖고 있었다. 결국 훈련을 통해 그는 자신의 영업소 직원들에게도 감정이입의 능력을 활용할 수 있게 되었다. 그러자 그는 직원들이 필요로 하는 것을 이해할 수 있다는 느낌을 갖게 되었다. 또한 닉은 자신이 발전시키고자 하는 리더십 유형들을 뒷받침하는 도구의 사용 방법을 마스터했다. 가령 업무 수행 계획을 수립하는 데 탁월했던 닉이 직원들에게 그 방법을 코치해줄 때 직원들은 그가 자신들을 도와줄 수 있는 능력을 갖고 있다고 믿었다. 더 나아가 영업소에서 보여준 닉의 변화는 그의 가정 생활에도 영향을 미쳤다. 그의 아내는 그가 예전에 비해 가족이 원하는 것들을 더 잘 알아차리게 되었다고 말했다.

닉의 사례에서 또 다른 중요한 사실을 발견할 수 있다. 감성지능은 배우고 익힐 수 있을 뿐 아니라 오랫동안 유지할 수도 있다는 것이다. 우리가 조사한 바에 따르면 리더가 스스로 배우고 익힌 것을 안정적 기조로 지속시키기 위해서는 밟아야 할 몇 가지 구체적인 단계가 있다. 우리는 리더십을 처음 배우기 시작했을 때로부터 — 우리가 흔히 허니문 효과라고 부르는 단계를 지나서 — 이어지는 리더십의 발달 과정을 7년 동안 쭉 관찰해왔다.

허니문 효과를 넘어서

닉의 경우처럼 우리는 지속적으로 유지되는 — 그리고 사업 수행력에 영향을 미치는 — 학습의 예를 어렵지 않게 접할 수 있었다. 이는 모든 종류의 훈련에서 익숙하게 보아온 허니문 효과와 비교해볼 때 매우 놀라운 결과라고 할 수 있다. 허니문 효과란 향상의 조짐이 3개월에서 6개월 사이에 완전히 사라져버리는 것을 일컫는 말이다. 그 주기는 다음과 같은 식으로 계속된다. 어떤 사람이 자신을 개발하기 위한 열정적이고 참여지향적인 프로그램을 마쳤다. 하지만 사무실에 돌아와보니 넘쳐나는 이메일과 편지, 그리고 여기저기서 울리는 전화가 그를 기다리고 있다. 상사와 부하직원이 각각 서로 급하다고 자신을 불러댄다. 그는 이러저러한 요구의 홍수에 휩쓸린다. 그가 새로 배운 모든 것은 어느덧 흔적도 없이 사라지고 판에 박힌 옛날의 자신으로 돌아온다. 곧 이어 그는 늘 하던 대로 — 훈련을 통해 습득한 새로운 방식이 아닌 — 일을 처리하게 된다. 허니문은 그렇게 갑작스럽게 마감되고 마는 것이다.

인사 담당자들은 이런 현상 때문에 오랫동안 골치를 앓아왔다. 그들은 열정적으로 훈련을 받은 사람들의 의지가 시간이 흐르면서 퇴색하는 과정을 수없이 목격했다. 진정한 변화는 훈련에서 비롯된다는 사실이 연구 결과를 통해서도 밝혀지긴 했지만 그렇게 훈련을 통해 변화된 것이 오래 유지되는 경우는 드물었다. 그런 까닭에 그것을 허니문 효과라고 부르는 것이다. 그동안 북미 지역에서만 이런 식의 훈련에 들어간 돈이 600억 달러라는 사실을 고려해볼 때 이것은 매우 냉정한 관찰 결과라고도 할 수 있다.

이처럼 훈련의 효과가 지속성이 없다는 일반적인 믿음 때문인지 그동안 훈련이나 교육 프로그램이 사람들의 행동에 미치는 영향에 대한 연구는 상대적으로 빈약했다. 사람들의 행동 방식이 얼마나 개선되었는지에 관한 연구도 부족했지만 훈련 전과 후의 변화를 분석했다거나 허니문 효과를 보이는 사람들의 행동 방식과 아예 훈련을 받지 않은 사람들의 행동 방식을 비교해보았다거나 하는 연구는 극히 드물었다.

하지만 예외는 있게 마련이다. 자신을 표현하고 의사소통을 원활하게 하는 기술을 향상시킬 수 있다는 것을 보여준 연구가 있었다. 영업부서의 관리자들을 대상으로 한 이 연구 결과를 보면 일주일간의 훈련을 받고 난 뒤 관리자들의 의사소통 기술이 약 37퍼센트 정도 향상되었음을 알 수 있다. 하지만 겨우 일주일간의 훈련을 통해 얻은 성과가 과연 얼마나 오래 지속될 수 있을지는 쉽게 단정할 수 없다.

앞에서 우리가 이미 논의했던 감성지능의 능력을 대표하는 자기관리 능력과 관계관리 능력의 특성을 자세히 조사해보면 훈련 프로그램이 그다지 큰 영향을 미치는 것은 아니라는 결론이 나온다. 다양한 부분의 감성지능 능력에 대한 연구 결과, 훈련이 끝난 뒤 3개월에서 1년 반 사이의 기간 동안 약 10퍼센트 정도 감성지능 능력이 향상되었다는 것이 밝혀졌다. 그토록 많은 시간과 비용을 투자했는데도 불구하고 어째서 이처럼 빈약한 결과밖에 얻지 못한 것일까?

오래 지속될 수 있는 리더십 능력을 키우고자 한다면 리더십 훈련을 하고자 하는 동기와 어떤 생각을 갖고 그것을 배우는지가 매우 중요하다. 사람들은 자기가 배우고 싶어하는 것만을 배우기 때문이다. 배움이 강요된 형태로 이루어진다면 일시적으로 그 배움을 완수할 수 있을지는 모르겠지만(가령 벼락치기 시험 준비를 할 때처럼) 그것은 곧 잊혀지고 말 것이다. 연구 결과에 의하면 MBA 과정에서 배운 지식의 반감기는 6주 이내라고 한다. 따라서 회사

리더는 타고나는 것이 아니라 만들어지는 것이다

◆ 그는 막 미국으로 이민을 왔다. 열세 살의 그는 새로운 곳에서의 학교 생활에 잘 적응하고 인정받고 싶었다. 그는 라크로스 운동 클럽에 가입했다. 웬만큼 하기는 하지만 썩 잘하지는 못하는 선수로서 그는 직접 경기에서 뛰기보다는 라크로스를 배우고자 하는 사람들을 가르치는 일을 하기로 했다. 그때 처음으로 그는 다른 사람들이 자신의 능력을 개발할 수 있도록 도와주는 일이 어떤 것인지를 알게 되었다. 그러다 24세에 대학을 졸업하고 처음 들어간 직장에서 영업 팀의 책임자로 임명되었다. 그는 혼자서 일의 요령을 익혀야 했다. 전화 판매를 어떻게 하는지 그에게 일러주는 사람은 단 한 사람도 없었다. 하지만 일단 일의 요령을 터득하자 그는 자신의 팀원들의 능력을 연마시키기 위해 가상의 전화 판매 훈련을 실시하기 시작했다. 그리고 나서 제약 회사로 자리를 옮긴 그는 사람들을 가르치는 일에서의 탁월한 능력을 인정받아 세일즈 훈련용 비디오를 제작하게 되었다. 관리자의 자리에 오를 즈음 그는 이미 사람들의 능력을 개발하는 데 달인이 되어 있었다.

◆ 대학에서 국제 비즈니스 클럽 활동을 하던 그녀는 대다수 회원들의 취지와 클럽의 취지가 서로 일치하지 않는다는 것을 알았다. 그래서 그녀는 모든 회원들로 하여금 공동의 목표를 향해 함께 뛰게 할 수 있는 방안을 찾아냈다. 나중에 대학을 졸업하고 가진 첫 직장에서 혼자서 뛰는 영업 일을 맡은 그녀는 이메일과 전화를 이용하여 다른 영업사원들과 함께 가상의 영업 팀을 꾸리게 되었다. 이런 일들을 통해 그녀는 서로 도와가며 일을 할 수 있도록 사람들을 이끄는 방법을 터득하게 되었다. 그리고 나

서 그녀는 팀을 책임지는 지위에 오르자 구성원들의 능력을 꿰뚫고 있는 직속 부하직원을 통해 팀의 협동정신을 구축하는 방법도 배웠다. 결국 유기적으로 결합된 최고의 리더십을 발휘할 수 있는 팀을 꾸리게 된 그녀는 중요한 결정을 내리기에 앞서 그 일에 꼭 필요한 사람을 알아보고 그로부터 이야기를 듣는 태도를 통해 일사천리로 모든 사람들의 합의를 끌어내는 데 있어 달인의 경지에 이르게 되었다.

대충 살펴본 것이긴 하지만 위의 두 가지 사례를 보면 업무 수행 능력이 뛰어난 리더들은 자연스럽게 자신을 유능한 존재로 만들어주는 감성지능 능력을 손에 쥐는 방법을 터득한다는 것을 알 수 있다. 앞의 일화에 등장하는 판매 책임자와 팀 리더는 존슨앤존슨의 간부들 가운데 두 사람으로, 이들은 사람들이 어떻게 리더십 능력을 키우는 법을 터득하는지에 관한 조사를 위해 매슈 맨지노(Matthew Mangino)와 크리스틴 드레퓌스(Christine Dreyfus)가 만난 아홉 명의 리더들에 속해 있었다. 조사 결과 똑같은 패턴이 반복적으로 나타남을 알 수 있었다. 리더가 자신의 능력을 처음 자각하게 된 시기는 늦은 유년기 혹은 사춘기였고, 그들이 그러한 능력을 좀더 목적 의식을 갖고 사용하게 되는 것은 첫 직장이나 아니면 생존을 위해 어떤 중요한 변화를 취해야 하는 상황에서였다. 그리고 시간이 흐르면서 그들의 그러한 능력은 더욱더 발전한다. 그렇다면 크게 그들이 처음으로 이러한 능력을 사용한 시기와 그것을 꾸준히 규칙적으로 쓰게 된 시기를 나눠볼 수 있을 것이다. 한 사람이 자신의 능력을 처음으로 깨닫고 난 뒤 그것에 완전히 통달하기까지, 다시 말해서 한 가지 능력을 지속적으로 영향력 있게 사용하게 되기까지의 과정을 보면 어떻게 뛰어난 리더십이 형성되는지를 아주 구체적으로 알 수 있다. 앞의 사례에 나온 리더들의 경우 그러한 능력을 마치 '타고난' 것처럼 보이기도 하지만 ─ 왜냐하면 그들은 그러한 리더십을 아주 요령 있게, 별로 힘들이지도 않고 습득했기 때문에 ─ 어느 누구도 태어나면서부터 팀을 어떻게 이끄는지 혹은 다른 사람들의 장점을 어떻게 끌어내는지 알 수는 없다. 그들은 그것을 후천적으로 익혔다. 조사에 따르면 위대한 리더는 일상의 삶과 일터에서의 학습을 통해 자신을 유능한 존재로 만들어주는 능력을 하나씩 배워가면서 만들어진다는 것이 드러났다. 리더십 능력들은 모든 리더가 어떤 경우나 상황에서든 배울 수 있는 것이다.

리더십에 통달하는 과정은 골프나 기타 같은 여타의 기술을 습득하는 과정과 별 차이가 없다. 충분한 의지와 동기를 가진 사람이 그러한 과정을 이해하기만 한다면 누구나 뛰어난 리더가 될 수 있다.

'감성능력 검사지표'를 통해 얻어낸 자료를 분석해본 결과 사람들은 자신의 경력을 쌓아나가는 과정을 통해서 감성지능의 능력을 키우고자 하는 자연스러운 경향을 보여주었다. 그리고 이러한 노력은 나이에 비례했다. 이러한 사실에서 알 수 있는 것은 사람은 나이를 먹을수록 자기평가를 좀 더 제대로 할 수 있을 뿐만 아니라 다른 사람의 능력에 대한 평가도 더 잘 할 수 있게 된다는 것이다. 이러한 능력은 시간이 갈수록 향상된다.

하지만 한 가지 주의할 것이 있다. 사람들에게 더 나아지려고 하는 일반적 경향이 있다고 해서 모든 리더가 자신이 원하는 수준만큼의 감성지능을 개발하는 것은 아니다. 바로 그러한 이유 때문에 리더의 장단점 ─ 그리고 발전 계획을 ─ 을 면밀히 따져보는 것은 매우 중요한 일이다.

가 직원들에게 강제적이고 일괄적으로 리더십 계발 프로그램을 교육시킨다고 해도 그들에게 진심으로 리더십을 배우고자 하는 의욕이 없는 한 그것은 아무런 효과도 얻지 못할 것이다.

사실 행동 변화에 관한 일반적인 법칙을 봐도 사람이 어떤 변화를 억지로 가져왔을 경우에는 눈 깜짝할 사이에 그 변화가 사라진다는 것을 알 수 있다.

그러나 리더십 계발 프로그램이 올바른 원칙에 따라 진행된다면 그것을 통해 향상된 내용이 지속될 수 있다. 예를 들어 선도형 리더는 스스로를 코치형과 전망제시형 리더로 변화시켜 보다 뛰어난 감정이입의 능력을 키울 수 있으며 그것을 유지시킬 수도 있다. 그러기 위해 그에게 필요한 것은 의식적인 노력과 동기부여, 그리고 감성의 차원에서 최선을 다하는 자세다.

그렇다면 그러한 학습의 과정이 우리 뇌 속에서 어떻게 일어나는지 살펴보도록 하자.

뇌는 어떻게, 왜 중요한가

우리가 2장과 3장에서 살펴보았듯이 감성지능은 전전두엽 부위에 위치한 뇌의 실행 중추와 감정과 욕구와 충동을 관할하는 변연계 사이를 잇는 신경회로와 깊은 관련이 있다. 변연계에 기반을 두고 있는 인간의 감성지능 능력은 동기부여와 폭넓은 훈련, 그리고 피드백을 통해 효과적으로 학습된다. 그러한 학습 과정을 분석적, 기술적 능력을 관할하는 신피질에서 일어나는 과정과 비교해 보자. 신피질은 개념을 재빨리 포착하여 그것을 연상과 이해 작용을 아우르는 확장된 신경회로 속에 위치시킨다. 예를 들어 우리가 설명서를 보고 컴퓨터 프로그램을 사용하는 법을 알아내는 것은 우리 뇌의 신피질의 활동을 통해서 가능한 것이다. 기술적 혹은 분석적 능력을 배울 때 신피질은 활발하게 활동한다.

그런데 문제는 리더십과 같은 감성지능의 능력을 향상시키기 위한 대부분의 훈련 프로그램이 변연계보다 신피질에 초점을 맞추고 있다는 점이다. 따라서 그러한 프로그램을 통해 감성지능의 능력을 배우는 데는 한계가 있으며, 어떤 경우에는 오히려 부정적인 영향을 미칠 수도 있다. 현미경으로 변연계 부위 ― 뇌에서 감정을 주관하는 부분 ― 를 살펴보면 뇌 세포 조직이 사고 작용을 주관하는 신피질에 비해 원시적인 형태를 띠고 있음을 알 수 있다. 신피질은 우리 뇌에 있는 거대한 지식망에 새로운 개념이나 사실을 부가함으로써 지식체계를 확장시켜 나가는 성능이 아주 뛰어난 학습 기계의 구조를 가지고 있다. 연상 작용을 통한 이러한 학습은 놀랄 만큼 빠른 속도로 이루어진다. 사고하는 뇌는 하나의 소리만 듣고도, 혹은 한 구절의 글만 읽고도 그 내용을 파악할 수 있다.

그러나 변연계는 학습 속도가 아주 느리다. 특히 습관으로 이미 굳어져 있는 것을 다시 배워야 할 때는 더욱 그렇다. 바로 이러한 학습 방식의 차이가 리더십 능력을 향상시키고자 할 때 심각한 문제를 유발하는 것이다. 기본적인 차원에서 볼 때 리더십 능력은 어린 시절에 습득한 습관에서부터 배어 나오는 것이라고 할 수 있다. 만약 어린 시절의 습관에서 더 이상 리더로서의 능력을 끄집어낼 수 없거나 오히려 습관으로 인해 리더십 능력이 후퇴된다면 학습의 속도는 더욱 더뎌질 수밖에 없다. 리더십 능력을 배우기 위해 감정작용을 주관하는 뇌를 다시 교육시키려면 사고작용을 주관하는 뇌에 쓰는 방법과는 다른 방법을 써야 한다. 다시 말해서 아주 많은 연습과 반복이 필요하다.

제대로 된 방법만 쓴다면 훈련을 통해 부정적인 감정과 긍정적인 감정을 통제하는 뇌의 중추기관들 — 편도핵과 전전두엽 부위를 연결하는 — 을 변화시킬 수 있다. 예를 들어 위스콘신 대학의 학자들이 일에서 비롯되는 스트레스를 하소연하는, 생명공학 회사에서 제품 연구개발에 종사하는 과학자들을 대상으로 '정신 집중'에 대해 가르친 적이 있다. 정신 집중이란 걱정과 같은 잡념들 속에서 헤매지 않고 그것들을 단호히 물리침으로써 평정을 유지하여 지금 이 순간에만 몰두할 수 있는 능력이다. 8주 후 연구개발 팀의 사람들은 스트레스가 훨씬 줄어들었으며, 업무에 더욱 창의적이고 열정적으로 매달릴 수 있게 되었다고 말했다. 그런데 더욱 놀라운 것은 그들의 뇌를 보니 우측 전전두엽 부위(어두운 감정을 만들어내는 곳)의 활동은 줄어들고 좌측 전전두엽 부위(즐겁고 낙관적인 기분을 만들어내는 뇌의 중추)의 활동이 확연히 늘어났다는 것이다.

이 같은 사실들 — 이런 예는 아주 많다 — 은 우리 뇌의 신경 결합은 성인이 되면서 서서히 쇠퇴해갈 뿐 아니라 결코 다른 것으로 대치되지 않는다는 — 따라서 성인이 되면 개인의 기본 능력을 변화시키기에는 이미 늦은 것이라는 — 일반적인 생각을 뒤집는 것이다. 신경학 연구에 따르면 실상은 우리의 일반적 생각과는 정반대다. 인간의 뇌는 성인이 되어서도 계속 새로운 신경 조직을 만들어낼 수 있을 뿐만 아니라 새로운 신경 결합도 만들어낼 수 있다. 예를 들어 학자들은 일방통행로와 스톱워치 형식의 신호등으로 이루어진 거미줄 같은 도로망을 헤쳐나가는 것으로 유명한 런던의 택시 운전사들의 뇌는 런던 시내에서 택시를 운전하는 법을 배우면서 서서히 거기에 적응하게 된다는 것을 알아냈다. 런던에서 몇 년간 택시를 운전하다 보면 공간적 관계를 제어하는 뇌의 한 부분이 크기와 활동력 면에서 놀라울 정도로 발달한다는 것이다. 나이와 상관없이 우리 뇌의 신경 결합은 자꾸 사용하다 보면 강해지고 사용하지 않으면 약해지는 것이다.

무엇을 배운다는 것은 새로운 신경 결합을 자극한 결과로써 이루어지는 것이다. 리더십을 향상시키고자 한다면 그에 필요한 신경의 변화를 이끌어내기 위해 감성적 지능을 이용해야 한다. 즉 감정 중추에 자극을 주는 것이다. 이에 대해 과학자들은 다음과 같은 결론을 내렸다. "변연계 결합이 하나의 신경 패턴을 만들어냈다면 그것을 바꾸기 위해서도 변연계 결합이 필요하다."

유용한 리더십 능력을 배울 수 있는 최초의 시기는 사춘기에서 20대 초반까지다. 이 시기에 우리의 뇌 ─ 인간의 신체에서 해부학상 가장 나중에 형성된 기관 ─ 는 감성 습관을 규정하는 기본적 신경회로를 갖추게 된다. 따라서 어떤 훈련을 받거나 팀의 일원이 되거나 아니면 대중 화술을 익힐 기회를 갖는 젊은이들의 뇌에는 특별한 신경학적 틀이 마련되는데, 그것이 나중에 성인이 되어 발휘하는 리더십의 중요한 바탕이 된다. 달리 말하자면 이와 같은 초기의 학습은 자기통제력, 성취력, 협동력, 설득력 등의 능력을 키우는 밑바탕이 된다.

하지만 완벽한 리더십 능력의 밑바탕이 될 수 있는 초기의 경험이 없다고 해서 리더십을 갖추기에 너무 늦었다고는 말할 수 없다. 새로운 신경 결합을 만들어낼 수 있는 뇌의 능력은 평생 지속되는 것이기 때문에 리더십 능력을 갖추고자 하는 동기만 주어지면 된다. 어릴 때는 조금 수월하게 배울 수 있었던 것을 어른이 되어서 배울 때는 좀더 노력을 기울여야 할 뿐이다. 어른이 되어 새롭게 학습을 시작할 때는 이미 뇌의 한 부분을 차지하고 있는 습관화된 패턴과 힘겨운 싸움을 해야 하기 때문이다. 그것은 이중의 어려움을 안고 있는 일이다. 우리에게 더 이상 쓸모가 없는 습관을 벗어버리는 것과 그것을 우리에게 유용한 새로운 것으로 대치하는 것이 그것이다. 그렇기 때문에 리더십 계발에 있어서는 동기부여가 중요한 요소가 된다. 우리가 어떤 습관을 바꾸기 위해서는 처음 그 습관을 익힐 때보다 더 오랜 시간 동안 더 많은 노력을 기울여야 한다. 감성지능을 키운다는 것은 진지한 열정과 균형 잡힌 노력이 함께 할 때만이 가능하다. 간단히 세미나 한 번 하는 것으로는 어림도 없다. 그리고 안내 책자를 본다고 해서 배울 수 있는 것도 아니다. 변연계는 신피질에 비해 학습 속도가 느릴 뿐 아니라 더 많은 연습도 필요로 한다. 예를 들어 위험 분석에 능통해지는 것보다 감정이입 능력을 강화하는 것이 훨씬 더 많은 노력을 필요로 한다. 어쨌든 중요한 것은 그것이 가능하다는 사실이다.

지속적인 학습

변연계 학습에 많은 시간과 노력이 필요한 것처럼 그것을 유지하는 데도 그만큼의 시간과 노력이 필요하다. 어쨌거나 사람은 모두 감성지능 능력을 향상시킬 수 있을 뿐만 아니라 그렇게 익힌 것을 오랫동안 유지할 수도 있다. 그에 대한 근거를 현재 케이스 웨스턴리저브 대학의 웨더헤드 경영대학원에서 진행중인 아주 독특한 일련의 연구에서 찾아볼 수 있다. 능력 계발을 주제로 한 대학원 필수 강좌의 일환으로 1990년부터 진행되고 있는 이 연구는 우선 학생들에게 자신의 감성지능 능력(인지적 능력과 함께)을 평가하고 그 중 앞으로 더욱 향상시키고 싶은 능력들을 선별한 다음, 목표한 능력을 키워나가기 위한 개별적 학습 계획을 세우도록 했다. 그리고 학생들에 대한 객관적 평가를 과정을 시작할 때와 마칠 때 각각 실시했다. 그리고 몇 년 뒤 그들이 직장 생활을 할 때 다시 한 번 평가를 실시함으로써 리더십 계발에 위와 같은 방식이 얼마만큼의 지속적인 힘을 미치는지 가늠해볼 수 있었다.

그렇게 해서 나온 결론은 매우 인상적이었다. 대부분의 리더십 계발 과정이 허니문 효과에 그치는 반면 위의 과정을 통해 얻어진 성과는 MBA 학생들에게 오랫동안 영향을 미쳤다. 대학원에서의 감성지능 능력 계발 과정을 마친 후 2년이 지난 뒤에도 그들은 자기확신과 같은 자기인식 능력과 적응력, 성취 능력 등의 자기관리 능력이 여전히 47퍼센트 정도 향상된 수준을 유지하고 있었다. 사회적인식 능력과 관계관리 능력의 경우에는 더 높은 향상률을 유지하고 있었는데 예를 들어 감정이입과 팀 리더십 능력은 75퍼센트 정도 향상된 수준을 유지했다.

이러한 연구를 통해 얻은 결과는 감성지능의 능력을 강화하고자 하는 시도를 거의 찾아볼 수 없는 일반적인 MBA 과정에서 얻은 결과와 뚜렷하게 대비되는 것이다. 이에 대한 가장 믿을 만한 연구 자료는 미국 경영대학원 연합회의 연구분과위원회에서 나온 것이다. 상위 20개 경영대학원을 대상으로 한 연구분과위원회의 연구 보고를 보자. MBA 과정을 막 시작했을 때와 과정을 마치고 난 후의 학생들의 감성지능 능력을 비교해보면 약 2퍼센트 정도밖에 향상되지 않은 것으로 나타났다. 다른 네 개의 상위권 경영대학원 출신의 학생들을 좀더 구체적인 검사를 통해 평가해본 결과, 그들은 자기인식 능력과 자기관리 능력 면에서 4퍼센트 정도 향상되었으나 사회적인식 능력과 관계관리 능력 면에서는 오히려 3퍼센트 하락했다.

웨더헤드 대학원의 연구 결과를 다시 한 번 살펴보자. 일과 공부를 병행하느라 졸업하는 데 보통 3년 내지 5년의 긴 시간이 소요된 MBA 학생들 역시 과정을 마친 후 감성지능이 향상된 것으로 나타났다. 과정이 끝날 무렵에 그들은 자기인식 능력과 자기관리 능력 면에서 67퍼센트 정도 향상되었고 사회인식 능력과 관계관리 능력 면에선 40퍼센트 정도 향상되었다. 그런데 볼링그린스테이트 대학의 제인 휠러(Jane Wheeler) 교수가 확인한 바에 따르면 졸업하고서 2년이 지난 뒤에도(따라서 그들이 능력 계발 과정을 이수한 지는 무려 5년에서 7년이 지난 뒤) 그들이 익힌 감성지능 능력은 여전히 유지되고 있었다고 한다. 즉 자기인식 능력과 자기관리 능력 면에서는 63퍼센트 향상된 수준을 유지하였고, 사회적인식 능력과 관계관리 능력 면에서는 45퍼센트 향상된 수준을 유지하고 있었던 것이다(도표 참조).

정규 MBA 학생들을 대상으로 한 연구에서는 14개의 감성지능 능력 모두를 평가해본 결과 모든 능력이 고르게 향상되었음이 밝혀졌다. 특히 학생이 학습 계획을 세울 때 향상되었으면 하고 바

[도표] 감성지능의 향상 정도를 백분율로 환산한 것

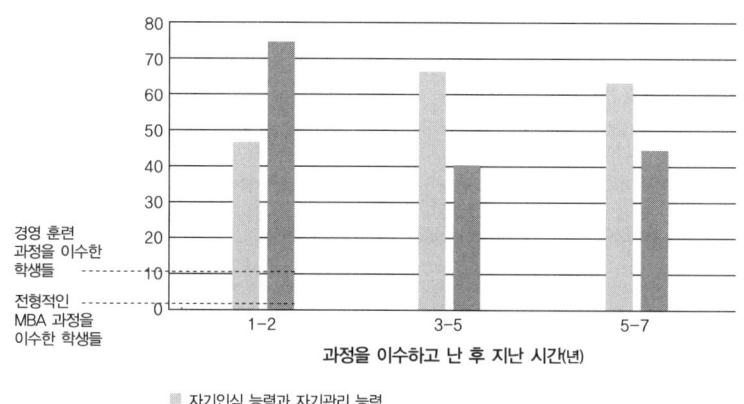

랐던 능력 가운데 향상되지 않은 것은 단 한 가지도 없었다.

이 같은 놀라운 결과는 리더십을 구성하는 감성지능의 능력이 일단 한번 향상되면 아주 오랫동안 지속된다는 것을 최초로 보여 준 것이었다. 이런 결과들은 경영 훈련 프로그램을 받은 지 1년 내지 2년이 지나면 감성지능이 10퍼센트 정도 향상된 수준을 보인다거나 일반적인 MBA 과정을 밟은 뒤 감성지능 능력이 향상된 정도가 2퍼센트에 불과한 것과 비교해볼 때 매우 희망적이다.

제인 휠러는 자신의 조사 자료에서 예기치 않았던 또 하나의 긍정적인 사실을 발견했다. 과정을 이수한 지 5년에서 7년이 지난

MBA 졸업생들에게서 3년에서 5년째 되는 해에 향상되었던 능력과는 다른 부수적인 능력이 향상되었음이 밝혀진 것이다. 이는 일단 위대한 리더의 조건인 감성지능 능력을 향상시키는 법을 배운 학생들은 자신만의 새로운 능력을 계속해서 키워나갈 수 있다는 것을 뜻한다. 이러한 발견은 감성지능의 능력들을 평생 계속해서 익힐 수 있다는 것을 분명히 보여주는 증거다.

평생 감성지능 능력을 익힐 수 있다는 주장에 대한 또 다른 근거를 케이스웨스턴 웨더헤드 경영대학원의 '전문직 교우 프로그램(Professional Fellows Program)'에 참여하고 있는 고급 경영자들을 대상으로 한 연구에서도 찾을 수 있다. 이 프로그램은 경력이 많은 기업의 중역들과 고급 전문직 종사자들(이들의 평균 연령은 48세이며, 참고로 일반적인 MBA 학생들의 평균 연령은 27세이다)을 대상으로 한 것인데 자신의 사업 수완과 리더십 능력을 더욱 향상시키고자 하는 최고경영자, 변호사, 외과의사들이 특히 많은 관심을 보였다. 프로그램을 이수하고 3년이 지난 뒤 이들 고급 경영자들을 조사한 결과 감성지능 능력의 3분의 2 정도가 향상되었다는 결론이 나왔다.

결국 제대로 된 학습 도구만 갖춘다면 누구나 더 유능한 리더가 될 수 있다는 것이 분명해진 셈이다. 하지만 보다 깊이 있는 배움을 얻기 위해서는 단순히 제대로 된 도구를 활용하는 것만으로는 부족하다. 그리고 그 과정은 반드시 부드럽게 이어지는 일직선 흐름을 갖고 있어야만 하는 것도 아니다. 오히려 그 과정은 놀라움과 통찰의 순간으로 가득한 여행과 같다.

깨달음

발송을 클릭하는 순간 놀런 테일러는 자신이 무슨 일을 저지른 것인지 깨달았다. 그는 최근 회사가 발표한 임시 해고 조치 — 그리고 그 과정에서의 사장의 처신 — 를 신랄하게 비난하는 내용의 이메일을 방금 보냈던 것이다. 수신자는 다른 부서의 동료들도 아닌 바로 자신의 사장이었다. 사장이 그 메시지를 읽기 전에 발송을 취소할 수 있는 방법을 궁리하던 바로 그 순간, 자신이 그런 이메일을 썼다는 것이 그에게는 더 심각한 문제로 다가왔다. 그것은 뭔가가 머리를 치고 가는 각성의 순간이었다. 그는 자신이 되고자 원했던 사람처럼 행동하지 못했다는 것을 깨달았다.

그후 오랫동안 놀런 테일러는 자신의 욱하는 성격을 자제하고 자기통제력을 키우기 위한 방법을 찾고자 했다. 자신의 노골적인 실수와 그로 인해 벌어진 일들로 인해 충격을 받은 그는 스스로 마음먹은 바를 위해 남다른 노력을 기울였다. 그는 외부로부터의 압박이 심한 상황에서도 다른 사람을 비난하거나 빈정대는 일 없이 자신의 낙천성을 유지하고 긍정적인 가능성들을 찾아낼 줄 아는 능력을 키우고 싶었다. 사장에게 보낸 비난의 이메일로 인해 그는 어떤 불일치를 경험했다. 즉 그가 생각하는 이상적 자아와 현재의 모습 사이에 엄청난 불일치가 존재했던 것이다. 바로 그런 불일치를 경험한 순간 그는 자신의 모습을 바꾸기로 마음먹었다.

자연계에서도 그와 같은 불일치가 생기면 강력한 변화가 뒤따른다. 복잡성 혹은 카오스 이론에서도 알 수 있듯이 자연계의 많은 현상들은 서서히 바뀌어가는 것이 아니라 갑자기 변하는 것이다. 가령 지진이란 것은 지표면 아래의 압력이 오랜 세월에 걸쳐 커지면서 발생하는 것이지만 실제 지진의 모습은 지표면의 갑작스러운 균열 현상으로 나타난다.

그와 마찬가지로 리더십을 키우는 과정에서도 우리는 우리 삶에 대해 놀라운 발견을 하게 되고 그것은 곧 우리를 뒤흔들어놓으면서 어떤 행동을 하도록 만든다. 이처럼 우리는 우리 자신의 가감 없는 진실된 모습을 '앗!' 하는 놀라움과 함께 접하게 되고, 그것은 우리가 살아가는 모습에 대해 이제까지는 보지 못했던 새로운 길을 제시한다.

불일치의 경험은 우리에게 두려운 동시에 뭔가 광명을 본 듯한 느낌을 주기도 할 것이다. 그로부터 달아나는 사람들도 있을 것이고 자신에겐 별다른 힘이 없다며 그냥 떨쳐버리고 가는 사람들도 있을 것이다. 하지만 불일치의 경험을 자신을 깨우는 자명종 소리로 여기고 자신의 결의를 다지면서 자멸에 이르는 습관을 새로운 힘으로 바꿔나가기 시작하는 사람들도 있다. 그러한 변화는 어떻게 가져올 수 있는 것인가?

자발적인 학습

제대로 된 리더십 계발에서 중요한 것은 그것이 자발적 학습의 형태를 띠어야 한다는 것이다. 그것은 의도적으로 당신 자신의 모습이나 당신이 되고자 하는 모습, 아니면 그 둘 다의 모습을 개발하고 키워나가는 것이다. 그러기 위해서는 무엇보다 먼저 자신의 이상적 자아에 대해 뚜렷한 이미지를 갖고 있어야 하고 자신의 현실적 자아, 즉 현재의 정확한 모습을 알고 있어야 한다. 목표를 향해 단계를 밟아나가는 동안 일어나게 될 변화의 과정을 이해한다면 이와 같은 자발적 학습은 매우 유용할 뿐 아니라 오래 지속되기도 할 것이다.

이러한 학습 모델은 리처드 보이애치스가 학자이자 조직 컨설턴트로서 30년간 리더십 계발에 대해 연구하면서 고안해낸 것이다. 188페이지의 표를 보면 자발적 학습의 과정이 어떻게 진행되는 것인지 그 대략적인 흐름을 알 수 있다.

다섯 가지 발견

자발적 학습에는 다섯 가지 발견의 과정이 포함되는데 각각의 발견에는 불일치의 경험이 동반된다. 자발적 학습의 목적은 각각의 발견을 하나의 도구로 사용하여 이 책의 앞부분에서 살펴보았던(76페이지 참조) 18가지의 리더십 능력을 갖춘 감성지능 리더가 되는 데 필요한 변화를 이끌어내는 것이다.

이런 종류의 학습은 반복적으로 일어난다. 각 단계들이 부드럽게 순서에 따라 전개되는 것이 아니라 각기 다른 시간과 힘의 안배가 필요한 단계들이 연속되는 것이다. 새로운 습관을 자기 것으로 만들고자 오랜 시간에 걸쳐 훈련을 하면 그것은 그 사람의 새로운 모습의 일부분이 된다. 습관, 감성지능, 리더십 유형이 변하게 되면 그 사람의 포부와 꿈, 그리고 이상적 자아의 모습도 변하게 된다. 이런 식으로 계속 이어지는 학습의 순환 주기는 끊임없는 발전과 적응의 과정이다.

자신에 대한 이상적 전망을 발견하게 되면 자신의 리더십 능력

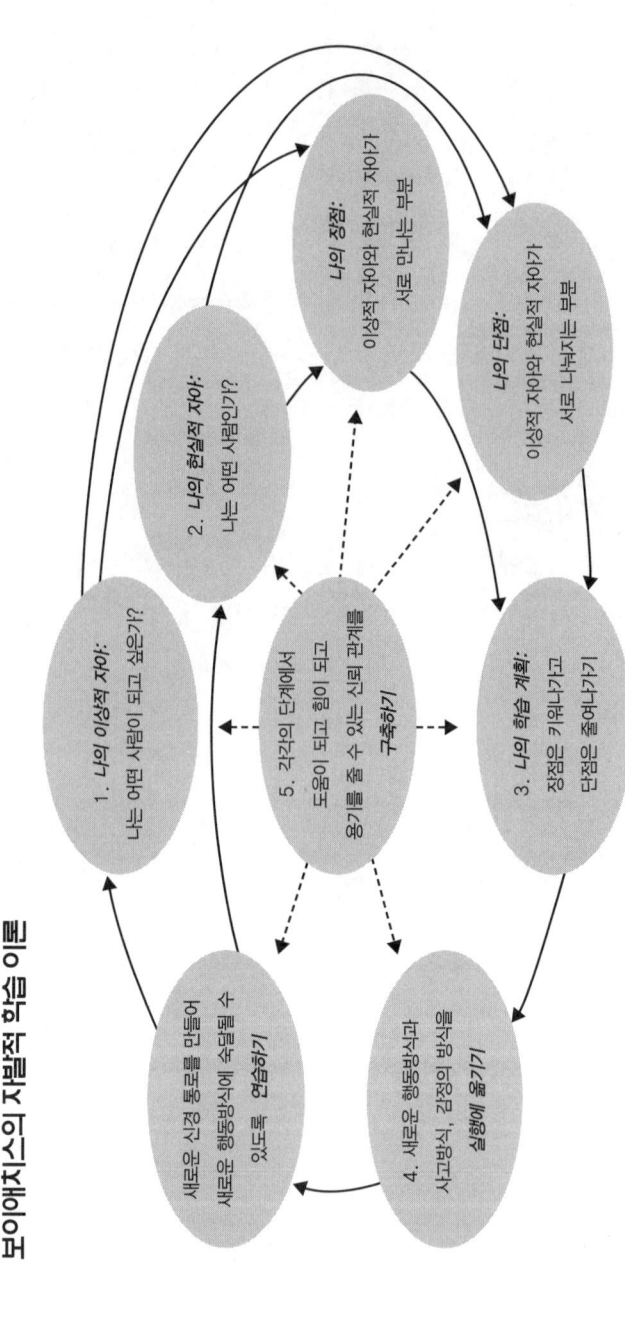

을 개발하고자 하는 동기를 갖게 될 것이다. 전망이 꿈으로 자리 잡게 되는 과정이 삶의 지표로서의 가치관과 약속을 통해서 이루어지는 것이든 아니면 단순한 생각에서 비롯된 것이든 간에 자신에 대한 이상적 이미지는 매우 강력한 것이어서 바로 거기서 열정과 희망이 싹트는 것이다. 그것은 변화의 과정 도중에 힘들고 좌절하게 될 때 계속 변화를 지향할 수 있게 하는 에너지가 되기도 한다.

두번째 발견은 자신이 지금 어떤 모습인지를 알기 위해 거울을 보는 것과 비슷하다. 거기에는 스스로의 행동거지와 다른 사람들의 눈에 비춰진 자신의 모습, 그리고 뿌리깊은 신념 같은 것들이 있다. 그렇게 관찰한 내용들 가운데는 자신의 이상적 자아와 부합하는, 다시 말해서 자신의 장점으로 여겨질 수 있는 것도 있고 현재의 모습과 되고 싶은 모습 사이의 간극을 보여주는 내용도 있을 것이다. 이처럼 자신의 장점과 단점을 깨달은 사람은 스스로의 리더십 유형을 바꿀 준비가 되어 있는 것이다. 이것은 우리가 앞에서 언급했던 최고경영자 증후군을 치료할 수 있는 방법이다.

하지만 그러한 변화를 성공적으로 이끌기 위해서는 자신의 능력을 향상시키기 위한 계획을 잘 세울 필요가 있다. 이것이 세번째 발견이다. 학습 계획은 자신의 장점을 키우고 스스로의 이상적 자아와 좀더 가까운 모습이 되기 위해 매일 새롭게 시도해봐야 하는 것을 구체적으로 알려줄 수 있을 만큼 잘 짜여져야 한다. 학습 계획은 본질적으로 자신의 학습 취향을 만족시킬 뿐만 아니라 자신의 현실적 삶과 일에도 부합되는 것이어야 한다.

네번째 발견은 새로운 리더십 기술을 연습하는 과정에서 나타난다.

다섯번째 발견은 학습 과정의 모든 단계에서 나타날 수 있다. 이는 자신의 이상적 자아를 설정하거나 자신의 현실적 자아를 찾으려 할 때, 자신의 장점을 파악하고자 할 때, 앞으로의 일정을 세울 때, 그리고 익힌 것을 처음 실행하고 연습하고자 할 때 다른 사람의 도움을 필요로 한다는 것을 의미한다. 리더십 계발은 인간관계의 모습이 떠들썩하고 다양할 때에만 이루어질 수 있는 것이다. 타인은 우리가 아무 생각 없이 그냥 지나친 것을 일깨워주며 우리가 어느 정도 나아졌는지를 가늠할 수 있도록 해준다. 그리고 우리가 인식한 것을 확인해주며 우리가 어떤 식으로 일을 처리하는지 보여준다. 그들은 우리가 새로 익힌 것을 실행에 옮기고 연습할 수 있는 환경을 마련해준다. 비록 이 과정을 자발적 학습 과정이라고 부르고 있긴 하지만 실제로 혼자서 할 수 있는 것은 아니다. 다른 사람이 개입되지 않으면 지속적인 변화는 불가능하다.

요약하면 지속적인 변화를 성공적으로 이끌어가는 사람은 다음의 단계를 거친다고 할 수 있다.

- *첫번째 발견:*
  나의 이상적 자아 — 나는 어떤 사람이 되고 싶은가?
- *두번째 발견:*
  나의 현실적 자아 — 나는 어떤 사람인가? 나의 장점과 단점은 무엇인가?
- *세번째 발견:*
  나의 학습 계획 — 어떻게 나의 장점을 살리고 단점은 줄여나갈 것인가?
- *네번째 발견:*
  새로 익힌 행동방식, 사고방식, 감정의 방식을 실행에 옮기고 연습을 통해 익히기
- *다섯번째 발견:*
  성공적인 변화를 가능하게 만들어주는 든든하고 믿음직한 인간관계를 만들어나가기

가장 이상적인 경우는 자각과 함께 이래선 안 된다는 절실함을 불러일으키는 불일치의 경험 — 발견의 순간이기도 하다 — 을 통해 자발적인 학습 과정이 시작되는 것이다. 다음 장에서는 훌륭한 리더십을 자기 것으로 만들어주는 다섯 가지 발견과 그 과정을 구체적으로 살펴보도록 하겠다.

Chapter SEVEN

감성 리더로서의
새로운 출발

마침내 압디나쉬르 알리는 자신의 꿈을 되찾았다. 지난 8년간 미국에 있는 다국적 통합 에너지 회사에서 수문학자로 일했던 알리는 직장에서는 온화한 심성의 사원이었으며 가정에서는 성실한 가장이었다. 하지만 알리는 나름대로의 인생 계획을 갖고 있는 사람이었다. 비록 그 계획을 은퇴 후로 미루긴 했지만 말이다.

케냐 북부 지방의 만데라에서 25명의 형제자매 가운데 한 명으로 자란 알리는, 더 나은 교육과 의료 혜택을 받기 위해 미국으로 이민했다. 하지만 아이들이 다 성장하고 직장에서 은퇴하게 되면 그는 아내와 함께 케냐로 돌아가서 모국이 절실하게 필요로 하는 수자원 관리의 비법을 사람들에게 가르치고 고향에서 지하수를 개발하는 일을 도와주고 싶었다. 그것은 알리가 어린 시절 에티오피아와 소말리아 국경에 인접한 건조한 지역에 살면서 오랜 가뭄을 겪은 이후 끊임없이 키워왔던 소망이었다.

그는 아주 극심한 가뭄이 들었던 때의 일을 아직도 기억하고 있다. 그때 그는 수백 마리의 소와 염소, 낙타들이 죽어가는 것을 보았다. 고기와 우유를 주식으로 삼았던 그의 가족들은 곡류로 연명을 해야 했다. 최근에는 물 부족으로 인해 만데라의 관개수로 계획과 케냐의 수력발전용 댐이 전기를 공급하는 데 심각한 문제가 발생했다고 들었다.

이제 그는 마흔 살이다. 케냐에 있는 자신의 고향을 돕고자 하는 그의 꿈은 적어도 20년간 한결같았다. 비록 좀더 폭넓은 규모의 다국적 조직을 위해 일을 한다는 것과 거기서 얻는 혜택이 소중한 것이긴 하지만 그는 한시도 케냐를 잊지 않았다. 그러던 어느 날 상사와의 대화를 통해 이 모든 것이 바뀌게 되었다.

"알리, 자네 왜 망설이나?" 그의 상사가 물었다.

알리가 자신은 아직 이 다국적 회사에서 일함으로써 얻을 수 있는 특권들을 포기할 준비가 되어 있지 않다고 대답하자 그의 상사가 다시 물었다.

"혹시 케냐나 동아프리카 지역에서 수자원 관리를 담당하고 있는 다국적 회사는 없나?" 알리가 그런 회사는 없다고 대답하자 상사는 재차 다그치듯 지금 일하고 있는 회사나 혹은 다른 회사에 동아프리카 지역에서의 수자원 관리를 위한 지사를 설치할 것을 제안한 적이 있는지 물었다. 알리는 비용이 너무 많이 드는 일이라서 그런 제안을 할 엄두도 내지 못했다고 대답했다.

"회사가 지역 공동체에 이익을 환원하는 형태로 그러한 지사를 조직하는 방안을 한번 고민해보게나." 상사는 마지막으로 이렇게 말했다.

상사의 제안을 듣고 알리는 아무 말도 하지 않았다. 잠시 후 어두운 방에 불을 켠 것처럼 뭔가 알겠다는 듯한 표정이 서서히 그의 얼굴에 떠오르기 시작했다. 그는 고개를 끄덕이며 의자 깊숙이 몸을 맡기곤 미소를 지었다. 그러고 나서 그는 아주 치밀하게 상사가 제안한 것과 같은 수자원 관리 계획이 회사에 가져다 줄 전략적 이점을 나열하기 시작했다. 그는 자신의 꿈을 실현하기 위해 현재 그의 회사에서 추진중인 '세계 사회 재건 계획(Global Social Initiative Project)'의 일환으로 제안서를 내면 되겠다는 생각이 들었다. 그는 마치 홀린 청중들 앞에서 연설하듯 열정적으로 자신의 계획을 설명했다. 알리는 자신의 꿈과 하나가 되어 있었다. 그 순간 그의 꿈은 이제까지 생각했던 것보다 훨씬 더 원대한 것이 되었다.

이것은 알리에게 있어서 첫번째의 중요한 발견이었다. 바로 이때 변화가 시작되었던 것이다. 그는 자신의 열정을 이끌어내기 시작했고 자신의 꿈을 추구하고자 하는 그의 마음은 그 어느 때보다 강렬하게 불타올랐다. 전에는 자신의 계획을 실천에 옮기기 위해서는 오직 한 가지 길 — 은퇴할 때까지 열심히 일해서 돈을 모아두는 방법 — 밖에 없다고 생각했는데 이제 갑자기 그의 앞에는 수많은 가능성과 길이 열린 것이다.

계속되는 대화와 토의를 통해 알리는 자신의 감성지능 능력들,

특히 자신의 뛰어난 사회적인식 능력과 관계관리 능력이 어떻게 자신의 전망을 펼쳐나가는 데 도움이 될지를 깨달았다. 그는 늘 다른 사람들과 조화를 이루었고 기꺼이 서로 도우며 일을 해왔다. 특히 과거에 엔지니어로 일했던 경력이 여러 가지 자기관리 능력을 키우는 데 큰 도움이 되었다. 비록 자기확신 및 적응력 면에서는 다소 어려움을 겪긴 했지만 말이다.

알리는 자신의 꿈을 실현하기 위한 방편으로 회사 간부들에게 수자원 관리 계획의 이점을 납득시키기 위해서는 스스로가 변화를 이끌어내는 능력을 갖춘 전망제시형 리더가 되어야 한다는 것을 깨달았다. 그러기 위해서는 우선 자기확신의 능력이 있어야 했다. 그리고 동료 관리자들에게 새로운 전략을 알리고 그들로부터 혁신적인 생각을 이끌어내기 위해서는 알리 자신이 좀더 융통성 있는 사람이 되어야 했다. 알리의 꿈이 점점 더 구체화되기 시작하자 그의 꿈은 이전에 그가 가지고 있던 자기확신의 능력으로는 감당할 수 없는 영역으로까지 확대되기 시작했다. 즉 그는 자신의 고향에 도움을 주는 수준을 넘어서 모국인 케냐와 더 나아가 동부 아프리카 지역 전체에 영향을 미칠 수 있는 전망을 세우기에 이른 것이었다.

알리가 자신의 평생의 숙원을 자각하고 그것을 이루기 위한 첫 걸음을 내딛는 데는 몇 가지 사소한 계기가 필요했을 뿐이다. 미래에 대한 그의 설렘과 희망은 너무도 분명했다. 그는 자신의 이상적 자아, 즉 자신이 되고 싶은 존재에 대해 새롭게 자각했다. 일주일 만에 그는 자신의 새로운 계획을 회사에 알렸다. 모든 일이 그가 생각했던 것보다 훨씬 빠르게 진행됐다. 앞으로 알리에게는 새로운 역할에 따른 새로운 감성지능 능력들이 필요하겠지만, 어쨌든 그는 자신의 이상적 자아를 구현하기 위한 가장 중요한 첫 단계를 밟았던 것이다.

첫번째 발견: 나는 어떤 사람이 되고 싶은가

꿈의 추구에는 삶에 대한 열정, 에너지, 설렘 등이 수반된다. 리더들은 그러한 열정을 통해 자신이 이끌고 있는 사람들 사이에 열광적인 분위기를 조성한다. 여기서 중요한 것은 자신의 이상적 자아 ― 자신이 되고 싶은 존재의 모습 ― 를 드러내는 것이다. 이상적 자아에는 자신의 인생과 일에서 원하는 바도 포함되며 이것은 우리가 앞장에서 언급했던 자발적 학습 과정에서 '첫번째 발견'에 해당된다. 이상적 모습을 그려보기 위해서는 자신의 가장 깊은 곳에 있는 밑바닥까지 들어가봐야 한다. 당신이 알리의 경우처럼 자신의 삶에 스며 있는 가능성에 대해 갑작스러운 열정을 가지게 되면 바로 그때 당신은 이상적 자아의 모습을 본 것이 된다.

    감성지능을 키워나가거나 혹은 유지하기 위해서는 무엇보다 먼저 자신의 이상적 자아로부터 힘을 끌어와야 한다. 왜냐하면 습관을 바꾼다는 것은 매우 힘든 일이기 때문이다. 이에 대한 적절한 근거를 찾아보고 싶다면 새해에 뭔가를 결심하고서 그것을 이루었거나 혹은 실패했던 경험을 돌이켜 보면 된다. 자신의 사고와 행동의 습관을 바꾸고자 하는 사람은 그들이 수십 년 동안 익혀온 것들을 새롭게 바꿔야만 한다. 습관이란 것은 오랜 세월에 걸쳐

지금으로부터 15년 뒤의 나

당신이 지금으로부터 15년 뒤에 꿈꾸어오던 이상적 삶을 살고 있다면 당신은 과연 어떤 곳에서 이 책을 읽고 있을지를 상상해보라. 당신의 주변에는 어떤 사람들이 있을까? 하루하루를 당신은 어떤 일을 하며 보내고 있을까? 내가 정말 그런 이상적인 삶을 살 수 있을까 하는 생각은 하지 말고, 그저 머리 속에 그림을 그린 다음 그 안에 자신의 모습을 집어넣어 보도록 한다.

앞으로 15년 뒤의 모습을 상상하면서 자유롭게 글을 써보도록 한다. 아니면 그것을 녹음기에 대고 녹음해보거나 그도 아니면 친한 친구에게 이야기한다. 이런 연습을 함으로써 힘이 솟는 것을 느끼고 스스로가 더욱 긍정적으로 변하는 경험을 했다는 사람이 많았다. 이처럼 자신의 이상적인 미래를 그려보는 것은 삶에서 실제적인 변화를 이끌어낼 수 있는 아주 강력한 방법 중의 하나다.

반복적으로 되풀이됨으로써 형성된, 닳고 닳은 견고한 신경회로에 자리잡고 있다. 그렇기 때문에 꾸준한 변화를 지속시키기 위해서는 앞으로 만들어갈 자신의 모습에 더 강하게 매달려야 한다. 특히 팽팽한 긴장감을 느끼거나 책임감이 점점 증가되는 상황에서는 더욱 그렇게 해야 한다.

하지만 변화에 대한 생각에 너무 깊이 몰두하다보면 하나 둘 눈앞에 모습을 드러내기 시작하는 여러 가지 어려움으로 인해 걱정에 휩싸이게 된다. 사람들은 처음에는 자신의 이상적 미래에 대해 설레는 마음을 가졌다가도 곧 그것을 잃고 혼란스러워 하는 경우가 종종 있다. 그것은 현재 그러한 꿈을 실현시키고 있지 못하기 때문이다. 그럴 경우에는 머리 속으로 우리가 어떤 감정을 느낄 때 우리 뇌가 하는 일을 떠올려보는 것만으로도 도움이 된다. 2장에서 살펴본 것처럼 현재 품고 있는 이상적 목표를 성취하는 그날 얼마나 기쁠지를 미리 마음속으로 그리면서 더욱 큰 동기를 유발하는 희망을 갖게 되는 것은 좌측 전전두엽 피질 부분의 활성화를 통해서다. 그것은 우리로 하여금 그 어떤 역경도 아랑곳하지 않고 목표를 향해 나아가도록 만든다.

하지만 우리가 우리의 이상적 미래가 내뿜는 강력한 이미지가 아닌 현재 주어진 바에만 얽매여 있으면 그때는 우리 뇌의 우측 전전두엽 부위가 활성화된다. 그렇게 되면 우리는 우리의 사기를 꺾는 비관적 전망에 빠져들어 성공할 수 있는 기회를 스스로 저버리게 될 것이다.

의무적 자아와 이상적 자아

『헝그리 정신: 문제는 돈이 아니라 정신의 빈곤이다(The Hungry Spirit: Beyond Capitalism, A Quest for Purpose in the Modern World)』라는 책에서 경제 평론가 찰스 핸디(Charles Handy)는 자신의 이상적 자아를 추구하는 것의 어려움을 다음과 같이 묘사하고 있다.

나는 일찍이 뭔가 특별한 존재가 되려고 무진 애를 썼다. 학교

다닐 때는 뛰어난 육상 선수가 되고 싶었고 대학에서는 모두가 우러러 보는 인기인이 되고 싶었다. 나중에는 잘 나가는 사업가가, 그리고 더 나중에는 명망 있는 단체의 우두머리가 되고 싶었다. 하지만 내가 이와 같은 특별한 존재로 성공할 팔자를 타고나지 않았다는 사실을 깨닫기까지는 그리 오랜 시간이 걸리지 않았다. 그러나 그렇다고 해서 특별한 존재가 되려는 노력을 포기하거나 내 자신에게 실망하여 완전히 주저앉거나 하지는 않았다.

다만 문제가 있었다면 뭔가 특별한 존재가 되고자 하면서도 정작 내가 될 수 있는 존재가 되기 위한 노력은 최선을 다해 기울이지 않았다는 것이다. 굳이 변명을 하자면 세상을 심각하게 생각하는 것이 너무도 두려웠기 때문이라고 할 수 있다. 나는 세상 인습에 따라 사는 것이 훨씬 편했다. 그래서 나는 돈이나 지위를 성공의 척도로 삼고 다른 사람이 닦아놓은 길을 그대로 따라갔으며, 내 자신의 믿음과 개성을 드러내기보다는 이것저것 바깥의 것들을 받아들이고 사람들과의 교제에만 신경을 썼다.

많은 것을 시사하는 이 애절한 고백의 주인공 찰스 핸디는 한때 사업체 간부로 이름을 떨친 바 있고, 런던 경영대학원의 설립자 가운데 한 사람이며, 왕립예술협회 회장인 동시에 세계적인 명성을 지닌 작가이자 교수다. 핸디처럼 바쁜 인생을 사는 사람들은 대부분 권력이나 명성의 유혹을 뿌리치기 어려우며 다른 사람들의 기대에 이리저리 휩쓸리기 마련이다.

부모, 배우자, 직장 상사, 학교 선생님이 우리에게 어떤 존재가 되어야 한다고 말할 때 그들은 그들이 원하는 우리의 이상적 자아를 이야기하고 있는 것이다. 그때 그들이 그리고 있는 자아는 의무적 자아 — 우리가 되어야만 하는 그런 자아 — 이다. 우리가 그와 같은 의무적 자아를 받아들이게 되면 그것은 우리를 가두고 마는 상자 — 사회학자 막스 베버가 말한 것처럼 그것은 곧 우리의 '철제 새장(iron cage)'이다 — 가 될 것이다. 우리는 마임 연기자가 보이지 않는 벽을 더듬는 것처럼 그 안에 갇힌 신세가 되고 만다. 이런 현상은 조직체에서도 똑같이 나타난다. 사람들은 조직체 안의 각각의 개인들이 나름의 꿈과 성공의 기준을 갖고 있다는 것을 인정하지 않고, 모든 사람이 자신의 일에서 승진의 사다리를 타고 오르기만을 바랄 것이라고 생각한다. 이와 같이 지레 미루어 짐작하는 것이 바로 의무적 자아를 만드는 요소다.

시간의 흐름에 따라 사람들은 자신의 이상적 자아에 대해 무감각해진다. 즉 이상적 자아에 대한 전망이 점차 희미해지다가 더 이상 꿈을 바라보지 못하게 된다. 빚 갚을 걱정, 자식들 학비 걱정, 일정 수준의 생활을 유지하고 싶은 욕망 등에 치여 사람들은 지금 가고 있는 길이 자신의 꿈을 향해 나아가는 길인지를 전혀 생각하지 않고 그냥 가던 길을 간다. 그들은 열정을 잃고 현재 하고 있는 일을 마지못해 계속한다. 이에 대한 전형적인 예 — 과거의 전통이 아직 강하게 남아 있는 문화권에서 성장한 전문직 종사자들에게서 많이 나타난다 — 로 들 수 있는 부류가 바로 부모가 하라는 대로 하면서 사는 사람들이다. 우리는 그러한 배경에서 자란 인도 출신의 한 사람을 알고 있다. 그는 음악에 깊은 열정을 갖고 있었지만 할 수 없이 가족의 뜻에 따라 아버지처럼 치과의사가 되었다. 하지만 결국 그는 뭄바이에서의 치과의사 생활을 그만두고 뉴욕으로 건너와 지금은 시타르 연주자로 아주 행복하게 살고 있다.

사람들은 너무도 자주 의무적 자아와 이상적 자아를 혼동하며 자신의 본심과 다른 일을 하며 산다. 바로 그 때문에 리더십 계발 과정에 있어서 자신의 이상적 자아를 드러내는 단계가 매우 중요한 것이다. 하지만 다른 많은 리더십 훈련 프로그램들이 내세우는 전제를 보면 사람들은 그저 자신의 일을 최대한 잘하고 싶어한다는 것 정도다. 따라서 그런 훈련 프로그램에는 꼭 탐구해야만 하는 정말 중요한 내용이 결여되어 있으며 각각의 개인들이 리더십 능력을 익히고자 하는 이유가 그들의 꿈과 미래에 대한 포부 때문이라는 것을 간과하고 있다. 개인이 추구하고자 하는 이상적 자아와 훈련 프로그램이 부과하는 이상적 자아 사이의 간극이 뚜렷할수록 훈련에 임하는 사람은 무관심과 반항하는 마음으로 일관하게 된다.

전망이 없으면 열정도 없다

북유럽 지역에 위치한 텔레콤 회사의 수석 관리자인 소피아는 자신의 리더십을 개발할 필요가 있다는 사실을 깨달았다. 그녀는 세미나에도 참석했고, 책도 읽었고, 상담자와 대화도 나눠보았다. 그녀는 능력 계발 계획을 종이에 써보기도 했으며 단기 목표와 장기 목표를 각각 설정해보기도 했다. 그녀는 자신이 무엇을 해야 하는지 알고 있었다. 하지만 그 어떤 계획도 그녀의 능력을 최대한으로 이끌어내줄 것 같지 않았다. 몇 주 후 결국 그녀는 자신의 계획들을 책상 맨 아래 서랍에 처박아둘 수밖에 없었다. 그녀는 우리에게 이렇게 말했다. "오해하지 마세요! 저는 분명히 제 일에서 성공하고 싶어요. 하지만 그 어떤 계획도 제가 정말 고민하고 있는 문제를 해결하는 데 도움이 되지 않았어요. 그저 당장 일을 하는 데 필요해서 이러저러한 능력들을 개발하긴 했지만 그것들이 정작 제 자신의 꾸준한 동기를 유발시키진 못했죠."

소피아의 체험은 리더십 계발 프로그램을 이수한 많은 사람들이 일반적으로 겪는 것과 동일하다. 문제는 많은 훈련 프로그램들이 잘못된 가정하에서 출발하고 있기 때문이다. 리더십 계발을 제대로 하고 싶다면 '일과 관련된 계획'이 아닌 좀더 폭넓은 계획을 가지고 훈련을 시작해야 한다. 다시 말해서 단순한 일의 차원과는 비교가 안 될 만큼 훨씬 더 풍요로운 자신의 인생 전반에 대한 총체적 전망에서 출발해야 하는 것이다. 특히 사업 수행 능력을 향상시키기 위해 리더는 감성적인 차원에서 자기 계발에 임해야 한다. 그리고 그렇게 하기 위해서는 자신에게 정말 중요한 것이 무엇인지를 알고 그것에 최대한의 노력을 기울일 수 있어야 한다.

우리는 소피아에게 미래의 어느 한 순간의 삶을 떠올려보라고 했다. 그리고 그 생각을 계속 이어나가 미래의 그녀의 하루하루가 어떤 모습일지도 상상해보라고 했다. 어떤 일을 하고 있고, 어디서 살고 있고, 누구와 살고 있고, 어떤 마음으로 살고 있는지 등을. 그러고 나서 우리는 그녀에게 앞으로 8년 내지 10년 뒤 — 이는 삶이 충분히 다른 모습으로 바뀔 만한 시간이며 구체적으로 상상할 수 있을 만큼 그리 멀지 않은 미래를 의미하는 시간이기도 하다 — 의 어느 하루를 선정하라고 했다. 소피아는 2007년 8월의 어느 날을 골랐다. 2007년은 그녀에게 의미 있는 해이다. 그녀의

큰 아이가 대학을 가기 위해 자신의 품을 떠나는 해이기 때문이
다. 소피아는 2007년 8월에 자신이 어떻게 살고 있을지를 1인칭
현재형 시점으로 적어나가기 시작했다. 우리는 그녀에게 그녀의
삶의 모든 부분과 가치관, 그리고 그때쯤 그녀가 하고 싶은 것이
나 되고 싶은 꿈들 모두를 하나하나 머리 속에 떠올려보라고 했
다. 그녀의 전망은 확고했다.

> 저는 제가 제 회사를 이끌어가는 모습을 그려봤어요. 열 명의 동
> 료들로 알차게 꾸려진 회사지요. 저는 제 딸과 서로 마음을 터놓는
> 건강한 관계를 유지하고 있어요. 친구와 직장 동료들과는 신뢰로
> 맺어진 관계를 유지하고 있지요. 저는 회사의 리더로서나 부모로
> 서 만족스럽고 행복해요. 그리고 제 주변의 모든 사람들을 사랑하
> 고 그들 스스로 일을 처리할 수 있도록 믿고 맡기며 살고 있어요.

이처럼 자신의 미래의 삶을 전체적으로 전망해본 소피아는 인
생의 많은 부분들이 서로 얼마나 얽혀 있는지를 깨달았다. 그리고
자신의 꿈을 실현시킬 계획을 세워보는 것은 그 꿈을 추구하고자
하는 동기를 유발시키고 새로운 영감을 얻을 수 있는 기회를 마련
해준다는 것도 알았다. 과정을 마친 뒤 소피아는 이렇게 말했다.
"오랫동안 저는 스트레스를 받는 상황에서 사람들을 어떻게 대해
야 하는지를 고민해왔어요. 저는 일을 할 때 곧잘 선도형 리더의
모습을 보이고 있어요. 그런데 지금 전체적인 그림을 그려보니 제
딸과의 불화도 어느 정도는 그런 문제에서 비롯되었다는 것을 알
겠네요." 이제 소피아는 새롭게 알게 된 사실을 스트레스를 다루

기 위한 능력 계발 계획에 적용시킬 방법을 찾기 시작한 동시에 보다 생산적인 유형의 리더십을 발휘하게 되었다.

우리는 많은 젊은 리더들이 — 대략 마흔 이전의 — 구세대의 리더들에 비해 좀더 총체적인 — 일에서뿐 아니라 인생 전반에 대한 — 배움의 목표를 갖고 있다는 사실을 알았다. 어떤 면에서 이런 변화는 20대, 30대의 사람들이 구세대에 비해 일과 인생에 대해서 좀더 균형 잡힌 시각을 갖고 있기 때문이라고 할 수 있다. 그들은 자신의 부모 세대들처럼 특정한 한 가지 목표만을 위해 희생을 감수할 생각이 없다. 그들은 균형 잡힌 삶을 살고자 한다. 그들은 심장마비나 이혼, 실직과 같은 문제에 직면해서야 비로소 자신의 인간관계, 정신적인 삶, 공동체에 대한 책임, 육체적 건강을 생각하는 그런 세대가 아니다. 그런 생각은 중년의 나이와 직업상의 위기에서 비롯된 것이다.

가치관의 설정

자신의 철학을 이해한다면 자신의 이상적 자아가 어떤 식으로 자신의 가치관을 드러내는지도 알 수 있을 것이다. 말할 것도 없이 가치관은 이상적 자아를 드러내는 데 있어 중요한 역할을 한다. 가치관이란 결혼, 출산, 해고 등과 같은 여러 가지 크고 작은 사건들로 인해 평생에 걸쳐 변하는 것이다.

따라서 보다 오래 지속되는 것은 그 배후에 있는 그 사람의 철학이라고 할 수 있다. 철학이란 그 사람이 자신의 가치관을 설정하는 방식을 일컫는다. 그리고 리더가 상황에 따라 어떤 리더십 유형을 선택할지를 결정하는 것도 바로 그 사람의 철학이다. 다른 무엇보다 목표를 성취하는 데 큰 가치를 두고 그것에 주력하는 리더는 당연히 선도형 리더의 모습을 띨 것이며 민주형 리더십을 시간 낭비라고 생각할 것이다.

철학을 통해 이상적 자아가 어떤 식으로 자신의 가치관을 드러내는지 알 수 있다. 가령 '가족'을 중요한 가치 목록에 올려놓은 어떤 경영 컨설턴트는 정작 일주일에 5일은 출장 때문에 아내와 두 아이를 보지도 못한다. 그는 가족들에게 필요한 것을 채워주기 위해 돈을 벌러 다니는 것이므로 자신은 자신의 가치관에 충실하게 사는 것이라고 말했다. 반면 어느 제조 업체의 관리자는 역시 '가족'을 중요한 가치 목록에 올리고 저녁마다 아내와 아이들과 식사를 같이 하기 위해 승진도 마다했다.

두 사람의 차이는 아마도 자신의 진정한 가치관을 인식하는 방법과 자신들의 가치관에 따라 행동하는 방법, 혹은 그 가치관을 해석하는 방법에서 기인하는 것이라고 할 수 있겠다. 그들은 결국 사람과 조직과 활동을 평가하는 데 있어서도 커다란 차이를 보인다. 그리고 이러한 차이점은 기본적으로 인생에 대한 서로 다른 철학을 형성하게 된다. 아무런 철학도 없는 것이 '더 나은' 경우도 있긴 하지만 어쨌든 대부분의 사람들은 자신의 인생 철학에 따라 서로 다른 생각과 감정을 가지며 서로 다른 행동을 한다. 가장 일반적인 철학의 유형으로는 실용적, 지적, 인간적인 철학이 있다.

실용주의 철학의 요지는 '쓸모 있음'이 생각, 노력, 사람, 조직의 가치를 좌우한다는 것이다. 실용주의 철학을 갖고 있는 사람들은 삶에서 일어나는 일들에 대해 주로 자신들에게 책임이 있다고 생각한다. 그리고 특정 사물의 가치를 평가할 때에는 그것의 실제

나의 인생 지표

당신의 인생에서 소중한 것들, 가령 가족, 인간관계, 일, 정신적 혹은 육체적 건강을 생각해보자.

각각의 부분에서 당신이 가장 중요하게 여기는 가치관은 무엇인가? 일과 인생에서 당신을 이끌어나가는 지침 가운데 대여섯 개 정도를 적어보자. 그리고 그것들이 당신이 살아가면서 진정으로 의지하고 있는 지침인지 아니면 그냥 말로만 떠벌리기 위한 지침인지를 생각해보자. 이제 남은 인생 동안 당신이 하고 싶은 것을 한두 페이지 정도 적어보도록 하자. 아니면 죽기 전에 하고 싶은 것이나 경험해보고 싶은 것의 목록을 적어보자. 그것이 꼭 고상하거나 실용적일 필요는 없다.

이 연습은 생각보다 쉽지 않다. 왜냐하면 우리는 보통 내일이나 다음 주, 다음달까지 무엇을 해야 한다는 식의 단기적 계획에 더 익숙하기 때문이다. 그러한 근시안적인 지평은 중요한 것이 아니라 급한 것에 초점을 맞추게 마련이다. 우리가 좀더 폭넓은 지평 — 죽기 전에 해야 할 일 등 — 에서 생각할 수 있다면 새로운 가능성의 영역을 접할 수 있을 것이다. 리더들에게 이 연습을 시키면서 우리는 놀라운 경향을 발견하게 되었다. 리더들이 작성한 하고 싶은 일의 목록 중에는 정작 자신의 직업과 관련된 것은 별로 없고 오히려 80퍼센트 가량이 일과는 무관한 것들이었다. 연습을 마치고 자신이 쓴 것을 다시 한 번 자세히 읽어보면 자신의 진정한 꿈과 포부를 구체적으로 보여주는 패턴을 발견할 수 있다.

쓰임을 가늠하는 방식을 취한다. 따라서 감성지능 능력 중 자기관리 능력에서 실용주의 철학이 큰 자리를 차지하고 있는 것은 그리 놀랄 일도 아니다. 하지만 안타깝게도 실용주의 철학의 이기주의적 속성 때문에 그러한 철학을 갖고 있는 사람들은 종종 — 항상 그런 것은 아니지만 — 민주형, 코치형, 관계중시형 리더십보다 선도형 리더십을 더 선호하는 경우가 있다.

오라클(Oracle)의 선도형 최고경영자인 래리 엘리슨(Larry Ellison)의 경우를 예로 들어보자. 시장점유율을 높이기 위한 집요한 밀어붙이기의 일환으로 그는 직원들에게 시장에서 경쟁사를 '박살' 내고 '도태' 시키라는 지시를 내린다. 또한 그는 경쟁사를 앞지른 다른 회사의 예를 끊임없이 비교 평가해서 자기 것으로 만드는 작업을 한다. 사원들을 대상으로 한 연설이나 면담에서 그러한 사례들을 즐겨 인용하는 것을 보면 그가 실용주의 철학을 갖고 있다는 것을 알 수 있다.

지적인 철학의 요지는 사람과 사물과 세계가 어떻게 작용하고 있는지를 그려보고 그것을 바탕으로 미래의 모습에 대한 감성적 근거를 마련함으로써 사람과 사물과 세계를 이해하고자 하는 것이다. 이런 철학을 가진 사람은 결정을 내릴 때에는 논리적 수순에 따르며 사물의 가치를 평가할 때에는 배후에 명확한 근거가 존재하는 법칙이나 기준을 따른다. 그들은 주로 인지적 능력에 많이 의존하고 사회적 능력 같은 것은 아예 배제할 때도 있다. 가령 지적인 철학을 가진 사람들은 이런 말을 하는 경우가 많다. "만약 당신이 논리적으로 완벽한 해결책을 제시한다면 사람들은 그것을 믿을 것이다. 굳이 그것의 이점을 설명할 필요가 없다." 만약 그들이 제시하는 전망이 논리적으로 합당한 미래상을 보여줄 수 있다면 그들은 전망제시형 리더십을 채택하게 된다.

시스코시스템스(Cisco Systems)의 최고경영자인 존 체임버스(John Chambers)는 기술 문명으로 인한 보다 나은 미래의 삶을 이야기하면서 이와 같은 지적인 철학을 보여주었다. 가령 그는 통합 전자 시스템이 갖춰지면 겨울에 따뜻한 실내에서 차까지 걸어가는 동안 우리 옷의 온도가 자동 조절될 것이라고 말한다. 성경책에나 나옴직한 황당한 예언가가 하는 소리처럼 들리기도 하지만 그는 자신의 회사가 조만간 분명히 이런 시스템 모델을 만들어낼 것이며 그로 인해 모든 사람들이 더 나은 사회에 살 수 있을 것이라는 믿음을 솔직히 피력하고 있는 것이다.

인간주의 철학의 요지는 친밀한 인간관계를 구축하는 것이 바로 사람이 살아가는 의미라는 것이다. 이런 철학을 가진 사람은 인간적 가치의 실현을 위해 최선을 다한다. 가령 가족과 친구들을 모든 형태의 인간관계에서 가장 중요한 것으로 여긴다. 그들은 일의 가치를 그것이 친밀한 인간관계에 얼마나 영향을 미쳤는가에 둔다. 따라서 업무나 기술의 숙달보다는 성실함에 더 높은 가치를 둔다. 실용주의 철학은 '다수를 위해 소수를 희생' 하도록 만들지만 인간주의 리더는 개개인의 삶이 다 소중하다고 보기 때문에 사회적인식 능력과 관계관리 능력을 개발하고자 한다. 결국 인간주의적 리더는 민주형, 관계중시형, 코치형 등의 다른 리더십과의 상호작용을 강조하는 유형을 추구한다.

예를 들어 인도 방갈로르에 본사를 두고 있는 인포시스 테크놀로지(Infosys Technologies Ltd.)의 풍부한 영감을 갖춘 최고경영자 나라야나 머시(Narayana Murthy)를 보자. 미래에 대한 그의 전망 가운데 일부는 민주형 리더십을 통해 사람들로 하여금 일에 전적으로 몰입할 수 있도록 하는 데서 유래한다. 그렇게 해서 그는 인포시스를 주문형 소프트웨어의 개발 및 유지 분야에서 가장 주목받는 회사 가운데 하나로 성장시킬 수 있었던 것이다. 실제로 머시는 자기 자신을 일컬어 '자본주의자의 머리와 사회주의자의 가슴'을 갖고 있는 사람이라고 했다.

끊임없이 변화하는 이상적 자아

꿈과 희망은 사람들이 일을 해나가는 과정에서 그들이 일과 인생에서 중요하게 여기는 가치들을 바꾸는 가운데 변화한다. 그렇기 때문에 이상적 자아의 모습도 삶을 살아가는 동안 변화무쌍하게 바뀐다. 이러한 변화로 인해 사람들이 자기 자신에게서 끌어내 사용하고자 하는 재능과 능력도 달라지게 되며 그것을 공감을 불러일으키며 가장 보람되게 사용할 수 있는 상황도 달라진다. 물론 하던 것을 계속하면서 자신의 꿈과 자신에게 중요한 가치가 바뀌었다는 것을 무시하고 엉뚱한 길을 고집하는 사람도 있다.

어쨌든 이러한 이유 때문에 우리는 중년의 나이에 직업을 바꾸는 리더들을 심심찮게 볼 수 있는 것이다. 자신의 일에서 웬만큼 목표도 달성했고 어느 정도 경지에 이르렀다는 생각이 들면 리더는 그동안 해오던 일에 열의를 잃게 된다. 그러한 상황이 되면 그는 새로운 이상을 추구할 새로운 힘을 찾으러 나간다. 피터 린치(Peter Lynch)가 그러한 리더에 속한다. 피델리티 마젤란 펀드(Fidelity Magellan Fund)를 극적으로 일으킨 그는 자신의 일에서 정점에 도달하자 더 이상 회사를 맡는 것을 포기하고 아내와 함께 자선 펀드를 만들기 위해 피델리티를 떠나겠다고 발표했다. 그는 그동안 '일을 제대로' 하는 데 몰입해왔지만 앞으로는 '제대로 된 일'을 하고 싶다고 말했다. 그리고 그는 자신에게 아직 정력과 창의성이 남아 있을 때 그 일을 시작하고 싶다고도 했다.

우리는 사업을 성공으로 이끄는 데 결정적인 역할을 했던 리더의 능력이 그의 삶의 목표가 바뀜에 따라 달라진 상황에서 어떻게 새로운 힘을 얻게 되는지를 거듭 보아왔다. 셀라니즈(Celanese)의 최고경영자였던 존 맥컴버(John Macomber)는 수출입 은행의 은행장이 되었고, 모빌(Mobil)의 인사부장이었던 렉스 애덤스(Rex Adams)는 듀크 대학 푸쿠아 대학원의 학장이 되었다. 두 사람 모두 이상적 자아의 모습이 직장 생활을 하는 동안 어떻게 바뀌는지를 잘 보여주고 있다.

이상적 자아에는 그 사람의 열정, 감정, 동기가 스며 있다. 이상적 자아에 대한 전망에는 그가 삶에서 원하는 것이 가장 솔직하게 드러난다. 그리고 그러한 전망이 그려내는 이미지는 우리가 어떤 결정을 내릴 때 중요한 지침이 되는 동시에 우리가 자신의 삶에 얼마나 만족하고 있는지를 보여주는 척도가 된다.

하지만 그럼에도 불구하고 어떤 조직체를 이끌어나가고자 한다면 개인적인 차원의 이상적 전망만으로는 충분하지 않다. 리더라면 조직에 대한 전망 또한 지니고 있어야 한다. 목적과 방향에 대한 자각 없이 사람들에게 일에 대한 뜨거운 열정을 전달할 수 없는 법이다. 개인적으로 갖고 있는 이상적 자아에 대한 이미지가 미래를 향한 공동의 전망으로 바뀌어야 한다. 특히 그것이 다른 사람들의 전망과 조화를 이루기 위해서는 다른 사람들의 바람과 꿈을 포용하고자 하는 태도를 지녀야 할 필요도 있다.

"리더는 희망을 나눠주는 사람이다"

한 스위스 은행의 행장으로 있는 위르겐에게 위기가 찾아왔다. 겉으로 보기에 은행은 잘 돌아가고 있는 것 같았지만 최고경영진 모두가 골고루 자신의 일을 제대로 하고 있는 것은 아니었고, 몇몇은 아예 자신의 일과 겉돌고 있었다. 위르겐은 관례를 무시하고 그들을 쫓아낼 수는 없다는 것을 알고 있었다. 게다가 그는 은행 내에서 일어나는 다른 일들을 통제하는 데도 역부족이었다. 그에게 제대로 된 정보를 전해주는 사람은 한 사람도 없었다. 마치 반대되는 생각이나 비판적인 의견을 내면 큰일이라도 날 것 같은 분위기였다. 뭔가 비효율적이라고 느낀 위르겐은 더 이상 신명나게 일을 할 수 없었다. 그 시점에서 그가 취할 수 있는 유일한 대안은 사장직에서 물러나는 것뿐이었다.

그러나 다행스럽게도 우리와 6개월에 걸친 상담을 한 후 위르겐은 드디어 자신의 삶과 은행을 제대로 이끌어가는 데 필요한 리더십에 대한 전망을 세울 수 있었을 뿐 아니라 그러한 전망 속에서 힘과 영감을 찾을 수도 있었다. 그리고 자신이 이끄는 사람들에게도 영감을 불어넣어 줄 수 있었다. 자신의 내면을 들여다보게 된 위르겐은 자신의 삶과 개인적 전망에 대해 곰곰이 생각해볼 기회를 갖게 됐다. 그는 은행의 정확한 실상을 파악하고 그것을 더 이상 묵과하지 않겠다는 자신의 의지를 강하게 천명했다. 현실과 이상을 비교해봄으로써 반드시 바꾸어야 하는 것들에 대한 그의 입장이 분명해졌다. 그리고 그것을 열망하게 되었다. 이제 그는 스스로에게 다음과 같은 가장 중요한 질문을 던지게 되었다. '나는 힘든 상황이 닥치더라도 이 회사와 여기서 일하는 사람들을 사랑하는 마음 하나로 끝까지 남아서 버틸 수 있을 것인가?'

어느 여름날 아침 위르겐은 알파인 호수 근처로 친구와 산책을 나섰다. 그는 친구에게 불가피하게 은행을 변화시킬 수밖에 없는 것에 두려움을 느낀다고 털어놓았다. 그는 은행의 과거와 현재와 미래를 생각했다. 그리고 사람들을, 특히 자신과 오랫동안 함께 일을 해왔던 사람들을 떠올렸다. 그는 현재 은행이 안고 있는 문제와 그에 대한 자신의 단호한 조치에 대해서, 그리고 자신이 제대로 리더십을 발휘할 경우 그것이 얼마나 좋은 결과를 가져올 수 있을 것인지에 대해서도 생각했다. 그는 자신의 이상적 전망을 곰곰이 따져보았다. 그가 은행이 처한 현실에 맞서 제대로 싸운다면 어떤 변화가 일어날 수 있을 것인지에 생각의 초점을 맞췄다. 산책이 끝날 무렵 그는 마침내 다음과 같은 결론을 내렸다. "그래, 회사에 남겠다!"

회사에 남기로 결정한 위르겐은 갑자기 힘이 솟는 걸 느꼈다. 자신의 내부에 있는 뭔가를 건드리자 곧바로 리더십을 향한 열정이 솟아난 것이다. 그리고 그 열정으로부터 위르겐은 다시금 힘든 일을 시작할 용기를 얻었다.

위르겐처럼 자신의 이상적 자아가 무엇인지를 알고 그것을 다른 사람 앞에서 분명히 말하고 진정으로 추구하고 싶은 인생을 살고자 한다면 자기인식 능력을 갖춰야 한다. 일단 자신의 이상적 자아가 무엇인지 분명히 알게 되면 사람들은 희망을 품게 된다.

그리고 그 희망이 바로 '타성'이라는 독을 없애주는 해독제의 역할을 한다. 나폴레옹은 이렇게 말한 바 있다. "리더란 희망을 나눠주는 사람이다." 리더라면 모름지기 희망의 원천을 찾아 자신의 내면으로 들어갈 줄 알아야 한다. 자신의 내부에 진정한 힘이 자리하고 있으며 바로 그곳으로부터 자신의 이상적 자아의 모습과 공동의 이상을 그려볼 수 있기 때문이다. 그렇게 할 때 리더는 비로소 다른 사람들을 자신과 같은 방향으로 이끌어나갈 수 있다.

그와 같은 리더십을 갖추기 위해서는 전망뿐만 아니라 자신이 직면하고 있는 현실을 제대로 파악할 수도 있어야 한다.

두번째 발견: 나는 뜨거운 물 속의 개구리는 아닌가

끓는 물 속에 집어넣은 개구리는 본능적으로 거기서 빠져나오려고 버둥거린다. 그러나 개구리를 우선 찬물에 넣은 다음 서서히 수온을 올리면 개구리는 물이 뜨거워지는 것을 알아차리지 못한다. 개구리는 물이 끓을 때까지 아무런 저항도 하지 않고 결국 끓는 물에 익어버리고 만다. 그렇게 뜨거운 물에 들어앉은 개구리의 운명은 판에 박힌 일상을 되풀이하거나 혼자만 편하자고 그것을 관례로 만들어 타성화시킨 리더의 모습과 그리 다르지 않다.

존 라우어(John Lauer)의 예를 살펴보자. 그가 BF 굳리치(BF Goodrich)의 사장 자리를 수락할 때만 해도 아무도 그가 진부한 타성에 발목을 잡힐 줄은 몰랐다. 매력적인 미소에 훤칠하고 잘생긴 그는 민주형과 전망제시형 리더로서의 탁월한 능력을 보이면서 열정적으로 자신의 리더십을 발휘했다. 가령 사장으로 재직하는 동안 매일 아침 열린 간부 회의에서 라우어는 간부들의 이야기를 경청한 다음 그들에게 현재의 역량을 잘 규합하여 그것을 세계 시장 개척에 적극적으로 활용해야 한다고 주장하면서 앞으로 회사가 나아갈 바에 대한 자신의 의견을 피력하기도 했다. 그의 말에 공감하는 사람들의 반응을 보면 그가 제시하는 전망이 그들에게 얼마나 설득력 있게 다가갔는지를 알 수 있었다. 그로부터 몇 년 후 회사가 조직을 대대적으로 재정비할 때도 라우어는 여전히 유능한 리더로서의 자리를 지키고 있었다. 그리고 간부들을 이끌고 나가는 구심점으로서의 그의 역할도 여전했다.

하지만 BF 굳리치의 사장이 된 지 6년 정도가 지났을 때 MBA 학생들을 대상으로 한 그의 강연을 통해 라우어의 카리스마가 많이 약해졌다는 것이 드러났다. 그의 강연은 사업과 관리에 대한 이야기가 주를 이루고 있었는데 강연 전부가 뻔한 내용이었고 심지어는 지루하기까지 하였다. 초창기에 모두의 마음을 흔들어놓았던 그의 열정은 온 데 간 데 없이 사라져버렸다.

뜨거운 물에 서서히 익어버린 개구리처럼 라우어는 거대 조직의 업무 수행 방식과 정책에서 빚어지는 실망과 좌절과 지루함으로 인해 차츰차츰 타성에 젖게 된 것이다. 그는 자신의 일에 대한 열정을 잃어버렸다. 결국 라우어는 그처럼 맥없는 강연을 하고 나서 몇 달 뒤 회사를 떠났다. 무언가 다시 의미 있는 일을 하면서 새로운 변화를 모색해보기 위해 그는 헝가리 후원 단체에서 일하고 있는 아내를 돕기 시작했다.

리더로서의 정력과 흥미를 상실한 라우어는 그 상태에서 벗어나기 위해 두번째 발견에 이르는 과정을 밟게 되었다. 리더로서 좀더 깊이 있는 감성지능을 개발하고 싶다면 이상적 삶에 대한 전망을 갖게 되었을 때 자신의 현실적 자아의 진정한 모습을 드러내야 한다. 라우어는 이러한 과정을 통해 비로소 자신의 내면 깊숙이 들어갈 수 있었으며 그 안에 있는 리더로서의 자질을 다시 발견하게 되었다.

BF 굳리치를 떠난 지 2년 정도가 되었을 무렵 라우어는 실무자들을 위한 경영학 박사 과정에 개설된 리더십 계발 세미나에 참여했다. 하지만 그에게는 여전히 회사를 맡아 경영할 생각은 전혀 없었다. 그것은 이미 지나간 과거의 이야기에 불과했다. 그에겐 이제 박사 학위가 새로운 삶으로 나가는 문을 의미했다. 그는 자신이 앞으로 정확히 어떤 일을 하게 될지는 몰랐지만 미래에 대한 희망으로 부풀어 있었다.

리더십 세미나에 참석하는 동안 라우어는 기존의 가치관, 철학, 포부, 그리고 자신만의 장점이라고 생각했던 것들과 힘겨운 싸움을 벌였다. 자신에게 펼쳐질 미래의 시간과 자신의 능력을 곰곰이 생각하다가 문득 그는 자신이 얼마나 리더의 자리를 만끽하고 싶어하는지 깨달았다. 그는 간부들과의 회의를 통해 뭔가 중요한 일들을 꾀하면서 회사를 이끌고 나갈 때 느꼈던 흥분을 다시 떠올렸다. 그러던 어느 날 잠에서 깼을 때 그는 자신이 다시 최고경영자의 자리를 맡을 준비가 되어 있음을 깨달았다. 박사과정을 밟는 동안 서서히 키워나갔던 생각을 적용할 곳은 바로 그 자리였음을 깨달았던 것이다.

그는 자신에게 최고경영자의 자리를 제안했던 몇몇 헤드헌터들에게 답변을 보냈다. 그리고 그로부터 한 달이 채 못 되어 라우어는 원자재 사업을 하는 자본금 2억 5,000만 달러의 오글베이 노턴(Oglebay Norton)을 맡아달라는 제안을 받아들이게 되었다. 그곳에서 그는 민주형 리더의 전형적인 모습을 보여주었다. 그는 직원들이 하고 싶어하는 이야기에 귀를 기울이고 간부들도 그렇게 할 수 있도록 분위기를 조성했다. 그리고 그는 회사가 추구해야 할 미래상에 대해 틈나는 대로 직원들에게 이야기를 해주었다. 그 회사의 간부 중 한 사람이 우리에게 이런 말을 해주었다. "존은 우리에게서 최고의 신뢰와 열정과 사기를 이끌어내고 있습니다." 결국 라우어는 회사를 맡은 지 1년이 채 되기도 전에 오글베이 노턴을 「포춘」과 「비즈니스 위크(Busniness Week)」, 그리고 「월스트리트 저널(Wall Street Journal)」 등 최고의 경제지들이 앞 다투어 소개할 만큼 큰 주목을 받는 기업으로 변모시켰다.

라우어는 BF 굳리치를 업계 선두의 자리에 올려놓았다. 그럴 수 있었던 것은 그가 자신의 인생에 대해 남다른 전망을 갖고 있었기 때문이다. 그것은 곧 이상적 자아에 대한 그의 첫번째 발견이었다. 그런 후 자신이 매몰되어 있던 상투적인 현실에 맞서 싸우면서 자신이 가진 나름의 장점을 깨닫게 된 ― 두번째 발견 ― 그는 리더로서의 열정을 다시 되찾을 수 있었다. 그리고 마침내 그는 원래대로 돌아왔고 다른 리더십 능력도 훌륭하게 발휘했다.

파악하기 어려운 자신의 모습

자신의 현실적 자아 ― 리더로서의 현재 자신의 모습 ― 를 자세히 살펴보기 위해서는 우선 자신의 재능과 열정들을 하나씩 따져봐야 한다. 이 작업은 겉보기와 달리 그리 쉬운 일이 아니다. 무엇보다도 습관의 누적으로 생긴 무관심의 관성을 극복하기 위해서는 뛰어난 자기인식 능력을 갖춰야만 한다. 일상의 습관은 점진적인 변화를 불러일으키다가 어느 정도 시간이 지나면 굳어버리기 때문에 우리의 현실을 제대로 파악하기란 어려운 일이다. 그것은 마치 김 서린 거울을 들여다보는 것과 같다. 김 서린 거울로는 우리 자신의 진정한 모습을 보기가 어렵다. 그러다 마침내 우리가 자신의 모습을 정확히 바라보게 되는 통찰의 순간에 우리는 그것으로 인해 비참해진다.

어떻게 해서 그런 일이 합리적인 지성을 갖춘 사람에게 일어날 수 있을까? 그렇게 엉뚱한 길로 샜을 때 사람들은 어떤 느낌을 가질까? 뜨거운 물 속의 개구리 신드롬 — 서서히 눈에 띄지 않게 익숙해지고 거기에 만족해하는 것 — 은 정확한 자신의 모습을 보는 데 치명적인 방해가 된다. 그렇게 되면 오히려 주변 사람들은 나를 제대로 보고 있음에도 불구하고 정작 자신은 자신이 어떻게 변했는지를 제대로 포착하지 못한다.

우리로 하여금 자신의 현실적 모습을 볼 수 없도록 만드는 것에는 여러 가지가 있다. 인간의 정신은 자기인식 능력을 훼손시키는 정보로부터 우리를 지킨다. 이러한 자기방어 기제들은 감성적인 차원에서 우리를 보호하는 것이기 때문에 우리는 이들로 인해 삶을 좀더 수월하게 살 수 있다. 하지만 실제로는 이들이 중요한 정보를 은폐하거나 폐기하기도 한다. 가령 다른 사람들이 우리의 행동에 어떻게 반응하는지에 대해 자기방어 기제들은 정보를 은폐하거나 폐기하여 우리가 환상을 갖도록 한다. 시간의 흐름에 따라

로건 테스트

아홉 살의 로건은 삼촌댁에서 일주일간의 방학을 보내면서 아침 일찍 일어나기 위해 자명종을 맞춰두었다. 그러나 그와 상관없이 삼촌이 조심스럽게 계단을 내려가는 소리가 들리면 로건은 그 때가 몇 시든 — 새벽 다섯 시든, 다섯 시 반이든 — 침대에서 벌떡 일어났다. 그날 하루 일과 중 단 1초도 놓치고 싶지 않았기 때문이다. 로건이 잠을 자는 동안 조용히 일을 하려고 했던 삼촌은 로건이 일어난 것을 보고 깜짝 놀랐다 (아이 어머니의 말로는 로건이 보통 아침 일곱 시 반이나 여덟 시에 일어난다고 했기 때문이다). 하지만 로건은 매일 삼촌이 일어나는 시간에 맞춰 일어나 하루를 맞이하기 위해 부지런을 떨었다.

여러분이 끓는 물의 개구리 신세인지 아닌지를 알 수 있는 간단한 방법이 있는데 그것은 바로 '로건 테스트'를 해보는 것이다. 당신이 요즘 어떻게 행동하는지에 대한 몇 가지 질문에 답을 하고 그것을 과거의 자신과 비교해보라. 당신은 매일 아침 불필요하게 잠자리에서 게으름을 피우지 않고 설레는 마음을 안고 일어나 하루를 맞이하는가? 당신은 예전만큼 많이 웃는가? 당신의 생활에는 예전만큼 즐거운 일들이 많은가? 만약 당신이 자신의 일과 인간관계와 삶 전반에서 미래에 대한 힘과 희망을 느끼지 못한다면 그것은 당신이 자신의 현실적 자아를 놓쳤으며 그것을 파악해야 할 필요가 있음을 뜻한다.

무의식이 만들어내는 이 같은 자기환상들은 그로 인해 파생되는 여러 가지 어려움에도 불구하고 영원한 신화로 자리잡게 된다.

물론 자기방어 기제들에도 나름의 이점은 있다. 예를 들어 직무 수행력이 뛰어난 사람들은 미래에 대한 기대치와 가능성에 있어서 보통 수준의 사람들보다 훨씬 더 낙관적이다. 그들의 장밋빛 전망은 그들이 하는 일에 힘과 열정을 실어준다. 문제는 그러한 방어 기제들이 사람들의 현실적 자아를 균형이 맞지 않게 왜곡시키면서 도를 넘어설 때다.

극작가인 헨릭 입센(Henrik Ibsen)은 자신의 이러한 자기환상을 일컬어 '치명적인 거짓말'이라고 불렀다. 일단 치명적인 거짓말이 사람들을 현혹하면 사람들은 삶의 이면에 가려진 불순한 현실에 맞서기보다는 그것을 그냥 받아들이고 만다.

치명적인 거짓말

자기환상은 빠져나오기 어려운 함정이며 자신을 제대로 판단하려는 우리의 시도를 빗나가게 한다. 그런 까닭에 자기환상으로 인해 우리는 왜곡된 우리 자신의 모습을 더욱 고착시키게 되고 진실된 자아를 간과하는 것이다.

리더들을 교육하는 과정을 통해 우리는 동료들로부터 매우 뛰어난 리더라는 평가를 받는, 제아무리 영향력 있는 간부들이라 할지라도 자신을 제대로 보지 못하는 경우가 많다는 것을 알았다. 얼핏 보면 그들이 자신을 낮게 평가하는 것은 겸손 때문인 것처럼 보인다. 하지만 대부분의 경우 그들은 자신의 직무 수행력에 대해 지나치게 높은 기준을 설정해놓은 것이 그 이유였다. 따라서 그들은 어떻게 하면 일을 잘 해낼 것인가보다는 어째서 자신의 기준을 충족시키지 못하는가에만 관심을 쏟는다.

자기인식 능력에서 왜곡된 부분을 바로잡기 위한 확실한 방법으로는 주변 사람들로부터 왜곡된 부분을 바로잡아주는 피드백을 받는 것을 들 수 있다. 이것은 아주 간단한 일처럼 보인다. 그렇지 않은가? 우리의 행동에 대해 정확한 의견을 줄 수 있는 사람들이 몇 있다면 우리는 그들의 피드백을 통해 자신을 지킬 수 있는 것은 물론 자기인식 능력에서 왜곡된 부분을 고쳐나갈 수도 있으리라는 생각이 든다. 그런데 왜 그런 일이 일어나지 않는 것일까?

그 이유 중의 하나로 우리가 앞장에서 살펴봤던 최고경영자 증후군을 들 수 있다. 그런 증후군이 생기면 사람들은 자신의 리더에게 중요한 정보 — 리더의 행동과 리더십 유형뿐만 아니라 조직의 실상에 대해서도 — 를 제공하지 않는다. 이처럼 사람들이 침묵하는 것은 리더가 역정을 낼까봐 두렵기 때문이기도 하다. 즉 그들은 자신들이 나쁜 소식만 전하는 그런 사람으로 비치는 것이 싫고, 그저 '선량한 시민' 혹은 팀의 일에 잘 호응하는 구성원으로만 보이기를 원한다.

하지만 이런 증후군 때문에 어려움을 겪는 것은 비단 최고경영자만이 아니다. 거의 모든 리더들이 중요한 정보로부터 배제되어 있다. 그 주된 이유는 사람들이 다른 사람의 행동에 대해 솔직한 피드백을 해주는 것을 거북해하기 때문이다. 다른 사람의 감정을 일부러 거스르고자 하는 사람은 거의 없다. 하지만 어떻게 하면 상처 주지 않고 생산적인 방향으로 피드백을 해줄 수 있는지를 아는 사람도 거의 없다. 따라서 그들은 '친절하게' 보이기 위해 엄청난 노력을 기울이긴 하지만 결국 엉뚱한 방향에 대고 골프채를 휘두르는 격이다. 친절한 것과 다른 사람에게 그의 행동이나 리더십 유형에 대해 자신이 관찰한 내용을 제대로 정확하게 전달하는 것은 분명 다른 것이다.

거짓된 피드백의 문제점

파리에 있는 어느 식당의 주인 겸 주방장이 하얀 요리사 옷에 요리사 모자까지 걸친 채 출입문에 서 있었다. 한 부부가 들어오면서 미소를 지으며 말했다. "이 식당 주인이신가요?"

"그렇습니다." 주인 겸 주방장이 대답했다.

그 부부는 식당의 훌륭한 분위기와 장식, 접시 배열 등을 둘러보고 주인을 향해 돌아서면서 이렇게 말했다. "정말 멋진 곳이군요. 분위기도 좋으니 음식도 맛있겠군요."

그러자 주인은 이렇게 말했다. "그 말씀은 나중에 식사를 마치실 때까지 잠시 유보해주십시오."

물론 식당을 운영하는 주인으로서 손님들에게 칭찬을 받고 싶은 것은 당연하지만 그렇다 하더라도 그는 듣기 좋은 말보다는 솔직한 말을 듣고 싶었던 것이다. 이와 마찬가지로 일반 조직에서도 사람들은 다른 사람들에게 피드백을 해줄 때 도움이 될 수 있는 정확한 평가를 해주는 것과 '좋은 말을 해주는 것'을 혼동하는 경향이 있다. 그 대상이 리더인 경우에는 특히 더하다.

이 문제를 해결하기 위해 행동주의자들은 본격적인 평가의 내용을 담지 않은 피드백을 해볼 것을 권했다. 그들이 주장하는 것은 좋고 나쁜 것을 떠나서 단순히 즐겁고 유익한 피드백을 해보라는 것이다. 즉 피드백에서 날카로운 이빨을 제거함으로써 그 피드백을 받는 사람들이 부담을 가지지 않도록 한다는 것이다.

하지만 MIT에서 진행한 연구에 따르면 이처럼 중립화된 피드백은 사실상 별로 쓸모가 없음이 드러났다. 어떤 특별한 자극을 주지 않기 위해 어느 쪽으로도 기울지 않는 피드백을 하게 되면 중요한 감성적 메시지가 간과될 수 있다는 것이다. 조직행동학 초급 과정의 일환으로 진행된 MIT의 연구에서 MBA 학생들은 15주간의 과정을 통해 자신들이 추구할 새로운 목표를 세웠다. 매주 한 번씩 돌아오는 강의 시간에 학생들은 자신들의 향상 정도에 대해 피드백을 받았다. 그리고 강의가 끝날 무렵 학생들은 그날의 피드백에서 유익했다고 생각하는 것 세 가지를 골랐다.

연구 결과 흔히 생각하던 것과는 달리 평가의 내용을 담은 피드백 — 이런 피드백을 통해 사람들은 자신의 행동에서 제대로 된 것과 그렇지 못한 것을 구체적으로 알 수 있다 — 이 그렇지 않은 피드백보다 더 유익한 것으로 나타났다. 사실 우리 모두는 다른 사람들이 우리가 하는 행동을 지켜보고 그에 대해 그들 나름대로 판단을 내린다는 것을 알고 있다. 어쩌면 그렇기 때문에 대부분의 사람들이 대충 편집된 이야기보다 삭제되지 않은 있는 그대로의 이야기를 더 좋아하는 것인지도 모른다. 다른 사람들이 우리에 대한 피드백의 일부분을 편집하거나 '듣기 좋은 말'만 함으로써 우리를 안심시키려 하는 것은 오히려 우리에게 해가 된다. 그런 피드백은 우리가 발전하는 데 필요한 중요한 정보를 줄 수 없기 때문이다

그런 까닭에 뛰어난 감성지능을 갖춘 리더는 긍정적인 것뿐만

아니라 부정적인 피드백에도 귀를 기울인다. 그들은 자신의 직무 수행력을 향상시키기 위해서는 다양한 정보 — 그것이 듣기에 좋든 나쁘든 — 가 필요하다는 사실을 알고 있다.

진실과의 대면

더 유능한 리더가 되기 위해서는 자신을 진실로부터 차단하고 있는 정보, 그리고 별다른 정보도 주지 않으면서 오로지 기분만 맞춰주려고 하는 음모의 벽을 깨고 나올 수 있어야 한다. 지시형 리더에게 그가 너무 가혹하다거나 혹은 전망제시형 리더십이나 민주형 리더십을 좀더 갖출 필요가 있다고 대놓고 말할 수 있는 사람은 드물다. 그렇기 때문에 감성지능을 갖춘 리더라면 스스로 진실을 찾아내야 한다.

유능한 리더는 어떻게 진실을 알아낼까? 약 400명의 간부들을 대상으로 한 연구에 의하면 그들은 자기인식 능력과 감정이입의 능력을 활용해서 자신의 행동을 점검하고, 다른 사람들이 어떻게 반응하는지를 눈여겨보는 것으로 나타났다. 그들은 다른 사람들의 비판을 — 그것이 자신들의 사고방식에 관한 것이든, 리더십에 관한 것이든 — 기꺼이 받아들였다. 그들은 아무리 듣기 거북한 내용의 부정적 피드백이라 할지라도 그 진정한 가치를 알아보고 신중하게 귀를 기울이는 사람들이었다.

그와 반대로 유능하지 못한 리더는 자신을 인정해주는 듣기 좋은 피드백에만 귀를 기울이는 경우가 더 많았다. 따라서 그들이 리더로서의 직무 수행을 잘했는지에 대해 스스로 정확하지 못한 시각을 갖게 되는 것은 당연한 이치다. 유능한 리더가 자신에 대해 스스로 내린 평가는 다른 사람들이 그에 대해 내린 평가와 그리 차이가 나지 않는다.

마찬가지로 많은 설문 조사 — 360도 평가를 바탕으로 직장 상사, 동료, 부하직원들을 대상으로 조사한 — 를 통해 알아낸 바에 의하면 긍정적인 것뿐만 아니라 부정적인 피드백에 귀를 기울이는 태도를 보고 그 사람의 자기인식 능력과 리더로서의 전반적인 능력을 가늠할 수 있다는 것이다. 만약 리더가 자신에게서 더 발전시켜야 할 점이 무엇인지를 안다면 그는 자신의 관심을 어디에 집중시켜야 하는지도 알 수 있다. 반면 주로 긍정적인 피드백에만 귀를 기울이는 사람은 자기평가 능력이 떨어지는 것은 물론 당연히 직무 수행력도 저하되는 것으로 나타났다.

따라서 부정적인 정보는 리더가 지속적으로 성장하고 더 유능한 사람이 되는 데 꼭 필요한 중요한 것이다. 그렇다면 리더가 자신에 대해 스스로 내린 평가에 대해서는 과연 누구에게 제대로 된 피드백이나 조언을 기대해야 할까? 다시 말해서 리더는 어떻게 자신의 실체를 검증받을 수 있을까?

두번째 발견, 현실 자각

지금까지는 자발적 학습을 유발시키는 첫번째 발견을 통해 자신의 이상적 자아의 모습을 확인하게 되는 과정을 알아보았다. 두번째 발견은 현실에 대한 자각에서 비롯된다. 다시 말해 그것은 당신과 다른 사람들이 당신 자신을 어떻게 보고 있는가 하는 자각에서 비롯되는 것이다. 이러한 발견이 제대로 이루어지기 위해서는 우선 당신이 갖고 있는 리더십의 장단점, 즉 이상적 자아와 현실적 자아의 유사점과 차이점에 대한 깊이 있는 이해가 있어야만 한다.

그것이야말로 진정한 의미에서 자발적 학습이 시작되는 지점이라고 할 수 있다. 즉 당신 자신에게서 앞으로 더욱 꽃피우고 싶고 유지하고 싶은 부분과 새로운 환경에 적응할 수 있도록 바꾸고 싶은 부분을 낱낱이 분류한다. 자기인식 능력 — 자신이 유지하고 싶은 부분과 개발하고 싶은 부분의 균형을 인식할 수 있는 힘 — 이 즉각적인 변화를 유발하는 힘이다. 당신은 어느 순간 갑자기 자신이 스스로에 대해 소중하게 생각하는 것이 무엇이며, 그렇기 때문에 자신이 그것을 유지하고 싶어한다는 것을 깨닫게 된다. 그리고 그러한 일을 할 필요가 있음을 인정하게 된다. 유지하고 싶은 것과 바꾸고 싶은 것을 각각의 관점에서 살펴볼 필요가 있다. 장점이 때로 단점의 원인이 될 수도 있다. 예를 들어 지나치게 진취적인 태도를 취하게 되면 감성적인 차원에서 적절한 자기통제력을 발휘할 수 없을 때가 있다. 혹은 장점이 실제로는 단점으로 표현되는 경우도 있는데, 가령 영감을 불러일으키는 능력을 갖춘 리더가 종종 지나치게 열성적이 되어 특정한 한 가지 비전에만 집착한 나머지 융통성이 부족해지는 경우가 그에 속한다.

리더십의 장점이라고 할 수 있는 부분 — 당신이 유지하고 싶어하는 부분 — 은 현실적 자아와 이상적 자아가 만나는 지점에 놓여 있다. 반대로 당신의 현실적 모습과 리더로서 당신이 갖고 있는 이상이 서로 일치하지 않을 경우 그것은 바로 당신의 '단점'이 된다. 당신의 현재 모습과 당신이 되고 싶은 모습을 하나로 엮는 것은 마치 퍼즐 맞추기를 하는 것과도 같다. 우선 가장 확실하다고 할 수 있는 가장자리에서부터 퍼즐 조각을 맞춘 다음 한 구역씩 세부 퍼즐 맞추기로 들어간다. 처음에는 어떤 모양인지 알 수 없지만 퍼즐을 맞추다보면 서서히 전체의 그림을 분명하게 알 수 있다.

불확실한 부분에서의 해결책

최고경영자 증후군에서 살펴보았듯이 리더가 자신의 장점과 단점을 파악하기란 쉬운 일이 아니다. 자신의 능력을 더욱 강화시키고 싶은 리더는 자신에 대한 명확한 상부터 파악해야 하는데, 그러기 위해서는 무엇보다 먼저 다른 사람들이 자신를 어떻게 보는지를 알아야 한다. 이때 360도 평가 방법을 사용하면 좀더 완벽한 그림을 그려볼 수 있다. 많은 사람들 ─ 직장 상사, 동료, 부하직원 등 ─ 로부터의 다양한 피드백을 통해 정보를 모으면 당신은 자신이 어떻게 행동하고 다른 사람들이 당신의 행동을 어떻게 바라보는지에 대한 다양한 관점을 얻을 수 있다. 360도 관점에서 보면 자신의 능력에 대한 '합의된 그림'을 그릴 수 있다. 그렇게 합의된 모습이 과연 당신의 현실적 모습인지를 알기 위해서는 다음의 두 가지를 확인해보아야 한다. 첫째, 360도 평가를 하는 사람들은 당신과 정기적으로 상호작용의 관계를 맺고 있는 사람들이어야 한다. 둘째, 그들에게 자신을 드러내야 한다.

360도 피드백을 얻기 위해 다양한 사람들의 생각을 묻는 데는 타당한 이유가 있다. 사람들의 다양한 견해를 종합하면 온전한 하나의 상을 그릴 수 있기 때문이다. 실제로 우리 모두는 각기 다른 상황에서 각기 다른 방식으로 다양한 사람들과 어울려 사는 존재들이다. 우리 주변의 다양한 사람들 가운데는 우리의 배우자도 있고, 동업자도 있고 부하직원들도 있다. 사실 다양한 피드백의 내용을 각각 살펴보면 그것이 꼭 한 가지 결론으로 집약되지만은 않는다는 것을 알 수 있다. 왜냐하면 직장 상사, 부하직원, 동료들은 각기 다른 관점에서 한 사람의 행동을 관찰하기 때문이다. 그런 이유로 인해 같은 리더라 할지라도 어떤 관점에서 평가를 받느냐에 따라 아주 다른 모습을 띨 수 있다.

예를 들어 털사 대학의 진 해리스(Gene Harris)와 조이스 호건(Joyce Hogan) 교수가 어느 트럭 운수 업체를 연구한 결과를 보자. 360도 평가 방법을 통해 조사한 결과 일반 직원들은 자신들의 관리자에 대해 '세심함'이라는 항목에 높은 점수를 준 반면 상사들은 똑같은 관리자에게 '정서적 안정성' 면에서 높은 점수를 주었다. 그런데 관리자 자신은 스스로에게 '대인관계의 노련함'이라는 점에서 높은 점수를 주었다. 이 부분은 그의 상사나 부하직원들이 아주 낮은 점수를 매겼던 항목이었다. 하지만 한 가지 성향에 대해서는 두 집단(상급 관리자들과 일반 직원)이 동일한 점수를 매겼는데, 그들은 관리자가 피드백을 하는 데 아주 취약하다고 보았다. 그 관리자는 자신이 잘 파악하지 못하는 부분과 피드백의 한계를 보완하기 위해 다양한 관점을 접할 필요가 있었다.

네브래스카 대학의 프레드 루턴스(Fred Luthans)와 그의 연구원들이 실시한 또 다른 연구에서는 리더의 '성공'과 '유능'을 과연 동일한 것으로 볼 수 있는지에 초점을 맞추면서 리더를 평가했다. 그들은 성공의 척도를 승진, 연봉 인상, 처우 상승 등으로 판단할 수 있다고 결론지었다. 하지만 유능함이란 리더에게 실제적인 영향을 받고 있고 그를 오랫동안 관찰해온 사람들이라고 할 수 있는 부하직원들의 합의된 견해라고 정의했다. 그들이 리더의 행동에 대한 다른 사람들의 의견을 모아보았더니, 아니나 다를까 상사들은 중간 관리자들의 핵심 능력으로 유대감 형성 능력, 의사소통 능력, 영향력 등을 꼽았다. 이러한 것들은 리더들이 상급자들을 대할 때의 관리 능력이다. 한편 부하직원들은 중간 관리자들의 핵심 능력으로 팀워크와 협동 및 감정이입을 통해 다른 사람들을 개발시켜 나가는 능력을 꼽았다. 이는 리더가 부하직원들을 이끌어 나갈 때 활용하는 능력이다.

고급 관리자들과 일반 직원들이 리더를 바라보는 시각에 차이가 있다는 것은 리더십 계발을 위해서는 360도 평가 방법을 사용해야 하는 분명한 근거가 된다. 뛰어난 리더는 자신의 리더십 능력을 선별적으로 사용한다. 즉 이 부류의 사람들에게는 이런 능력을 사용하고 저 부류의 사람들을 대상으로 할 때는 저런 능력을 사용한다. 따라서 어떤 집단 — 부하직원, 동료, 상사, 고객 혹은 가족, 친구 — 이든 리더가 가지고 있는 능력 가운데 일부분만 볼 수 있을 뿐이다.

어쨌든 이 모든 관점들 중에서 상급자들의 시선보다는 부하직원들과 동료들의 시선이 리더의 실제적인 유능함을 가장 제대로 보여주는 것 같다. 예를 들어 정부기관에 근무하는 리더들의 능력에 대한 장기적인 연구 결과를 보면 그들의 부하직원들이 그들을 어떻게 평가하느냐에 따라 리더로서 성공할 수 있는 자질과 유능함을 가늠할 수 있는 것으로 밝혀졌다. 성공할 수 있는 자질과 유능함은 2년에서 4년 정도를 함께 지내보면 확연히 드러난다. 심지어는 7년 뒤의 리더의 성공 여부에 대해서도 부하직원들의 판단이 옳다는 것이 드러났다. 그들의 판단은 상급 관리자들의 판단보다 훨씬 더 정확하다. 부하직원들의 견해는 업무 성과를 판단의 핵심으로 삼아 좀더 정교한 평가를 매길 수 있었던 만큼 예언자처럼 정확했다고 할 수 있다.

장점과 단점의 균형

피드백을 통해 자신에 대한 온전한 그림을 얻었다면 이제 자신의 장점과 단점을 눈여겨볼 차례다. 사람들이 흔히 이야기하듯이 단점만 바로 가려내는 일은 너무도 쉽다. 따지고 보면 단점이라는 것은 리더십 계발과 관련해서 조직체 안에서 항상 논의되고 있는 문제들이라고도 할 수 있다. 특히 자신이 이끄는 조직이 잘 해나가고 있는 것보다 조직의 문제점에 초점을 맞추어 리더십 유형을 사용하는 리더의 경우에는 더욱 그렇다. 여기에 해당하는 리더들로는 우리가 앞에서 살펴보았던 실용주의적 철학을 갖고 있는 리더들을 들 수 있다. 그들은 오로지 성취를 위해 사람들을 극단적으로 강력하게 몰아붙이는 성향이 있다.

한편 자신감이 부족해서 그러한 단점을 더 파고드는 사람들도 있다. 그들은 스스로 자신을 평가할 때 실제보다 더 낮은 점수를 준다. 그래서 긍정적 피드백에 대해서도 그것을 신뢰하지 않거나 받아들이려 하지 않는다. 보통 이런 리더들은 360도 평가 자료를 대할 때 장점은 무시하고 단점만 부각시키는 경향이 있다.

단점을 강조하게 되면 우측 전전두엽 부위의 신피질을 자극하는 일이 많아진다. 다시 말해서 불안과 방어 본능을 자극한다는 말이다. 일단 방어 본능이 자극을 받으면 그것은 동기 유발이 아닌 동기 박탈 쪽으로 움직이게 된다. 따라서 그것은 자발적 학습 같은 긍정적 변화를 방해하거나 심지어는 긍정적 변화가 불가능하도록 아예 막아버리기도 한다.

내면의 자원을 활용하기

이런 심각한 문제점에도 불구하고 많은 리더십 훈련 프로그램 — 혹은 매년 관리자들을 대상으로 실시되는 업무 수행 평가 — 이 그 안에 포함되어 있는 오류를 정당화하고 관례화시키는 경향이 있다. 눈앞에 당장 필요한 부분에만 관심을 둘 뿐 정작 리더들의 능력에 대해서는 별 관심을 두지 않는다는 말이다.

이는 결국 리더들이 소중히 여기고 스스로 자부심을 느끼는 능력들이 업무 수행 과정에서는 온 데 간 데 없이 사라져버리게 됨을 의미한다. 단점만 꼬치꼬치 집어내면 사람이 의기소침해지고 동기가 박탈될 뿐만 아니라 심각하게 한쪽으로 기울어진다. 우리가 가지고 있는 장점에는 우리의 일과 인생에서 리더로서 배우고 익힌 중요한 내용들이 담겨 있다. 그것은 곧 우리의 경험과 배움의 바탕을 이루는 것으로, 기업의 대차대조표에 비유하자면 이익 잉여금에 해당하는 부분이다.

오랜 시간에 걸쳐 서서히 드러나는 장점들 — 이것을 그 사람만의 특징이라고 부르기도 한다 — 은 특정 시기에는 드러나지 못하고 감춰져 있다 하더라도 리더가 유지하고 싶어하는 부분이다. 그것은 언젠가는 리더 자신이 끌어내 사용할 수 있는 내면의 자원이다. 예를 들어 사우스웨스트 항공(Southwest Airlines)의 최고경영자였던 허브 켈러허(Herb Kelleher)는 늘 뛰어난 유머감각을 지니고 있었던 사람이다. 리더로서의 그는 웃는 것을 좋아하고 다른 사람들도 곧잘 웃겼다. 그리고 그는 그러한 자신의 장점을 통해 큰 효과를 보기도 했다. 그의 유쾌함이 결국 사우스웨스트 항공이 경쟁사를 앞지를 수 있도록 만들어준 조직의 힘으로 작용했던 것이다.

한 사람의 일과 인생을 이루고 있는 다양한 부분에 대한 다양한 정보를 취합해서 살펴보면 그 사람만의 능력을 파악하는 것도 그리 어렵지만은 않다.

우리는 이제 두 가지 발견 — 이상적 자아와 현실적 자아 — 을 통해 당신이 변화하기를 원한다는 것을 알았다. 그렇다면 과연 변화를 어떻게 이뤄낼 것인가? 변화하기 위해서는 우선 길을 안내해줄 지도가 필요하다. 그것은 자신의 장점을 키우고 단점을 줄이며, 자신의 포부와 꿈을 이루는 길로 안내하는 지도다.

Chapter EIGHT

변화하는
리더십

어느 유명한 에너지 회사의 라틴아메리카 담당 영업이사인 후안 트레비노는 자신의 모국인 베네수엘라뿐만 아니라 라틴아메리카 지역 전체에서 사세를 확장하는 책임을 맡게 되었다. 그런데 리더십 세미나에서 자신의 리더십 능력에 대한 360도 피드백을 받았을 때 그는 자신이 그 일을 위한 충분한 준비가 되어 있지 않다는 사실을 깨달았다. 목표가 뚜렷한 전직 엔지니어 출신의 트레비노는 코치형 리더십을 더 키울 필요가 있었다. 그가 자신이 맡은 지역에서 성공적으로 새로운 사업을 추진하기 위해서는 함께 일하는 사람들 사이에 협력관계를 구축할 수 있는 능력을 키우는 것이 관건이었다.

트레비노는 자발적 학습 과정에서 세번째 발견 과정에 발을 내디딜 참이었다. 이는 자신에게 필요한 새로운 리더십 능력을 갖추기 위한 실천적 계획을 세우는 단계였다. 그 계획은 곧 트레비노에게 미래의 가능성을 엿볼 수 있는 현실적이고도 제어가 용이한 학습 단계를 제공해주는 한편, 사람들의 마음을 강렬하게 사로잡는 능력을 향상시키는 데 초점을 맞추는 것이어야 한다. 다시 말해서 그것은 자신이 갖고 있는 간극을 메우는 작업인 동시에 자신이 가진 장점을 더욱 확고히 하는 과정이다.

　코치형 리더십을 개발하기 위해 트레비노는 자신의 감정이입 능력을 더 갈고 닦을 필요가 있었다. 그는 그러한 능력을 연마할 수 있는 여러 가지 다양한 상황에 적극적으로 뛰어들기로 했다. 그 첫 단계로 트레비노는 자신의 부하직원들 한 사람 한 사람을 제대로 파악하기로 마음먹었다. 그들에 대해서 좀더 많은 것을 이해할 수 있다면 그들이 자신들의 꿈과 목표를 향해 나아가는 데 더 큰 도움이 될 수 있으리라는 생각에서였다. 그는 업무가 끝난 뒤 편안한 자리에서 따로 직원들을 만날 계획을 세웠다. 직원들이 자신의 삶의 목표를 부담 없이 이야기할 수 있는 자리를 마련해주기 위해서였다.

　그리고 트레비노는 업무 이외의 영역 중에서도 자신의 감정이입 능력과 코치 능력을 키울 수 있는 곳을 찾아다녔다. 가령 그는 자신의 딸이 선수로 뛰고 있는 축구 팀의 코치를 맡기도 하고 지역의 가정복지센터에서 자원봉사자로 일하기도 했다. 이 두 가지 활동을 통해 그는 자신이 다른 사람들을 얼마나 잘 이해할 수 있는지 알 수 있었으며 새로운 코치 능력을 시험해볼 수도 있었다.

이와 같은 새로운 활동들을 통해 그는 자신의 학습 목표에 좀더 주의를 기울일 수 있었다. 그것은 마치 시력에 맞는 새 안경을 맞춰 쓴 것과 같았다. 새 렌즈를 끼워 넣으니 사물이 더 선명하게 보이고 향상시켜야 할 부분을 더 잘 집어낼 수 있게 된 것이다.

실제로 우리가 리더십 학습 목표와 관련지어서 바라볼 수 있는 삶의 영역의 폭이 넓으면 넓을수록 우리가 리더십을 익힐 수 있는 기회는 더 많아지게 된다. 케이스웨스턴리저브 대학의 웨더헤드 경영대학원 교수인 제인 휠러가 실시한 연구 결과에 의하면 학습 일정을 꾸려나갔던 학생들 가운데 자신의 새로운 능력을 업무에서뿐만 아니라 가정, 교회, 지역 사회 등에서의 다양한 사람들과의 만남을 통해 시험적으로 발휘해본 학생들의 능력이 가장 많이 향상되었다고 한다. 그리고 그렇게 향상된 능력은 2년 이상 계속 유지되었다.

배움의 기회가 주어졌을 때 거기에 집중한다면, 그리고 새로운 능력을 익힐 겸 그 주어진 기회를 적극적으로 받아들인다면 그 능력들을 더 빨리 향상시킬 수 있다. 삶이란 배움을 위한 실험실과도 같다. 구체적인 행동 목표에만 초점을 맞추는 학습 계획보다는 자신의 이상적 자아와 현실적 자아를 비교한 결과를 바탕으로 세운 학습 계획이 훨씬 더 효과적이라는 사실을 명심해야 한다.

세번째 발견: 나의 무엇을 어떻게 변화시킬 것인가

리더십 훈련을 '직무 수행력 개선 계획'의 일환으로 치부하는 경우가 너무 많다. 하지만 학습 목표를 달성하기 위해 필요한 것은 더 나은 지도자로 교정하는 기계적인 방법이 아니라 그 사람이 갖고 있는 꿈을 실현시킬 수 있는 계획을 세워 실천하는 것이다. '업무 수행 일정'은 특정 업무를 성공적으로 완수하는 것에 초점을 맞추기 때문에 여기서 말하는 일정이란 사람들이 검증을 해야만 하는 그 무엇이라고 할 수 있다. 따라서 그것은 우리로 하여금 방어 본능을 불러일으킨다. 결국 업무 수행 일정은 사람들의 개인적인 꿈과 공동의 목표를 일치시킬 수 있도록 하는 동기부여의 측면 — 이는 사람들의 동기를 가장 효과적으로 유발하는 부분이다 — 이 간과될 수밖에 없다. 그러나 학습 일정에 대한 계획을 세우는 것은 더 나은 업무 수행 능력을 갖추기 위한(그리고 일반적인 삶의 윤택함을 위한) 변화의 가능성에 초점을 맞춘다.

업무 수행 능력을 향상시키는 것보다 학습 능력을 향상시키기 위한 계획이 훨씬 더 효과적이다. 특정 능력을 향상시키기 위한 프로그램에 참여할 때 학습 일정에 대한 계획을 세움으로써 더 뛰어난 성과를 거둘 수 있다는 사실이 밝혀진 것이다. 하지만 업무 수행 일정에만 얽매이게 되면 사람들은 수동적으로 반응 — '나쁘지' 않은 모습만 보여주면서 — 하면서 그들의 업무 수행 능력을 실질적으로 향상시키기 위한 구체적인 과정은 포함시키지 않게 된다.

가장 바람직한 학습 계획은 다른 사람이 생각하는 당신의 미래가 아닌 당신 자신이 되고 싶어 하는 스스로의 이상에 집중하도록 하는 것이다. 그리고 그것은 각자의 개인적인 목표와는 무관한 임의적이고 규범화된 성공의 척도가 아니라 실제의 업무 수행에 필요한 기준에 따를 수 있도록 세워야 한다. 구체적이고도 자기제어가 가능한 학습 목표는 당신에게 동기를 부여하고 당신의 모든 재능을 끌어모아 목표를 향해 나아가도록 한다.

그러나 만약 내가 아닌 다른 누군가가 나의 업무 수행 목표를 제시한다면 그것은 오히려 부정적인 결과를 가져올 수 있다. 그것은 내가 과연 그 일을 잘 해낼 수 있을까 하는 불안감과 우려를 갖게 만들기 때문에 결과적으로 동기부여에 방해가 될 뿐이다. 따라서 그것은 업무 수행 능력을 전혀 향상시키지 못한다. 예를 들어 목표액을 달성해야 하는 영업 분야에 있어서도 실적 위주의 목표보다는 학습을 동반한 목표를 세우는 것이 훨씬 더 큰 성과를 거둘 수 있다는 것이 밝혀졌다. 자신에게 중요한 능력 계발을 목표로 한다면 단순히 변화 그 자체에만 집착하는 것이 아니라 변화를 위해 필요한 여러 가지 구체적인 단계를 밟아나가게 된다. 우리가 배움의 목표를 세운다는 것은 우리의 행동방식을 변화시킬 수 있는 길을 마련하기 위한 정신적 초석을 닦는 일과도 같다.

리더십 습관을 바꾸는 뇌의 작용

후안 트레비노의 경우에서 보았듯이 구체적인 목표를 향한 계획을 세운다는 것은 곧 우리의 삶 전체를 하나의 실험실로 바꾸는 과정이라고도 할 수 있다. 복지센터에서 자원봉사를 하는 것과 딸이 속해 있는 청소년 축구 팀의 코치를 맡는 것 모두가 트레비노에게 있어선 자신의 감성지능을 발휘해볼 수 있는 기회였다. 뚜렷한 목표가 있었기에 그는 자신이 어떻게 일을 처리하는지 스스로 점검할 수 있었다. 그것은 그에게 끊임없이 주의를 기울이도록 만들어주었다.

그가 극복하고자 하는 습관이 완전히 몸에 배어 있는 것이었기 때문에 — 오랜 시간에 걸쳐 자신도 모르게 굳어져버린 — 그것을 변화시키기 위해서는 우선 그 실체부터 정확히 파악하는 것이 중요했다. 그가 자신이 참여하고 있는 여러 가지 활동 — 동료들의 이야기에 귀를 기울이고 축구 코치를 하고 상담을 요하는 사람들과 전화 통화를 하는 등 — 에 주의를 기울이자 그 상황은 곧 그가 자신의 낡은 습관을 버리고 새로운 반응을 할 수 있도록 그를 자극하기 시작했다.

이처럼 우리 몸에 배어 있던 습관에 변화를 가져오는 작용은 뇌의 신경계에서 일어나는 것으로 우리는 그것이 직접 확인 가능하다는 사실을 알아냈다. 피츠버그 대학과 카네기멜론 대학의 학자들이 밝힌 바에 의하면 사람들이 어떤 일에 대한 마음의 준비가 되어 있을 경우 그의 뇌에서는 전전두엽 신피질 부분 — 뇌의 실행 중추 — 이 작용을 한다고 한다. 하지만 그와 반대로 마음의 준비가 되어 있지 않을 경우라면 전전두엽 신피질 부위는 미리 작용을 하지 않는다. 이때 미리 작용을 시작하는 부분이 클수록 업무 수행 능력도 함께 커진다.

특히 이와 같은 정신적 차원의 준비 작용은 낡은 리더십 습관을 버리고 그것을 더 나은 습관으로 바꾸고자 할 때 매우 중요하다. 신경학자들에 의하면 우리가 어떤 습관적인 반응을 극복하려고 할 때 전전두엽 신피질 부위가 매우 활발하게 작용을 한다고 한다. 그런 식으로 전전두엽 신피질이 자극을 받았다는 것은 이제 곧 일어날 일에 뇌가 집중하게 된다는 것을 뜻한다. 따라서 전전두엽 신피질에 대한 자극이 없으면 사람들은 원하지 않는 낡은 틀에 따라 행동을 할 수밖에 없다. 다른 사람의 말에 귀를 잘 기울이지 않는 간부는 부하직원들의 말을 곧잘 잘라버리고, 그것을 반복적으로 행하는 선도형 리더는 결국 또 다른 심각한 저항에 직면할 수밖에 없다.

리더십 능력은 오랜 시간에 걸쳐 형성된 무의식적인 습관에 속하는 것이기 때문에 낡은 반응이 하루 아침에 사라지기를 바라는 것은 무리다. 낡은 습관에서 벗어나기 위해서는 그것을 위한 실제적인 움직임과 함께 그 당위성을 끊임없이 일깨워줄 수 있는 장치가 필요하다. 새로운 습관이 시간이 흐름에 따라 서서히 우리 뇌에서 굳건한 자리를 차지하기 시작하면 자신을 일깨워주는 장치에 대한 필요성은 자연스럽게 줄어들게 된다.

목표 설정하기: 새로운 전망

목표를 세우고 그것을 성취하기 위한 계획을 짜는 것은 특별히 새로울 것도 없는 일이다. 벤저민 프랭클린은 덕성을 갖춘 사람이 되기 위한 점진적인 과정을 언급한 적이 있는데, 그 자신이 직접 모든 이로부터 존경받을 수 있는 행동을 하기 위해 매일 혹은 주간 목표를 세워 실천에 옮기는 방법을 사용했다고 한다. 그런데 학자들은 프랭클린이 사용한 이와 같은 방법이 과학적으로도 근거가 있다는 것을 알아냈다.

하버드 대학의 데이비드 맥클레랜드 교수는 1960년대에 기업을 경영하는 사람들이 구체적인 목표를 세우고 그것을 성취하기 위한 계획을 세울 경우 그렇지 않은 경우보다 더 큰 성공을 거둘 수 있다는 것을 보여주었다. 그리고 그의 제자였던 데이비드 콜브(David Kolb)는 후에 MIT에서 목표 설정 과정의 어떤 부분이 능력 향상을 위한 중요한 역할을 담당하는지를 알아내기 위한 연구를 실시하기도 했다.

요즘의 관리자들 가운데 목표 설정의 중요성을 모르는 이는 없다. 그들은 일상의 계획과 연간 업무 수행 목표를 달성하기 위한 계획뿐만 아니라 자신의 부하직원들 한 사람 한 사람에 대한 계획까지도 세운다. 게다가 그들은 팀 단위, 부서 단위, 회사 단위의 사업 전략 계획을 짜는 데도 참여한다. 따라서 그들은 계획을 세우는 여러 가지 장치들에 둘러싸여 있다고도 할 수 있다. 즉 업무 다이어리에서부터 팜파일럿(PDA의 일종) 같은 전자 기록 장치에 이르기까지 다양한 도구들을 이용해서 다양한 계획을 세운다. 관리자들이 계획을 짜는 데 너무 많은 시간을 할애하느라 정작 실제 업무에 집중할 수 있는 시간은 턱없이 부족하다며 불만을 터뜨릴 만도 하다.

그렇다면 이처럼 너 나 할 것 없이 무작위로 세우는 계획 속에 과연 어떤 새로운 정보나 도구가 유용하게 쓰일 수 있을까? 감성지능을 향상시킨 사람들에 대한 최근 연구를 통해 유용한 정보 혹은 도구의 특징들을 가려낼 수 있다. 그 중에는 겉으로는 뻔해 보여도 — 누구나 다 아는 상식인 것 같아도 — 실행에 옮기기는 결코 만만치 않은 것들도 포함되어 있다. 그 중요한 특징들은 다음과 같다.

• 목표는 자신의 약점이 아닌 장점을 바탕으로 세워야 한다.

- 목표는 반드시 자기 자신의 것이어야 하며 다른 사람이 부과한 것이어서는 안 된다.
- 계획을 세울 때는 그 계획을 실천에 옮겨야 할 사람들이 나름대로 준비할 수 있도록 배려해야 한다. '계획'을 세우는 데 있어 조직에서 부과한 단 한 가지 방법만 고집한다면 나중에 역효과를 가져온다.
- 계획은 통제 가능한 수순에 따라 실행에 옮길 수 있는 것이어야 한다. 계획이 사람들의 일이나 인생과 잘 맞물려 돌아갈 수 없는 것이라면 몇 주 혹은 몇 달이 안 되어 중단되고 말 것이다.
- 계획이 사람들의 학습 스타일과 맞지 않으면 오히려 동기를 박탈할 뿐만 아니라 집중력을 떨어뜨릴 수도 있다.

이제 위의 특징들이 우리가 흔히 알고 있는 목표 설정의 방식을 어떻게 좌우하는가를 알아보자.

목표는 장점을 기반으로 해서 세운다

급격히 성장한 컨설팅 회사의 사장 드미트리오스는 유능한 민주형 리더였다. 그는 특히 자기인식 능력과 사회적인식 능력에 있어서 최고의 수준을 보여주었고 유대감 형성, 팀워크, 그리고 다른 사람들의 능력을 개발하는 데도 탁월한 능력을 보여주었다. 사람들로부터 아이디어를 이끌어내는 능력을 바탕으로 그는 어려운 시기를 잘 극복하여 사세 확장에 성공했다.

그러나 회사가 확실한 성공 궤도에 들어섰을 때 드미트리오스는 리더십 딜레마에 직면하게 되었다. 회사가 나아갈 바를 두고 그의 동업자와 주요 간부들이 우왕좌왕하기 시작했던 것이다. 그들은 전망제시형 리더십을 원했다. 그리고 누군가가 나타나 현재의 성장 기조를 유지시켜줄 수 있는 사내 주요 업무에 대해 과감한 결정을 내려주기를 원했다. 하지만 사람들은 드미트리오스의 민주형 리더십은 너무나 자유방임적이라고 생각했다. 자칫하면 동업자들로 하여금 각자 자신들이 원하는 방향으로 회사를 따로따로 끌고 나가게끔 할 위험이 있었다.

결국 드미트리오스는 상황을 타개하기 위해 경영 컨설턴트의 도움을 받아 다음과 같은 후속 조치를 취하게 되었다. 이를 통해 우리는 장점을 바탕으로 학습 목표를 설정할 경우 그것이 어떻게 리더십 부재의 문제를 해결할 수 있는지를 알 수 있다. 드미트리오스와 경영 컨설턴트는 그의 리더십 유형에 존재하는 간극을 찾아냈다. 즉 그는 영향력과 갈등관리 능력 부분에서 좀더 단호하게 밀어붙이는 힘이 부족했다. 컨설턴트의 도움으로 드미트리오스는 자신이 영감을 불러일으키는 리더십과 변화를 촉진하는 능력을 고객을 상대로 할 때는 유감 없이 잘 발휘하지만 이상하게도 사무실 안에서는 전혀 발휘하지 못하고 있다는 것을 알았다.

회사 내에서 자신의 전망제시형 리더십을 발휘하기 위해 드미트리오스는 새로운 학습 계획을 세우기로 했다. 즉 회사를 자신의 가장 중요한 고객으로 여기기로 했던 것이다. 그는 마치 고객의 불편 사항에 귀를 기울이듯 회사 내에서 벌어지고 있는 여러 문제를 파악하기 위해 사회적인식 능력을 사용하기로 했다.

그의 행동 계획에는 이 새로운 고객 — 자신이 이끄는 조직 —

이 문제에 접근하는 방식을 배려하는 내용도 포함되어 있었다. 심지어 그는 매일 구체적인 해결 방안이 담긴 경영 아이디어를 메모하기까지 했다.

그의 두번째 학습 목표는 위기에 처한 리더십을 돌보는 것이었다. 그는 사내에서 진행되는 모든 회의에서 사람들에게 적극적으로 영감을 불어넣기로 했다. 가령 그는 직원들에게 사업을 하는 이유, 전망, 가치, 사명 등을 일깨워주기 위해 작은 모임을 꾸려나가기 시작했다. 처음에 그는 전망제시형 리더의 새로운 습관을 익히는 과정에서 좀 머쓱하고 서투른 감을 느끼긴 했지만 곧 어색함에서 벗어나 한결 자연스러운 모습을 띠기 시작했다. 그는 다음과 같은 두 가지 장점을 기반으로 새로운 리더십을 익혀나갔다. 그 장점들이란 고객의 마음을 움직이는 능력과 팀워크를 이끌어내는 능력이었다. 가령 그는 회의에 앞서 회사의 사명을 언급할 때 사람들 마음속 깊이 들어가 회사의 미래를 위한 그들의 아이디어를 이끌어낼 줄 알게 되었다.

드미트리오스는 자신의 장점을 이용하여 확신을 갖고 학습 계획을 실행해나갔다. 회사는 이후 6년간 수익이 세 배나 늘어났다. 드미트리오스는 자신이 가진 장점을 바탕으로 해서 자신의 리더십 유형을 바꾸었을 뿐만 아니라, 이미 티핑 포인트(tipping point: 미국의 저술가인 말콤 글래드웰(Malcom Gladwell)은 '이름도 없던 것이 어느 날 갑자기 폭발적인 인기를 구가하는 현상'에 대한 분석을 하면서 폭발적인 인기를 얻게 되는 균형을 깨뜨리는 시점을 티핑 포인트라 칭했다 — 역주)에 접어든 자신의 능력을 최대한 개발하기로 했다. 티핑 포인트에 접어들었다는 것은 능력 면에서 약간의 향상 혹은 발전만 있어도 뛰어난 업무 수행 능력을 발휘할 수 있는 상태가 되었음을 의미한다.

데이비드 맥클레랜드는 티핑 포인트의 분석을 리더십 분야에 처음으로 적용한 학자였다. 이전까지의 연구는 대부분 뛰어난 리더가 되기 위해 필요한 능력은 무엇인가라는 질문에 답하기 위한 것이었지만 맥클레랜드가 도입한 이 새로운 연구의 목적은 뛰어난 리더가 되기 위해서는 얼마만큼의 리더십 능력이 있어야 하는가라는 질문에 답을 하기 위한 것이다. 드미트리오스의 경우를 보면 사람들에게 영감을 불러일으키는 능력과 변화를 촉진하는 능력은 이미 티핑 포인트에 다다른 것에 반해 사람들에게 미치는 영향력과 갈등관리 능력의 측면에서는 한참 부족한 형편이었다고 할 수 있다.

만약 그의 학습 목표가 자신이 가진 능력이나 소수의 동업자들이 갖고 있는 능력을 바탕으로 전망을 세운 다음 그것을 관리자들에게 주지시키는 것이었다면 그는 영향력과 갈등관리 능력 면에서 취약한 부분을 강화시켰어야만 했다. 하지만 그는 자신의 현재 스타일에 걸맞는 새로운 습관을 기르는 데 중점을 둠으로써 보다 효과적인 전망제시형 리더십을 키우는 데 성공할 수 있었다.

그것이 진정 당신의 목표인가?

주택은행 섭외 담당 부사장인 마크 스콧은 리더십 계발 프로그램을 통해 자신이 세 가지 부분에서 향상되었음을 알 수 있었다. 그는 다양한 배경의 사람들을 좀더 깊이 이해할 수 있게 되었고 폭넓은 계층의 사람들과 좀더 효율적인 업무 관계를 유지하게 되었으며 낯설고 불투명한 상황에 처해도 더욱 유연하게 대처할 수 있게 되었다. 이것들은 그가 2년 전 학습 계획을 세울 때 설정한 학습 목표 중 처음 세 가지였다.

하지만 그에게 네번째와 다섯번째 학습 목표는 어떻게 되었는지를 물어보자, 그는 그것이 무엇이었는지를 곰곰이 생각해야 했다. "아, 그것들은 사장님이 세운 목표였어요. 사장님께서는 학습 계획에 제 판단 능력과 관련된 모든 문제점을 포함시켜야 한다고 하셨지요."

그의 경우를 통해서도 분명히 알 수 있듯이 다른 사람이 이래야 한다고 하는 것은 당사자의 마음에 공감을 불러일으키지 못한다. 하지만 이처럼 학습 목표가 빗나가는 경우는 학습 목표를 설정하는 과정에서 흔히 있는 일이라고도 볼 수 있다. 사람들은 직장 상사, 삶의 조언자, 코치 혹은 배우자 등의 주변 사람들이 그들에게 종용하거나 제시하는 형태로 학습 목표를 세우는 경우가 있다. 하지만 분명히 말하건대 자신에게서 우러난 목표를 설정하면 할수록 그것을 성취할 수 있는 가능성도 더욱 높아지는 법이다. 여기서도 물론 열정과 희망 — 자신의 꿈을 불러일으키는 우리 뇌 속의 동기부여 활동 — 이 학습을 지속할 수 있도록 하는 매우 중요한 요소로 작용한다. 그리고 목표가 성취하기 힘든 것일수록 그 사람의 자발적 참여가 무엇보다도 중요해진다.

자신의 미래에 대해서 어떻게 생각하는가?

"저는 일에서나 사생활에서나 나 자신을 위한 목표를 세워본 적이 없어요. 하지만 무엇을 하든 내가 중요하다고 생각하는 바를 할 것이라는 점에서는 저는 늘 한결같습니다." 미래를 어떻게 계획하고 있는지에 대한 우리의 질문에 어느 기업인이 이렇게 대답했다. 독립적인 컨설팅 회사를 운영하고 있는 그는 누가 보더라도 성공한 사람이었다. 그의 사생활 역시 마찬가지였다.

그는 자신의 미래를 '계획하되' 자신에게 확실히 중요하다고 여겨지는 것들 — 그의 가치관, 믿음, 삶의 방식 — 에 바탕을 둔 계획을 세웠다. 그는 자신이 나아갈 길을 구상함에 있어서 구체적으로 어떤 일을 해야 하는지를 일일이 지시해주는 이정표는 세우지 않았다. 다만 의사결정의 안내 표지판 역할을 하리라는 것은 분명하게 설정했고 높은 수준의 자기인식 능력과 절호의 기회를 포착할 수 있는 능력에 크게 의지했다.

이 기업인의 태도와 북 펜실베이니아 지역에 위치한 블루크로스(Blue Cross)의 최고경영자인 드니즈 시저(Denise Cesare)의 태도를 비교해보자. 시저는 어릴 때부터 분명하면서도 구체적인 목표와 전망을 갖고 있었다. "공인회계사는 제가 꼭 갖고 싶은 직업이었어요. 공인회계사가 된 뒤에는 법인에서 일하는 것이 제 목표였지요. 그렇게 해서 건강 관련 기업에 입사하자 저는 언젠가 그 회사의 리더가 될 제 모습을 그려보았습니다. 저는 유머감각을 잃지 않으면서 제가 되고 싶은 것에 초점을 맞추고 흔들리지 않는 가치관을 간직한 채 한 번에 한 걸음씩 제 목표를 향해 나아갔어요."

그녀는 정말 착실히 자신의 계획을 실천했다. 전환점에 이르러서도 그녀는 자신의 목표에서 한시도 눈을 떼지 않고 계획하던 일을 성공적으로 해나갔다. 그녀는 자신의 상황을 파악하는 데 탁월했고 목표를 성취하기 위해 모든 주의를 기울였으며 변화의 기복을 제어할 줄도 알았다.

하지만 드니즈와는 반대로 미래를 전혀 염두에 두지 않는 사람들도 있다. 그들은 되는 대로 살아가면서 미래가 다가오는 것을 보고만 있는 사람들이다. 그들은 마치 반항이라도 하듯 자신들이 하고 싶은 것만 한다. "저는 앞으로 일어날 일을 걱정하느라 현재의 시간을 허비하고 싶지 않습니다."라고 어느 소비재 회사의 사장은 말했다. 물론 이런 말을 했다고 해서 그가 개인적으로나 사회적으로 성공을 거두지 못했다는 것은 아니다. 하지만 그는 현재만을 기준으로 성공을 가늠하려 할 것이며 현재의 움직임만을 기준으로 행동하려 할 것이다.

결론적으로 말하자면 미래를 향한 계획을 세우는 데 '정도(正道)'란 없다. 연구 결과에 의해 그것은 매우 개인적인 과정이라는 사실이 밝혀지기도 했다. 하지만 아무리 그렇다 해도 자신의 미래를 마구잡이 방식으로 계획해서는 안 된다.

조사를 통해 우리는 각각의 사람들이 익혀야 할 능력이 곧 그들이 계획을 세우는 스타일과도 관련이 깊다는 것을 알았다. 가령 전망제시형의 계획을 세우는 사람들은 그럴싸한 훗날의 모습 — 그것은 그들이 삶에서 중요하다고 생각하는 것, 즉 가치관이나 믿음에 바탕을 둔 것이다 — 을 그려 보이는 데 뛰어나다. 또한 목표지향적인 계획을 세우는 사람들은 그들이 구하고자 하는 바를 얻는다. 사회과학적 연구에 따르면 구체적이고 합리적인 목표를 세울수록 그것을 이룰 수 있는 가능성이 더 높아진다고 한다. 제대로 된 목표를 설정하는 법을 알면 적절한 때와 장소에 자신의 온 힘을 기울일 수 있기 때문이다.

한편 행동의 방향이 명확하게 결정되면 단기간에 많은 것을 성취할 수 있다. 덧붙여 우리가 사전에 세우는 학습 계획에 깔려 있는 자유로움의 여지가 창의력을 배가시켜주는 뜻밖의 요소로 작용하는 경우도 있다. 결국 신중하게 생각해서 세운 계획에 담겨 있는 '해야만 하는 것들'은 그것을 무시하고자 하는 사람들의 경향에도 불구하고 대부분의 경우 무시할 수 없는 삶의 한 부분으로 자리하며, 따라서 미래를 생각할 때도 반드시 고려해야 할 중요한 요소라고 할 수 있다.

실행 가능한 계획을 세워라

목표를 세우는 과정에서 사람들이 저지르는 가장 큰 오류는 현재의 삶과 일에 비추어볼 때 쉽게 실행에 옮기기 어려운 일을 스스로에게 부과하는 것이다. 행동 계획을 세울 때는 현재의 자신의 삶의 모습과 리듬을 반드시 고려해야 한다. 앞장에서도 살펴보았듯이 애매한 목표를 세우는 것보다는 구체적인 감성지능의 능력을 자신의 학습 목표 가운데 하나로 설정하는 것이 유리하며 그 성과가 훨씬 더 오래 지속되기도 한다. 그렇게만 한다면 단 한 가지 목표만을 세운 경우라 할지라도 효과 면에서는 오히려 놀라운 발전을 거둘 수 있다.

구체적이고 실천적인 단계를 밟아나가는 학습 계획을 세우면 놀라운 속도로 발전할 수 있다. 예를 들어 뛰어난 연사 — 리더로서의 의사소통 능력과 그 밖의 여러 능력을 필요로 하는 — 로서의 능력을 키우고자 하는 사람은 스스로 다음과 같은 구체적인 목표를 설정하게 된다.

- 매달 적어도 두 번 정도 형식을 갖춘 발표를 해본다. 그리고 그것을 믿을 만한 친구에게 평가해달라고 한다.
- 발표를 하기 전에 친구를 청중이라고 생각하고 연습한다.
- 연설을 하는 자신의 모습을 비디오 테이프로 녹화해서 직장 상사에게 평가를 부탁한다.
- 연회석상에서 사회를 보는 사람들의 모임에 참가하여 좀더 뛰어난 화술을 연습한다.
- 편안하고 재미있게 구두 발표를 잘하는 사람과 이야기를 나눠보고 그들이 어떤 준비를 하는지 알아보도록 한다. 특히 그들이 긴장된 순간을 극복하고 편안하게 발표에 임하는 비결을 알아본다.

위의 목표들 가운데 한 가지라도 제대로 성취하기 위해서는 우선 그 사람의 현실적 삶을 고려해야 한다. 어떤 능력을 향상시키고자 하는 계획을 세운다는 것은 이미 포화 상태에 있는 일정에 그 계획을 억지로 꿰어 맞추는 것이라고 할 수 있다. 그리고 그것을 구체적인 행동으로 옮기는 과정에서는 시간이 더 많이 필요하기 때문에 다음과 같은 문제가 생길 수 있다. 즉 목표를 성취하는데 필요한 시간을 내기 위해 무엇인가를 '희생'해야만 한다는 것이다. 이에 대한 대안으로 제시할 수 있는 것은 그러한 계획이 당신이 이미 하고 있는 일에 꼭 필요한 것이 되도록 그 당위성을 잘 마련하는 것이다.

가령 우리가 알고 있는 어느 중간 관리자는 발표력을 키우기 위한 모임에 따로 시간을 내서 참석하는 대신 매일 열리는 간부 회의 시간을 이용하여 약식 발표 훈련을 실시했다. 그녀는 스스로를 위해 훈련을 할 수 있는 기회를 많이 마련했다. 즉 다른 사람들에게 보고나 발표를 할 기회를 많이 가질 수 있는 임무를 스스로 떠맡았다. 결국 그녀는 자신의 업무 환경을 자신의 리더십 능력을 개발하기 위한 실험 무대로 사용함으로써 매일 자신의 배움을 키워나갈 수 있었던 것이다.

자신의 학습 스타일 파악하기

대부분의 리더들은 무엇을 배울 때 나름대로 선호하는 자연스러운 방식이 따로 있다. 특정의 학습 스타일을 애써 거부하거나 주어진 스타일에 억지로 꿰어 맞추려는 것보다는 자신이 선호하는 방식을 택하는 것이 가장 효과가 있다.

예를 들어 여름방학 때 요트를 배우기로 한 두 친구 — 그들은 몇 년 뒤 최고경영자의 지위에 올랐다 — 가 있다고 치자. 한 친구는 즉시 요트를 구입하여 메인 주의 해안가에서 한 달간 연습을 하기로 했다. 한편 나머지 한 친구는 보스턴 항구에 위치한 요트학원에 등록했다.

첫째 날, 요트를 구입한 친구는 메인 주 해변에 배를 띄웠고 다른 친구는 강의실에 앉아 항해 규칙을 배우기 시작했다. 일단 항해와 관련된 이론적 내용을 숙지한 두번째 친구는 처음부터 커다란 배를 조종할 수 있게 되었다. 한편 첫날부터 메인 주 해안의 바다로 나간 첫번째 친구는 비록 작은 배를 타고 나간 것이긴 해도 자신의 배를 직접 조정함으로써 용골(선체를 받치는 길고 큰 재목 — 역주)이 왜 필요한지 등을 깨달았다. 그로부터 몇 년간 그는 자신이 익힌 새로운 기술을 더 큰 배에서 연습했다.

마침내 두 친구는 자신들이 익히고자 하는 기술을 모두 익혔다. 하지만 그 방식은 서로 너무나 달랐다. 요트를 구입한 친구는 구체적인 상황을 통해 배우는 것을 좋아했고, 다른 친구는 머리 속으로 우선 항해에 대한 개념부터 정립한 뒤에 배우는 방식을 더 좋아했다. 다행히도 이들 초보 항해가들은 필요한 경우 실제적인 연습을 통해 배울 수 있는 능력도 갖추고 있었다.

사람들은 자신에게 가장 잘 맞는 방법으로 배울 때 가장 큰 학습 효과를 얻을 수 있다. 데이비드 콜브는 MIT 재직 시절에 '학습형태검사(The Learning Style Inventory)'라는 것을 개발했는데, 이는 지난 30여 년 동안 경영학뿐만 아니라 의학과 법학에 이르기까지 모든 영역에서의 학습 형태를 측정하는 검사법으로 통용되어 왔다. 콜브는 사람들이 주로 다음과 같은 방식 중 한 가지를 통해 학습을 한다는 사실을 발견했다.

- 구체적인 경험을 통해: 경험을 통해 그것이 어떤 것인지를 직접 보고 느끼는 것
- 이리저리 따져봄으로써: 자신의 경험과 다른 사람들의 경험을 심사숙고하는 것
- 모델을 세움으로써: 자신들이 관찰한 바를 설명해주는 이론에 따르는 것
- 시행착오를 통해: 과감히 새로운 방법을 사용해서 뭔가를 시도해보는 것

가장 효과적인 학습이 이루어지는 경우는 위의 네 가지 방법 중 두세 가지가 적절히 뒤섞일 때이다. 한편 자신의 학습에 오히려 방해가 되는 방법을 사용하는 사람들도 있다. 특정 방법을 너무 일찍 사용했거나 너무 과도하게 사용했을 때가 그에 속한다. 그러한 학습 방법은 우리를 오히려 학습에서 멀어지게 하거나 아니면 학습에 대한 설렘을 박탈한다. 왜냐하면 그것들은 학습이라는 것을 지루하게 만들고 왜 학습하는 것인지 모르겠다는 생각이 들게 하기 때문이다.

예를 들어 팀을 좀더 효율적으로 이끌어가는 법을 배우고 싶어 하는 리더들을 생각해보자. 만약 그들이 대학 교수에게서 그러한 강의를 듣는다면 그들은 조직 형성과 조직 계발 이론을 이해하기 위한 몇 가지 강의를 듣는 것에서부터 시작해야 할 것이다. 그리고 그들은 조직과 팀에 관한 다양한 철학적 관점에서 비롯된 이론들을 소개하는 강의를 듣게 될 것이다. 하지만 정작 그들에게 필요한 것은 이와 같은 지루한 이론이 아니라 매주 월요일 아침마다 팀의 분위기를 흐리는 팀원을 다룰 수 있는 실제적인 수단일지도 모른다. 그렇다면 그들에게는 그와 같은 강의를 듣는 것이 쓸모없는 일로 느껴져 더 이상 그 강의에 집중을 할 수 없을 것이다.

교수들은 자신들이 선호하는 학습 스타일에 맞춰 강의를 구성한다. 그것이 강단에서는 주로 추상적이고 사색적인 형태를 띠게 된다. 하지만 보다 현실적이고 구체적인 학습 스타일을 지니고 있는 리더에게는 곧바로 실전에 적용할 수 있는 실용적 기술을 익히는 것이 더 절실하다.

대부분의 리더십 능력 계발 강의나 워크숍 일정은 별다른 개성

없이 획일화되어 있다. 학습 과정에서 이와 같은 함정에 빠지지 않기 위해서는 자신의 구체적인 행동이 헛된 것이 되지 않도록 자신에게 가장 잘 맞는 학습 스타일을 찾아내야만 한다. 아무리 생각해도 자신의 스타일을 알 수 없다면 간단한 테스트를 통해 알아낼 수도 있다.

요약하자면 자발적 학습에서 처음 접하게 되는 세 가지 발견의 과정을 통해 자신의 리더십 계발 목표를 이루는 데 도움이 되는 구체적이면서도 현실적인 일정을 세울 수 있다는 것이다. 지금까지 우리는 자신의 이상적 전망과 구체적인 학습 스타일 및 행동을 비교했다. 그리고 그를 통해 자신의 장점과 단점(간극)을 찾아보았다. 그 다음에는 그것을 염두에 두고 학습 계획을 세움으로써 자신이 개발해야 할 구체적인 리더십 능력을 확정하고, 그것을 강화시킬 실천적 방안도 강구했다.

이제 마지막 남은 두 가지 발견의 과정을 살펴보도록 하자. 이제 그 발견의 과정을 준비하고 어떻게 하면 그것을 리더로서의 자신의 삶의 일부로 만들 수 있는지를 깨달아야 한다.

네번째 발견: 나의 사고의 틀에서 벗어나야만 한다

잭은 어느 다국적 식품 회사의 영업 책임자였다. 영업 실적을 올리고자 하는 의욕과 열정으로 가득 찬 잭은 전형적인 선도형 리더였다. 그는 늘 일을 더 잘할 수 있는 방안을 찾아 다녔다. 그리고 열의가 넘친 나머지 누군가 마감일을 제대로 지키지 못하면 그는 직접 그 일을 도맡아 했다. 심지어 잭은 누군가 자신의 기준에 못 미치기라도 하면 무섭게 몰아붙이는 경향이 있었을 뿐 아니라 행여 자신과 다른 일처리 방식을 고집하는 사람에게는 노여움을 감추지 않았다. 그리고 직속 부하가 자신을 비난하는 소리를 듣기라도 하면 — 특히 그의 뒤에서 — 그는 완전히 이성을 잃고 말았다.

우리가 그의 부하직원들을 대상으로 조사한 바에 따르면 그러한 그의 스타일이 직원들의 사기에 늘 심각한 영향을 끼치고 있음이 드러났다. 그의 직원들은 회사의 사업적 전망에 대해서는 분명히 자각하고 있었다. 하지만 어떻게 하면 거기에 도달할 수 있는지는 전혀 알지 못했다. 잭은 자신이 사람들에게 무엇을 요구하는지는 분명하게 알고 있었지만, 사람들이 일을 제대로 하고 있는지에 대해서는 일언반구 아무 말도 없었다. 왜냐하면 그는 사람들에게 업무 수행에 관한 긍정적인 피드백을 전혀 해주지 않았기 때문이다. 그 결과 나타난 현상이 직원들의 무기력 증세였다. 사람들은 스스로 납득할 수 있는 방식으로 일을 하기 위한 유연성을 가질 수 없었다. 그보다는 잭이 자신들이 어떤 식으로 일하기를 원하는지 추측하기에 급급했다. 잭이 부서를 맡은 지 2년 만에 그 곳의 업무 실적은 정체 상태에 빠지고 말았다. 결국 잭은 사장의 제안에 따라 상담을 받게 되었다.

그 첫 단계로 우선 잭은 감성지능 능력에 대한 360도 평가 방법을 통해 자신의 장점과 한계에 대한 면밀한 진단을 받았다. 그는 자기확신의 능력, 넘치는 에너지, 성취욕, 진취적인 태도, 성실성 등 자신의 장점을 잘 알고 있었다. 잭의 경우에서 가장 두드러진 특징은 자기통제력과 감정이입의 능력에 대해서 스스로 내린 평가와 그의 부하직원들이 내린 평가 사이가 큰 차이를 보인다는 것이었다.

잭의 상담을 맡은 사람은 그 두 영역에서 그의 능력을 개발시키기 위한 학습 계획을 짜는 작업의 일환으로 그에게 피드백 정보를 제대로 이해시키는 단순한 작업을 하였는데, 그것을 하는 데만도 엄청난 시간이 소요됐다. 상담자는 잭의 약점인 자아통제력과 감정이입의 능력을 그의 남다른 두 가지 장점인 임기응변 능력 및 주저하지 않고 잘못된 일을 바로잡는 능력과 한데 묶었다. 잭은 그러한 자신의 장점들을 너무 남용하고 있었기 때문에 자기통제력과 감정이입의 능력에 기반을 두는 전망제시형과 코치형 같은 긍정적인 리더십을 상대적으로 덜 사용했던 것이다.

일단 자신의 약점이 어떤 식으로 유능한 리더가 되고자 하는 이상적 전망에서 자신을 멀어지게 하는지를 알게 되자 잭은 스스로 개선해야 할 것에 대해 정확히 초점을 맞출 수 있었다. 그리고 그는 자신의 장점과 단점 사이의 균형을 위해 스스로 나서게 되었다. 그리고 상담자의 도움을 받아 학습 계획도 세웠다. 계획을 세울 때는 바쁘게 돌아가는 일상에서 활용할 구체적인 학습 방식에 주안점을 두었다.

예를 들어 잭은 자신이 상황이 좋을 때는 특별한 문제가 없지만 일단 스트레스를 받으면 완전히 다른 사람으로 돌변한다는 것을 알았다. 이처럼 자기통제력이 결여되었던 까닭에 그는 그래야 할 필요가 있을 때 사람들의 말에 귀를 기울일 수 없었던 것이다. 따라서 잭의 학습 계획은 감정을 제대로 제어하는 것에 초점이 맞춰졌다. 상담자는 잭에게 그의 몸에서 일어나는 감각 작용을 조율하는 법을 가르쳐주었다. 그 방법을 통해 잭은 자신이 통제불능의 상태로 변할 만한 조짐을 보이기 시작하는 때를 재빠르게 알아차릴 수 있었다. 기분이 이상해지려고 하면 그는 다음의 네 가지 단계를 밟았다.

1. 한 발 뒤로 물러선다 — 듣기만 하고 개입하지 않는다
2. 다른 사람이 말하도록 내버려둔다
3. 객관적 타당성을 확보한다 — 스스로에게 묻는다. 내가 이런 반응을 보이는 데는 정당한 이유가 있는 것인가, 아니면 그저 성급한 단점일 뿐인가?
4. 비난을 목적으로 하거나 적개심을 전제로 한 의문을 갖지 말고 상황을 명확히 이해하기 위한 의문을 갖도록 한다.

고질적이라고 할 수 있었던 잭의 지나친 반응에 대해 이처럼 인위적인 변화를 가하자 그는 드디어 감정이입을 할 수 있었고 귀를 기울여 들을 수도 있게 되었다. 그리하여 그는 보다 완전한 정보를 갖추고 상황을 좀더 분명히 파악할 수 있었다. 뿐만 아니라 잔소리가 아닌 이성적인 대화를 할 줄 알게 되었다. 예전에 그는 다른 사람들의 생각을 물어볼 필요를 못 느꼈었다. 하지만 지금은 사람들에게 자신의 생각을 이야기할 기회를 주게 되었다.

이러한 변화를 이끌어내기 위해 잭은 무엇보다 먼저 문제의 소지가 될 만한 상황을 감지하는 법을 배워야 했다. 지난날 우리의 낡고 무익한 리더십 습관을 충동질했던 상황에 대해 경각심을 가질 때 비로소 우리는 더 유리한 위치에서 더 새롭고 긍정적인 반

응을 할 수 있다. 사전 경고를 해주는 레이더로부터 어떤 예시를 받은 우리는 앞으로 취할 행동에 더 주의를 기울이게 되며 자신의 행동을 분명히 의식하면서 다음 행동에 들어갈 수 있다. 이와 같은 방법을 통해 우리는 다시 주어진 변화의 기회를 놓치지 않고 변화된 습관이 몸에 배도록 훈련할 수 있다.

잭은 자신의 새로운 행동 방식을 거듭 훈련했다. 그는 자신의 부하직원들이 한 일에 대해 그저 비판만 일삼기보다 좀더 긍정적인 피드백을 해주었다. 그는 직원들의 공로를 인정하는 말을 해주었고, 그들의 일처리 방식에 대해 꼬치꼬치 따지는 관리 방식을 지양했다. 조금씩 그는 전망제시형과 코치형 리더의 모습을 띠게 되었다. 6개월 만에 잭은 눈에 띄게 성장했다. 하루에 한두 번은 꼭 폭발하던 그가 이제는 한 달에 한두 번 정도만 폭발할 정도가 되었다. 부서의 분위기도 확연히 나아졌고 사업 실적도 마침내 서서히 상승 곡선을 그리기 시작했다.

새로운 학습 모델

잭의 경우처럼 리더가 자신의 리더십 능력을 하나하나 살펴본다는 것은 어떤 의미에서는 그가 평생 배운 것을 일일이 평가해보는 것과도 같다. 사람들이 리더십에 관해 무언가를 배우는 것은 아주 어린 시절부터다. 선생님, 운동 코치, 성직자 등 그의 삶에서 만나는 리더의 위치에 있는 모든 사람들을 보고 배우기 시작한다. 이러한 리더십 모델을 바탕으로 처음으로 사람들에게는 리더십 습관이 생겨나고, 리더가 하는 일에 대한 그들의 생각이 형성되는 것이다. 그리고 나서 그들이 클럽, 운동 팀, 학생회 등의 활동에서 최초의 리더십 경험을 하거나 아니면 또래들 사이에서 골목대장 노릇을 하면서 그렇게 관찰한 리더십 모델을 실천에 옮기게 된다. 그런 와중에도 그들은 계속해서 새로운 모습의 리더들을 보게 되고 이미 만들어놓은 최초의 리더십 틀에다 새로 접한 리더십 모델을 덧붙이면서 그 새로운 리더십을 실행해보기도 한다.

사실상 이렇게 배운 내용에는 노골적으로 리더십을 가르치고자 하는 의도는 없다. 그것들은 살면서 자연스럽게 생겨난 것이다. 하지만 그것들은 사람들이 살면서 유사한 상황이 벌어졌을 때 취하게 되는 행동을 규정하는 리더십 습관을 뇌 신경회로의 차원에서 구축하게 된다. 가령 어떤 사람이 팀을 이끈다고 할 때 그는 예전에 팀의 리더로서 행했던 일을 그대로 반복할 가능성이 높다. 그리고 그렇게 반복할 때마다 그 습관에 대한 신경 결합은 점점 더 강해지게 마련이다. 인지과학자들은 그러한 습관적 강화 현상을 가리켜 학교의 정규 교과 과정에서 배우는 다양한 명시적 학습과 비교하여 '암시적 학습'이라고 했다.

대부분의 경우 뇌는 암시적 학습 과정을 통해 리더십 능력 — 자기확신의 능력과 정서적 자기관리 능력에서부터 감정이입의 능력과 설득력에 이르기까지 — 에 숙달되게 된다. 그러한 암시적 학습은 신피질 — 사고작용을 주관하는 뇌의 가장 바깥 부분 — 에서 일어나는 것이 아니라 대뇌기저핵에 해당하는 뇌의 아랫부분에서 일어난다는 사실을 명심하기 바란다. 리더십과 관련된 학습 작용은 감성지능을 주관하는 전전두엽 변연계 회로와의 결합을 통해 일어나는 것이다. 이 부분은 우리가 계속해서 의지하게 되는 습관을 가려내고 그것을 숙달시키는 일을 한다. 그리고 우리가 살아가면서 해야 하는 기본적인 일들 — 말을 하는 것에서부터 원활한 회의를 이끌어가는 것에 이르기까지 — 을 처리할 수 있는 방법을 지속적으로 학습하기도 한다.

모든 학습은 아주 조용히 진행된다. 대부분의 경우 사람들은 자신들이 그것을 익히고 있다는 사실조차 모르고 지나간다. 마치 극비리에 이루어지는 학습이라고도 할 수 있다. 이는 아주 놀라운 시스템이라고 아니 할 수 없는데 종종 다음과 같은 문제가 지적되기는 한다. 그 문제란 바로 우리가 리더십을 익히는 과정이 우연에 의해 좌우된다는 점이다. 다시 말해서 우리가 발휘하는 리더십이란 살아가면서 우리의 리더십 모델이 하는 것을 보고 따라하면서 혹은 직접 그렇게 해보는 것을 반복하면서 형성된 것이다. 만약 처음으로 우리에게 영향력을 준 사람이 선도형 리더십 유형을 선호하는 사람이라면 우리는 선도형 리더십을 모델로 삼을 것이고 그가 만약 뛰어난 코치형 리더라면 우리가 배우는 내용은 아주 다른 형태를 띠게 될 것이다. 그렇게 되면 자칫 여러 가지 리더십 능력이 뒤죽박죽이 될 우려도 있다. 마치 몇 가지 골프 타법을 익히긴 했지만 정작 골프 실력은 형편없는 사람에 비견될 수 있다.

우리가 이미 살펴본 대로 다음의 세 가지를 할 수 있는 사람은 충분히 자신의 능력을 향상시킬 수 있다. 우선 나쁜 습관이 있다는 것을 자각해야 한다. 그리고 의식적으로 더 나은 방법을 훈련할 줄 알아야 한다. 마지막으로 새로 익힌 행위가 자동적으로 튀어나올 수 있도록 기회가 닿을 때마다 그것을 반복할 줄 알아야 한다. 다시 말해서 암시적 학습의 차원에서 그것이 완전히 몸에 밸 때까지 반복해야 한다.

단 한 가지 감성지능 능력을 향상시키는 데도 수개월이라는 오랜 시간이 걸린다. 거기에는 기술적이며 인지적인 능력을 학습하는 신피질이 아닌 뇌의 감성 중추가 관여하고 있기 때문이다. 이미 언급한 바대로 신피질에서 행해지는 학습의 속도는 아주 빠르다. 하지만 감성 중추와 관련된 대뇌기저핵과 그 연결 부위에서 일어나는 학습 방식은 그와 다르다. 새로운 감성지능의 능력을 숙달하기 위해서는 반복과 연습이 필요하다.

그렇기 때문에 강의를 통해 리더십 능력을 효과적으로 학습하는 것은 매우 힘든 일이다. 선생님이 뇌 신경회로에게 낡은 리더십 습관을 버리고 새로운 습관을 다시 배우라고 가르쳐줄 수는 없는 노릇이다. 필요한 것은 연습이다. 어떤 행동 과정을 자주 반복하면 할수록 그 근저에 있는 뇌의 신경회로는 더욱 강고해진다. 새로운 습관을 학습하게 되면 신경세포들 간의 통로가 굳건해지고 더 나아가 신경 발생 — 새로운 신경 세포가 성장하는 것 — 을 촉진할 수도 있다.

가령 잭이 선도형 습관을 극복하고 자신의 리더십 능력을 폭넓게 만들고자 한다면 그는 그것을 반복해서 연습해야 한다. 그가 자신의 생각, 느낌, 행동에 관한 새로운 방식을 연습할 수 있는 환경을 많이 조성하면 할수록 새롭게 형성된 신경회로는 더욱더 유연하고 강고하게 자리를 잡을 것이다. 일단 그러한 상태에 이르면 잭의 경우처럼 자연스럽게 자신의 감정적 반응을 제어하고 감정이입이 된 상태에서 사람들의 말에 귀를 기울이는 가운데 어느덧 새로 익힌 리더십을 발휘하고 있음을 깨닫게 된다. 이렇게 되면 새로 형성된 신경의 통로가 뇌에 자리를 잡았다는 증거다.

그리고 이처럼 숙달된 경지는 평생까지는 아니더라도 수년간 계속 유지된다.

연습은 없다

하지만 잭이 다른 사람의 말에 귀를 기울이고 스스로에게 자문하는 새로운 행동방식을 시도해보지 않았다면 자신의 코치형 스타일을 그렇게까지 향상시킬 수는 없었을 것이다. 그것은 그리 쉬운 일이 아니었다. 직원들에게 어떤 문제가 생기면 그의 몸의 근육은 일을 직접 도맡아 처리하려고 바짝 긴장되곤 했었다. 잭의 경우는 특히 그 과정이 자동적이었다. 마치 자전거 타는 법을 배울 때처럼 매순간 무의식적으로 과감하게 반응했다.

그렇기 때문에 좀더 긍정적인 대안을 갖고 실험에 임하는 것이 무엇보다 중요하다. 생각과 느낌과 행동에 관한 새로운 방식이 처음에는 마치 남의 옷을 입은 듯 어색하게 여겨질 수 있다. 신경학적 차원에서는 뇌로 하여금 가보지도 않은 길을 가라고 강요하는 것이나 마찬가지기 때문이다. 잭이 직원들에게 간섭하면서 자신이 도맡아 일을 처리하기보다는 다른 사람들의 말에 귀를 기울이려고 하면서 첫 한 주를 보내는 동안 스스로 의혹을 느꼈던 것도 무리는 아니었다. 처음에는 어색하기 그지없었던 것이다.

짐 로어(Jim Loehr)와 토니 슈바르츠(Tony Schwartz)가 「하버드 비즈니스 리뷰」에서 지적한 바대로 뛰어난 운동선수는 연습 시간은 엄청나게 많지만 정작 실전에서 뛰는 시간은 얼마 되지 않는 반면, 기업의 경영자들은 연습 시간은 전혀 없고 오로지 실전을 위한 시간뿐이다. 그런 실정이다 보니 기업의 리더들이 그처럼 자주 같은 문제를 반복하는 것도 그리 이상한 일은 아니다. 경영자들은 목표 달성과 업무 완수에만 급급하여 더 나은 리더가 되기 위한 학습에 시간을 거의 할애하려고 하지 않는다. 특히 기업의 리더들은 새로운 방법을 발견하면 그것을 연습해서 익힐 생각은 하지도 않고 한두 번 시도해본 뒤에 바로 적용하는 경우가 태반이다.

리더가 새로운 습관을 학습하기 위한 관건은 그것에 완전히 숙달될 때까지 연습하는 것이다. 그렇지 않으면 그들은 다시 옛날의 습관으로 되돌아가고 만다. 당신이 과거에 악기를 연주한 적이 있다면 다음의 내용을 이해할 것이다. 당신은 실수를 하지 않도록 악보를 암기하면서 안심이 될 때까지 연습을 한다. 따라서 선생님 앞에서 시험적으로 연주할 때는 아무런 문제가 없다. 하지만 공연을 할 때에는 긴장해서 몇 소절을 잊어버린다. 프로 연주가들은 거기서 중요한 한 걸음을 더 나아간다. 그들은 연습에 연습을 반복한다. 손가락의 놀림 혹은 호흡이 자동적으로 조절될 때까지 연습한다. 그들은 악기를 의식하지 않고 그것이 자신과 한 몸처럼 느껴질 때까지 계속 연습한다.

그와 마찬가지로 어느 한 가지 리더십 능력을 완전히 익히려면 낡은 습관을 버리고 새로운 습관을 익히는 방법을 통해 뇌의 환경을 바꿔야 한다. 여기에는 새로운 신경의 통로를 만들고 그것을 강화시킬 수 있는 장기간의 연습이 필요하다. 그처럼 새로운 반응을 오랫동안 — 일주일이나 한 달이 아닌 — 지속할 수 있다면 드디어 새로운 습관이 몸에 밴 것이다.

감성적 자기통제력과 같은 자동 조절 능력에 완전히 숙달되려면 처음엔 각별한 노력이 필요할 수도 있다. 감정의 충동을 제어하는 것은 정신적 노동이라고 주장하는 연구자들이 있다. 마음의 기조를 바꾸려는 의도적인 노력으로 인한 중압감 때문에 자기통제에 필요한 에너지가 고갈될 수 있기 때문이다. 자기통제 능력은 새로운 리더십 유형을 연습할 때도 필요하다. 가령 잭과 같은 리더가 자신의 선도형 혹은 지시형 리더십을 사용하고 싶은 충동을 제어하고 그 대신 관계중시형 리더십을 발휘하려고 할 때 이와 같은 자기통제의 능력이 필요하다. 그런 경우에는 학습을 위한 각별한 노력이 요구된다. 과거의 방식으로 반응하려는 습관을 억제해야 할 뿐 아니라 학습의 부담감을 가중시키고 급기야 집중력을 흩뜨릴 수도 있는 감정적 충동 또한 극복해야만 한다.

이제 우리는 제대로 된 학습 방법이 어떤 것인지를 알 수 있게 되었다. 우선 처음에는 충동적인 리더십 습관을 극복하는 데 초점을 맞춰야 한다. 그리고 나서 그것을 대신할 새로운 습관에 전적으로 주의를 기울여야 한다. 마침내 자기통제력이 숙달될 때까지 연습하면 한때는 엄청난 노력을 기울여야만 했던 것이 자동적으로 이루어질 것이며 압박감도 사라질 것이다. 이와 같은 확정의 단계에 이르면 새로운 유형의 리더십을 연습하는 데 어떤 거리낌도 없이 자신의 정신적 에너지와 주의를 기울일 수 있다.

드러나지 않는 학습

주말 혹은 일주일간의 합숙을 통해 세미나 형식으로 진행되는 리더십 계발 프로그램을 보면 그 시간 편성만으로는 훈련 과정을 제대로 밟기 어려운 경우가 많다.

잭은 감정이입의 능력을 연마하기 위해 감성 훈련 주말 프로그램 같은 데 참여하기보다는 일을 하는 과정에서 자신의 부하직원 및 동료들과 자연스럽게 대면하는 실제적이고도 직접적인 상황을 훈련의 공간으로 이용했다. 그리고 그는 자신의 학습 계획에 대해 아내와 이야기를 나눈 뒤 아내에게 자신이 가족과 친구들의 말에 귀를 잘 기울이는 사람이 될 수 있도록 편안한 코치가 되어달라고 했다. 이런 식으로 서서히 학습의 장을 넓혀감으로써 잭은 일상의 활동을 통해 많은 것을 얻어낼 수 있었으며, 따라서 학습 효과도 그만큼 배가시킬 수 있었다.

요령은 바로 다른 일을 통해서 배운다는 데 있다. 그것은 드러나지 않는 학습이라는 학습 전략이다. 그것은 감성지능의 능력, 그 가운데서도 리더십 능력을 향상시키는 데 유용하다. 크리스틴 드레퓌스 연구원이 과학자와 엔지니어들 가운데 관리자로서의 탁월한 자질을 보이는 사람들을 연구한 결과 그들은 여러 가지 다양한 상황 속에서 자신들의 능력을 개발하고 있었다. 엔지니어인 그들의 업무 환경을 고려할 때 그러한 능력을 키우는 것은 그리 쉬운 일이 아니었는데도 말이다.

6장에서 살펴본 존슨앤존슨의 유능한 리더들의 경우처럼 드레퓌스가 조사한 리더들도 대부분 자신의 리더십 능력을 처음으로 실행에 옮기기 시작한 것은 이미 40여 년 전, 그러니까 보이스카우트 활동을 하던 유년 시절로 거슬러 올라간다. 그리고 고등학교와 대학교에 다니면서 그들은 운동 모임, 사교 클럽, 음악 모임, 기숙사 생활 등을 통해 그러한 능력을 더 깊이 체험했다. 후에 다른 사람들에 비해 상대적으로 혼자서 문제와 씨름하는 시간이 많을 수밖에 없는 과학자와 엔지니어가 됐을 때 그들은 업무 외의 활동을 통해 그 능력들을 계속해서 연마했다. 가령 교회와 지역사회단체 같은 곳에서, 혹은 학술 모임을 주관하는 과정을 통해서 모임을 꾸리는 훈련을 하였다. 엔지니어 사회에서 흔히 볼 수 있는 선도형의 무뚝뚝한 일처리 방식이 여러 형태의 다양한 인간관계를 맺을 수 있는 공간을 접하면서 부드럽게 바뀌었다.

예를 들어 한때 강하게 밀어붙이는 스타일의 리더였던 어느 엔지니어는 그가 엔지니어 사회에 팽배한 지시와 통제 스타일을 극복하고 획기적인 리더십을 개발할 수 있었던 곳은 바로 교회였다고 고백한 바 있다. "교회 모임에서는 사람들이 스스럼없이 자신의 감정이나 생각을 표현할 수 있습니다. 엔지니어로서 저는 늘 논리적 흐름을 따라야만 한다는 부담감이 있었는데 그 모임에서는 틀에서 벗어난 것까지도 받아들일 수 있었지요. 시간이 흐르면서 그런 것을 받아들이는 데 익숙해지자 리더로서의 제 행동방식에도 변화가 일어났습니다. 일의 흐름과 내용보다는 집단의 자연스러운 과정에 호흡을 맞출 수 있게 된 것이지요."

드레퓌스가 연구한 엔지니어들 가운데 많은 수가 어린 시절에 체험한 리더로서의 경험 덕분에 나중에 직업 생활을 하면서도 계속해서 리더십을 학습할 수 있었다고 한다. 여러 해에 걸쳐 그들은 더 큰 관리 책임을 맡고 경영 컨설팅도 받고 회사에서 주관하는 리더십 훈련 프로그램에도 참석했다. 그들이 지속적으로 자신들의 리더십 능력을 연마할 수 있게 되자 그들은 때와 장소를 가리지 않고 드러나지 않는 학습을 할 수 있는 사람이 되었다.

정신적 반복 훈련이 갖는 힘

많은 시간을 투자해 연습할수록 그 성과도 커지게 마련이다. 리더십 능력을 연습할 수 있는 기회를 더 늘릴 수 있는 방법은 바로 정신적 반복 훈련이다.

앞서 살펴보았던 잭의 이야기로 돌아가보자. 학습 계획의 일환으로 잭은 자동차를 타고 회사로 출근하는 여유 시간을 이용하여 자신이 그날 맞닥뜨리게 될 일들을 어떻게 처리할 것인지를 생각하기로 했다. 하루는 업무에 차질을 빚고 있는 한 직원과 조찬 만남을 갖기 위해 차를 몰고 가던 중에 마음속에서 긍정적인 해결 방법을 생각해냈다. 잭은 구체적인 문제 해결에 들어가기 전에 상황을 보다 완벽하게 이해하기 위해 이것저것 궁금한 것을 물어보고 그에 대한 답변에 귀를 기울이기로 했다. 그는 조급증이 재발할 것 같아서 습관대로 바로 나서지 않고 마음을 다스리는 방법을 연습했다.

그러한 정신적 반복 훈련은 새로운 능력을 학습하는 데 큰 효과가 있다. 정신적 반복 훈련이 운동선수들의 경기력 향상에 영향을 미친다는 것은 과학적으로 입증된 잘 알려진 사실이다. 미국의 다이빙 선수인 로라 윌킨슨(Laura Wilkinson)을 비롯해 여러 종목의 다양한 선수들이 이 방법을 정규 훈련에 포함시키고 있다. 2000년 올림픽 참가를 위해 연습하던 중 윌킨슨은 세 개의 발가락에 부상을 당해 더 이상 물에 들어갈 수가 없었다. 윌킨슨은 훈련을 중단하지 않고 매일 네 시간씩 다이빙대에 앉아 마음속으로 자신이 다이빙하는 모습을 한 동작 한 동작 아주 자세히 그려보는 일을 반복했다. 그녀는 결국 2000년 올림픽에 출전해 아무도 예상치 못했던 금메달까지 거머쥐었다.

이처럼 운동선수들이 정신적 반복 훈련의 힘을 이용하여 극적으로 성공을 거둔 이야기들은 많이 있다. 상상의 힘이 생물학적으로도 강력한 힘을 발휘한 것이다. 지난 30년간 수많은 연구를 통해 밝혀진 바에 의하면 정신적 훈련과 올바른 피드백, 그리고 자신이 하려고 하는 일에 대한 확실한 전망을 갖추면 신체의 특정 부위의 기운이 상승하고 호흡과 심장박동이 안정된다고 한다. 따라서 자신이 이상적인 상태에 도달한 모습을 명확히 그려낼 수 있고 거기에 집중할 수 있는 능력이 있다면 성공적인 리더십을 발휘할 수 있다. 사실 이처럼 머리 속에서 어떤 상태를 그려보는 것에는 또 다른 이점이 있다. 즉 뇌는 우리가 나아가고 있는 곳과 거기에 도달했을 때 우리가 느낄 감정에 대한 상상의 그림을 보여줌으로써 우리에게 어떤 행동을 유발한다.

반복 훈련의 이점은 거기서 그치는 것이 아니다. 뇌의 연구 조사 결과 밝혀진 바에 따르면 어떤 것을 아주 구체적으로 머리 속에 그리면 우리의 행동을 주관하는 뇌세포를 자극할 수도 있다고 한다. 다시 말해서 한 사람이 마음속에서 어떤 과정을 단순히 반복하기만 해도 새로 생긴 뇌 신경회로가 자리를 잡고 그 틀을 굳건히 하게 된다는 것이다. 이는 모험이 뒤따르는 새로운 리더십을 시도하고자 할 때 생기는 두려움을 경감시킬 수 있는 방법이기도 하다. 직장 혹은 집에서 있음직한 상황을 먼저 머리 속으로 그려보면 새로운 방식을 실행에 옮길 때 훨씬 덜 불안해질 것이다.

다섯번째 발견: 나를 지탱하는 관계의 힘은 무엇인가

1990년대 초반 쿠퍼앤라이브랜드(Copper & Lybrand)라는 회사의 동업자들인 몇몇 여성들이 연구 모임을 결성하기 위해 한자리에 모였다. 처음에 그들은 한 달에 한 번씩 모여 자신들의 일에 대한 이야기와 전통적인 남성 위주의 사업 분야에서, 그리고 회사에서 리더십을 어떻게 발휘할 것인가에 대한 이야기를 나누었다. 몇 번의 모임을 갖고 나자 그 모임은 일과 생활에 대한 전반적인 이야기를 나누는 자리가 되었다. 그들 사이에 강한 신뢰가 쌓이게 되었고, 그들은 자신들의 리더십 능력을 강화시키는 과정에서 서로에게 솔직한 피드백을 기대할 수 있는 관계를 형성하게 되었다.

오늘날 전문직에 종사하는 많은 여성들이 리더가 되기 위해 혹은 조직 내에서 리더십을 제대로 발휘하기 위해 그리고 여타의 목적을 위해 이와 유사한 모임을 만들고 있다. 우리가 6장에서 지적한 바대로 소수 그룹에 속하는 여성들은 업무 수행에 관한 유익한 피드백을 받을 기회가 적다. 그리고 이런 모임을 꾸리게 되는 더 큰 이유는 일반적으로 사람들은 신뢰할 수 있는 사람을 대할 때 별 부담 없이 자신의 리더십 능력 가운데 서투른 부분을 실험해보거나 시도해볼 수 있다는 것이다.

리더십 계발에 성공한 사람을 보면 그 과정에서 도움을 준 사람들이 얼마나 중요한 존재인지를 잘 알 수 있다. 어느 중년의 리더는 2년 과정의 리더십 계발 과정을 함께 이수한 동료들과 최근에 만난 자리에서 그에게 리더로서의 성공을 가져다준 것은 훈련 프로그램이 아니라 '사람들, 그리고 그들과 맺은 인간관계'였다고 말했다. 역설적으로 들릴지 모르겠지만 자발적 학습 과정은 그 과정의 한 단계 한 단계를 다른 사람에게 의존해야만 한다. 다시 말해서 자신의 이상적 자아를 설정하고 다듬고 그것을 현실적 자아와 비교하는 것에서부터 발전의 정도를 가늠해주는 최종 판단에 이르기까지 모두 다른 사람에게 의존한다는 것이다. 우리가 맺은 인간관계는 우리의 리더십 능력이 얼마나 향상되었는가를 파악하고 우리가 학습하는 것의 유용성을 파악할 수 있는 바탕이 된다. 변호사와 상담하듯 믿을 만한 코치, 멘토르(mentor: 삶의 조언자 혹은 전문 직업 분야에서 기술과 비법을 전수해주는 사람을 일컫는다 — 역주) 혹은 친구와 터놓고 이야기를 나누게 되면 그로 인해 일종의 안전지대가 생겨난다. 우리는 그 안전지대 안에서 서로의 이해관계가 첨예하게 얽혀 있는 고통스러운 현실을 어느 정도 거리를 두고 살펴볼 수 있으며 때에 따라서는 상대방의 화를 돋울 수도 있는 질문을 할 수 있다. 새로운 습관을 갖기 위해 도전하고 연습하기 위해서는 그것이 심각한 문제가 되지 않는 공간과 인간관계가 전제되어야 한다.

우리는 그러한 안전장치의 도움으로 변화에 대한 희망뿐 아니라 그 희망을 움켜쥘 수 있다는 확신까지 갖게 되는 많은 예를 보아왔다. 가령 간부와 전문직 종사자들을 대상으로 한 훈련 프로그램이 끝난 후 자신의 소감을 피력하는 시간이 되면 자신의 일에서 이미 크게 성공한 리더들이 자기확신 능력 부분에서 큰 도움을 받았다고 말하는 경우가 많다. 그들은 그 프로그램에 참석하기 전에 이미 주변 사람들로부터 자기확신의 능력 면에서 인정을 받았던 사람들인데 어째서 많은 것을 얻었다고 말하는 것인가? 그들은 우리와 면담을 하는 과정에서 그 이유를 설명해주었다. 즉 그들에게 있어 향상된 부분은 자신들이 변할 수 있다는 것에 대한 확신이었다. 그것은 그들이 일을 하면서 오랫동안 느끼지 못했던 것이다. 그들이 느끼기에는 주변의 많은 사람들 — 직장 사람들과 심지어 그들의 가족들까지 — 이 그들의 의지와는 다르게 그들로 하여금 변화하지 않고 그대로 남아 있도록 만들었다는 것이다. 하지만 리더십 계발 프로그램을 통해 그들은 자신들에게 변화의 용기를 북돋아준 새로운 참고인들 — 자신들과 같은 처지의 다른 사람들 — 을 알게 되었다. 그밖의 다른 많은 연구를 통해서도 긍정적인 집단은 사람들로 하여금 긍정적인 변화를 일으키도록 만든다는 것을 알 수 있었다. 특히 그들의 인간관계가 솔직함과 신뢰와 심리적 안정을 동반할 경우 긍정적인 변화의 깊이는 더욱 커진다.

리더십 스트레스

리더의 입장에서는 그와 같은 안전장치들이 제대로 된 학습을 하기 위해 중요한 것일 수 있다. 리더들 중에는 마치 현미경 같은 것으로 자신들의 행동 하나하나가 주변 사람들에 의해 관찰당하고 있다는 불안함을 느낀 나머지 새로운 습관을 실험할 엄두를 내지 못하는 경우가 종종 있다. 다른 사람들이 비판의 눈초리로 자신을 지켜본다는 걱정 때문에 그들은 아직 능력을 키우기 위해 나설 때가 아니라고 생각하면서 새로운 시도나 모험을 꺼린다.

리더십이란 것은 본질적으로 스트레스를 유발한다. 강한 권력에의 의지 — 사람들에게 강한 영향력을 미치고자 하는 마음 — 를 보여주었던 사람들에 대한 초기 연구를 보면 그들의 권력을 추구하고자 하는 욕망은 실제로 생물학적 스트레스를 받을 때처럼 그들을 각성시키는 힘을 발휘했다고 한다. 사람이 스트레스를 점점 더 많이 느끼게 되면 혹은 권력을 추구하고자 하는 마음의 욕구가 커지게 되면 몸에서는 스트레스 유발 호르몬인 아드레날린과 노아드레날린의 분비가 늘어난다. 그것은 혈압을 높이는 동시에 개체로 하여금 즉각적인 행동 태세를 취하게 만든다. 그와 함께 몸에서는 스트레스 호르몬인 코티솔이 분비되는데, 그것은 아드레날린보다 지속력이 훨씬 더 높으며 새로운 것을 배우는 데 방해가 되는 것이다.

스트레스를 받으면 사람들은 더 이상 보호받고 있다는 느낌을 받지 못하고 더 나아가 새로운 행동방식을 연습하는 데도 장애를 겪는다. 그 밖에도 리더십 스트레스가 유발하는 문제가 또 있다. 스트레스를 심하게 받은 상태가 오래 지속되면 뇌에서는 지속적으로 코티솔이 분비되는데, 그것은 새로운 것을 학습하는 데 없어서는 안 될 해마 부위의 뇌세포를 파괴하여 결국 학습을 어렵게 만든다.

이 모든 이유로 인해 리더십 학습은 사람들이 안전함을 느낄 수 있는 환경에서만 최상의 효과를 발휘할 수 있다. 물론 너무 느슨한 환경은 오히려 동기부여를 어렵게 만들 수도 있다. 사람들이 학습에 전념할 수 있는 최상의 뇌 상태는 동기부여와 흥미를 최고로 이끌어낼 수 있는 상태다. 심리적으로 안정을 느끼면 새로운 것을 시도할 때 실패가 두려워 주저하거나 두려워하는 마음이 많이 줄어든다.

서로 공감하는 집단 안에 있으면, 다시 말해서 당신과 마찬가지로 새로운 리더십 유형을 키우기 위해 노력하는 사람들과 함께 있다면 일단 변화를 위한 최적의 환경이 마련된 것이라고 봐도 좋다. 누군가 다른 사람이 스스로 채운 족쇄를 풀어 과감히 위험을 무릅쓰고 나아가는 것을 보게 되면 당신은 위험 부담이 있는 일을 하고자 할 때도 좀더 편하게 임할 수 있다.

나에게 오직 나의 길을 가는 것만을 바라고 요구하는 사람들과 각별한 인간관계를 맺는다는 것은 지속적인 자기 계발을 위해서 매우 중요하다. 앞에서 잠시 언급했던 멘토르 혹은 코치들의 도움을 통해 당신은 자신의 장점과 단점, 그리고 다른 사람에게 미치는 영향력 등을 이해할 수 있으며 자신의 학습 계획을 한 단계 한 단계 밟아나갈 수 있다. 하지만 그렇게 되기 위해서는 '멘토르' 혹은 '코치'를 곁에 두는 것만으로는 충분하지 않다. 반드시 솔직하고 신뢰할 만하며 자신을 뒷받침해줄 만한 인간관계가 필요하다.

멘토르와 코치

우리는 어느 에너지 회사의 고위급 리더들의 리더십을 평가한 적이 있는데, 그들 중 건전한 리더십의 장점을 갖추고 있었던 리더들은 우리에게 이구동성으로 다음과 같은 말을 해주었다. 우선 그들은 일찍이 어린 시절부터 멘토르의 지도를 받으며 자신들의 장점을 키워왔다고 했다. 이런 사실은 노스캐롤라이나 주 그린즈버러에 있는 창의적 리더십 센터에서 진행된 연구를 뒷받침하는 것이다. 이 연구소에서는 리더로서의 능력을 갖추는 데 멘토르의 역할이 얼마나 중요한가를 오랫동안 연구해왔다.

우리가 면담한 간부들은 리더로서의 자신들의 경력을 되돌아보면서 성장 과정에서 겪은 가장 중요한 경험으로 어떤 도전이 주어지는 일 — 적어도 처음에는 — 을 꼽았다. 그런데 거기에는 그들에게 그 일을 하도록 권유하고 훼방을 놓는 사람들의 손아귀에서 그들을 보호해주는 멘토르가 있었다고 한다. 멘토르가 쳐주는 보호막은 매우 중요한 것으로, 그 회사에서는 이러한 멘토르의 능력을 다른 사람들에게 '운신의 폭'을 만들어주는 능력이라고 부르기 시작했다.

어린 새가 첫 날갯짓을 할 때까지 그들 곁에서 어미가 안전하게 지켜주듯이 멘토르는 그 리더들이 새로운 리더십 유형과 힘을 갖춘 채 홀로 설 수 있을 때까지 물심양면으로 도와주었다고 한다. 사실 멘토르가 리더들을 위해 해준 일은 그들의 리더십 능력을 키워준 것 이상이었다고 할 수 있다. 덕분에 그 회사는 각각 놀라운 업무 실적을 보여준 두 명의 최고경영자를 연속해서 맞이할 수 있었다.

멘토르와 함께 어떤 특정한 리더십 능력을 키우는 것이 당신의 목적이라면 무엇보다도 먼저 그 의도를 분명히 밝히는 것이 중요하다. 당신이 하려고 하는 바를 알고 있으며 당신의 포부와 당신의 학습 일정을 공유하는 멘토르와 작업을 하게 될 경우, 멘토르는 코치(coach: 코치는 멘토르보다 좀더 포괄적인 의미를 갖고 있다 — 역주)의 모습을 띠게 된다.

코치는 다양한 형태로 모습을 드러낸다. 어떤 경우에는 공식적인 간부의 직함을 가진 코치의 모습을 띠기도 하다가 또 다른 경우에는 비공식적인 멘토르의 모습을 띠기도 한다. 그 밖에 동료나 친구의 모습을 띠기도 한다.

인스틸 코퍼레이션(Instill Corporation)의 창립자이자 최고경영자인 마크 틸링(Mark Tilling)에게도 역시 또 다른 회사의 최고경영자로 있는 멘토르가 한 명 있었다. 그는 바로 베레스타 커뮤니케이션(Verestar Communications)의 데이비드 개리슨(David Garrison)이었다. 틸링은 유사한 경험을 가진 다른 간부들과 대화를 나누는 것이 보통의 코치에게서보다 문제 해결을 위한 더 큰 도움을 받을 수 있다는 것을 깨달았다.

간부의 위치에 있는 코치 — 오늘날 이런 사람들은 대단히 많다 — 는 직장 상사나 동료들보다 훨씬 더 허심탄회하게 이야기를 나눌 수 있는 상대다. 코치(혹은 어떤 특정 문제의 해결에 도움이 되는 멘토르)가 곁에 있다면 단순히 리더십 능력을 키우는 것 이상의 많은 도움을 받을 수 있다. 코치는 리더들의 눈과 귀가 되어준다. 그리고 너무도 많은 리더들이 아직 벗어나지 못하고 있는 정보 고립과 소외의 늪에서 빠져나올 수 있는 실마리를 마련해준다. 코치의 도움을 받아 리더는 일상의 우물에서 벗어나 비로소 바깥 세상을 볼 수도 있다.

좋은 코치는 리더의 개인적 장점을 비롯해 리더가 직면한 문제들뿐만 아니라 조직과 그 조직의 분위기가 갖고 있는 딜레마를 이해할 수 있는 사람이다. 그리고 그들 역시 감성지능을 사용하는 사람이다. 진정으로 다른 사람에게 도움이 되고자 하는 코치는 다양한 관점에서 리더가 직면한 딜레마를 이해할 줄 알아야 한다. 다양한 관점으로는 개인적 관점(그 사람에게 일어나고 있는 일), 팀의 관점(간부 혹은 실무 책임자로 이루어진 집단의 움직임), 조직의 관점(이 모든 것이 조직의 분위기와 체계와 전략과 얼마나 맞아떨어지는가) 등이 있다. 코치의 존재는 리더에게 맞는 리더십 계발 프로그램을 제공해줄 수도 있다. 그리고 일대일 인간관계를 통해 우리가 이 장에서 언급한 모든 과정을 섭렵하는 즐거움을 안겨준다.

팀을 이끌고 나가기

한 명의 리더로 하여금 더 큰 공감을 일으키는 능력을 갖출 수 있도록 돕는 것이 리더십 계발 훈련의 첫걸음이라고 할 수 있다. 조직 전체로 봤을 때에는 리더십의 발전이 개인의 차원을 넘어설 경우 그것은 대단한 영향력을 미치게 된다.

말레이시아의 화학 제조 업체인 헌츠먼 티옥사이드(Huntsman Tioxide)의 로자노 사아드(Rozano Saad)의 예를 들어보자. 관리 담당 총책임자로 승진하고서 얼마 되지 않아 그는 부하직원들로부터 충격적인 피드백을 받게 된다. 그가 지시형, 선도형 리더가 될 소지가 다분하다는 것이었다. 어떻게 보면 이는 그리 놀랄 일도 아니다. 어쨌거나 로자노는 고된 실습 과정을 거쳐 엔지니어가 되었고, 그가 지난 16년간 몸담고 있었던 엔지니어 사회에서는 그러한 유형의 리더십이 표준으로 자리잡고 있었기 때문이다.

하지만 그가 자신에게 주어진 일에서 성공하려면 보다 폭넓은 리더십 능력을 갖춰야 하는 것은 분명했다. 헌츠먼 티옥사이드는 지난 4년간 적자를 면치 못하고 있었다. 말레이시아에 있는 생산 공장은 그 회사가 전세계에 갖고 있는 공장 중에서 가장 최신식 설비를 갖추고 있는 곳이었음에도 불구하고 제일 생산성이 떨어지고 품질도 최하위였다.

공장을 구하는 데 조금이라도 도움이 되고자 로자노는 리더십에 대해 새롭게 자각한 것을 가지고 전망제시형과 코치형 리더십을 갖추기 위한 학습 목표를 설정하게 되었다. 그의 궁극적인 목표는 조직의 분위기를 완전히 바꾸는 것이었다. 특히 조직 구성원들이 스스로 책임감과 자신에 대한 기대치를 명확히 자각할 수 있도록 하는 것이 그의 주된 목표였다. 더불어 그는 자신이 자기인식 능력을 갖추고 있지 못하다는 것을 알고 그것이 자신의 학습 목표 가운데 하나임을 분명히 했다.

최고경영자 증후군에 걸리지 않기 위한 하나의 방편으로 로자노는 자신의 개인적 학습 목표를 중간 관리자들에게 알려주었다. 로자노는 자신이 늘 접하는 사람들을 자신의 학습 계획에 끌어들임으로써 그들과의 만남을 학습 공간으로 만들었다. 그리고 로자노는 관리자들 모두가 자신과 같은 리더십 계발 프로그램에 참여하도록 했다. 그가 원했던 것은 모든 사람들에게 똑같은 언어를 쓰도록 만들어 새로운 학습 계획에 박차를 가하고, 그들의 회사가 나아갈 방향을 정하는 데 있어 서로 힘을 합하는 것이었다. 만약 그러한 학습 일정을 혼자만 이해하고 있다면 그는 공장의 사람들을 만날 때마다 일일이 새로운 회사의 비전을 설명해야만 하기 때문이다.

드디어 관리자들을 중심으로 팀이 꾸려졌다. 그들은 팀을 중심으로 '개별 만남 월정 계획(회사 내의 코치들 사이에 쓰이는 표현)'을 만들어 리더들 모두가 자신들의 학습 계획에 대한 도움과 평가를 받을 수 있도록 하였다. 월례 관리자 회의에서는 업무 수행과 안전 관리 문제뿐만 아니라 관리 스타일, 조직의 분위기, 학습 계획에 대한 토론도 진지하게 하게 되었다. 그리고 그들은 특별히 서로의 생각을 주고받을 수 있는 모임도 만들었는데, 그 모임은 한 달에 한 번씩 만나 자신의 학습 계획을 밝히고, 얼마나 나아졌는지를 확인하고, 그에 대한 피드백을 받는 식으로 진행되었다.

그로부터 2년 후 자신들이 이룬 변화에 크게 자신감을 얻은 로자노와 관리자들은 공장을 개방하여 다른 회사의 간부들이 방문하고 참관을 할 수 있도록 만들었다. 아울러 조직 전체의 분위기도 일신되었음은 두말할 나위도 없다.

그들이 이 과정을 시작할 무렵 만약 작업 현장에 있는 사람에게 개인적 목표가 무엇이냐고 물어봤다면 아마도 '안료 5만 톤 생산'과 같은 애매하기 그지없는 대답만 했을 것이다. 하지만 2년이 지난 지금 다시 그와 같은 질문을 한다면 그들은 양적인 측면보다 질적인 측면에 초점을 맞춰 대답할 것이 분명하다. 가령 이렇게 말이다. "저는 네 시간마다 안료 표본을 검사합니다. 규격에 맞는지 확인하는 것이지요. 허용 기준치를 벗어난 안료가 있을 경우 가능한 한 빨리 조치를 취해서 허용 기준에 맞도록 만듭니다."

그 밖에도 로자노의 회사는 생산품의 품질이 더욱 향상되었을 뿐만 아니라 괄목할 만한 이익상승률을 보이기 시작했다. 회사 전체의 분위기가 얼마나 나아졌는지를 주기적으로 점검해본 결과, 관리자들이 내린 평가 점수는 200퍼센트나 높아졌다(로자노와 부하직원들이 확인한 바에 따르면 거의 300퍼센트 이상 높아졌다). 특히 업무 처리의 명료성 및 유연성과 업무 수준, 헌신도 면에서 괄목할 만한 향상을 보였다. 그리고 변화를 시도한 지 3년째 되는 해에 그룹의 최고경영자는 헌츠먼 티옥사이드 말레이시아가 기록적인 수익률과 함께 생산 목표를 초과 달성함으로써 그룹 전체에서 가장 뛰어난 사업 능력을 보여준 회사라고 발표했다.

도대체 어떤 일이 벌어진 것일까? 사람들이 바뀐 것도 아니고, 더군다나 사람들의 인성이 그토록 짧은 시간 안에 변할 수도 없는 노릇 아닌가. 바뀐 것은 그들이 함께 일을 하는 방식이었다.

조직의 분위기가 바뀌면서 사람들은 자신들의 감성지능 능력을 점점 더 많이 사용하게 되었고 자신이 가진 리더십 재능을 키워나 갈 수 있었던 것이다. 관리자들은 자신의 꿈과 포부를 피력할 수 있는 기획을 갖게 되었고(첫번째 발견), 자신에 대한 다른 사람들의 360도 피드백을 통해 자신의 장점과 단점을 알아보게 되었으며 (두번째 발견), 자신의 학습 계획을 세웠고(세번째 발견), 일터에서 새로운 리더십 습관을 직접 시도해보고 연습했다(네번째 발견). 그리고 관리자들은 이러한 작업을 서로 도와가면서 했다(다섯번째 발견). 그렇게 그들은 새로운 리더십을 창조했다. 그들은 리더로서의 임무와 자기 발전에 대해 사람들로부터 감성적 공감을 불러일으켰다.

우리는 리더십 계발을 이야기하면서 그것을 한 사람의 리더를 변화시키는 것에서 시작하였다. 그 다음에 할 일은 더욱더 많은 훌륭한 리더들을 양성하여 사람들과 함께 일하는 방식을 변화시키고 그들이 지속적으로 리더십을 개발할 수 있도록 도와주는 것이다. 가장 효과적인 리더십 계발은 리더가 이끌고 있는 조직 전체의 변화와 발을 맞출 때 이루어진다. 이 점에 대해서는 다음 장에서 살펴보도록 하자.

3부 \ 감성 조직 만들기

Chapter NINE

팀의 감성적 현실

어느 제조 업체의 최고경영진이 골치 아픈 일을 해야 할 상황에 처했다. 그들은 회사가 이른바 '저성장'이라고 불리는 장기적인 침체에 빠져 있다는 사실을 어떤 방법으로 알려야 하는가를 놓고 골머리를 앓고 있었던 것이다. 저성장 상태란 그들이 시장에서 점점 밀려나고 있다는 것을 의미한다. 그런데 문제는 이 경영진이 사안의 심각성에도 불구하고 그와 같은 중대한 결정을 내릴 만한 역량을 갖지 못한 것처럼 보인다는 사실이었다. 실제로 사안이 시급하면 시급할수록 경영진이 결정을 미루면서 원하지 않는 일을 피하기 위해 전전긍긍하고 있는 기색이 역력했다. 게다가 더욱 심각한 문제는 그들은 회의에도 제대로 참석하지 않으면서 마치 어떤 중요한 사안에 대해서 합의라도 본 듯이 처신한다는 것이었다. 그것을 두고 어떤 사람은 이렇게 말했다. "그것은 결정을 은근슬쩍 기피하는 행위다." 그러는 동안 회사는 점점 더 뒤처지게 되었다.

이 경영진에게는 과연 무슨 문제가 있는 것일까? 경영진 한 사람 한 사람의 리더십을 살펴본 결과 다음과 같은 사실이 드러났다. 그들은 다른 사람에게 대놓고 반대 의견을 피력하는 것을 몹시 껄끄럽게 여겼다. 그러니까 갈등관리라는 감성지능의 능력 면에서 그들은 최하위권이었던 것이다. 그들이 어떤 결정을 내리는 데 그처럼 무능력했던 이유가 여기서 확연히 드러난다. 그들은 서로의 생각에 대해서 허심탄회하게 대화를 나누고 자신의 생각을 적극적으로 개진함으로써 — 이는 반대의 의견을 갖고 있는 사람을 적을 대하듯 하라는 말이 아니다 — 제대로 된 의사결정을 할 수 있다는 집단적 자각이 없었던 것이다. 오히려 그들은 갈등은 무조건 피하고 보는 습관을 가지고 있었다.

하지만 이들 경영진이 자신들이 공통적으로 갖고 있는 문제로 인해 그들 조직에 아무런 쓸모도 없는 습관이 생겨났다는 사실을 깨달았다는 것은 그나마 희망이 있다는 증거다. 그들이 발견한 사실은 그들에게 중요한, 그러나 보이지 않는 영향력을 행사하는 힘이라고도 할 수 있다. 그들이 갖고 있던 갈등에 대한 기본적 입장과 위와 같은 사실에 대한 집단적 자각이 그들을 무기력하게 만들었던 '감성적 현실(emotional reality)'에 더해졌다. 그러한 통찰 덕분에 팀으로서의 그들이 — 개인의 모습도 포함해서 — 어떤 변화를 일으켜야 하는지를 알 수 있었다. 더 나아가 그들은 실제적인 해결책을 모색하려면 서로의 비위를 맞추는 행동에서 벗어나서 갈등에 대한 그들의 고정된 사고방식에 변화를 줘야 한다는 것을 깨달았다.

우리는 다음과 같은 사례를 자주 접했다. 즉 팀이(그리고 조직 전체가) 자신들의 집단적 감성의 실상을 접했을 때 그들에게 팽배해 있던 습관에 대해 발전적인 재검토를 하게 되고 상황에 맞는 감성적 현실을 만들어내어 그것을 유지한 바람직한 사례들 말이다. 실제로 리더가 팀과 조직 내에서 자신의 감성적 지능의 영향력을 넓히고자 한다면 바로 그 일에서부터 출발해야 한다. 처음부터 이상적 전망에 초점을 맞추기보다는 현재의 실상을 냉정하게 바라볼 줄 알아야 한다. 이와 같은 자신에 대한 성찰과 자기 발견의 과정을 거쳐 나온 결과는 우리가 7장에서 살펴보았던 개인적 차원에서 얻었던 자신에 대한 성찰과 자기 발견의 결과와는 반전된 모습을 보인다.

이런 반전은 왜 일어날까? 바로 동기부여 때문이다. 개인의 차원에서 우리는 우리 인생에 대한 꿈과 이상적 전망을 구상할 때 변화에 대한 동기유발이 강하게 일어나는 것을 느낀다. 자신의 미래에 대한 그러한 비전 덕분에 우리는 우리의 행동을 변화시키고자 하는 힘과 헌신적 노력을 갖게 되는 것이다. 하지만 집단의 이상적 전망을 논할 경우 그것은 개인에게는 마치 먼 나라의 이야기처럼 들린다. 따라서 변화를 일으킬 수 있는 충분한 동기유발이 일어나지 않는다. 그에 대한 예로 들 수 있는 것은 기업의 설립취지문 등에서 쉽게 볼 수 있는 지나치게 원대하고 장황한 표현들이다. 그런 글들은 일터의 직원들이 체험하는 일상의 경험과는 마치 몇 광년쯤 동떨어진 느낌을 준다.

집단이 변화를 도모할 수 있는 경우는 집단 스스로가 자신들이 어떻게 기능하고 있는지에 대한 명확한 실태를 파악하고 있을 때뿐이다. 특히 그 집단 내의 개인들이 자신들의 업무 환경이 불협화음을 자아내거나 열악하다는 것을 깨달을 때 비로소 집단의 변화가 일어날 수 있다. 집단 스스로가 감성적 혹은 직감적 차원에서의 실태를 명확히 이해하는 것이 매우 중요하다. 하지만 문제점을 인식하는 것만으로는 변화가 일어날 수 없다. 집단 구성원들은 문제의 원인을 찾아내야만 한다. 이때의 문제의 원인이란 "나쁜 사장 때문이다."라는 식의 풀이가 아닌 감성적 현실의 차원을 뜻하는 것이다. 문제의 뿌리는 오랜 시간에 걸쳐 형성된 후 조직의 체제에 깊이 각인된, 즉 집단을 지배하는 기본 원칙 혹은 습관에 있는 경우가 많다. 그러한 원칙이나 습관을 일컬어 팀의 차원에서는 '규범'이라고 부르고 그보다 더 큰 조직의 차원에서는 '문화'라고 부른다.

일단 감성적 현실과 팀의 규범, 그리고 조직의 문화에 대한 이해가 충분하다면 그것을 바탕으로 해서 집단의 이상적 전망을 세울 수 있다. 집단의 이상적 전망이 사람들에게 매혹적으로 다가가기 위해서는 개인의 이상적 전망과 조화를 이룰 수 있어야 한다. 현재의 실상과 이상적 전망이 어떤 것인지를 이해한다면 그것들 사이에 어떤 간극이 있는지 알 수 있으며, 현재 일어나고 있는 일들을 미래의 전망에 맞춰, 그리고 그것을 향해 나아갈 수 있도록 의도적으로 계획할 수 있다. 현재의 실상을 미래의 전망과 더욱더 깊은 유기적인 관계로 엮을 수 있다면 변화는 아주 오랜 시간 동안 지속될 수 있다. 이런 식으로 이상과 현실을 '조화시키는' 방법은 집단을 불화의 상태에서 끌어내 감성지능을 갖추고 공감대가 형성된, 그야말로 업무 수행 능력을 가장 잘 발휘할 수 있는 상태로 바꿀 수 있는 틀을 만든다.

여기서 잠시 변화를 이끌어낼 수 있는 방법을 생각해보기 전에 '감성적 현실'이라는 말의 개념에 대해 좀더 자세히 살펴보도록 하자. 우리는 먼저 이것을 팀의 차원에서 살펴본 후 그 다음에 조직의 차원에서 논의할 것이다. 그 이유는 하나의 팀이 처하게 되는 상황이 보통 사람들의 일상적 경험과 아주 유사한 경우가 많기 때문이다. 그리고 팀의 차원에서 보면 변화의 직접적인 원인을 쉽게 찾을 수도 있다. 그와 동시에 보다 더 큰 조직체의 실상에 대해서도 곰곰이 따져볼 수 있는 여지를 주기도 한다.

감성과 규범의 언어

지난 몇십 년 동안의 연구를 통해 집단 내의 제아무리 영민한 개인의 의사결정이라 할지라도 그것의 탁월함에 있어서는 집단 전체의 의사결정에는 미치지 못한다는 사실이 밝혀졌다. 그러나 이 법칙에 한 가지 예외가 있다. 집단이 조화를 이루지 못하거나 서로 협력하는 분위기를 만들어낼 수 없다면 의사결정의 질과 신속함에 문제가 생길 수밖에 없다. 케임브리지 대학에서 진행한 연구에 의하면 제아무리 똑똑한 개인이 많은 집단이라 할지라도 분쟁과 경쟁심 혹은 파워게임 등으로 분위기가 엉망이 된 상태라면 제대로 된 의사결정을 내릴 수 없다는 것이다.

요약하자면 집단이 감성지능의 긍정적 능력들을 보여줄 때 그 집단은 뛰어난 개인들보다 유능하고 똑똑하다. 집단의 모든 구성원들은 집단의 전체적인 감성지능 능력에 한몫을 담당한다. 특히 리더는 이 부분에서 아주 특별한 영향력을 미친다. 사람들이 리더의 감정과 행동에 엄청난 관심을 보이는 것은 당연한 일이다. 감정은 전염성이 있다. 따라서 리더가 집단의 분위기를 형성하고 집단의 감성적 현실 ― 팀의 일원이 된다는 것이 어떤 느낌인지 ― 을 만드는 데 일조하는 경우는 아주 많다. 서로 협조하는 분위기를 만들어내는 데 탁월한 리더는 팀원들 사이의 공감의 정도를 아주 높은 상태로 유지할 수 있으며, 따라서 회의를 통해 집단의 의사결정을 내리는 것이 결코 헛된 노력이 아님을 분명히 보여준다. 그런 리더는 주어진 일에 팀이 하나가 되어 온 힘을 기울이도록 하는 것과 팀 구성원 간의 인간관계에 관심을 두는 것 사이에서 균형을 잡을 줄 안다. 그들은 회의실 안에서 정겹고 협조적인 분위기 ― 미래에 대해 긍정적 전망을 품게 하는 ― 를 자연스럽게 이끌어낸다.

반면 감성지능을 갖추지 못한 리더는 팀의 분위기를 망쳐놓기 일쑤다. 다음의 일화를 살펴보도록 하자.

- 어느 건강 관련 업체의 한 부서는 손실액이 자꾸만 커져가고 있었으며 다양한 배경을 가진 사람들을 너무 많이 고용한 까닭에 서비스 수준도 최악으로 떨어졌다. 관리 팀을 이끄는 사람은 근시안적인 사람이었으며 정리해고와 같은 중요한 사안

에 대해 어떤 변화를 꾀하기보다는 만장일치를 이끌어내기 위해 끝없이 회의만 열었다. 어떠한 결정도 내릴 수 없는, 곪을 대로 곪은 그 팀으로 인해 결국 몇 년 뒤에는 회사 전체가 재정적 위기에 봉착하고 말았다.

- 규모가 큰 어느 보험 회사에서 리더로 일하고 있던 똑똑한 재닛은 한 침체된 부서에 변화의 태풍을 불러일으켰다. 그녀는 직원들이 구태의연하게 일하는 모습을 보면 절대 그냥 넘어가지 않았다. 그녀가 내세우는 계획에 동의하지 않은 사람들이 보기에 그녀가 노골적으로 전하고자 하는 메시지는 다음과 같은 단 한 가지뿐이었다. 즉 여기에 너희들이 있을 자리는 없으니 딴 데 가서 알아보라는 것이었다. 재닛은 자신의 팀원들 사이에 어떤 대가를 치르더라도 재닛이 실패하는 모습을 보고자 하는 움직임이 일고 있다는 것을 거의 눈치채지 못했다. 몇 개월 후 상당히 잘 나가던 재닛의 부서가 최악의 실적을 보이기 시작했으며 일 년 뒤에는 부서가 완전히 와해되었다.

유감스러운 일이지만 이런 일들은 우리에게 너무도 자주 일어난다. 위의 두 경우 모두 문제의 뿌리는 리더가 귀에는 들리지 않는 감성 및 규범의 언어를 사용하는 방법과 관련이 있다. 우리는 규범이라는 것을 대수롭지 않게 여기지만 그것이 우리에게 미치는 영향은 엄청나다. 규범이 있다는 것은 집단의 차원에서 암시적인 학습 행위가 이루어지고 있음을 보여주는 것이다. 그러한 암묵적 규칙들은 우리가 매일매일 일어나는 상호작용을 흡수하는 가운데 하나씩 배워나가는 것이며, 자동적으로 받아들여 자연스럽게 조화를 이루는 것이다.

일단 공식적으로 공표되어 실행에 옮겨진 집단의 규범은 그 집단이 업무 수행 능력이 뛰어난 팀이 될지 아니면 결속력 없이 그저 사람들이 함께 모여 일하는 팀이 될지를 보여주는 기준이 된다. 서로 얼굴을 붉히는 대립과 말다툼이 수시로 발생하는 팀들도 있고 허울에 불과한 예의와 관심으로 일상의 따분함을 가리고 있는 팀들도 있다. 그러나 좀더 바람직한 팀은 사람들이 다른 사람의 말에 귀를 기울이고 상대에게 예의를 벗어나지 않는 범위에서 반대 의견을 피력하며 말과 행동의 모든 면에서 서로를 도와준다. 그리고 서로 대립되는 부분이 생길 경우 허심탄회하게 즐거운 마음으로 그것을 풀어나간다. 팀을 지배하고 있는 기본적인 원칙들이 어떤 것이든 간에 사람들은 그것을 자동적으로 감지하고 거기에 맞춰 행동한다. 다시 말해서 사람들이 어떤 상황에서 스스로 '제대로 일을 하고 있다.'는 느낌을 갖는 것은 바로 규범을 따르느냐의 여부에 의한 것이다. 결국 규범이 사람들의 행동방식을 지배하는 것이다.

그러나 고상한 목표를 지향하는 유용한 규범이라 할지라도 종종 문제를 유발할 수 있다. 앞에서 살펴보았던 건강 관련 업체의 한 부서의 경우가 바로 그런 예에 속한다. 그 부서가 가장 앞세우는 규범 가운데 하나는 의사결정 과정에서 반드시 만장일치를 이끌어내야 한다는 것이다. 물론 만장일치가 팀 구성원들에게 높은 참여의식과 동기를 부여하는 것이긴 하지만 위 부서의 경우처럼 의사결정 — 특히 리더가 새로운 방향으로 분위기를 이끌고 나가고자 할 때 — 을 교착 상태에 빠뜨리고 엉뚱한 곳으로 몰고 가기도 한다.

침체된 분위기의 부서에 새로 부임한 리더인 재닛의 경우를 보면, 그녀는 자신이 맡은 팀의 감성적 현실을 제대로 파악하지 못했고 그 바탕이 되는 규범을 제대로 따르지 못했다는 것을 알 수 있다. 그 결과 돌이킬 수 없는 일이 벌어진 것이다. 그녀는 집단의 힘을 과소평가했다. 즉 그녀는 오랜 시간에 걸쳐 형성된 집단의 습관과 사람들이 불문율로 여기는 그 무엇인가가 존재할 경우에 구성원들이 느끼게 되는 서로 간의 긴밀한 결속력을 과소평가한 것이었다.

자신의 부서를 정예 부서로 만들어야 하는 책임을 짊어진 재닛은 원대한 꿈과 변화가 필요한 부분이 무엇인지를 가려낼 수 있는 예리한 눈을 갖고 있었다. 그녀는 전형적인 지시형 리더십을 사용하여 부서 사람들 사이에서 실질적인 '리더' 역할을 하는 것처럼 보이는(실제로 그들은 그녀와 닮은꼴인 사람들이었다) 몇몇 사람들을 가려냈다. 그리고 그들을 자신의 측근으로 만든 다음 부서 정리에 들어갔다. 다시 말해서 최소한의 권한만 부여한 채 그들을 부려먹기로 한 것이다. 그녀를 새로운 책임자로 맞이한 직원들은 그녀의 그런 조치에 반대를 했지만 그녀는 아랑곳하지 않았다. 오히려 그녀는 고참 직원들은 변화의 필요성을 느끼고 자신의 생각에 동의해줄 것이라고 확신하면서 반대하는 사람은 회사를 그만두라는 식으로 나갔다.

재닛이 간과한 것은 부서원들이 공유하고 있는 말로 표현되지 않는 강력한 규범이었다. 그것은 그녀가 맡기 훨씬 전부터 그 부서를 지배하고 있는 것이었다. 그러한 규범들 가운데 가장 중요한 것은 의리로 똘똘 뭉친 팀 구성원들의 유대감이었다. 그들은 어려운 상황에서도 서로를 돕는 자신들의 모습에 커다란 자부심을 갖고 있는 사람들이었다. 또한 그들은 어느 누구도 일방적으로 피해를 보지 않도록 갈등을 처리하는 나름의 방식을 갖고 있었다. 하지만 재닛은 그 부서를 움직이는 핵심적 규범을 따르지 않고 사람들을 거칠게 대하면서 팀을 이끌어나갔다. 팀의 구성원들은 자신들을 이끌어온 원칙들 — 협력, 배려, 존중과 같은 — 이 위험에 처했다는 것을 알고 반격을 하기 시작했다. 몇 개월 뒤 모두에게 분노의 감정이 퍼지자 핵심 구성원들이 공개적으로 그녀의 리더십을 박탈하려고 했다. 그 와중에 많은 사람들이 회사를 그만두게 되었다. 이와 같은 일들로 인해 재닛의 부서는 서서히 붕괴되어 갔다.

재닛의 사례는 리더가 범할 수 있는 실수 중에서도 매우 심각한 경우에 포함된다. 즉 집단 내에 존재하는 기본 원칙들과 집단 정서의 현실을 무시하고 책임자의 리더십만으로도 충분히 직원들을 이끌 수 있다고 생각한 것이 문제다. 이런 실수는 아직도 많은 회사에서 되풀이되고 있다. 가령 새로운 부서 — 보통 전환기에 놓여 있는 — 를 맡게 된 리더가 그 집단의 규범이 갖고 있는 힘을 무시하고 구성원들의 감정은 별로 중요하지 않다고 여기는 것이다. 이런 리더는 공감의 분위기를 조성하는 리더십을 발휘하지 않고 지시형과 선도형의 무자비한 리더십을 발휘한다. 그렇게 되면 당연히 업무 분위기는 나빠지게 된다.

두말할 필요 없이 앞의 사례에서 살펴본 리더들은 집단의 실상을 파악하고 팀 구성원 간의 상호작용을 좀더 생산적인 차원으로 끌어올릴 수 있는 감성지능을 충분히 갖추지 못했다고 할 수 있다. 반면 집단의 핵심적인 규범들을 정확히 가려낼 줄 아는, 그리고 긍정적인 감성을 극대화시킬 줄 아는 리더들은 감성지능이 뛰어난 팀을 만들 수 있다.

집단의 감성지능은 업무 수행 능력이 뛰어난 팀과 그렇지 않은 팀을 구분하는 기준이라 할 수 있다. 이 점에 대해서는 케이스웨스턴 대학 웨더헤드 경영대학원의 바네사 드러스캣(Vanessa Druskat) 교수와 메리스트컬리지 경영대학원의 스티븐 울프(Steven Wolff) 교수의 연구를 통해서도 밝혀진 바 있다. 그들은 집단의 감성지능이 팀의 감성 조절 능력을 좌우하며 그것은 '집단 내의 신뢰감, 집단의 정체성, 집단의 역량'을 키우고, 더 나아가 그 집단을 유기적이고 생산적으로 만든다고 주장했다. 한마디로 감성지능은 긍정적이며 강력한 감성적 현실의 결과물이라고 할 수 있다.

집단 감성지능의 극대화

당연한 말이지만 집단이 높은 감성지능을 갖추기 위해서는 감성적 지능이 뛰어난 개인들이 보여주는 자기인식 능력, 자기관리 능력, 사회적인식 능력, 관계관리 능력이 필요하다. 집단에도 나름의 정서와 욕구가 있으며 집단적 행동방식이라는 것도 따로 있다. 가령 회의 시간에 늦게 들어갔을 때 회의실 안에서 느껴졌던 팽팽한 긴장감을 떠올려보면 그것이 어떤 것인지를 알 수 있을 것이다. 당신이 늦은 것에 대해 사람들이 아무리 별다른 말을 하지 않는다 해도 거기에는 분명 어떤 갈등 같은 것이 존재했다고 할 수 있다. 전체적으로 그 집단은 신경이 곤두서 있었고 금방이라도 폭발할 듯한 기세였을 것이다. 또한 당신은 즉시 그들이 다시 회의에 몰입하기 위한 어떤 행동을 취하려 한다는 것도 느낄 수 있었을 것이다. 그렇게 되지 않으면 모든 것이 꼬일 수도 있다. 우리가 말하는 집단의 정서와 욕구란 바로 이런 것이다.

개인의 경우와 마찬가지로 팀에 있어서도 감성지능의 각 능력은 실제 상황 속에서 마치 연쇄반응을 일으키듯 서로가 서로를 기반 삼아 형성된다. 다시 말해서 팀의 구성원들이 집단의 정서와 욕구에 주목하면서 자기인식 능력을 훈련한다고 할 때, 그들은 감정이입을 통해 서로에게 피드백을 해준다. 서로에게 감정이입을 하는 행위를 통해 팀은 긍정적인 규범을 만들어내고 그것을 지속하며, 그렇게 형성된 구성원 간의 인간관계를 바탕으로 바깥 세계를 좀더 효율적으로 제어할 수 있게 된다. 팀의 차원에서 보면 사회적인식 능력 — 그 중에서도 감정이입의 능력 — 은 팀이 다른 조직과의 원활한 관계를 형성하고 유지하는 데 필요한 기반을 마련해준다.

자기인식 능력을 가진 팀

어느 토목 회사의 관리 팀은 현장에서 매주 한 번씩 회의를 갖기로 계획을 세웠다. 한번은 회의를 막 시작할 무렵 한 팀원이 갑자기 큰소리로 회의에 대해 뭔가를 이야기했다. 요지는 회의가 열리는 장소와 시간 등이 그에게 너무도 불편하다는 내용이었다. 그가 얼마나 화가 났는지를 알아차린 리더는 거기 모인 사람들에게 그의 희생을 생각할 필요가 있다고 하면서 그에게는 직접 감사하다는 말까지 했다. 팀원은 어떤 반응을 보였을까? 그의 노여움은 온 데 간 데 없이 사라져버렸다.

팀의 자기인식 능력은 그 팀 내에 흐르는 공통의 정서뿐 아니라 그 집단 내의 개인들의 정서까지도 진지하게 고려될 때 극대화된다. 다시 말해서 자기인식 능력을 가진 팀의 구성원들은 각자의 마음속에 흐르는 감성 및 팀 전체에 흐르는 감성과 조화를 이룰 수 있다는 것이다. 그러한 집단의 구성원들은 서로에 대한 감정이입이 가능하다. 그리고 그 집단 안에는 서로 조심하고 서로를 이해하고자 하는 규범이 존재한다. 따라서 앞의 예에 나온 리더가 취한 행동이 별 것 아닌 것 같지만, 그처럼 살짝 비틀어 표현함으로써 별다른 행동 없이도 팀 내의 불화를 최소화시키고 다시금 조화로운 분위기를 만들 수 있었던 것이다.

감성은 전염성이 있는 것이기 때문에 팀의 구성원들은 좋건 나쁘건 서로에게서 감정의 실마리를 끌어낸다. 만약 화가 난 구성원의 감정을 팀이나 리더가 헤아리지 못하면 그것은 부정적인 연쇄반응을 일으키게 된다. 반대로 팀 전체가 구성원의 감성을 제대로 파악하고 거기에 효과적으로 대처한다면 한 사람의 부정적인 기분이 팀 전체를 엉뚱한 곳으로 이끄는 일은 없을 것이다.

앞에서 소개한 관리 팀의 경우는 팀의 자기인식 능력과 감정이입 능력이 서로 아주 잘 맞물린 예에 속한다. 그리고 그것은 자기관리 능력의 향상으로 이어진다. 위의 예를 통해 우리는 리더가 행위의 모델을 어떻게 만드는지 알 수 있다. 관리 팀의 리더는 한 구성원의 감성적 현실에 대해 감정이입의 능력으로 대처하는 법을 보여주었고 그것을 집단 전체에 주지시켰다. 그처럼 다른 사람의 마음을 헤아리는 태도는 구성원들의 신뢰감과 소속감을 불러일으키며 그것은 또한 '우리는 여기서 모두 하나'라는 팀원으로서의 사명을 더욱 굳건하게 만들어준다.

팀이 자기인식 능력을 갖췄다는 것은 의사결정에 앞서 다른 사람들의 관점 — 단 한 명의 반대자의 관점까지도 포함해서 — 에도 귀를 기울여야 한다는 규범을 갖춘 것이라고 할 수 있다. 이는 팀 동료가 자신의 업무를 익히지 못해서 힘들어 할 때 도움을 주는 것을 의미하기도 한다.

템플 대학의 수전 휠랜(Susan Wheelan)과 클리블랜드 게슈탈트 연구소의 프랜 존스턴(Fran Johnston)은 조직의 특성에 대한 연구를 하면서 감성지능이 높은 리더 — 평범한 리더가 아닌 — 일수록 이면에 숨겨져 있는 문제점을 잘 찾아내고 따라서 집단의 자기인식 능력을 향상시킨다는 사실을 밝혀냈다. 세계적인 네트워크 솔루션 업체인 루슨트 테크놀로지(Lucent Technologies)의 전략회의에서 있었던 일을 살펴보자.

회의는 너무도 뻔한 내용으로 진행되고 있었다. 회의를 주관하는 간부는 늘 그래왔듯이 다음 회계 연도의 성장률을 정하기 위한 예상 성장률을 이야기해보자고 했다. 사람들은 여느 때처럼 과장해서 대답했다. "두 자릿수 성장입니다." "우리가 마음먹은 일은 반드시 해낼 수 있습니다." 라틴아메리카 담당 부사장인 미셸 디 샤펠레스(Michel Deschalpelles)는 화가 치미는 것을 느꼈다. 그는 공공연한 허세로 일관하는 팀의 규범이 목표 설정의 무의미함을 오랫동안 은폐하고 있다는 것을 — 그것은 더 나아가 그들의 형편없는 실적을 설명해주는 것이기도 하다 — 알고 있었다. 그리고 그 것은 애매한 목표 뒤에 숨어 책임을 회피하려는 경향을 보여주는 것이기도 했다.

그는 팀원들이 하는 짓을 더 이상 두고 볼 수 없었다. 그는 다그치듯 말했다. "진심입니까? 그렇다면 올해의 성장률을 400퍼센트로 잡도록 하지요. 그것을 목표로 정합시다." 그 말을 듣고 사람들은 그가 정신이 나간 것은 아닌가 생각했다. 잠시 동안 사람들은 당황한 나머지 숨을 죽이고 앉아만 있었다. 하지만 몇 분이 흘렀을까. 사람들은 웃음을 터뜨렸다. 디샤펠레스는 사람들의 허세에 허세로 대응했던 것이고, 그로 인해 집단 내에 감춰져 있던 공허하기 짝이 없는 허장성세의 규범이 그 모습을 드러냈다.

그가 그렇게 자극을 준 덕분에 팀원들은 그동안 무의미한 말로 포장해왔던 자신들의 진정한 업무 수행 능력에 대해 솔직한 대화를 나누게 되었다. 곧 그들은 실현 가능한 목표와 그 목표를 달성하기 위한 구체적인 계획에 대해 좀더 현실적인 대화를 나눌 수 있게 되었으며, 팀 차원에서 얻은 결과에 대해서는 서로 책임지는 분위기를 조성하게 되었다. 이처럼 어떤 일에 대한 책임 소재를 분명히 하는 것은 사업을 해나가는 데 있어서 아주 중요한 일이다. 다음 회계 연도 결산시 그 팀은 회사 전체에 자신들의 진가를 입증했다. 그들 덕분에 회사 매출액이 자그마치 900만 달러에 육박했던 것이다.

디샤펠레스의 행동은 집단적 각성을 불러일으켰다. 즉 팀원들은 자신들이 무엇을, 왜 하고 있는지를 인식하게 되었던 것이다. 이 정도의 자기인식 능력을 갖춘 팀은 무엇을 어떻게 해야 하는지에 관한 의사결정 능력도 갖게 된다. 더 이상 무의미한 규범을 맹목적으로 좇지도 않게 되고, 구성원들(혹은 리더)의 기분에 따라 이리저리 휩쓸려 다니지도 않게 된다.

자기관리 능력을 가진 팀

유명한 학술 그룹을 이끌고 있는 캐리 체르니스는 팀의 자기인식 능력을 가장 중시하고 그룹 구성원들이 함께 일하는 방식을 관리함에 있어서는 그 책임을 각 구성원들에게 부여한다. 하루 종일 이어질 회의를 시작하면서 그는 그날의 일정이 적힌 종이를 나눠준다. 거기에는 그룹이 어떤 식으로 일정을 따라가야 하는지를 대략적으로 적어놓은 '일정 준수' 목록이 있다. 가령 이런 식이다.

캐리를 포함하여 모든 사람들은 다음과 같은 책임을 져야 한다.
- 본 궤도에서 이탈했을 경우 즉시 제 궤도로 돌아온다.
- 사람들이 자유롭게 의견을 개진할 수 있도록 한다.
- 진행 과정 중에 생기는 의문 사항들을 질문한다(예를 들어 그룹이 나아가고 있는 방향을 분명히 하도록 요구하고, 논의되고 있는 문제를 모두가 공유할 수 있도록 요약해서 제시한다).
- 다른 사람의 말에 귀를 잘 기울인다. 진행되고 있는 논의의 주제를 떠올리며 사람들의 말에 주의를 기울이거나, 변화시키고자 하는 것이 무엇인지를 분명하게 제시한 후 그에 대한 사람들의 의견을 구한다.

세계 각국에서 온 그 그룹의 구성원들은 캐리와 함께 한 모임이 그들이 지금까지 참석했던 모임들 가운데 가장 집중력 있고 생산적이며, 즐거운 것이었다고 입을 모았다.

위의 예를 통해 우리는 감성지능을 갖춘 리더가 이끄는 팀이 어떻게 스스로를 관리하는 법을 배울 수 있는지를 잘 알 수 있다. 물론 캐리는 자신이 하는 일이 궁극적으로 어떤 의미를 가지고 있는지를 알아야만 한다. 어쨌든 그는 러트거스 대학의 조직 감성지능 연구 컨소시엄을 책임지고 있기 때문이다. 그러나 그가 나눠준 일정 규범들 가운데 상식을 벗어난 것은 하나도 없었다. 남들과 다른 점이라고 한다면 캐리는 구성원들에게 그들의 집단 규범을 분명하게 일깨워주었다는 점뿐이다. 다시 말해서 모든 사람들이 그 규범을 실행에 옮길 수 있도록 그것을 분명히 드러낸 것이다.

여기서 팀의 자기관리 능력에 관한 한 가지 중요한 사실을 알 수 있다. 즉 긍정적인 규범이 자리하기 위해서는 집단에서 그 규범을 반복해서 연습해야 한다는 것이다. 캐리가 이끄는 그룹은 그 규범을 감성지능과 결부시켜 그것이 가진 잠재력을 극대화시킨 것은 물론 그 효용성도 함께 키워나갔다. 그리고 그 규범을 적용할 때마다 그룹의 구성원들 모두에게 긍정적인 경험을 안겨주었다. 이처럼 규범을 숨기지 않고 분명하게 드러낸 덕에 그룹에 새로 들어온 사람들도 그 집단에 쉽게 융화될 수 있었다. 어느 순간 캐리가 이끄는 컨소시엄은 규모가 두 배로 커졌지만 일의 진행에는 아무런 차질도 생기지 않았다. 사람들이 서로 맞물려 돌아가는 방법을 잘 알고 있었기 때문이다.

사람들이 팀의 핵심적인 가치관과 규범을 명확히 알고만 있다면 리더는 팀을 원활하게 이끌어나가기 위해 일일이 모습을 드러낼 필요도 없다. 이것은 전세계에 퍼져 있는 온라인으로 연결된 팀들 혹은 그 구성원들과 일을 하는 수많은 리더들에게는 아주 중요한 부분이다. 자기인식 능력 및 자기관리 능력을 갖춘 팀의 구성원들은 공감의 분위기를 조성할 수 있는 규범을 스스로 만들고 그것을 강화시키기 위한 과정을 서서히 밟아나갈 것이다. 그리고 그것을 유지하는 데 있어 공동으로 책임을 질 것이다. 누군가 창의적인 생각을 말하면 그 다음에 말하는 사람은 그 생각을 지지하는 '생각의 보호자' 역할을 해야만 하는 관례가 있다고 하자. 이런 식의 방법은 아직 미약하기 짝이 없는 아이디어의 싹을 틔우는 데 더할 나위 없이 좋고, 혁신적인 생각을 비판을 위한 비판으로부터 지킬 수도 있다. '생각의 보호자' 규범은 두 가지 중요한 역할을 한다. 하나는 새로운 생각을 보호할 수 있다는 것이고 다른 하나는 그 생각이 창의적이라는 것을 인정하기 때문에 사람들의 기분이 좋아진다는 것이다. 그리하여 사람들은 더욱더 창의적이 되려고 할 것이며 팀 내의 공감대도 계속해서 커져갈 것이다.

따라서 팀이 자기관리 능력을 갖추는 것은 구성원 모두의 책임이다. 집단으로 하여금 자기관리 능력을 연마하도록 하기 위해서는 강하면서도 동시에 감성지능이 뛰어난 리더가 필요하다. 특히 그 집단이 감정과 습관을 조절하는 능력이 떨어지는 집단이라면 더욱더 그러한 리더가 필요하다. 핵심이 되는 가치관과 팀 전체의 사명이 무엇인지를 분명히 알고 있고, 자기관리의 규범을 명확히 드러내어 그것을 반복해서 실행에 옮길 수 있다면 팀의 업무 수행 능력은 놀라울 정도로 향상될 것이다. 그리고 팀 구성원들의 경험 내용도 그만큼 달라질 것이다. 그러한 팀의 일원이 된다는 것은 분명 그만한 가치가 있는 일이다. 그리고 거기서 얻어지는 긍정적인 감정을 통해 팀의 목표를 달성하는 데 필요한 힘과 동기를 얻을 수도 있다.

감정이입 능력을 가진 팀

어느 공장의 제조 부서에서는 자신들의 성공적인 업무 수행이 그들의 설비를 최상의 상태로 유지시켜주는 시설 관리 부서 덕분이라는 것을 알고 있었다. 그래서 제조 부서의 직원들은 시설 관리 부서를 '우수 부서' 상의 후보로 추천했고 그들이 수상을 할 수 있도록 추천의 편지를 썼다. 제조 부서가 그처럼 다른 부서와의 관계를 돈독히 해둔 덕분에 그들은 공장 내에서 최고의 생산 실적을 자랑하는 팀의 자리를 유지할 수 있었던 것이다.

효과는 확실했다. 제조 부서가 시설 관리 부서 사람들에게 자부심을 갖게 해줌으로써 두 집단은 선의의 관계 — 서로 잘 되도록 기꺼이 도와주려는 관계 — 로 맺어질 수 있게 되었다. 그들은 자신들의 능력을 활용하여 조직 내 다른 집단을 이해하려고 하였으며 두 집단이 서로 영향을 미치는 방식에 대해서도 이해하고자 했다. 그들은 그러한 이해 과정을 거쳐 서로 도움이 되는 관계를 구축했다. 그 결과 두 팀은 독자적으로 일을 처리할 때보다 훨씬 더 큰 업무 효과를 거둘 수 있었다.

감성지능을 갖춘 팀은 모든 종류의 관계 처리 능력의 기본인 감정이입 능력에 해당하는 집단적 능력을 가지고 있다. 그러한 능력을 통해 그들은 자신들의 성공적인 업무 수행에 도움이 될 수 있는 조직 내(혹은 조직 밖) 다른 팀의 존재를 알아본다. 그리고 그 팀들과의 원활한 업무 관계를 유지하기 위해 일관된 행동을 취하게 된다. 팀의 차원에서 감정이입 능력을 갖춘다는 것은 단순히 상대에게 잘 해준다는 것 이상의 중요한 의미를 갖고 있다. 그것은 전체 조직이 요구하는 바가 무엇인지를 알아서 거기에 관련된 모든 하부 조직이 제대로 일을 수행하고 그 결과에 만족하도록 전체 조직의 요구에 따르는 것을 의미한다. 제조 부서의 태도는 다음의 두 가지 차원에서 긍정적 효과를 가져왔다. 우선 그것은 두 집단 사이에 공감대를 형성했으며 시설 관리 부서가 공장 내 우수 부서로 인정받을 수 있도록 했다.

조직 내 여러 부서를 관통하고 있는 감정이입은 업무 효율 및 실적을 높일 수 있는 강력한 힘으로 작용한다. 게다가 이런 종류의 감정이입은 팀 자체의 긍정적인 감성적 기조를 만들어낼 뿐만 아니라 조직 전체에도 건전한 감성적 분위기를 조성한다.

집단의 감정을 다스리는 리더

감성지능이 높은 팀을 만들고자 하는 리더는 먼저 팀이 집단적 자기인식 능력을 갖출 수 있도록 도와줘야 한다. 앞에서 살펴본 예를 통해서도 알 수 있듯이 그것이야말로 리더의 진정한 역할이다. 즉 리더의 역할은 팀의 감성적 기조가 어떤 상태인지를 확인하고 팀 구성원들로 하여금 그들에게 어떤 부조화가 존재하는지를 자각하게 해주는 것이다. 팀원들이 자신들의 감성적 현실을 제대로 직시할 때 비로소 변화를 향해 마음이 움직일 것이다. "나는 우리

안에서 느껴지는 이런 분위기가 정말 싫어."라는 식의 간단하기 그지없는 말 한마디로 대변되는, 모든 구성원들이 똑같이 느끼고 있는 감정의 실체를 제대로 파악하면 그 팀은 변화를 향한 중요한 일보를 내딛게 된다. 사실 리더가 팀 내에서 일어나고 있는 일에 제대로 귀를 기울이기만 해도 팀은 변화의 과정을 밟아나갈 수 있다. 팀 내에서 일어나고 있는 일에 귀를 기울인다는 것은 팀 구성원들의 말과 행동을 주의 깊게 살피고 그들의 감정을 이해한다는 것을 의미한다. 따라서 팀원들이 생산성에 도움이 안 되는 규범의 정체를 파악할 수 있도록 리더가 도와준다면 구성원 모두가 자발적으로 새로운 업무 수행 방식을 따르게 된다.

집단의 감성적 실상을 드러내는 방법에는 여러 가지가 있다. 예를 들어 어느 금융 서비스 회사의 부사장은 우리에게 이런 이야기를 들려주었다. "저는 어떤 일을 처리할 때 항상 나 자신보다 팀 구성원들이 상황을 어떻게 바라보는가에 주목합니다. 저는 이렇게 자문하곤 하지요. '저 사람에게 무슨 일이 있나? 저 사람은 왜 저런 실수를 저질렀지? 저 여직원은 무엇에 저렇게 열광하는 걸까? 무엇 때문에 저렇게 자신만만하고 매사가 즐거운 것일까?'"

그는 자신의 팀원들에게 자기인식 능력을 직접 보여주고 그것을 갖추도록 함으로써 자신의 팀을 조직 전체에서 가장 뛰어난 팀으로 만들었다. 그뿐만 아니라 감정이입의 능력과 다른 사람 — 자신이 아닌 — 의 바람과 욕구에 주목할 수 있는 능력이 팀의 규범으로 자리잡게 되자 그의 팀은 자신들의 좁은 울타리에서 벗어나 좀더 폭넓은 시야를 가질 수 있었으며, 회사 전체의 차원에서의 리더십과 경영상의 문제를 정확히 파악할 수도 있었다.

기본 원칙을 세워라

리더에게는 팀의 규범을 세울 권한이 있다. 그리고 리더는 팀의 각 구성원들이 최상의 재능을 발휘할 수 있도록 조화와 협조의 분위기를 조성해야 한다. 리더가 그런 일을 하기 위해서는 우선 팀의 정서적 기조를 최고의 상태로 올려놓아야 한다. 팀의 정서적 분위기를 고조시키기 위해서는 긍정적 이미지, 낙관적 해석, 공감대를 형성하는 규범, 전망제시형, 민주형, 관계중시형, 코치형 등의 리더십 스타일을 활용할 수 있다.

리더는 자신의 행동을 통해, 아니면 팀의 감성을 키울 수 있는 능력을 가진 팀원을 격려함으로써 행동의 모범을 제시한다. 예를 들어 회의를 시작하기에 앞서 간단한 확인 작업을 함으로써 문법을 제시하는 리더도 있다. 이때의 확인 작업이란 기분이 '영 아닌' 사람들이 자신들의 기분을 솔직하게 표현하고 다른 사람들에게 위로를 받을 수 있는 기회를 갖도록 하는 것이다. 펜실베이니아 대학의 켄윈 스미스(Kenwyn Smith)와 예일 대학의 데이비드 버그(David Berg)가 자신들의 연구에서도 밝힌 바 있듯이 집단 구성원들의 기분이 가라앉아 있으면 그것은 그들이 리더에게 "지금 안고 있는 문제나 상황을 피하려 하지 말고 적극적으로 해결하라."는 중요한 경고를 하고 있다는 증거라고 한다. 다시 말해서 문제를 마음속에 묻어두지만 말고 더 이상 지속되지 않도록 중간에서 잘라내야 한다는 것이다. 가령 리더는 행동이 불손한 직원에게 전화를 걸어 그 문제를 직접 상의하거나, 아니면 중요한 의사결정 과정에서 아무 말도 하지 않고 침묵을 지키는 직원에게 의견을 물어볼 수도 있다.

제대로 된 기본 원칙을 세우기 위해서는 감성지능을 갖춘 리더가 있어야 한다. 다시 강조하지만 팀의 리더로서 갖춰야 할 것은 팀원들과의 공통된 행동방식이 아니라 공통의 감각이다. 뛰어난 리더는 집단 내에서 일어나고 있는 일에 예의 주시하면서 그에 대한 자신의 감각을 바탕으로 행동한다. 그러기 위해 반드시 노골적인 방법을 써야 하는 것은 아니다. 가령 브레인스토밍(brainstorming: 여러 사람이 모여서 어느 한 주제에 대해 다양한 아이디어를 내놓는 집단 토의 기법 — 역주)처럼 미묘한 사안을 살짝 언급해주는 것만으로도 효과는 충분하다. 그런 리더와 일하는 사람들은 시간의 흐름에 따라 자연스럽게 다른 사람과 함께 일하는 방법에 대한 공통적이고도 긍정적인 지식을 쌓을 수 있다.

● ●

또 다른 상급 관리자는 집단으로서의 전체 사원들에게 주의를 기울였다. 팀 구성원들의 생활 주기에 따라 팀의 행동방식도 달라진다는 사실을 알게 된 그는 새로 구성된 팀에서 쟁점이 되고 있는 사안에 대해 구성원들 각자가 이야기할 수 있는 기회를 마련해주었다. 기획 회의를 소집하여 정기적으로 팀원들로 하여금 자신들의 장점과 자신들이 잘할 수 있는 일을 스스로 이야기해보라고 요구한 것이다. 그럼으로써 은밀하게 팀 구성원들로 하여금 팀의 감성적 현실의 두 가지 측면을 자각할 수 있도록 만들었다. 감성적 현실의 두 가지 측면이란 역동성(누가 전면 또는 배후에 있는가)과 구성원들 각자의 맡은 바 역할(누가 그 일을 하고 싶어하며 그 이유는 무엇인지)이다. 그가 자신의 팀을 꾸리면서 형성한 개방적 분위기는 긍정적인 규범 — 나중에 불가피하게 직면하게 될 갈등을 처리할 수 있도록 하는 관습 — 을 형성하는 데 도움이 된다.

    리더가 집단의 감성적 현실을 드러낼 수 있는 또 다른 방법으로는 중요한 징후를 읽어내는 것이 있다. 가령 유럽의 거대 제약 회사 두 곳이 합병을 하는 과정에서 한 관리자는 자신의 부서의 집단적 감성을 확인할 수 있는 지표를 파악했다. 그것은 바로 주차장에 세워진 자동차의 수였다.

    처음 합병이 발표되었을 때는 주차장이 항상 만원이었으며 저녁 늦게까지 차들이 많이 남아 있었다. 그녀는 사람들이 합병으로 인한 기회를 붙잡기 위해 아주 열심히 일한다는 것을 알았다. 그런데 합병이 지지부진하게 진행됨에 따라 주차장에 세워진 자동차의 수는 점점 줄어들었다. 처음에 사람들이 가졌던 설렘과 열정이 점점 사라지고 있었고 오히려 불안한 마음만 커져 갔다.

    그러면 변함 없이 주차장을 지키고 있는 차들은 무엇인가? 아무리 상황이 막연하고 불안하다 해도 자신의 업무 수행 능력을 유지하고 다른 사람들보다 즐겁게 일할 수 있는 분위기를 만들어내는 사람들은 있게 마련이다. 내면에서부터 우러나오는 동기부여, 가령 연구개발 부서의 과학자들처럼 일 자체에 깊이 몰입된 경우나 아니면 감성적 자기관리 능력이 뛰어난 사람들의 경우가 바로 그렇다. 한편으로는 유능한 리더의 고군분투에 힘입어 변화의 과정에 직면한 사람들이 안정된 상태를 유지하는 경우도 있다. 감성지능이 높은 리더들은 팀원들에게 가능한 한 많은 정보를 제공하고 그들로 하여금 스스로의 운명을 통제하게 함으로써 그들이 변화의 과정을 잘 헤쳐나갈 수 있도록 돕는다. 그들은 팀원들의 감정을 눈여겨볼 줄 알고 그것이 중요하다는 것을 안다. 그리고 그들에게 자신들의 감정을 표현할 기회를 준다.

예를 들어 어느 연구개발 팀의 관리자는 인기 있는 리더가 회사를 떠나자 곧바로 직원들의 사기가 떨어졌다는 것을 알았다. 그는 그 문제를 가볍게 여기지 않고(그렇다고 상황 자체를 바꿀 수 있는 것은 아니었지만) 팀원 한 사람 한 사람을 따로 만나 그들이 느끼는 섭섭함과 걱정에 대해 함께 이야기를 나누었다. 이처럼 관리자가 직접 팀원들의 감정에 일일이 신경을 써준 덕에 팀은 다시 힘을 모아 긍정적인 변화를 위해 좀더 많은 에너지를 쏟아 부을 수 있었다. 또 다른 관리자는 '업무 중단'의 방법을 썼다. 그는 사람들에게 새로운 부서와 새로운 일을 무작정 배정하는 식으로 일을 처리하지 않고 옛 동료들을 한자리에 모이게 한 뒤 함께 지난 시절을 회상하면서 시간의 흐름을 슬퍼하고 앞으로의 희망에 대해 이야기를 나눌 수 있는 자리를 마련해주었다.

위의 관리자들은 팀 내에서 자신들의 감정과 집단의 감정을 잘 다스리는 리더의 좋은 예다. 그들 덕분에 사람들은 감정적 에너지를 소모하지 않고도 변화의 난제를 풀어나갈 수 있었고 혹은 그에 맞서 싸울 수도 있었다. 그들은 한눈팔지 않고 집단의 감성적 기조를 눈여겨봄으로써 긍정적 에너지를 포착하고 부정적 감정을 건설적으로 배출할 방안을 찾아냈다.

감성적 차원에서의 조직의 실상

어느 중소기업 사장의 요청으로 우리는 같은 부서에 속해 있으면서도 서로 잘 협력하지 못하는 세 명의 직원들을 상담하게 되었다. 사장은 이 문제를 팀 구성만 새로 하면 쉽게 해결할 수 있는 간단한 것으로 생각했지만 우리는 좀더 자세한 내막을 알아야 했다. 우리는 그들과 차분히 대화를 나누는 가운데 그 팀의 감성적 현실과 규범, 그리고 리더의 영향력에 대해 알아보고자 했다. 또한 우리는 감성능력 검사지표를 통해 팀의 대략적인 감성지능을 확인했다. 그리고 경영 스타일과 간부들의 영향력이 팀의 분위기에 어떤 영향을 미치는지도 평가했다. 우리가 조사한 결과를 보고 사장은 크게 놀랐다. 실상을 보니 팀의 협력 작업에는 별 문제가 없었으며 따라서 팀을 새로 꾸려서 해결할 수 있는 사안은 아니었다. 면담과 360도 평가 방법을 사용해본 결과 각각 다른 해결책을 요하는 몇 가지 근본적인 문제점들이 드러났다.

세 명의 직원들에게도 물론 문제는 있었다. 가령 그 중의 한 직원은 자기인식 능력의 수준이 매우 낮았다. 그는 주위에서 다른 사람들과 상호작용하는 방식에 있어 주의하라고 일러준 내용에 대해서도 듣는 둥 마는 둥 했다. 회의를 할 때는 자신의 단호한 견해를 피력하긴 했지만 그와 같은 호전적인 태도가 다른 사람들에게 어떤 식으로 영향을 미치는지는 거의 이해하지 못했다. 사람들이 이런 문제에 대해 그에게 귀뜸이라도 해주려 하면 그는 신경 끄라는 식의 반응을 보일 뿐이었다.

다른 지역에 위치한 공장에서 새로 전근 온 또 다른 팀원은 본사의 조직 운영 방식에 대한 이해가 부족했으며 회사의 분위기와는 어울리지 않는 행동으로 동료와 부하직원들을 멀어지게 했다. 그런데 동료들(그리고 결국은 본인까지)을 가장 어리둥절하게 만들었던 것은 그가 개인적인 관계에 있어서는 놀라울 정도로 뛰어난 감정이입의 능력과 관계 형성 능력을 보여준다는 것이었다. 하지만 그는 팀의 감성적 현실을 제대로 읽어낼 수 없었고, 같이 일을 할 때도 언제나 혼자 겉돌기만 했다.

이런 문제들과 그 밖의 다른 개인적인 관계에서 빚어지는 문제들이 팀을 꾸리는 데는 아주 중요하다. 하지만 상황을 좀더 깊이 살펴보면 진짜 문제는 비효율적인 규범과 팀의 부정적인 감성적 기조가 얽혀서 생긴 것임을 알 수 있다. 집단이 하는 일에 대한 개인 혹은 팀의 자기인식 능력이 많이 부족했다. 그들은 개별적인 팀 구성원들이나 집단의 정서를 제대로 다루지 못했으며 팀의 부정적인 감정을 다루는 데 많은 시간과 정력을 허비했다. 따라서 그 팀의 구성원들에게 있어서는 팀의 일부가 된다는 것은 그리 기분 좋은 일이 아니었으며 사람들과 함께 일하는 것도 껄끄러웠던 것이다.

특히 이런 경우에 그 배후에 자리하고 있는 문제 가운데 하나는 팀이 최고경영자의 선도형 리더십에 상응하는 몇 가지 비효율적인 규범을 만들어냈다는 점이다. 사장의 강한 성취욕과 턱없이 부족한 감정이입 능력으로 인해 팀을 자꾸만 삐걱거리게 하는 경쟁적인 분위기가 조성되었던 것이다. 게다가 리더 본인은 자신의 사업 전망과 전략을 사람들이 모두 잘 알고 있다고 생각했지만 우리가 조사한 바에 따르면 실상은 전혀 그렇지 못했다. 결국 팀원들이 각자의 방식대로만 일하면서 서로 협력하지 못했던 이유는 그들이 자신들의 조직이 어디를 향하고 있는지 제대로 알지 못했기 때문이었다.

분명한 사실은 판에 박힌 방식으로 팀을 구성하는 것은 결과적으로 아무런 도움이 되지 않는다는 것이다. 감성지능의 간극으로 인해 집단 내 구성원들간의 상호작용에서 비생산적인 관습이 형성된다는 사실만 제대로 자각한다면 그 팀은 무엇을 변화시켜야 할 것인지를 비로소 알게 된다. 그리고 그룹 차원에서의 변화를 꾀하기 위해서는 각각의 팀 구성원들이 우선 개인적인 차원에서의 변화부터 추구해야 함을 깨닫는 것도 매우 중요하다. 이처럼 정확한 실상을 알아야만 팀과 그 각각의 구성원들에게 알맞는 변화의 계획을 마련할 수 있다.

이런 식으로 팀의 대략적인 모습을 통해 팀의 감성적 현실을 보다 분명하게 그리는 데 필요한 핵심을 잡아낼 수 있다. 감성적 현실을 이해하기 위한 방법의 하나로 팀이나 조직 내에서 행동을 유발하는 구체적인 습관들을 드러내는 것이 있다. 사람들은 이러한 습관들을 별 의미가 없는 것으로 생각하면서도 거기에서 쉽게 벗어나지 못한다. 감성지능이 높은 리더는 그러한 습관과 그것을 지탱해주는 체계가 제대로 잘 돌아가고 있는지를 확인할 수 있는 표식을 찾아낸다. 그는 건전하지 못한 집단의 습관을 찾아낸 다음 그것을 드러냄으로써 보다 효율적인 규범을 만들어낸다.

앞의 예에서 팀의 간부가 비생산적인 규범과 건전하지 못한 감성적 현실을 드러낸 것을 통해 조직 전체의 변화를 도모하는 데 중요한 필수 요건을 찾아볼 수 있다. 이것에 대해서는 다음 장에서 자세히 살펴보도록 하겠다. 어쨌든 조직의 간부들로 하여금 현재 제대로 돌아가고 있는 것과 그렇지 않은 것에 대해 서로 솔직하게 논의하도록 만드는 것은 서로 더욱 공감하는 팀을 만들기 위한 첫번째 중요한 단계다. 그러한 대화를 통해 조직체 내의 분위기와 그 안의 사람들이 실제로 어떤 일을 하고 있는지에 대한 실상을 정확히 알 수 있다.

문제는 이런 유의 대화는 순간적으로 격렬해지기 쉽고 많은 리더들이 이런 대화를 꺼내는 것 자체를 두려워한다는 점이다. 처음부터 그런 대화를 꺼낸다는 것이 매우 부담스러운 것이다. 현재 벌어지고 있는 일에 대해 사람들이 솔직히 이야기할 때 그들의 감정을 조절할 자신이 없는 리더는 무난한 주제에만 집착하게 된다. 업무 조정 작업, 팀 구성원들의 역할 조율, 전략 수립 계획 등이 무난한 주제에 속하는 것이다. 이처럼 무난한 주제를 갖고 이야기하게 되면 대화가 다음 단계로 쉽게 이어지지만 — 팀, 조직, 사람들에 대한 이야기로 — 전략 혹은 역할 조정에 관한 실무 논의로 들어가면 대부분의 팀들이 꿀 먹은 벙어리가 된다. 그들은 팀의 감성적 현실과 규범을 면밀히 살피기 위해 서로에게 솔직해진다는 것이 매우 어렵다고 생각한다. 그리고 솔직한 대화는 결국 팀의 불화를 일으키게 된다고 생각한다. 즉 규범이 역기능을 발휘할 뿐 아니라 감성적 기조마저 비생산적인 방향으로 흐르면 누구나 불화의 분위기를 느낄 수밖에 없다고 생각하는 것이다. 그리고 리더는 문제에 맞서보지도 않고 그것을 과장하기만 한다. 물론 그러한 장애를 극복하기 위해서는 용기가 필요하다. 어려움 속에서도 팀을 이끌어 나가기 위해서는 감성지능을 갖춘 리더가 필요하다.

팀의 간부들이 그러한 과정을 거치는 데에는 세 가지 이점이 있다. 우선 진실만을 말하고 팀의 기조와 리더십의 행동적 측면과 정서적 측면에 대한 솔직한 평가를 내리는 가운데 팀 내에 참신하고 건전한 풍토가 만들어진다. 둘째, 이러한 과정에 적극적으로 참여하는 행동은 새로운 습관을 만들어낸다. 다시 말해서 조직의 구성원들은 자신들의 리더가 진실됨을 갈구하고, 소망하는 바를 과감히 소리 높여 이야기하며 건전한 방식으로 상호작용을 하는 모습을 보게 되면 자연스럽게 리더의 행동을 따라하기 시작한다. 그리고 셋째로 윗선에서부터 진실됨을 추구하는 모습을 보여줄 경우, 나머지 다른 구성원들 역시 더욱 과감하게 목표를 향해 나아갈 수 있다.

  이 장에서 살펴본 바대로 제아무리 리더가 노력한다 해도 팀의 규범이 발목을 잡고 있으면 공감대가 형성된 팀을 이끌 수 없다. 그리고 리더가 리더로서의 첫번째 임무 — 사람들의 감정과 팀의 감성적 현실을 다루는 — 를 수행하지 않는다면 그는 팀의 규범을 바꿀 수 없다. 이는 규범이 전체 조직의 문화에까지 영향을 준다는 점에서 볼 때 더욱 명확하다. 아무리 용기 있는 사람이라 할지라도 체제 자체에 도전하기는 힘들다. 따라서 새로운 리더십을 갖추기 위한 다음 단계는 좀더 넓은 범위에 속하는 조직의 현실적 모습과 이상적 모습을 따져보는 것이다.

Chapter TEN

서로 공감하는
조직의 힘

오랫동안 쇼니 레스토랑 체인은 상급 간부들을 중심으로 한 탄탄한 조직으로 이루어진 집단이었다. 간부들은 서로 잘 아는 사이였고 공통의 체험과 신념을 갖고 있었다. 그리고 그들은 경영상의 문제가 발생할 경우 그것을 어떻게 해결해야 할지 잘 알고 있다고 스스로 자신했다. 그런데 바로 이러한 점에서 기인한 배타적인 모습이 문제로 지적되었다. 그들은 마치 자기들끼리만 뭉치는 백인 남성들로 이루어진 동창 모임 같았다. 그들 내부에는 버디 시스템(buddy system: 야외 활동 등에서 안전상의 이유로 2인 1조로 행동을 하는 방식 — 역주)에서 기인한 문화가 자리잡고 있었다. 그리고 그들은 유색인들을 차별했다.

하지만 1992년에 이 모든 것이 바뀌었다. 그 해에 쇼니 레스토랑은 승진과 채용에서 차별을 받았다고 주장하는 2만 명의 직원 및 입사지원자들이 제기한 집단 소송을 해결하기 위해 1억 3,200만 달러의 거액을 지불해야만 했다. 그 사건 이후 새로 부임한 쇼니의 핵심 리더들은 능력 있는 유색인들에게 취업과 승진의 기회를 확대하는 등 의도적으로 사내 문화를 바꾸기 위해 과감한 운동을 펼쳐나갔다. 그로부터 불과 10년 만에 쇼니는 동창회 수준의 배타적인 회사에서 「포춘」이 선정한 '소수 민족을 배려하는 50대 기업'으로 탈바꿈했다.

물론 그러한 변화가 하룻밤 사이에 일어났을 리는 만무하다. 변화의 과정은 거역할 수 없는 자명종(집단 소송 사건) 소리와 함께 시작됐다. 그것은 회사의 배타적인 문화의 실상을 주목하게끔 하는 소리였다. 새로 부임한 리더들은 장차 회사의 인사 방향을 결정하기 위한 이상적 전망을 세워야 했다. 회사 전체로서도 지속적인 변화를 꾀하기 전에 우선 그러한 전망부터 정립해야 했다. 즉 이상적 전망에 감성적으로 주파수를 맞추게 된 것이다.

쇼니의 리더들은 현실을 직시하게 되었으며 그들의 조직을 지금까지와는 다른 곳을 향하도록 이끌어나갔다. 그들은 기업이라는 커다란 조직의 변화도 팀 단위의 변화와 마찬가지로 조직의 감성적 현실과 규범을 아는 것에서부터 시작된다는 것을 깨달았다. 그들은 자신들의 회사가 갖고 있는 감성적 현실과 관습 — 사람들이 어떤 일을 어떻게 하는지에 관한 — 을 파악하고 나서 감성적 지능을 갖추기 위한 전면적인 변화의 과정을 밟기 시작했다.

개인의 감성지능과 조직의 감성지능의 차이점을 살펴보자. 개인의 감성지능 능력을 구성하는 요소들과 팀의 감성지능 능력을 구성하는 요소들은 사실 별 차이가 없지만 조직의 감성지능 능력을 구성하는 요소들은 그보다 훨씬 더 복잡할 뿐 아니라 목표하는 바도 훨씬 더 광범위하다. 즉 조직의 감성지능은 폭넓고 깊이 있게 여러 분야에서 골고루 발휘되어야 하며, 진실하고 투명하고 성실할 뿐 아니라 감정이입까지도 가능한 건전한 인간관계를 가능하게 해주는 규범과 문화를 체계적으로 만들어내야 한다. 그러한 변화가 일어나기 위해서는 무엇보다도 먼저 리더가 진실에 겸허한 자세를 보여줘야 하며 조직의 감성적 현실을 정확히 읽을 수 있어야 한다. 그리고 조직 내 구성원들로 하여금 미래에 대한 전망을 갖도록 만들어야 한다. 회사가 전방위적인 차원에서 그와 같은 감성지능을 갖춘 리더십을 이끌어낼 여건을 만들고, 감성지능 리더십을 갖춘 리더들이 실상을 정확히 바라보게 되면 회사는 변할 수 있다. 아니, 변할 수밖에 없다.

사람들의 말에 귀 기울이지 않는 리더

옳고 그름을 가려내고 조직의 실상을 파악하는 것은 리더로서 해야 할 가장 중요한 제1의 과제다. 하지만 그것이 아무리 제1의 과제라 해도 옳고 그름을 제대로 가려낼 수 있는 리더는 별로 많지 않다. 그래서 그들은 최고경영자 증후군의 손쉬운 먹잇감이 되기도 한다. 다시 말해 혼자만 고립된 채 아무런 조화도 이루지 못하는 리더의 신세가 되어버린다. 제아무리 인자한 리더의 모습을 지니고 있다 하더라도 최고경영자 증후군에 걸린 리더들은 직원들과 이야기를 나누는 시간을 갖지 못하며 일이 제대로 진행되고 있는지에 대한 깊이 있는 대화를 이끌어낼 수 있는 관계중시형 혹은 코치형 리더로서의 인간관계를 만들지도 못한다. 그들은 자신들의 조직이 어떻게 돌아가고 있는지를 파악하기 위한 사람들과의 실제적인 만남을 갖지 못한다. 오로지 혼자만의 신선놀음에 빠져 조직의 감성적 현실을 접할 기회가 없다.

지시형과 선도형 리더십을 보여주는 고집 센 리더들은 인자함과는 거리가 멀다. 그래서 사람들은 그들에게 진실을 말하려 하지 않는다. 결국 그들은 조직의 실상에 대해 무지하거나 그것을 받아들이려 하지 않는다. 그들은 자신들의 조직에 아무런 문제가 없다고 믿고 있는지도 모른다. 하지만 그와 동시에 그들은 누구도 감히 자극적인 말 — 특히 나쁜 소식 같은 — 을 입 밖에 내려고도 하지 않는 위압적인 조직 문화를 만들어버린다. 그와 같은 침묵의 대가는 매우 클 수도 있다.

해마다 미국의 병원에서 일상적인 의료 과실 — 의사가 약을 잘못 처방하거나 엉뚱한 주사를 놓는다거나 하는 — 로 사망하는 환자의 수가 십만 명에 이른다는 사실을 생각해보자. 거의 모든 병원 조직에 만연해 있는 지시 통제의 문화를 자각하고 그것의 변화를 시도했다면 이와 같은 과실의 대부분은 사전에 막을 수 있었을 것이다. 의학협회에서 이 문제를 담당하고 있는 어느 외과의사는 우리에게 이런 말을 해주었다. "간호사가 의사의 실수를 바로잡을 경우 — 가령 의사에게 처방전에 투약량을 너무 많이 기입했다고 지적하는 것과 같은 — 그 간호사는 그로 인해 오히려 더 큰 화를 당할 수도 있는 것이 현재의 병원 문화입니다. 만약 의학 분야에서도 항공 산업 분야에서와 같이 과실에 대해 허용오차제로 규범을 채택한다면 우리는 의료 과실의 수를 획기적으로 줄일 수 있을 것입니다."

물론 간호사에게 의사들을 자극했다가는 큰 화를 당할 것이라고 말하는 사람은 아무도 없다. 이는 구체적인 상황 속에서 눈치를 통해 말 없이 익히게 되는 조직 문화에 관한 교훈이다. '허용오차제로'가 가능한 병원 문화를 만들기 위해서는 업무 점검과 비교 점검의 강도를 훨씬 더 높여야 할 뿐 아니라 상명 하달식의 문화가 조장한, 병원 조직에 광범위하게 퍼져 있는 선도형과 지시형 리더십을 전면적으로 재고해야 한다.

문제가 많은 조직

조직 내에 불화를 조장하는 리더는 결국 많은 문제를 유발할 수밖에 없다. 감성지능이 결여된 조직에서 일하는 느낌은 과연 어떤 것일까? 우리가 잘 아는 어느 관리자의 말에 의하면 공감대를 형성하지 못하는 리더와 문제가 많은 조직은 구성원들을 육체적으로 고통스럽게 만들 뿐 아니라 구성원들로 하여금 마치 능력과 자기확신과 창의성을 상실한 것 같은 기분이 들게 만든다고 한다. 그 원인은 자명하다. 불화를 조장하는 선도형 리더가 일을 처리하기 위해 위협과 강압을 일삼았기 때문이다.

겉으로는 공공에 대한 봉사와 교육을 회사의 사명으로 내세웠지만 경영진은 오직 눈앞의 이익에만 급급했던 것이다. 또한 사장이 드러내놓고 자신은 사원들의 복지에 많은 신경을 쓰지 않는다고 말하는 것도 문제였다. 그는 이런 말을 곧잘 했다. "나는 직원들로부터 최상의 이익을 끌어낼 것이고, 그들을 남김없이 활용할 것이다." 그보다 더 심각한 것은 그가 사람들을 인격적으로 존중할 줄 모른다는 것이었다. 그는 깡패나 다름없었다. 그것을 극단적으로 보여주는 한 가지 사건이 있었다. 어느 날 중간 관리자 중의 한 명이 사장이 있는 자리에서 사람들에게 자신의 생일이라고 하며 케이크를 한 조각씩 나눠준 적이 있었다. 모두가 환한 웃음을 지으며 "생일 축하해요."라고 말하는데 그 사장이란 사람은 옆에 앉은 간부에게 큰소리로 이렇게 말했다. "이게 무슨 짓거리들이야? 자넨 부하직원에게 일은 안 시키고 뭘 하고 있는가?" 그렇게 말하고서 그는 생일을 맞은 중간 관리자를 위아래로 쳐다보며 이렇게 말했다. "그리고 보아하니 자네는 케이크의 칼로리가 부담스러울 것 같은데."

그의 이러한 부정적인 리더십은 회사 내에 매우 치명적인 규범을 만드는 데 일조했다. 그러면서도 그는 직원들에게 많은 것을 기대했다. 그는 직원들에게 고객들로 하여금 자신들이 마치 특권계층이라도 된 것처럼 느끼고, 그들의 서비스가 세계 최고의 것인 양 느낄 수 있도록 만들라고 지시했다. 하지만 직원들의 억지 미소는 그들이 느끼는 긴장과 압박을 감출 수 없었다. 그리고 그들의 서비스가 평범한 수준에 불과하다는 것을 깨달은 순간 고객들의 요구 사항이 점점 더 많아지기 시작했다. 그것은 직원들과 고객들 모두를 실망시키는 것이었다. 자신들에게 회사의 사활이 걸린 중대한 문제라며 떠벌이는 경영자의 헛된 이야기들과 눈앞의 현실을 도저히 조화시킬 수 없었던 직원들은 그들의 일과가 아무런 의미도 없고 오히려 감성적으로 그들을 점점 고갈시키고 있다는 것을 알게 되었다.

회사에 존재하는 그런 치명적인 관습으로 인해 사람들은 더 이상 일을 어떻게 하며 왜 하는가에 대한 질문을 하지 않게 되었다. 그들은 그저 스스로를 파괴시키는 태도와 원칙 및 회사 정책에 따라 하루하루를 되는 대로 살아갈 뿐이었다. 게다가 이처럼 문제가 많은 조직을 이끌고 있는 리더들은 회사의 문화를 개선시키고자 하는 시도를 아주 체계적으로 방해하고 나선다. 따라서 변화는 더 이상 꿈도 꿀 수 없게 된다.

변화가 시작되는 곳

이런 안타까운 이야기를 하는 요지는 문제가 많은 조직의 변화가 불가능하다는 것을 말하고자 하는 것이 아니라, 감성지능을 갖춘 리더가 조직의 일상적인 활동의 바탕이 되는 감성적 현실과 그 문화적 규범을 적극적으로 파헤쳐 나간다면 변화는 가능하다는 것을 말하기 위해서다. 공감대를 형성하기 위해서 — 그리고 그로 인한 어떤 결과물을 얻기 위해서 — 리더는 겉으로 쉽게 드러나지 않는 차원에 주의를 기울여야 한다. 그것은 바로 사람들의 감정과 조직의 감성적 현실을 좌우하는 흐름, 그리고 그것을 한데 묶는 회사의 조직 문화다.

우리가 상담을 맡았던 어느 병원은 매우 힘든 과정을 거쳐 위와 같은 교훈을 이끌어낸 후 리더십의 차원에서 그 교훈을 익혔으며 마침내 조직의 문화를 성공적으로 변모시킬 수 있었다.

그 병원은 1990년대 말 미국의 대부분의 의료 기관들이 겪고 있던 많은 문제점을 보이고 있었다. 환자들의 의료 서비스 개선 요구와 보험 회사 및 정부로부터의 비용 절감에 대한 압박이 점차 늘고 있었던 것이다. 상충된 요구가 점점 거세지고 있었다. 그 결과 지방단체는 병원의 업무 수행 능력이 떨어진다고 판단했고, 그래서 병원은 다른 의료기관에 환자를 뺏기게 되었다. 리더십 차원에서의 문제 해결 방안은 조직 운영과 관리 방식을 샅샅이 점검하기 위한 5개년 계획을 세우는 것이었다. 그들은 회계 자료를 관리할 정교한 소프트웨어의 제작을 의뢰했으며 외부 위탁을 통해 더 나은 결과를 얻을 수 있으리라고 판단되는 부분은 모두 아웃소싱을 하기로 했다. 그리고 그들은 업무 효율을 높이기 위해 직원들에 대한 인사이동과 정리해고를 단행했다.

하지만 병원의 운영진은 변화를 꾀하는 데 필요한 가장 기초적인 것을 망각했다. 즉 조직의 감성적 현실과 문화에 전혀 주의를 기울이지 않았던 것이다. 또한 그들은 직원들이 변화에 대해 어떻게 생각하는지를 전혀 파악하지 못했다. 그들은 직원들에게 변화를 명령했다. 즉 변화라는 것도 합리적 목표와 분명한 지시, 그리고 논리적 단계를 밟아나가면 되는 것이라고 생각했다. 하지만 그들은 그 과정에서 감성의 영역을 간과했다. 2년 뒤 그 병원은 와해 직전까지 이르렀다. 새로운 체계가 아무런 실적도 거두지 못했고, 이직률만 두 배로 늘고 말았다.

우리가 그 병원의 리더들을 상대로 한 일은 그들로 하여금 조직 내 불협화음의 실체와 그러한 불협화음이 변화의 노력을 헛되게 만들 수 있음을 깨닫도록 도와주는 것이었다. 그로부터 서서히 리더들은 직원들로 하여금 제대로 돌아가고 있는 것과 그렇지 않은 것에 대한 자신들의 생각을 털어놓을 수 있도록 만드는 방법을 알아가기 시작했다. 리더들은 직원들이 병원의 문화 — 혹은 리더들 — 가 진정한 변화를 지지하지도 않고 변화를 감수할 의지도 없으며, 새로운 것을 배우려 하지도 않는다고 생각하고 있음을 알고는 깜짝 놀랐다.

예를 들어보자. 사람들에게 새로운 방식으로 일을 하라고 시킬 때 새로운 방식으로 일을 하도록 그들을 훈련하는 방식이 너무 구태의연하고 부적절한 것인 경우가 있다. 그렇게 되면 사람들은 새로운 프로그램에 참여하면서도 고무되기는커녕 오히려 사기가 꺾이기만 한다. 결국 사람들은 새로운 업무 수행 방식을 익힐 수 없다. 오히려 직원들은 그러한 변화를 추구하는 데 조직 내 낡은 문화적 관습이 걸림돌이 된다고 믿게 된다. 이처럼 사사건건 대립하는 식으로 직원들이 서로를 대하기 시작하면 그들의 태도는 점점 거칠어지면서 서로 상처를 받고 방어적이 되기도 한다. 그렇게 되면 회사의 분위기는 그야말로 작은 전쟁터처럼 험담과 앙갚음으로 엉망진창이 된다.

그러나 사람들로 하여금 '실상'을 제대로 볼 수 있게 함으로써 병원의 리더들은 다시 제대로 된 방향으로 변화의 과정을 밟아나 갈 수 있었다. 그들은 사람들의 감정이 중요하며 회사의 문화가 바뀌어야 한다는 것을 알았다. 그리고 그들은 그러한 변화를 도모하는 방법에 대해 사람들이 서로 토론할 수 있는 자리를 마련해주었다. 그 결과 추진력이 생기고 직원들 사이의 감정적 기조도 보다 긍정적이 되었다. 대화의 자리가 계속 만들어지고 관리 팀이 솔선해서 변화의 과정에 참여하게 되자 직원들 역시 자신들의 맡은 바 영역에서 새로운 문화를 조성하기 위한 책임을 지기 시작했다. 사람들은 변화의 과정에 대해 좀더 긍정적으로 생각하게 되었다. 새로운 문화를 조성하고자 하는 전망에 대해 공감대가 형성되고 사람들은 전망에 열정적으로 참여하게 되었다. 병원의 분위기는 훨씬 부드럽고 활기 넘치게 되었다. 다시 말해서 병원의 문화와 감성적 현실은 저항이 아니라 긍정적 에너지를 품는 쪽으로, 그리고 불화가 아니라 공감대를 형성하는 쪽으로 기울기 시작했다. 병원은 완전히 탈바꿈했다. 조직 체계가 능률적으로 바뀌었고 이직률이 떨어졌으며 환자들의 만족도도 높아졌다. 그리고 변화의 과정을 통해 형성된 새로운 규범은 적극적인 참여와 열정적인 에너지, 그리고 유연성을 창출할 수 있는 힘을 갖게 되었다. 리더들의 정서적 깨달음이 있기 전에는 병원의 운영진이 제아무리 멋진 발전 계획을 세워도 그 계획의 싹을 틔울 수조차 없었다. 조직의 배후에 흐르는 낡은 문화가 그것을 방해했던 것이다.

 조직 내 불협화음으로 인해 파생되는 가장 안타까운 문제점은 그것이 그 안에서 일하고 있는 개인들에게 영향을 미친다는 것이다. 일에 대한 열정이 식으면 사람들은 자신이 가진 최상의 능력을 발휘하지 못한다. 그런 분위기의 회사에는 탁월한 업무 수행 능력과 자기확신의 능력 대신 허세와 맹목적 추종 혹은 노골적 불만이 존재한다. 사람들의 몸은 매일 일터로 나와 있긴 하지만 그들의 마음과 정신은 딴 데 가 있는 것이다.

어떻게 하면 사람들의 기를 꺾는 부정적인 조직이 사람들에게 원기와 목적의식을 불어넣는 활기찬 일터로 바뀔 수 있을까? 그러한 변화를 이끌어내기 위해서는 다음과 같은 비약이 필요하다. 즉 조직의 실상에 대한 철저한 이해에서 이상적 전망 — 개인으로서의 전망과 조직의 일원으로서의 전망 모두 — 을 갖춘 심도 있는 실천 행위로의 비약이 요구된다. 공감의 분위기를 만들기 위해 리더가 무엇보다 먼저 조직 내에 스며 있는 관성과 싸워야 하는 경우도 있다. 이러한 어려움에도 불구하고 어떻게 변화를 이끌어낼 것인가? 어떤 방법으로 사람들을 경직시키지 않고 오히려 힘을 북돋우면서 감성적 현실을 드러내 꿈의 씨앗을 뿌릴 것인가?

대화를 통해 조직의 실상을 파악한다

규모가 큰 회사는 업무에 임하는 직원들의 태도, 가치관, 신념, 감성적 현실을 가늠할 수 있는 요소들을 체계적으로 평가할 수 있는 적절한 조사 방법을 갖추고 있는 경우가 많다. 물론 이러한 조사 방법이 큰 도움이 될 수도 있지만 인간의 마음이라는 땅 속 깊숙이 감추어진 광맥과 한 조직체의 배후를 흐르는 복잡하기 그지없는 규범을 드러내기에는 역부족이라고 할 수 있다. 설령 그와 같은 방법으로 조직 문화와 리더십의 문제를 판단할 수 있다 치더라도 그것을 제대로 드러내기 위해서는 흐트러지지 않는 노력과 용기가 필요하다.

'역동적 물음(Dynamic Inquiry)'이라고 부르는 과정은 매사추세츠 대학의 세실리아 맥밀런(Cecilia McMillen)과 애니 맥키가 고안한 것으로 대부분의 조사 방법이 갖고 있는 맹점을 보완하고 질문 대상인 리더로 하여금 그들에게 걸림돌이 되는, 사내 문화와 관련된 문제를 분명히 드러낼 수 있도록 해주는 효과적인 방법이다. 이러한 방법을 통해 우리는 조직의 감성적 현실, 즉 사람들이 무엇에 관심을 가지고 있는지, 그리고 조직이 성공적인 업무 수행을 하는 데 도움이 되는 것과 방해가 되는 것은 무엇인지 등등에 관한 실상을 알 수 있다. 자신이 몸담고 있는 조직의 참모습을 알아가는 과정을 통해 사람들은 자신들의 회사에서 어떤 일이 벌어지고 있으며 그들이 기대하는 모습, 즉 회사에 대한 그들의 이상적 전망은 무엇인지에 대한 공통의 언어를 만들어가기 시작한다.

역동적 물음은 조직 구성원들의 감정 상태를 파악하기 위한 집약된 대화와 제약 없는 질문으로 이루어져 있다. 물론 이런 대화와 질문이 눈앞에 닥친 사업상의 문제와는 전혀 무관하기 때문에 중요하지 않다고 생각하는 리더들도 있을 것이다. 하지만 사람들이 자신의 감정에 대해 솔직하게 이야기할 수 있을 때 비로소 사내 문화로 인한 문제의 근본적 원인과 사람들을 감싸고 있는 진정한 영감의 원천을 찾을 수 있다. 그리고 사람들이 조직에 대한 자신의 감정을 솔직하게 밝혀야만 회사 내에서 제대로 돌아가고 있는 일과 그렇지 못한 일에 대한 수준 높은 합의가 이루어질 수 있다. 맥밀런은 이렇게 말했다. "이러한 과정을 통해 사람들은 조직의 영혼을 그려내기 시작합니다." 그들은 조직의 미래에 대한 희망뿐 아니라 조직에서의 일상에 영향을 미치는 힘에 대한 실상을 정확히 표현할 수 있는 언어를 만들어내기도 한다.

　이와 같은 초기의 대화(다양한 층위에 존재하는 공식적, 그리고 비공식적 리더들과 나름의 관점을 갖고 있는 사람들에 의한)를 통해 주제가 명확해지는데 이는 직원들의 업무 태도 조사나 구태의연한 면담을 통해 얻을 수 있는 것보다 훨씬 더 의미가 있다. 이렇게 얻어진 주제들을 소그룹에 제시하면 사람들은 조직의 실상에 대한 활기 있는 대화를 시작하게 될 것이다. 여기서 중요한 것은 사내 문화의 문제점과 조직의 감성적 현실, 그리고 그 안에서 일할 때 느끼는 분위기에 대한 토론을 통해 사람들은 문제를 해결하고 회사의 미래를 꿈꾸고 자신이 회사를 이상적 상태로 끌고 나가는 주체라는 생각을 하게 된다는 것이다. 그리고 사람들은 조직의 문제점뿐 아니라 긍정적인 면에도 관심을 기울이기 시작함으로써 변화를 향한 전망과 발을 맞출 수 있게 된다. 그리고 자신들이 갖고 있는 꿈과 조직의 변화를 향한 그들 개인의 노력이 어떻게 보다 큰 계획과 청사진의 일부가 되는지도 알 수 있게 된다.

　일단 사람들이 본격적으로 자신들이 몸담고 있는 회사의 문화와 회사가 지향하는 바에 대한 허심탄회한 대화를 나누게 되면 그것을 다시 상자 속으로 쓸어 담기는 어려워진다. 설문 조사나 전망 제시를 위한 일회성 모임과는 달리 역동적 물음의 과정은 대화에서 시작된다. 그리고 대화라는 것은 그 자체의 관성을 갖고 있다. 감정과 사실에 입각해서 공통의 언어를 만들어냈다는 것은 변화를 지향하는 강한 동기로 작용한다. 그리고 공통의 언어는 통일성과 공감의 느낌을 갖도록 하며 거기서 비롯된 관성은 사람들의 언행이 일치하도록 만드는 데 일조한다. 영감과 활력을 얻은 사람들은 공동의 문제를 처리하기 위해 기꺼이 함께 하고자 한다. 랑 첸(Lang Chen)이라는 사람이 아시아 지역 NGO의 대표에 오를 때 바로 이와 같은 일이 벌어졌다.

일을 통해 활력 찾기

당신이 현재 몸담고 있는 조직의 직원은 총 220명이며, 당신은 1억 5,000만 명이나 되는 고객을 관리하는 부서에서 일하고 있다고 하자. 두말할 필요도 없이 그 정도 규모의 조직을 유지하려면 강한 관료적 모습을 띠어야 할 것이다. 랑 첸이 국제 NGO의 아시아 지역을 맡게 되었을 때 직면한 문제가 바로 그러한 것이었다.

전세계 여성과 어린이들의 건강을 증진시키고자 하는 NGO의 사명이 새로운 직원들에게 영감을 불러일으키고 강한 동기유발의 요인으로 작용하고 있음에도 랑 첸은 초기에 품은 그런 열정이 시간이 흐름에 따라 일상 속에서 온 데 간 데 없이 사라지는 것을 보았다. 열정과 창의성이 점차 뒷전으로 밀리는 것을 보면서 이 리더는 사람들이 함께 일을 하는 방식과 그들을 이끄는 체계가 그야말로 범죄 집단의 그것과 다름없다는 생각이 들었다. 조직의 사명은 여러 가지 다양한 제약 속에 묻히고 말았다.

NGO의 경직된 관료주의적 분위기로 인해 NGO를 지원하고 있는 단체와 국가들의 비난이 점점 거세지고 있음에도 불구하고 그들의 일처리는 신속하지 못했을 뿐만 아니라 업무 내용도 평범한 수준에 머물렀다. 무언가 당장 조치를 취해야 했지만 속수무책이었다. 사람들은 마치 '먹고살기 위해서 어쩔 수 없이' 일을 하는 것처럼 무사안일의 모습을 보여주었다. 그들을 보면 능력과 성공

사이에는 아무런 연관성이 없는 것 같다는 생각이 들었다. 각자 자신의 일을 제대로 하기 위해서는 무엇이 필요한지에 대해 막연한 확신만 갖고 있을 뿐이었으며 조직체는 스스로를 제대로 평가할 수 있는 능력이 없어 보였다. 관료적 경향의 원칙들을 따르는 한, 사람들의 장점과 단점을 가려낼 수 없다. 여성들의 요구 사항을 중점적으로 처리하는 임무를 맡고 있으면서도 직원들 중 여성의 수는 극히 적었다. 게다가 책임자 위치에 있는 여성은 더욱 드물었다.

이런 분위기와 낡은 운영 방식 때문에 NGO의 핵심적 가치관 중의 일부 — 가령 자선과 봉사 — 는 퇴색되기에 이르렀다. 랑 첸은 직원들이 전반적으로 서로 간의 관계가 유기적이지 못하다고 생각하고 있으며 NGO에서 표방하는 사명으로 인해 자연스럽게 형성됐던 공감대도 점점 사그라지고 있음을 확신했다. 첸의 새로운 시도는 NGO의 모든 리더들로 하여금 제대로 돌아가고 있는 것과 그렇지 않은 것을 확연히 구분할 수 있게 하고 다른 사람들과 함께 해결책을 모색할 수 있도록 하는 것이었다. 리더는 체제가 갖고 있는 관성과 어떻게 싸워야 할까? 조직이 스스로를 판단하고 평가하며 복잡한 상황 속에서도 제대로 기능을 발휘할 수 있도록 만들기 위해 리더는 어떻게 해야 할까? 리더는 조직을 탈바꿈시키기 위한 리더십을 어떻게 발휘할 수 있을까?

랑 첸은 단순한 원칙들에 입각해 일을 진행했다. 그녀는 여러 가지 방법을 동시에 사용했는데, 가령 역동적 물음을 사용하는 한편 사람들로 하여금 스스로 자신과 조직의 실상을 알아내도록 이끌었다. 그녀는 사람들 사이에 일에 대한 열정을 불러일으키고 미래의 꿈을 향해 나아가도록 만들었다. 사람들은 그녀를 전망제시형 리더로 보고 그녀를 따랐다. 그녀는 변화된 모습을 솔선해서 보여주기 시작했다. 마침내 그녀는 NGO 조직 내에 새로운 일처리 습관과 방식을 심는 데 성공했다. 그녀가 보여준 일련의 행동은 체계를 변화시키고 그것을 유지하는 데 아주 중요한 역할을 담당했다. 헤이 그룹의 루스 제이콥스(Ruth Jacobs)가 말한 것처럼 감성지능을 활용한 인적 자원 관리 방법 — 가령 채용과 인사에서 — 은 서로 공감대를 형성하고 건전한 감성적 기조를 뒷받침하는 데 아주 중요하다.

  감성지능이 높은 리더는 자신이 해야 할 가장 중요한 일이 무엇보다 먼저 조직의 실상부터 확인하는 것이며 조직의 실상을 통해 발견되는 문제는 핵심 위치에 있는 구성원들과 밀접한 관련이 있다는 것을 알고 있다. 리더는 개인과 집단 모두에게 미래를 향한 희망을 품도록 만드는 가운데 사람들로 하여금 현재의 실상을 적극적으로 드러내게 하면서 조직 전체와의 대화를 이끌어낸다. 랑첸과 같은 리더들은 조직이 갖고 있는 최상의 부분과 그렇지 않은 부분을 모두 파악할 수 있도록 만든다. 그리고 그들은 미래에 대한 공동의 전망을 향해 나아갈 수 있도록 힘을 실어주면서 현재의 실상에 관한 공통의 언어를 만드는 데 도움을 준다.

우리가 하는 일에 대한 우리의 느낌

일단 조직 내 문화의 실상을 드러내고 그것을 자세히 살펴보았다면, 감성지능을 갖춘 조직을 만들기 위한 다음 단계는 구성원들의 꿈과 조화를 이루는 조직의 이상적 전망을 세우는 것이다. 리더는 감성지능에 따라 행동하고 솔선수범함으로써 자신의 직원들이 집단의 이상적 전망을 공유하는 것을 도와줄 수 있다. 집단의 구성원들이 공통의 전망을 갖게 되면 그 조직은 어떤 모습을 띠게 될까? 캘리포니아 마린카운티에 본사를 두고 있는 루카스필름(Lucasfilm)의 예를 살펴보자. 그 회사는 유명한 영화감독인 조지 루카스(George Lucas)가 설립한 여러 미디어 회사들의 모회사에 해당한다.

루카스필름 주식회사의 사장인 고든 래들리(Gordon Radley)를 처음 만난 사람들은 그의 얼굴의 광대뼈 부분에 여러 개의 작은 문신이 있는 것을 보고 놀랄지도 모른다. 그 문신은 래들리가 1960년대에 평화봉사단의 일원으로 2년간 체류했던 말라위의 어느 마을에서 원주민이 새겨준 것이다. 그로부터 30여 년이 지난 오늘날까지도 그는 여전히 말라위 부족의 원주민 친구들과 연락을 주고받는다. 원주민 친구들이 그들의 오두막 지붕을 나뭇가지에서 양철로 바꾸거나 작은 사업을 시작할 때면 그는 마음을 담은 정성스런 선물도 보내곤 한다. 최근에 말라위를 방문하고 온 래들리는 이렇게 말했다. "우리가 알고 있는 오지와는 사뭇 다릅니다. 많은 것이 변하지 않고 그대로 남아 있는 세계죠. 거기에 있으면 그곳 사람들을 너무도 사랑하게 됩니다. 그들 부족의 일원이 된다는 것은 저에게는 늘 어떤 특별한 의미로 다가오지요."

이처럼 어떤 특별한 집단의 일원이 되거나 고유한 문화를 지닌 사람들과 함께 지낼 때 느끼는 소속감은 그곳이 바로 즐겁게 일을 할 수 있는 공간임을 나타내는 특징이라고 할 수 있다. 래들리의 경우 리더로서 그가 갖는 책임 가운데 하나는 루카스필름 주식회사의 사내 문화를 키우고 유지하는 것이다. 조지 루카스가 설립하고 소유한 제국의 일부인 루카스필름은 전설적인 특수효과 회사인 인더스트리얼 라이트 앤드 매직(Industrial Light and Magic)의 모회사이자 비디오 게임에서부터 극장 사운드 시스템에 이르기까지 다양한 미디어 군단을 이끌고 있는 대규모 회사다.

래들리에게 공동체 문화라는 것은 그가 평화봉사단의 일원으로 경험했던 원주민 체험과 별반 다른 것이 아니었다. 래들리가 생각하는 조직의 사명은 이런 것이다. "어떻게 하면 부족의 일원으로서 내가 가졌던 소속감과 특별한 체험을 우리 직원들도 똑같이 느낄 수 있는 업무 환경을 만들 수 있을까요? 그것은 마치 주의를 기울이면 사라져버리는 미세한 물질과 같습니다. 체험을 창출한다는 것은 매우 힘든 일이죠. 하지만 분명히 말하건대 우리가 하는 일에 대한 우리의 느낌은 그 일 못지않게 중요하다는 것이지요."

래들리가 말하는 느낌이라는 것은 사람들이 함께 맞이하게 되는 특별한 계기와 체험의 순간을 통해 일어난다. 그리고 사람들은 그러한 계기와 체험으로 인한 공통의 신화도 함께 나눠 갖는다. 래들리는 다음과 같은 기억을 떠올렸다. "몇 년 전에 회사가 심각한 위기에 봉착했던 적이 있지요. 그래서 저는 모든 계열사들의 전체 회의를 소집했습니다. 이처럼 모두가 한자리에 모인 경우는 일찍이 없었어요. 우리는 시민회관 대강당을 빌려야 했습니다. 저는 관례에 따라 회의를 진행하기 시작했습니다. 20여 분 동안 재정 문제 및 공지 사항 등을 보고했습니다. 그러고 나서 저는 갑자기 단상 뒤의 커튼을 열어젖혔습니다. 거기에는 브로드웨이 뮤지컬 〈스톰프(Stomp)〉의 배우들이 있었지요. 정말 그 누구도 예상하지 못한 일이었습니다."

약 두 시간 동안의 공연을 보면서 회의에 참석한 직원들은 활력을 얻었다. 〈스톰프〉는 일체의 대사 없이 무언가를 두드리는 행위로만 일관하는 자유로운 형식의 퍼포먼스 공연이다. 스톰프에서 보여주는 천재적인 안무를 통해 우리는 한 사람의 배우가 빗자루, 양동이, 자루걸레, 흡착 청소기와 같은 하잘것없는 일상의 물건들을 갖고서 어떻게 그토록 놀랍고 창의적인 리듬을 만들어내고 다른 사람들까지 함께 하게 만드는지를 볼 수 있다. 그것은 서로 공감하는 집단이 발산하는 힘에 대한 무언의 찬가였다.

래들리는 말했다. "그것은 마치 전기에 감전된 듯한 순간이었지요. 그것은 어떤 말도 필요 없이 사람들을 한데 묶었어요. 제가 그 공연을 준비했던 것은 우리가 우리 자신보다 더 큰 무엇인가를 위해 서로 힘을 합쳐 일하고 있다는 자각에서 비롯된 남다른 감정을 모든 사람들이 다 같이 느끼도록 하고 싶어서입니다. 우리는 사람들이 서로에 대한 배려의 마음을 가질 수 있는 문화를 만들고 싶었습니다. 우리가 평화봉사단에서 서로 도왔던 것처럼 말이죠. 회사 문화 가운데 가장 중요한 것의 하나가 바로 감정이입입니다. 저는 그것이 공동의 가치관으로 자리잡기를 바랍니다. 사소해 보이는 상징적 사건 하나가 전체 분위기를 싹 바꿔놓을 수 있지요."

그러한 순간이 자아내는 것을 가리켜 래들리는 '게릴라식 분위기 향상'이라고 불렀다. 즉 알게 모르게 새로운 사내 문화를 조성했다는 것이다. 그런데 그러한 분위기 조성은 강제로는 할 수 없는 것이다. 래들리는 이렇게 말한다. "상을 차려놓을 수는 있지만 와서 먹는 것은 사람들 몫이지요."

가령 래들리는 처음에 계열사 회의를 준비할 때 둥글게 의자를 배열하는 문제로 상급자들과 다퉈야만 했다. 그는 말한다. "앉는 자리를 어떻게 하느냐에 따라 소속감이 좌우됩니다. 우리는 거기 모인 모든 사람들에게 자신을 소개하고 자신이 나고 자란 곳에 대한 이야기를 해보라고 했습니다. 그렇게 돌아가면서 자신을 소개하는 시간을 통해 회의에 참석한 모든 사람들은 여러 곳에서 온 많은 사람들이 바로 그 순간 조직의 일원으로서 함께 하고 있다는 생각을 하게 되었죠."

물론 그런 흐뭇한 일시적 감정이 일상의 현실과 조화를 이루지 못한다면 그것은 별 의미가 없다. 루카스필름은 미국인들이 가장 일하고 싶어하는 직장 가운데 하나로 꼽힐 만큼 유명한 곳이다. 그러한 명성을 등에 업고 루카스필름은 샌프란시스코 만 지역의 매우 경쟁적인 고용 환경에서도 우수한 인재를 끌어들이고 확보할 수 있는 유리한 위치를 점하고 있다. 루카스필름의 계열사들은 「포춘」과 「워킹 마더(Working mother)」와 같은 잡지에서 선정한 '일하고 싶은 최고의 회사' 리스트에 포함될 정도로 탄탄한 회사들이다.

조직체 내부에 퍼져 있는 '부족적 소속감'의 정도를 보면 그 조직이 얼마나 투철한 미래의 이상적 전망을 지니고 있으며 그와 같은 공동의 목표를 향해 사람들의 마음을 한 곳으로 얼마나 잘 모았는지를 알 수 있다. 그렇다면 조직의 리더는 자신의 조직이 최우선적으로 추구해야 할 이상적 전망을 드러내는 것을 어떻게 도와줄 수 있을까? 우선 리더는 스스로를 세밀하게 살핀다. 즉 자신의 꿈과 그가 이끄는 조직을 위한 자신의 이상적 전망을 자세히 살핀다.

전망을 수립하는 과정

유니레버(Unilever)의 공동대표인 안토니 버그만스(Antony Burgmans)는 공감을 불러일으킬 수 있는 전망을 수립하는 작업을 조직 내부에서 먼저 시작하면서 이렇게 말했다. "우리 회사의 성장 전략을 추진해나갈 때 저는 뭔가 제대로 되고 있다는 느낌이 전혀 들지 않았습니다. 오히려 뭔가 빠져 있는 느낌이었으며 계획을 다시 검토해보아야 할 것 같았습니다. 저는 제 느낌을 확신했습니다. 사람은 모름지기 자신의 내면의 목소리에 귀를 기울일 줄 알아야 합니다. 저는 제가 껄끄럽게 느끼는 이유를 찾아보았습니다. 우리가 하는 일에 달리 잘못된 것은 없었습니다. 뚜렷한 전략을 세우고 주주들로부터 동의를 얻고 새로운 조직 체계를 구성하고, 적재적소에 인재를 배치하는 등 아무런 문제가 없었습니다. 하지만 그럼에도 무언가가 잘못된 것 같았습니다. 중요한 한 가지가 빠져 있었던 것이지요. 우리가 제아무리 멋진 전략을 세우고 영감을 불러일으키는 전망을 갖춘다 하더라도 유니레버의 변화를 위해 우리에게 진정 필요한 것은 바로 새로운 문화, 새로운 리더십, 그리고 새로운 행동방식이었습니다."

변화의 공동주역인 유니레버의 CEO 닐 피츠제럴드(Niall FitzGerald)는 다음과 같이 강조했다. "우리는 어디로 나아가야 하는지를 압니다. 그것만큼은 분명하지요. 그리고 조직의 모든 부서들은 각자의 자리를 지키고 있습니다. 그것은 마치 그랜드캐니언 절벽에 서 있는 것과 같습니다. 절벽 저편으로 건너가야 하는 것은 알고 있지만 그렇게 하기 위해서는 다리를 놓아야 합니다. 사람들의 마음에는 기대와 불안이 교차하겠지요. 하지만 절벽 너머에 대한 전망이 가져다주는 설렘으로 인해 당신은 다리를 놓고 건너리라 마음먹게 됩니다. 저는 그때 사람들이 느끼는 감정에 주목합니다. 저는 그 감정을 통해 무언가가 아주 잘못된 것은 아니지만 아직 미진한 구석이 있다는 것을 알게 됩니다. 이런 느낌은 매우 중요합니다. 특히 리더로서 저는 그 느낌을 통해 우리가 해야 할 일이 무엇인지를 알 수 있습니다. 유니레버의 경우 우리가 놓아야 할 다리는 사람들에 관한 것이었습니다. 우리는 직원들의 열정을 일깨우고 그들로 하여금 자신들의 일을 아주 새롭게 바라보도록 만들어야 했습니다. 그리고 아주 다른 리더십을 개발하도록 만들어야 했습니다."

 피츠제럴드와 버그만스의 탐구 노력은 유니레버를 이끄는 리더들의 사고방식을 바꾸는 가운데 아주 참신한 방식으로 회사를 변모시키기 시작했다. 현재 유니레버는 심도 깊은 변화를 추진중에 있다. 그들이 추구하고 있는 변화에는 그들이 어떤 목표를 향해, 무엇 때문에 나가는지에 대한 조직 전체의 분명한 확신이 담겨 있다. 유니레버의 직원들은 자신들 역시 변화의 대상이자 주체라는 것을 알고 있다. 재정적인 차원에서나 조직 체계의 차원에서나 그들은 이미 계획보다 훨씬 앞서 나가고 있다. 이 모든 것은 두 명의 리더가 자신들의 내면의 목소리에 귀를 기울였기에 가능했던 것이다.

조직의 문화를 공감대를 바탕으로 한 그것으로 만들기 위해 전망을 갖추려면 먼저 감성지능이 높은 리더가 자신의 내면을 들여다봐야 한다. 즉 조직에 대한 자신의 느낌, 생각, 기분 등을 돌아봐야 한다는 말이다. 그는 마치 고감도 기계 장치처럼 회사의 이상적 전망과 사명에 맞춰 작동한다. 그리고 그는 이상과 현실 사이에서 생기는 차이를 인식한다. 이것은 직관과는 다른 것이다. 실제 벌어지고 있는 일 속에 감춰진 흐름을 관찰하고 해석하기 위해 감성지능을 사용할 뿐이다. 이러한 행동은 리더에게 조직에 관한 일반적인 정보나 자료를 통해서는 결코 획득할 수 없는 관점을 제공한다.

리더가 조용한 곳에서 기존의 원칙들을 가만히 따져보는 습관을 갖게 된다면 이러한 종류의 통찰을 끌어내는 것은 아주 쉬운 일이다. 무의식의 마음속 깊은 곳에 놓여 있는 지혜를 이끌어내는 것은 마치 깊은 우물에서 펌프로 물을 퍼 올리는 것과도 같다. 펌프로 물을 퍼 올리기 위해서는 먼저 펌프에 물을 부어야 하는데, 리더가 상황을 재고해보는 습관은 이처럼 처음에 펌프에 물을 붓는 행위에 비유될 수 있다.

심오한 지혜는 고요한 한밤중에 얻어지는 경우가 많다. 밤의 어둠과 적막에 둘러싸여 있는 그 시간에는 주변에 당신을 귀찮게 할 사람이나 사건이 존재하지 않는다. 그처럼 생각에 깊이 잠길 수 있는 시간에 리더는 자신을 성가시게 했던 문제에 대한 해결책을 찾을 수 있다. '내가 집에서도 벗어 던질 수 없을 만큼 나를 곤혹스럽게 하는 문제는 과연 무엇인가? 나의 마음과 정신을 혼란스럽게 하거나 짜증나게 만든 것은 무엇인가? 내가 하고 있는 일에서

열정과 설렘, 그리고 의미를 찾을 수 있는가? 내가 진정 믿고 의지할 수 있는 것은 무엇인가?'

자신을 불안하게 만들거나 혹은 열정에 휩싸이게 만드는 것의 원천을 찾는 가운데 — 그리고 자신의 꿈에 집중하는 가운데 — 리더는 변화가 필요한 조직의 문화와 조직을 감싸고 있는 사명과 전망, 그리고 리더십의(자신의 것을 포함해서) 여러 측면들을 확인해나가기 시작한다. 사람들을 조직에 묶어두고 있는 것의 실체 — 단순히 '일'이 아닌 — 를 직접 표현해볼 때 리더는 다른 사람들이 볼 수 있고 느낄 수 있으며 공감을 할 수 있는 전망을 갖게 된다.

조직의 전망을 세우기 위해서는 감성지능을 갖춘 리더가 혼자만의 고민에서 벗어나 직원들의 집단적 지혜를 이끌어낼 줄도 알아야 한다. 조직 구성원들과의 협력 관계를 통해 리더는 전체 조직을 결집시키고 원기를 북돋아줄 수 있는 전망을 만들 수 있기 때문이다. 사람들로 하여금 그들 자신과 조직에 대해 곰곰이 생각하게 만듦으로써 — 우선 현재의 실상을 보도록 하고, 그러고 난 뒤 이상적 전망을 보도록 하는 — 공감대와 지속적인 변화를 일으킬 수 있다.

리더의 역할을 통해 조직이 미래에 대한 공동의 전망을 가질 수 있었던 다음의 사례들을 살펴보자.

전망 수립
- 케키 다디세트(Keki Dadiseth)는 인도의 사업 환경이 급속히 변화하는 가운데 힌두스탠 레버 리미티드(Hindustan Lever Ltd., HLL)의 사장직을 맡았다. 그 회사는 경영과 사업 실적 면에

서 주도적인 위치를 점하고 있긴 하지만 새로운 사업 환경에 비춰볼 때 관료적이고 폐쇄적이며 투명하지 못한 사내 문화를 변화시켜야 할 필요가 있었다. 즉 사업 활동과 사업 실적 면에서는 돋보였지만 직원들의 능력을 최대한 발휘할 수 있도록 해주기보다는 상하관계를 유지하는 데 더 치중하는 사내 문화의 규범이 문제였다. 따라서 일의 진척 속도가 느릴 수밖에 없었다. 회사의 차원에서 제아무리 잘 다듬어진 경영 개발 일정을 잡아줘도 투명성이 결여된 문화 규범으로 인해 승진과 포상 기준 등에 대한 문제가 제기되었다.

케키 다디세트는 이 문제를 해결하기로 했다. 그는 스스로 솔선수범하면서 이상적 전망을 향해 나아갔다. 그는 자신이 바라는 변화의 예를 직접 보여주면서 사람들로 하여금 새로운 전망과 실상을 만들어내도록 했다. 그가 염두에 두었던 것은 중앙 집권적이 아닌 새로운 리더십이었다. 즉 힘의 중심을 회사 대표뿐 아니라 직원 모두에게 골고루 분포시키는 것이었다. 그로부터 1년 뒤 회사의 문화는 바뀌었다. 직원들은 개방적이고 신뢰할 수 있으며 활기가 넘치는 분위기에서 일할 수 있게 되었다. HLL은 유니레버의 계열사 가운데 가장 높은 수익을 올리는 성공한 회사가 되었다.

- 인도 지역의 유니세프(UNICEF) 예방 접종 계획은 아주 중요한 사업이었다. 유니세프의 보건 담당자 모니카 샤마(Monica Sharma)는 이 계획에 어떤 조치가 필요하다는 생각이 들었다. 본래는 유니세프의 직원들로 하여금 빈민 지역의 아이들을 위해 예방 접종을 해주는 의료진과 긴밀한 관계를 맺고 계획

을 진행시키도록 하려고 했지만 400여 명의 유니세프 직원 대부분이 — 사무관, 회계사, 관리자로 구성된 — 그처럼 역동적인 활동과는 너무도 동떨어져 있어서 그들을 훈련시키는 것은 거의 불가능했다. 모니카는 현장의 흥분된 분위기를 사무실에 가져오기로 마음먹었다. 그리하여 그녀는 사무실 내 모든 직원들로 하여금 정기적으로 며칠씩 실제 상황이 벌어지고 있는 현장 — 아이들을 예방 접종하는 — 에 나가 있도록 하는 계획을 세웠다. 사무소의 사람들이 이 계획을 성공적으로 이끄는 데 도움을 주었다. 그녀가 이 계획을 실행하는 것을 뒤에서 지원해주고 격려해주었던 것이다. 그 결과 유니세프 직원들은 현장 체험을 통해 자신들이 하는 일의 궁극적 사명과 전망을 자각하게 되었으며 보다 더 일치된 목적의식 하에 서로 긴밀한 유대관계를 형성할 수 있게 되었다.

- 펜실베이니아 대학이 1990년대에 시행한 구조조정은 비록 불가피한 것이긴 했지만 많은 직원들에게 고통을 안겨주었다. 그러한 변화의 조치가 있기 전까지는 대부분의 직원들이 아이비리그 학교로서 펜실베이니아 대학에 대한 남다른 소속감을 갖고 있었으며 그곳을 평생의 일터로 여기고 있었다. 그런데 위상과 책임 소재가 급격한 변화에 놓이게 되자 사람들이 그동안 갖고 있었던 소속감과 안정감이 크게 흔들리기 시작했다. 자신의 미래에 대한 생각이 무너지자 사람들의 사기는 바닥으로 떨어졌다. 대학의 구조조정 계획을 지속시키기 위해 주디스 로딘(Judith Rodin) 총장과 존 프라이(John Fry) 수석 부총장은 대학 공동체 내의 모든 사람들이 취지를 이해할 수

있도록 좀더 포괄적인 구조조정 일정을 제시하고자 했다. 바로 그 말 — 공동체라는 말 — 하나로 그들은 사람들의 공감을 바탕으로 한 구조조정을 시행할 수 있었으며 또한 그것은 대학 안팎의 사람들이 공동의 전망을 향해 나아갈 수 있도록 만들어주었다.

리더들은 직원들이 자신들의 계획에 '획일적으로' 따라와주기를 바란다는 말을 자주 한다. '획일적'이라는 말을 들으면 분자의 극성을 따라 형성된 자기장에서처럼 한 방향을 가리키고 있는 지침들이 연상되는데, 사실 그건 그리 간단한 일이 아니다. 전략을 논하는 데 있어 공동의 목표만을 언급하는 등 무미건조한 언어를 사용할 경우 그 리더의 말은 주로 이성적 작용을 주관하는 뇌의 부위인 신피질에 영향을 미친다. 그와 같은 전략적 전망(그리고 그에 수반되는 계획들)은 단선적이며 제한적이다. 즉 실제적인 행동을 취하는 데 필요한 감정적 요소와 열정 같은 것은 그냥 지나치고 만다.

앞의 예에서 보았듯이 사람들로 하여금 진정으로 변화를 받아들이도록 하려면 자발적 조율의 과정이 필요하다. 자발적 조율은 공감을 동반하는 획일화라고 할 수 있는데 그것은 감성의 차원과 이성의 차원에서 사람들의 마음을 움직이는 힘이다. 남은 문제는 사람들에게 열정을 불러일으키며 그들이 조직의 전망과 사업 전략에 주파수를 맞추도록 하는 것이다. 감성적 지능을 갖춘 리더들은 자발적 조율에는 사람들에게 전략 자체를 주지시키는 것보다 훨씬 더 중요한 것이 있음을 알고 있다. 그것은 바로 사람들의 감성 중추에 직접적인 영향을 미치는 것이다. 획일화가 아닌 조율의 과정을 거치게 되면 사람들은 조직의 전망에 대해 목적의식이 뚜렷한 열정을 갖는다. 조율 과정을 통해 사람들은 조직 전체가 느끼는 흥분의 열기와 일에 대한 열정을 감지하게 된다. '사람들을 조율한다.'는 것 — 공감대를 형성한다는 것 — 은 조직 내에 조화의 분위기와 사람들의 집단적인 행위 능력을 끄집어내는 것이다.

이처럼 거역할 수 없는 전망은 다른 어떤 전략적 계획보다 더 강력하게 사람들을 하나로 묶을 수 있다. 사업 계획뿐만 아니라 사람이라는 요소도 일의 결과를 좌우한다. 사업의 성공 여부는 조직 구성원들이 관심을 두는 일과 하고 있는 일, 그리고 함께 일을 하는 방식에 달려 있다. 남가주 대학의 교수이자 저명한 리더십 전문가인 워렌 베니스(Warren Bennis)는 이러한 조율을 가리켜 '전망을 바탕으로 한 경영'이라고 불렀다. 덧붙여 그는 그것은 리더로서의 기본적인 책임이며 사람들의 노력을 한데 모으기 위해 집단의 이상적 목표를 활용하는 것이라고도 했다. 특히 조율은 조직의 일처리 방식에 변화를 일으키고자 할 때 매우 중요한 것이다. 그리고 처음 한동안 조직의 활동을 성공적으로 이끌었던 전망이 진부해져서 참신한 변화가 필요할 때 역시 중요하다.

조율은 우선 사람들로 하여금 조직의 감성적 현실과 조직에 대한 사람들의 이상적 전망 — 조직 내 상호작용에 관한 전망도 포함해서 — 사이의 격차를 자세히 따져보는 것에서부터 시작한다.

하지만 리더는 거기서 한 발 더 나아가 조직 내 구성원들이 변화의 과정에서 주체가 되도록 해야 한다. 바로 이 부분이 앞의 예에 나온 리더들이 했던 일이다. 각각의 과정을 좀더 자세히 살펴보고 그들이 자신의 조직을 어떻게 공통의 전망과 조율했는지, 그리고 어떻게 그 변화를 계속 이끌어나가고 있는지 알아보자.

리더 스스로 변화를 실천하기

HLL의 새로운 대표인 케키 다디세트는 인도의 비즈니스 역사상 가장 중대한 변화의 시기를 맞이했다. HLL은 한때 탁월한 경영 능력으로 기록적인 사업 성장을 이룩한 기업이었다. 그리고 다른 경영주들이 최고의 모델로 꼽는 회사였다.

비록 HLL이 좋은 평가를 받는 성공한 기업이긴 했지만 다디세트는 자유주의의 바람이 불기 시작한 지금의 인도에서는 HLL 역시 하루빨리 변화를 시작해야 한다는 것을 알았다. 그리고 새로운 분위기라는 측면에서 볼 때 관료적이며 투명하지 못한 경영 방식을 묵인하는 현재의 사내 문화에서 탈피해야만 한다는 사실도 재빨리 알아차렸다.

다디세트는 오랜 세월에 걸쳐 깊이 각인된 사내 문화의 핵심을 파헤쳐 들어가 회사를 자신의 전망에 따라 이끌고 나가기 위해서는 단순한 말이나 새로운 정책 혹은 훈련만으로는 충분하지 않다고 생각했다. 그는 자신이 기대하는 행동들을 사람들에게 직접 보여줘야 한다는 생각이 들었다. 그의 사무실에는 다음과 같은 그의 좌우명이 걸려있다. "우리들 중 어느 누구도 우리 모두의 지혜를 따라가지 못한다."

우선 그는 사람들의 참여를 유도하는 관계중시형 리더십을 활용했다. 그리고 그 뒤를 건전한 민주형 리더십으로 받쳤다. 그 두 리더십을 겸비한 모습은 그 회사에서는 아주 드문 것이었다. 그는 자신의 사무실 문을 항상 열어놓고 자신과 대화하고 싶어하는 직원들을 환영했다. 그리고 그는 진심으로 사람들의 말을 경청했다. 그는 직원들의 조언을 받아들였고 그들의 생각을 의사결정 과정에 반영했다. 그는 직원들과 함께 구내식당에서 밥을 먹으면서 관료적 병폐를 깨나갔고 직원들과의 인간적 관계를 만들어나갔다. 그는 직원들의 자녀들 가운데 누가 아프고, 누가 학교에서 상을 받았는지도 훤히 알았다. 그는 또한 자신의 일에 최선을 다하는 직원을 알아보고 공개적으로 그를 칭찬했다. 그리고 심각한 문제에 직면한 직원이 있으면 그가 스스로 문제를 풀어나갈 수 있도록 옆에서 격려하고 용기를 북돋았다. 그는 의사결정의 권한을 '분산'시켰다. 가능한 한 조직의 저변으로까지 의사결정의 권한을 분산시켰던 것이다. 아무튼 그는 직원이 일을 하는 데 있어 바른 길을 찾고 그에 따라 행동할 수 있도록 스스로의 모습을 주의 깊게 관찰할 것을 요구했다.

다디세트의 새로운 리더십 유형은 처음에는 사람들의 고개를 갸우뚱하게 만들었지만 곧 그것이 단순한 시늉은 아니라는 것이 명백해졌다. 그것은 그의 진심이었다. 그는 언제나 사람들의 요청에 응했고 사람들과 만났으며, 숨기는 것 없이 솔직했던 까닭에 직원들이 그의 의중을 헤아리기 위해 눈치를 볼 필요도 없었으며 그에 대한 험담을 하는 사람도 없었다. 사람들과 그의 관계는 진실한 것이었다. 이처럼 긍정적이고 인간적인 관계로 인해 그와 직원들 사이에는 신뢰와 존중이 싹텄다. 뿐만 아니라 그의 새로운 리더십 유형은 사내에 널리 퍼지게 되었다. 다른 리더들도 조직을 위해 사람들이 에너지를 발휘하도록 만드는 그의 리더십의 가치를 인정하기 시작했다. 사람들은 다디세트의 태도를 모방하기 시작했다. 그리고 사내 문화의 규범들은 서서히 개방적이고 상호적인 것으로 바뀌기 시작했다. '상명 하달식'의 분위기는 사라졌다. 불필요한 눈치 보기에 허비되는 시간은 거의 없어졌고 모든 일처리가 신속하고 정확하게 이루어졌다.

직원들이 서로 도와가며 성공과 역경의 과정을 지나는 가운데 사내 협동 정신은 점점 향상되어 갔다. 책임을 지는 위치에 있더라도 더 이상 불안해 하지 않게 되었으며 맡은 바 업무를 다하고 창의력을 발휘하는 데 있어서도 더 이상 힘겨워하지 않게 되었다. 공장 노동자에서부터 고급 관리자에 이르기까지 사내 모든 곳에서 아이디어가 흘러 넘쳤으며 업무의 능률과 효율이 점점 향상되었다.

다디세트는 사내에 강력하면서도 개방적인 인간관계를 형성해 가는 동시에 조직의 업무 수행 능력을 향상시키고자 하는 자신의 목표에서도 한시도 눈을 떼지 않았다. 그는 말했다. "인간관계가 원활해지면 책임 소재 부분에서 껄끄러운 일이 생길 수도 있습니다." 그래서 그는 인간관계에서 지나치게 허물이 없는 것을 경계했다. 따라서 그는 회사를 이끄는 리더들이 직원들과의 관계를 사업 못지않게 중요한 것으로 여기기를 원했지만 그러면서도 그에 걸맞는 책임감을 요구했다. 즉 회사와 동료에 대한 책임감과 함께 자신의 가치관에 대한 책임감을 요구했던 것이다.

그 결과 일처리는 매우 신속하고 원활하게 진행되었다. 전에는 몇 주씩 걸렸던 의사결정 과정이 지금은 그에 관여하는 사람이 전보다 더 많아졌음에도 불구하고 몇 시간 혹은 몇 분 안에 완료되었다. 의사결정에 대한 책임감은 점점 커졌다. 그것은 사람들의 높은 참여도 때문이기도 하지만 사람들이 리더의 능력을 신뢰하기 때문이기도 했다. 이제 사람들은 다른 사람의 눈을 속이거나 비난하는 것이 어렵다는 것을 알게 되었다. 사람들 사이에 신뢰와 성실성을 바탕으로 한 인간관계가 형성되었다. 그리고 리더들은 더 많은 책임을 기꺼이 받아들였다.

그로부터 1년 뒤 그들의 업무 수행 능력은 놀랄 만큼 많이 향상되었다. 계획을 수행하는 속도와 효율성이 두드러지게 향상되었으며, 회사 내 모든 사람들이 나름의 발전 계획을 갖게 되었다. 다시 말해서 사람들이 각자의 위치에서 자신의 계획에 따라 행동하게 되었던 것이다. 케키 다디세트는 솔선수범하는 모습을 통해 사람들을 이끌고 나갔다. 그는 그와 그의 팀이 만들었으면 하는 새로운 조직의 원칙들이 어떤 것인지를 몸소 사람들에게 보여주었다. 그 새로운 원칙들에는 투명성, 포괄성, 성실성, 정확성, 그리고 합당한 성과 등이 있었다. 거기에는 일이 제대로 이루어지고 있는지에 대한 정확하고 솔직한 평가도 포함되어 있었다. 그리고 일을 제대로 성취했을 경우 그에 따른 보상을 해준다는 내용도 담겨 있었다. 다디세트는 새로운 변화의 모델을 제시하기 위해 자신의 부서를 다른 부서에 영향을 미칠 수 있는 강한 상징으로 만들어 사람들이 새로운 책임의 기준을 이해하고 그에 따라 행동할 수 있도록 했다. 한마디로 그는 조직의 기본 원칙을 바꾸었고 사람들이 조직의 새로운 전망과 조화를 이룰 수 있도록 했으며 그에 공감하는 분위기를 조성했다.

이처럼 조직을 대상으로 리더십을 발휘하는 과정에서 다디세트는 변화를 촉진시키는 다음과 같은 원칙들을 따랐다.

- 무엇을 변화시켜야 하고 왜 변화시켜야 하는지에 대한 기본 바탕을 마련하고 그 이해를 돕는 데 필요한 문제 인식과 해결에 사람들이 주의를 기울이도록 만든다. 그리고 문제를 정확히 표현하는 것과 더불어 사람들이 당연하게 여기는 감춰진 습관들을 드러낼 수 있도록 도와줌으로써 조직의 실상을 명확히 알게 하고 그것을 변화의 원동력으로 삼는다. 그처럼 은밀하게 감춰진 것을 만천하에 드러내면 사람들은 조직 내에서 어떤 것이 제대로 돌아가는 것인지 아닌지를 논의할 수 있는 공통의 언어를 얻게 된다. 이는 미래를 향해 굳건하게 발을 내딛을 수 있는 공동의 발판을 마련한 것과도 같다.
- 사람들이 미래에 대한 희망을 이야기할 수 있게 하고, 사람들로부터 조직에 대해 헌신하고자 하는 마음을 끌어낼 수 있는 리더십을 발휘하는 동시에 이상의 추구에 초점을 맞춘다. 사람들의 개인적인 목표를 조직 전체의 의미 있는 전망과 결부시키면 그것에 도달할 수 있는 여러 가지 방법을 신중하게 탐구할 수 있다.
- 말을 행동으로 옮긴다. 이것은 리더가 먼저 해야 한다. 하나의 꿈을 중심으로 사람들을 모으고 말을 행동으로 옮기며 새로운 행동방식을 제시하는 것은 리더의 몫이다. 이것이 바로 유니세프의 모니카 샤마가 잘 터득했던 부분이다.

사명에 대한 자각

1989년 인도에서의 예방 접종을 책임질 유니세프 보건 담당관으로 임명된 모니카 샤마는 자신이 하려고 하는 일의 중요성을 잘 알고 있었다. 너무도 많은 인도의 어린이들이 홍역과 같이 예방 가능한 병에 걸려 헛되이 죽어가고 있었다. 따라서 그들의 목표는 이런 안타까운 현실을 변화시키자는 것이었다. 하지만 준비 단계에서부터 모니카는 뭔가 문제가 있다는 것을 알았다. 400여 명의 직원들 대부분이 조직의 사명에 대해 제대로 인식도 못하고 있었던 것이다. 그들이 일상적으로 수행하는 업무 자체도 스스로를 고무시킬 수 있을 만한 성질의 일들이 아니었다. 대부분의 직원들이 유니세프 본부의 책상머리에만 앉아서 일을 하고 있었기 때문에 의료 팀이 이 마을 저 마을 다니며 아이들에게 예방 접종을 해주면서 느끼는 사명감을 헤아릴 도리가 없었다.

모니카는 사람들에게 이 공통의 사명을 인식시킬 수 있는 방법을 찾아냈다. 그것은 바로 그들과 그들의 일을 정서적으로 한데 묶는 것, 즉 조직 내에서 자신들이 추구하는 바에 대한 이상적 전망을 갖도록 하는 것이었다. "저는 직원들이 한 사람도 빠짐없이 예방 접종 계획의 일환으로 시행되고 있는 현장 작업에 참여할 수 있도록 하는 방법을 찾았습니다."라고 모니카는 우리에게 말했다. 그녀는 유니세프의 상부 조직을 설득하여 책상에만 앉아서 일하던 400여 명 직원들을 한 사람씩 예방 접종소에 파견하는 것을 허락받았다. 상부에서는 그의 계획을 지지해주었다. 관료제의 성격이 특히 강한 곳에서는 혁신과 변화의 움직임이 있을 때 그 변화의 주역을 뒷받침해주어야 한다.

직원들은 자신들이 어떤 일을 하는지 비로소 알 수 있었다. 이런 경험을 처음 하는 직원들도 적지 않았다. 그들은 아이들을 인솔하여 접종소로 안내하는 일을 거들었다. 그들은 의료진이 하는 일을 아주 가까이서 볼 수 있었다. 처음으로 그들은 의료진이 매일 일을 하면서 느끼는 생생한 감정을 똑같이 느낄 수 있었다. 거기에는 스스로도 주사를 무서워하는 두려움과 아이들에게 무슨 일이라도 생길까봐 걱정하는 부모의 의혹, 그리고 기대와 희망이 있었다. 본부 사무실에서 일하는 직원들은 자신들이 하고 있는 일이 아이들의 생명을 구하는 일이라는 것을 서서히 알게 되었다. 그리고 겉보기에 제아무리 사소하거나 틀에 박힌 일처럼 보일지라도 그것은 사실 매우 중요한 일이라는 것을 알게 되었다.

유니세프에서 일하고 있는 어느 운전사의 이야기는 우리가 말하고자 하는 바의 아주 적절한 예가 될 수 있다. 전에 그는 자신의 일을 그저 의료진을 이 지역에서 저 지역으로 실어다주는 것으로만 — 마을 사람들과는 전혀 무관한 — 생각했는데 예방 접종소에서 얼마간 일을 하고 나자 모든 것이 변했다. 그는 사람들을 다시 사무실로 태우고 가기 위해서 기다리는 동안 벌어지는 일들에 대해 전에 없던 관심을 보이기 시작했다. 그는 의료진과 마을의 부모들과 더 많은 이야기를 나누기 시작했다. 그는 아이들과 그 부모가 두려움에 떠는 모습을 보았다. 어머니가 아이들을 달래는 것이 아예 불가능해 보이는 경우도 보았다.

그 운전사는 직접 나서서 어머니들에게 예방 접종의 중요성을 이야기해주고 주사로 인한 부작용을 걱정하는 어머니들을 안심시켰다. 그리고 아이들을 어떻게 달래야 하는지에 대한 조언도 해주었다. 심지어 그는 조그만 강연회까지 마련해서 의료진의 활동에 큰 도움을 주기도 했다. 그 운전사의 즉흥적 활동으로 인해 유니세프의 의료 활동은 더 원활하고 효율적이 될 수 있었다. 게다가 그는 사무실 직원들의 역할에 대한 의료 팀의 — 의사와 간호사들의 — 생각에도 큰 변화를 불러일으켰다. 무엇보다 분명한 것은 운전사 본인이 자신의 일에 더욱 큰 열정을 갖고 임하게 되었다는 사실이다.

열정적으로 자신의 일에 임하게 되자 일을 대하는 자세가 예전과는 전혀 딴판이 되었다. 한번은 그가 어느 마을로 의료 팀을 수송한 적이 있었다. 그런데 의료 팀이 도착하고 한참이 지나도록 백신이 도착하지 않았다. 백신을 가져오는 것은 그의 임무도 아니었고 그런 상황을 해결하기 위해 자신이 추가 노동을 할 필요도 없었다. 그렇지만 그는 마을의 어머니들과 아이들이 백신을 맞지 못할 경우 얼마나 실망할지를 알고 있었다. 결국 그는 자신이 직접 나서서 꽤 멀리 떨어져 있는 이웃 마을을 향해 출발했다. 몇 시간 뒤 그는 백신을 갖고 돌아왔다.

그는 새로운 문화 규범에 따라 행동했던 것이다. 그에게 있어 새로운 규범이란 주인의식을 갖고 업무를 수행하고 자신의 도움이 필요한 곳을 찾아다니며 사명에 입각해서 생활하는 것이었다. 모니카 샤마는 각각의 지위에 있는 사람들이 자신의 사명을 받아들이고 거기에 맞춰나갈 수 있도록 함으로써 변화를 추구하는 공감대를 형성했다. 모니카의 전망제시형 리더십 덕분에 사람들은 자신들의 작은 행동 — 그것이 사무실 안에서 행하는 것이든 아니면 현장에서 행하는 것이든 — 이 아이들에게 얼마나 큰 영향을 미치는지를 알 수 있었다. 모니카는 사람들이 자신의 노력에 대한 보람을 느끼기 위해서는 자신이 한 일에 대한 결과물을 직접 보고 느껴야 하며 자신의 믿음을 뒷받침할 수 있는 방법을 찾아야 한다는 것을 알았다.

모니카는 이와 같은 각성의 순간을 승화시켜 서로 함께 어우러질 수 있는 새로운 문화를 만들기 위해서는 ― 혹은 시간의 흐름에도 변치 않을 새로운 문화 규범으로 전환시키기 위해서는 ― 현장 체험 외에 다른 것이 더 필요하다는 것을 알았다. 즉 사람들로 하여금 자신들의 경험을 말하고 그때의 느낌과 배운 점을 다른 사람들과 나누며, 그들의 새로운 문화를 규정하게 될 정보를 서로 주고받도록 해야 한다는 것이다.

그래서 모니카는 사람들이 자신들의 경험을 서로 나눌 수 있도록 주말에 '열린 모임'을 갖기로 했다. 모임을 통해 사람들이 자신들이 겪었던 어려움을 이야기하고 조언을 구하게 되자 모니카는 코치형 리더십을 활용하여 상호작용의 틀을 마련했다. 다시 말해서 사람들은 서로에게 코치를 해주는 방법을 익히기 시작했다. 그 모임은 화기애애하게 서로에게 용기를 북돋는 자리였으며 깊은 동료애를 느낄 수 있는 자리였다. 사람들은 적극적이 되었으며 자신이 무엇을 하는지 깨달았다. 그리고 여럿이 함께 하는 자신들의 일에 깊은 매력을 느꼈다.

그로부터 몇 년이 지난 오늘날까지도 인도 유니세프 직원들은 모니카에 의해 시작된 자신들의 변화의 순간을 생생하게 기억하고 있다. 그때가 아마도 그들의 직장 생활 가운데 가장 영감이 넘치는 시기였을 것이다. 그들에게 무엇보다 중요한 것은 바로 자신들의 리더가 자신들을 신뢰했다는 점이었다. 모니카는 그들이 비록 의료 훈련을 받지는 않았지만 현장에서 사람들을 도와줄 수 있다고 믿었던 것이다. 그녀의 신뢰에 힘을 얻은 많은 사람들 — 앞의 예에 나온 운전사처럼 — 이 자신들의 숨겨진 재능을 발견할 수 있었다. 그들은 모니카가 그들을 위해서 언제든 팔을 걷고 나설 준비가 되어 있었으며 그들과 함께 일하는 동안 항상 그들이 뭔가를 배우는 데 도움이 되고자 노력했다는 것을 기억하고 있다.

물론 모니카는 자신이 무슨 일을 하고 있는지 정확히 알고 있었다. 그녀는 유니세프의 정신을 드러내는 중요한 임무에 사람들을 규합하고자 했으며 자신들의 전망을 실현시키기 위한 구체적인 방법을 제시하려고 했던 것이다. 모니카는 사람들의 감정에 호소하고 뭔가 보람된 일을 하고자 하는 인간적인 소망에 바탕을 두면서 사람들이 자신들의 가치관과 헌신의 마음을 보다 원대한 사명에 부합시킬 수 있도록 옆에서 도와주었다. 이것이 공감을 불러일으키는 리더십의 참모습이다. 즉 모니카 샤마는 사람들의 열정을 이끌어내고 그들로 하여금 미래의 전망을 향해 나아가도록 하는 리더로서의 가장 중요한 일을 완수해냈던 것이다.

그런데 조직에 필요한 것이 단순한 태도의 변화가 아니라 사람들이 일을 하는 방식에 전격적인 변화를 가져올 개선의 차원이라면 어떻게 할 것인가? 변화의 와중에서 전망을 갖춘 공감대를 형성할 수 있다면 사람들을 한데 모을 수도 있다. 뿐만 아니라 더 이상 기력을 소모시키지 않고도 사람들을 일관되고 긍정적인 방향으로 인도할 수 있다. 우리는 이에 대한 예를 1990년대에 위기에 직면했던 펜실베이니아 대학에서 찾아볼 수 있다.

공동체와의 조화

1990년대 중후반 무렵 펜실베이니아 대학은 대대적인 구조조정에 들어갔다. 교직원들의 역할이 모두 바뀌었다. 변함없이 안정적이리라고 믿었던 자신들의 미래가 순식간에 사라지자 오랫동안 안일함에 젖어 있던 그들은 어쩔 줄 몰랐다. 사람들은 일자리를 잃을까봐 걱정했다. 하지만 그에 못지않게 심각한 것은 그들의 사기가 완전히 꺾였다는 사실이었다. 그들은 아이비리그의 하나인 펜실베이니아 대학에서 일하는 것을 거의 '특권'이라고까지 여겨왔는데 이제 그 자부심에 완전히 금이 간 것이었다. 구조조정은 학교의 미래를 위해 불가피한 것이긴 했지만 그 과정에서 사람들은 두려움을 느끼고 침울해졌다.

주디스 로딘 총장과 수석 부총장 존 프라이는 펜실베이니아 대학이 추구하는 변화의 프로그램을 본 궤도에 올려놓기 위해서는 사람들의 노력을 이끌어낼 수 있는 어떤 장치가 필요하다는 것을 깨달았다. 그래서 그들은 직원들이 성심 성의를 다할 수 있고 그들의 노력을 공통의 전망에 부합할 수 있게 하는 영감을 불어넣기 위해 좀더 광범위한 차원 — 대학을 넘어선 공동체 차원 — 의 변화 프로그램을 모색했다.

그들은 첫번째 단계로 우선 대학은 지역 공동체로부터 도움을 받는 것이 아니라 거기에 이바지하는 것이 본연의 의무라는 점을 분명히 밝혔다. 그것은 펜실베이니아 대학에서는 — 그리고 서부 필라델피아 지역 공동체에서는 — 오랫동안 금기시 되어온 견해였다. 실제로 그 대학과 도시는 오랜 세월을 앙숙으로 지내왔다. 어느 곳을 언제 개발하고 그곳에 무엇을 건설하는가 하는 문제에서부터 누가 주변 환경을 깨끗하고 안전하게 만들 것이며 누가 범죄율 증가에 책임질 것이냐에 이르기까지 다양한 문제를 놓고 서로 다투어온 것이다.

로딘과 프라이가 제시한 전망은 그저 화려한 미사여구로만 그치지 않았다. 그것은 구체적인 실천을 동반한 것이었다. 그들은 시 관계자, 학교장과 교사, 경찰, 부동산 업자들과 함께 논의해서 새롭고 밝은 거리와 공원을 만들고 지역 교육의 질을 향상시키며, 주민들이 자신들의 집을 수리 보수할 수 있도록 지원금을 제공했다. 그리고 펜실베이니아 대학의 교수와 직원들이 대학 주변으로 이사올 수 있도록 주택 융자 제도를 신설하기도 했다. 그리고 주민들뿐 아니라 방문객들도 편리하게 이용할 수 있는 호텔, 할인매장, 서비스 업체의 설립에도 많은 관심을 기울였다. 또한 그들은 지역 주민들에게 일자리를 알선해주기 위한 야심에 찬 노력을 기울였다. 건설 계획을 비롯한 기타 일거리가 생길 때마다 그들은 서부 필라델피아를 근거지로 장사를 하는 사람들 중에서 주로 소수 민족이나 여성 혼자 운영하는 업체와 거래를 했다.

이와 같은 모든 것들은 펜실베이니아 대학의 구성원들에게 두말할 나위 없이 이로운 것이었기 때문에 대학 교직원들은 온 마음과 정성을 다해 그러한 변화의 과정에 참가했다. 이웃 주민들과 돈독한 관계를 유지하자는데 그것에 시비를 걸 사람이 어디 있겠는가? 공원과 가로등을 설치해준다는데, 범죄율을 급격히 줄이겠다는데, 그리고 집을 깔끔하게 보수해준다는데, 금융 지원을 통해 쾌적하고 즐거운 동네로 이사할 수 있게 해준다는데 싫어할 사람이 도대체 어디 있겠는가? 도시를 새롭게 단장하고 쾌적하고 풍요로운 공동체를 일궈내는 힘은 그 일과 계획에 대한 사람들의 호감과 그것이 자신들에게 도움이 된다는 그들의 자각에서 비롯되었다. 다시 말해서 펜실베이니아 대학의 일원이라는 것에 대한 자부심에서 변화를 추진하는 힘과 에너지가 나온 것이었다.

서부 필라델피아 지역에서 벌어진 이와 같은 광범위한 변화의 움직임은 오늘날 이 도시의 깨끗하고 아름다운 모습과 주민들의 활기 넘치는 생활을 만들어냈다. 그리고 그것은 대학 내에도 똑같은 영향을 미쳤다. 대학 교직원들을 서부 필라델피아 지역의 개선 작업에 적극적으로 참여시킨 로딘과 프라이는 그 밖의 다른 어려운 문제에 있어서도 그들의 적극적인 참여를 이끌어낼 수 있었다. 직원들은 자신들의 리더들이 변화의 과정에 내포된 핵심적 가치를 굳게 믿고 있다는 사실을 비로소 깨달았다. 자신들의 리더들을 신뢰하게 된 그들은 앞의 경우보다 훨씬 더 힘든 내면의 변화 과정에도 성실한 자세로 임했다. 결국 로딘과 프라이는 조직 내에 공감의 분위기를 형성하는 리더로서의 과업을 완수했으며, 그러한 분위기 안에서 사람들은 자신들의 개인적 가치관에 부합된 조직체의 계획에 적극적으로 참여했다. 그렇게 형성된 변화에 대한 전망은 그 자체로 의미가 있을 뿐 아니라 오랜 시간 지속될 수도 있다.

조직의 감성지능을 향상시키기

감성지능이 우리가 일을 하는 현장에서 매우 중요하다는 사실은 그다지 새삼스러운 것이 아니다. 비록 그것이 어떻게 조직의 성패를 좌우하는지에 관한 연구가 시작된 것은 최근의 일이긴 하지만 말이다. 일터에서 특히 강조되는 감성지능과 공감의 분위기는 예로부터 내려오던 원시 집단 — 결속감을 갖고 유목 생활을 하던 50명에서 100명 정도의 사람들로 이루어진 집단을 말하는데 이들의 생존은 긴밀한 상호 이해와 협조를 바탕으로 이루어졌다 — 의 인간 조직의 원칙에서 유래한 것이라고 할 수 있다.

고대의 평원을 누비던 사냥 유목민 부족도 우리가 앞에서 살펴본 힌두스탠 레버나 유니세프 혹은 펜실베이니아 대학의 구성원들과 그리 다르지 않다고 할 수 있다. 공감대가 형성되어 있는 집단은 사람들이 서로 관계를 맺고 조화를 이루는 데서 의미를 찾는다. 최상의 조직은 그 구성원들이 집단 정체성에 대해 공통된 전망을 갖고 있을 뿐 아니라 특별한 공감대를 바탕으로 서로 맺어져 있다. 그들은 마치 몸에 맞는 옷을 입고 있는 듯한 느낌과 서로 이해하고 이해 받는다는 느낌을 갖는다. 그리고 서로의 존재로 인해 행복감을 느낀다.

그와 같은 조직을 만들어내는 것은 감성지능을 갖춘 리더의 의무다. 그들은 사람들이 자신과 조직의 실상을 제대로 볼 수 있도록 이끈다. 다시 말해서 리더는 자신의 조직이 어떻게 돌아가고 있는지에 대해 정확히 파악하고 있으며 사람들이 조직의 문제를 찾아낼 수 있도록 옆에서 도와줌으로써 조직의 역량을 키워나간다. 그와 동시에 그들은 사람들이 미래의 꿈을 향해 나아가도록 이끈다. 그리고 그 꿈을 추구하는 과정에서 사람들이 함께 어울려 일할 수 있는 새로운 방법을 제시한다. 리더는 공감을 불러일으키며 그것이 체제 내에서 잘 유지되도록 만든다. 공감의 분위기가 조성되면 조직 내 인간관계와 업무 처리가 순조로와진다.

조직체를 대상으로 한 연구 보고를 통해 우리가 제시하는 조직 참여의 원칙들은 공감을 불러일으키고 감성지능이 갖춰진 효율적인 조직 문화를 만드는 데 도움이 될 것이다. 연구를 통해 얻어진 세 가지 중요한 사실은 감성적 현실을 아는 것과 이상을 구체화하는 것, 그리고 감성지능을 유지하는 것이다.

감성적 현실 알기

- *집단의 가치와 조직의 위상을 존중한다.* 전망은 변한다. 하지만 전망이 변한다 하더라도 리더는 조직의 '신성한 중심' — 모든 사람이 가장 중요하다고 여기는 것 — 은 그대로 남아 있을 수 있도록 해야 한다. 따라서 그 신성한 중심을 아는 것이 리더의 첫번째 임무다. 하지만 그것은 자신의 관점에서뿐 아니라 다른 사람의 관점에서도 신성한 것이어야 한다. 두번째 임무는 변화시켜야 할 것을 냉철하게 바라보고 결단을 내리는 것이다. 그것이 아무리 자신에게 소중한 것일지라도 말이다. 그리고 다른 사람들에게도 그것이 변해야 한다는 것을 자각시켜야 한다. 만약 핵심이 되는 믿음과 사고방식 혹은 조직의 문화를 변화시켜야 할 필요가 있다면 사람들이 스스로 그러한 변화를 이끌고 나가야 한다. 그것을 억지로 강요할 수는 없다. 따라서 사람들을 변화의 과정에 참여시키고자 한다면 그들에게 개별적으로 강력한 동기를 부여해야 한다. 다시 말해서 조직의 변화는 두려움이 아닌 희망과 꿈 때문에 추구

되어야 한다. 전망제시형 리더는 주변 사람들의 감정과 믿음을 존중함으로써 변화의 과정을 긍정적인 방향으로 이끌고 나가는 한편 꿈을 향해 나아가는 것의 이로움을 흔들림 없이 보여준다.

- *가속이 붙을 때를 기다려 서서히 나아간다.* 핵심만 간추리기를 좋아하는 어느 코치가 학생들에게 이렇게 말했다. "만약 여러분이 지금 격렬한 전투가 벌어지는 곳에 있다면 동작이 빠른 것만으로는 목숨을 부지할 수 없다는 것을 알아야 합니다." 이는 공감대가 형성된 감성지능을 갖춘 조직체를 만드는 데도 마찬가지로 적용되는 말이다. 변화를 유도하고자 할 때 무턱대고 달려드는 것은 아무런 도움이 안 된다. 오히려 속력을 늦추면서 조직의 체제와 문화에 대해 사람들이 서로 이야기를 나눌 수 있도록 배려해야 한다. 그 과정은 쉽게 눈에 띄는 것은 아니지만 그럼에도 불구하고 매우 중요한 것이다. 특히 역동적 물음과 같은 과정을 진행하기 위해서는 그것을 뒷받침해주는 코치형 리더십과 민주형 리더십이 필요하다. 리더는 사람들이 조직의 문화와 감성적 현실에 대해 하는 말에 귀 기울여야 한다. 코치형 리더십(개개인의 말을 주의 깊게 듣는)과 민주형 리더십(대화를 통해 합의를 이끌어내는)이 뒷받침될 때 사람들은 스스로의 변화의 과정에 적극적으로 참여한다. 감성지능을 갖춘 리더는 사람들에게 필요한 도움을 주고자 이와 같은 리더십에 의지한다. 그렇게 되면 사태를 차분히 살펴보면서 사람들에게 도움을 주기 위해서는 어떻게 해야 하는지를 명확히 알 수 있다.

- *상향식(bottom-up) 기법으로 아래에서부터 시작한다.* 최고의 리더는 조직의 감성적 현실에 대해 제대로 알고 이상적 전망에 대한 공감대를 형성해야 한다. 그런데 그것만으로는 부족하다. 상향식 기법도 필요하다. 왜냐하면 모든 사람이 변화에 부응해야만 공감대가 형성되기 때문이다. 이는 곧 리더가 사람들에게 공식적으로든 비공식적으로든 올바른 방향으로 나아가기 위해 그들이 다 함께 움직일 때 얼마나 기쁘고 즐거울 것인가를 수시로 언급함으로써 그들이 그에 관해 서로 이야기를 나눌 수 있도록 해야 한다는 말이다. 문제를 논의할 수 있는 여지를 두는 것만으로도 강력한 영향력을 발휘할 수 있다. 그로 인해 사람들은 생각하고 말하며 방법을 모색할 수 있다. 일단 사람들이 설렘을 안고 적극적으로 참여하게 되면 말을 행동으로 옮기는 일은 더욱 쉬워진다. 그리고 그런 열정이 있으면 계기가 주어지게 마련이다. 그러한 움직임은 꿈과 집단적 가치, 그리고 더불어 함께 일할 수 있는 새로운 방식을 향해 나아가야 한다. 목표가 뚜렷하고 변화의 과정을 공개하며, 가능한 한 많은 사람들이 참여할 수 있는 새로운 행동방식의 모범을 보일 때 비로소 리더는 상향식 기법을 통한 공감을 불러일으킬 수 있다.

이상을 구체화하기
- *내면을 들여다본다.* 다른 사람들의 공감을 불러일으킬 수 있는 전망을 내세우기 위해 리더들은 자신의 감정과 타인의 감정에 주의를 기울여야 한다. 즉 리더는 사람들을 감성의 차원

에서 '살펴보고' 그것을 바탕으로 의미 있는 전망을 만들어내야 한다. 이는 사람들 내면에 깊이 감춰진 개별적 자아의 모습을 보아야 한다는 것이다.

- *획일이 아닌 조화를 이끌어낸다.* 사람들이 조직의 전망을 따르도록 만들기 위해서는 그것이 사람의 마음을 움직일 수 있는 것이어야 한다. 조직의 가치라든가 전망이라든가 하는 추상적인 것들을 의미 있는 것으로 만들려면 사람들이 그것을 보고 만지고 느낄 수 있어야 한다. 사람들의 마음으로부터 우러나온 전망만이 의미를 가질 수 있다. 사람들에게 자신의 개인적인 꿈과 믿음을 접지 않고서도 조직의 꿈을 추구할 수 있다는 것을 보여주어야 한다.

- *사람이 먼저고 전략은 그 다음이다.* 리더는 헌신과 참여, 전망에 대한 적극적 추구, 그리고 일과 관련된 건전하고 생산적인 인간관계를 가능하게 해주는 규범을 만들어야 한다. 리더는 사람들이 진정으로 원하고 바라는 것에 주목하면서 집단 내의 건전한 분위기를 뒷받침해줄 문화를 신중하게 만드는 가운데 관계를 형성한다. 리더가 사람들에게 관심을 가지면 감성적 유대가 형성되고 그것을 바탕으로 공감의 분위기가 만들어진다. 사람들이 좋을 때나 힘들 때나 변함없이 리더를 따르게 된다. 공감의 분위기가 조성되면 사람들 사이에 보이지 않는, 그러나 아주 강력한 유대감이 생긴다. 유대감은 자신의 일과 다른 사람들에 대한 믿음이 바탕이 되는 것이다. 그러기 위해서는 우선 사람들이 일을 중심으로 서로 긴밀한 관계를 맺어야 한다. 그리고 함께 웃고 이야기하면서 공통의

꿈을 추구해야 한다.

감성적 지능을 유지하기

- *전망을 행동으로 옮긴다.* 기회가 주어질 때마다 리더는 사람들에게 전망을 제시해야 한다. 그리고 현재뿐 아니라 미래에도 그러한 전망을 삶 속에 구현시키기 위해 어떻게 해야 할지도 제시해야 한다. 최고의 리더는 스스로 새로운 자각과 변화의 매개가 되고자 하며 목표를 이루기 전에는 절대 포기하지 않는다. 이상적인 리더는 모든 상호관계에서, 그리고 모든 의사결정 과정에서 자신의 가치관과 조직이 추구하는 가치관에 따라 행동한다. 그들은 사람들에게 조언을 하고 전망을 제시하며 민주적인 방식으로 그들을 존중하면서 조직을 이끌어 나간다. 그리고 그들은 사람들이 자신들의 가치관과 조직의 사명에 입각해서 행동하고 생활할 것을 권한다. 리더가 갖춰야 할 이와 같은 기본적인 태도 외에도 전망을 행동으로 옮기기 위해서는 몇 가지 거쳐야 할 단계가 더 있다. 가령 전망에 부응하기 위해 조직 구성과 업무 구조 및 관계 규범을 바꾸고 체계와 성과에 대한 기대치를 조정한다. 그리고 사람들이 현재 하고 있는 일이 조직의 사명과 더 잘 부합하도록 만든다.
- *감성 중심의 활동을 지속할 수 있는 체계를 만든다.* 사람도 중요하지만 체계, 규칙, 절차 등도 중요하다. 받아들일 수 있는 것과 그렇지 않은 것을 명확히 구분할 수 있는 체계가 마련된다면 그것은 강력한 행동을 유발할 수 있다. 회사 내 정책과 업무 절차 혹은 올바른 리더십에 관한 관심들이 강력한

행동의 바탕이 될 수 있다. 특히 조직에서 감성 중심의 활동을 지속하기 위해서는 규칙과 규제, 그리고 인사 업무 같은 것을 목표지향적으로 개선해야 한다. 업무 수행에 대한 관리 체계 혹은 보상 체계도 제대로 갖추지 못한 상황에서 감성지능을 갖춘 리더십을 기대한다는 것은 말도 안 된다. 필요하다면 보다 강력한 전망을 제시할 수 있도록 규칙을 바꿔야 할 필요도 있다.

- *리더십 신화를 활용한다.* 신화와 전설을 통해 고되고 단조로운 일상과 일의 괴로움을 견딜 수 있으며 변화를 불러일으킬 수도 있다. 지나치게 허황되지 않은 신화가 적재적소에 활용되면 — 다시 말해서 감성지능과 공감의 분위기를 뒷받침해주는 — 사람들은 상황이 아무리 좋지 않더라도 긍정적 감성을 견지할 수 있을 것이다. 리더는 조직의 전반적인 감성적 기조에 커다란 영향을 미치는 사람이기 때문에 사무실 내에 존재하는 신화, 전설, 상징과 같은 것들을 잘 활용하면 변화를 유발하는 강력한 힘이 될 수 있다. 자신의 상징적 힘을 적절하게 이용할 줄 아는 리더는 사소한 몸짓과 행동만으로도 참신하고 긍정적인 신화를 창조할 수 있다.

감성지능을 갖춘 조직을 만드는 것은 궁극적으로 리더의 몫이다. 조직이 스스로의 실상 — 조직 문화의 규범을 포함해서 — 을 파악하고 미래의 이상적 전망을 살피며 구성원들로 하여금 조직의 전망이라는 범위 내에서 각자의 할 바를 찾도록 하는 것은 모두 리더에게 달려 있다. 그리고 사람들이 조직의 이상에 부응하고 변화를 향한 본격적인 행동에 들어가도록 만드는 것 역시 리더의 책임이다.

  두려움과 냉소를 유발하지 않고 공감대를 통해 효과적인 업무 관계를 비롯한 바람직한 집단의 규범을 만들 수 있는 강력한 리더는 조직의 집단적 힘이라고도 할 수 있다. 그들은 진심과 열정으로 빚어낸 전망을 통해 조직의 긍정적인 힘을 키운다. 그리고 사람들의 마음을 자극하는 조직의 사명을 이끌어낸다. 그들은 사람들로 하여금 자신들이 하고 있는 일에 큰 의미가 있다는 것을 느끼게 만들 수 있다.

Chapter ELEVEN

지속적인 변화를
이끌어내기

어떻게 하면 리더는 시간의 흐름에 상관없이 조직 내에 변함없는 공감대를 형성할 수 있을까? 그것은 만만치 않은 일이긴 하지만 감성지능을 갖춘 리더십으로 조직을 이끌 수만 있다면 불가능한 것도 아니다.

큰 조직은 조직의 성격과 상관없이 공감의 여지도 있고 불화의 여지도 있게 마련이다. 우리는 그 공감과 불화의 전체적 비율이 결과적으로 조직의 감성적 기조를 결정하며 조직의 업무 수행 능력에 직결된다고 본다. 그 비율을 바람직한 방향으로 바꾸는 열쇠는 감성지능을 갖춘 리더들을 부서마다 골고루 양성하는 데 있다.

하지만 바로 그러한 속성으로 인해 조직은 새로운 것을 익히는 데 적극적으로 나서지 않는다. 사실 리더가 변화의 움직임을 널리 전파하고자 할 때 그는 먼저 다음과 같은 역설적 상황과 맞닥뜨리게 된다. 즉 조직은 정해진 틀과 현상을 그대로 유지하려는 속성을 가지고 있다는 말이다. 조직을 이끌어가는 사람들도 최소한의 저항과 갈등 속에서 업무를 수행하기 위해 이미 완성되어 굳건해져 있는 체계에 의존한다. 따라서 오늘날 기업이라는 조직에서 일하는 대부분의 사람들은 기존의 것과 전혀 다른 것을 배우려고 시도하지 않는다.

새로운 리더십 유형을 발휘한다는 것은 다른 사람과 더불어 회사를 이끌어가는 방식을 바꾼다는 것을 의미한다. 하지만 조직에서 새로운 것을 익히고자 할 때 부딪칠 수밖에 없는 역설적 상황으로 인해 새로운 것의 학습은 더욱 힘들어진다. 그것은 교실에서의 학습과는 다르다. 유감스럽게도 현재 대부분의 경영 실무 교육과 리더십 계발 교육은 엉뚱한 방향으로 나아가고 있다. 실무 및 계발 교육에 노력을 기울이는 방법이 잘못 되었기 때문이고, 그리고 무엇보다 결정적인 이유는 가장 중요한 것을 간과하고 있기 때문이다. 지금까지 대부분의 교육 프로그램은 사람에게만 초점을 맞출 뿐 감성적 현실과 조직의 문화가 발휘하는 영향력을 고려하지 않았기 때문에 조직을 변화시키는 데 별 도움이 되지 못한 것이다.

다음에 묘사된 상황은 의도는 좋았으나 결국 극소수의 사람들만 변화시켰을 뿐 조직 차원에서의 변화에는 실패한, 시간과 노력이 헛되이 소비된 사례들이다.

리더십을 변화시키고자 하는 의지

퍼시픽림 은행(Pacific Rim Bank)의 최고경영자는 600명 가량의 회사의 고위 관리자들을 리더십 계발 프로그램에 참여시키고 싶었다. 그래서 그는 우선 자신의 감성지능 능력부터 향상시키기 위해 경영 컨설턴트의 도움을 받아 360도 피드백 과정을 거쳤다. 그 결과 그는 자신의 리더십 유형을 아주 다른 것으로 바꿀 수 있었다. 그는 회사의 인사 책임자에게 고위 관리자들이 자신과 같은 리더십 계발 기회를 가질 수 있도록 훈련 프로그램을 만들라고 지시했다. 하지만 막상 인사부에서 프로그램 참가자를 모집하는 공고를 냈을 때 등록을 희망한 사람은 아주 적었다. 그나마 등록한 사람의 면면을 보니 정작 리더십 훈련이 가장 필요한 사람은 없었고 호기심 많고 과감한 사람들뿐이었다.

문제는 그 프로그램이 퍼시픽림에서 일하는 사람들과는 무관해 보인다는 점이었다. 회사의 분위기로 볼 때 그런 훈련 프로그램은 시간 낭비로밖에 여겨지지 않았기 때문에 워크숍에 참가하는 것에 중요한 의미를 두는 사람이 없었던 것이다. 그러한 프로그램이 중요하다는 생각을 확실하게 주지시킬 수 있는 좋은 방법은 그것을 최고경영자가 직접 내리는 지시 사항으로 만드는 것이다. 그리고 그것이 제대로 되려면 리더십 계발을 회사의 최우선 과제로 삼아야 한다.

바로 이 부분에서 퍼시픽림의 최고 경영자는 생각을 잘못한 것이다. 그는 자신의 리더십 유형을 변화시킨 훈련과 피드백에 관심을 보이는 사람이 거의 없다는 것을 알고 큰 충격을 받았다. 과거에 그는 강박관념을 가지고 무언가에 집요하게 매달리는 선도형 리더의 모습을 보여주었지만, 지금은 자신의 리더십의 폭을 넓혀서 관계중시형, 전망제시형, 코치형 리더 등의 모습을 두루 갖추게 되었다. 그는 먼저 자신의 직속 부하직원들에게 조언을 해주는 자리를 갖는 것에서부터 시작했다. 그리고 비서에게 직원들에게 개인적으로 큰 사건이 생길 때마다 자신에게 보고하라고 지시했다. 그가 변했다는 것을 확실하게 알 수 있었던 사건은 그가 기획회의를 하던 중에 어느 직원의 가족이 갑자기 중태에 빠졌다는 보고를 받고서는 회의를 중단하고 그 직원을 집으로 보낸 것이었다. 직원들에 대한 이런 인간적 배려는 과거의 그에게서는 찾아볼 수 없었던 모습이다.

그럼에도 불구하고 그가 은행 내에 확산시키고자 했던 리더십 계발 프로그램은 참여율이 매우 저조했다. 왜냐하면 대부분의 직원들은 그 프로그램을 고위 경영진이 세운 전체 사업 계획의 일부분으로 대수롭지 않게 생각했기 때문이다. 최고경영자가 변화를 체험한 것은 사실이었지만 그는 그 과정을 아무도 모르게 밟았다. 사람들은 그가 변했다는 것을 한눈에 알아볼 수 있었지만 그가 겪은 학습 체험 — 컨설팅과 피드백을 통한 리더십 계발 계획 — 을 알고 있는 사람은 아무도 없었다. 따라서 새로운 리더십 프로그램은 회사의 인사부에서 제공하는 다른 많은 프로그램 중의 하나로 여겨질 뿐이었다. 결국 최고경영자는 리더십 프로그램을 인사부 연수 담당자에게 맡겨버림으로써 직원들에게 그것이 별로 중요하지 않은 것이라는 인상을 준 것이었다.

리더십 계발을 성공적으로 이끌기 위해서는 최고경영진이 직접 리더십 계발의 의지가 윗선에서 나온 것임을 보여줄 필요가 있다. 안타깝게도 우리가 관찰한 대부분의 회사들은 퍼시픽림 은행의 사례처럼 그와 정반대였다. 대부분의 회사가 리더십 계발을 그저 인사부의 지시 사항쯤으로만 여기고 있었다.

하지만 인사 부서의 사람들은 다른 직원들이 자신들의 업무를 경영상의 혹은 사업상의 문제와 동떨어진 것으로 파악하고 있음을 잘 안다. 이는 결국 고위직에 있는 리더가 리더십 계발 프로그램에 적극적으로 참여하는 것이 조직 전체를 위해서도 매우 중요하다는 것을 보여준다.

그리고 윗선에서부터 적극적인 참여를 해야 하는 또 다른 이유가 있다. 우리가 지금 이야기하고 있는 것과 같은 조직의 변화를 꾀하기 위해서는 비용뿐 아니라 열정과 후원 및 그것을 수행하기 위한 적절한 방법이 요구된다. 새로운 리더십이란 새로운 사고방식과 행동방식을 뜻한다. 그리고 이처럼 새로운 사고방식과 행동방식이 자리를 잡을 수 있도록 하려면 조직의 문화와 체계 및 업무 진행 과정 또한 바뀌어야만 한다. 공감을 불러일으킬 수 있는 리더를 통해 우리는 조직의 감성적 현실과 문화, 그리고 뿌리깊은 행동방식을 드러내고 그것을 변화시킬 수 있다. 대부분의 집단과 조직은 현 상태를 유지하려고 하면서 그것을 위협하는 그 어떤 것과도 맞서려고 하기 때문에 집단과 조직의 차원에서 변화를 이끌어내려면 용기 있는 리더십과 끈기, 그리고 꾸준한 노력이 반드시 필요하다.

경영자 코칭(executive coaching)

리더는 무언가를 배울 때 — 배운다는 것은 곧 뭔가 부족한 상태에 있다는 뜻이다 — 학습과 리더로서의 자신의 이미지 관리 사이에서 균형을 잡을 필요가 있다. 따라서 최고경영자가 뭔가를 배우는 데 있어 가장 좋은 방법은 컨설턴트로부터 경영자 코칭을 받는 것이다. 컨설턴트의 도움을 받아 최고경영자는 자신의 꿈과 사업 계획을 마음놓고 검토해볼 수 있으며 컨설턴트와 함께 다른 누구와도 나눌 수 없었던 편안한 대화를 나눌 수 있다. 컨설턴트와의 대화를 통해 리더는 자신이 힘들어하는 부분과 열정을 느끼는 부분에 대해 터놓고 이야기할 수 있다. 그리고 자신과 자신의 팀 및 조직체가 안고 있는 핵심적 문제를 제대로 파악할 수도 있다. 이런 대화에서 나타나는 리더의 솔직한 감정 표현은 일반적인 사업 행위에서 드러나는 감정의 양상과는 전혀 다른 모습을 띤다. 따라서 리더와 컨설턴트의 관계는 신뢰를 바탕으로 해야 함은 물론이고 철저히 비밀에 부쳐져야 하며 그 누구도 방해할 수 없는 것이어야 한다.

경영자 코칭에는 일반적으로 리더십에 대한 평가와 함께 리더십 계발에 대한 지속적인 관심이 포함된다. 그리고 리더가 이끌고 있는 조직의 문제를 해결하기 위한 과정 역시 포함되어 있다. 그것은 특히 일반 직원들 사이에 존재하는 문제로서 가령 리더가 자신의 팀과 조직의 분위기, 문화를 제대로 파악하고 모든 것을 사업적 전략에 맞추기 위한 방법을 찾고자 할 때 유용하다.

리더십에 대한 평가와 그 피드백에는 여러 가지 방식이 있다. 하지만 가장 좋은 방법은 경영자 코칭을 전문으로 하는 사람으로부터 상담과 관찰을 받으면서 시작하는 것이다. 상담은 리더와 컨설턴트 사이에 강한 신뢰 관계가 형성될 수 있도록 화기애애한 대화의 형식으로 진행되거나 혹은 그렇게 느껴져야 한다. 보통 리더의 직업 이력과 생활 내력에 대한 대화 및 현재 드러나 있는 경영과 리더십의 문제에 대한 논의, 그리고 조직의 분위기와 체계 등을 다루는 조직 차원의 문제에 대한 논의가 이루어진다. 그 밖에도 상담 과정에는 회의석상에서 연설을 하고 업무 결과를 평가하는 등의 활동을 할 때 보여지는 리더의 행동에 대한 관찰과 그에 대한 평가도 포함되어 있다. '인생의 어느 하루'라고 불리는 이 방법은 클리블랜드 게슈탈트 연구소의 프랜 존스턴(Fran Johnston)이 개발한 방법이다. 경영자 코칭을 맡은 그녀는 어느 날 하루 종일 말 그대로 리더의 뒤를 졸졸 따라다니면서 회의에도 참석하고 직원들과의 일대일 만남도 같이 하고 심지어 전화를 거는 중에도 리더의 옆에 있었다. 물론 이 모든 것은 직원들에게 분명히 설명한 뒤에 진행되었다. 이런 사전 설명은 리더가 적극적으로 리더십 계발에 임하고 있다는 것을 직원들에게 보여주는 효과도 얻을 수 있다.

보다 체계적인 평가를 실시하는 것도 경영자 코칭의 한 과정이다. 그리고 거기에는 리더의 행동방식에 관한 면담과 함께 감성지능, 경영 방식, 조직의 분위기 및 리더나 조직과 관련된 기타 요소에 대한 360도 평가도 포함되어 있다. 팀과 조직의 문제를 논의할 경우 컨설턴트는 리더 한 사람의 관점보다 여러 사람의 다양한 관점을 알아보는 것이 도움이 된다. 리더에게 최고경영자 증후군이 없다 하더라도 경영자의 귀에 들어가는 많은 정보가 여과되고 축소되거나 아니면 은폐되는 것이 사실이기 때문이다. 컨설턴트는 면담, 관찰, 평가, 역동적 물음 등의 방법을 사용하여 조직의 실상에 대한 정보를 얻을 수 있다. 그러한 정보야말로 리더에게 진정으로 도움이 되는 것이다. 물론 보다 지속적인 효과를 얻기 위해 컨설턴트는 다른 사람들과의 관계 — 리더에 대한 정보를 얻기 위해 면담을 했던 직원들과의 관계 — 를 비밀에 부쳐야만 한다.

경영자 코칭을 통해 리더는 자신의 학습 속도를 향상시킬 수 있는 것은 물론 조직 내에서 벌어지고 있는 일에 대해 지금까지와는 다른 관점 — 때로 더 정확할 수도 있다 — 을 가질 수도 있다. 그리고 사람들이 리더와 팀에 대해 느끼는 점을 인정할 수도 있게 된다.

● ●

조직 내부에 스며 있는 타성

그러나 아무리 조직의 제일 윗선에서 지시를 내렸다 해도 그것만으로 리더십 계발을 위한 변화를 이끌어낼 수 있다는 보장은 없다. 우리가 상담했던 전문 서비스 회사의 경우를 생각해보자. 꽤 규모가 큰 이 회사의 최고경영진은 직원들이 나름의 다양한 방식으로 자유롭게 일할 수 있는 여건도 마련해주지 않은 상태에서 무조건 직원들의 일처리 방식을 바꾼다면 경쟁력이 오히려 떨어지리라는 것을 알았다. 그들은 조직 전체의 집단적 습관을 바꾸려고 하면 직원들에게 너무도 강압적인 인상을 줄 수도 있기 때문에 그보다는 차라리 개별 관리자들이 새로운 능력을 학습하여 자연스럽게 조직의 문화를 바꾸기로 했다. 하지만 그로부터 몇 년 후 변화를 이끌어내기 위한 그들의 모든 노력은 처참한 실패로 끝나고 말았다. 리더십은 엉망이 되었고 사기는 바닥으로 떨어졌다. 이직률도 최고를 기록했으며 회사는 경영진의 의사와는 무관하게 매각의 위기에 처했다.

그 원인을 살펴보자. 일단 최고경영진은 모든 것을 제대로 하기는 했다. 그들은 리더십 계발이 전략적인 차원에서 그들의 최우선 과제라는 것을 분명히 밝혔다. 그들은 사전 조사도 실시했고 능력 모델 — 거의 모든 능력들이 감성지능과 관련이 있는 것이었다 — 을 바탕으로 한 청사진도 만들었다. 그들은 아주 세련된 리더십 계발 계획을 세웠고 다섯 가지 발견의 내용에 초점을 맞췄으며 충분히 동기부여가 된 사람을 계획에 참여시키기도 했다.

한마디로 그들은 포괄적인 변화의 계획을 세웠다. 심지어 그들은 직원들을 채용하기 위한 인사 절차도 개혁하고 새로운 리더십 능력을 장려하는 일부터 시작했다. 그들은 자신들이 그동안 부정적인 문화적 규범을 강화해왔다는 것을 깨달았다. 그들은 사내의 낡은 습관으로는 새로운 고객과 판매인, 그리고 협력 업체의 기대에 부응하지 못한다는 것을 깨달았다. 그러나 그들은 회사의 문화를 어떻게 바꿔야 하는지에 대해서는 확신을 갖지 못했다. 조직 전체에 깊이 각인되어 있는 낡은 습관과 그 바탕을 이루는 조직 문화를 변화시키는 것이 불가능해 보였기 때문에, 경영진은 그 대신 리더 개인의 리더십을 계발하는 데 초점을 맞추었다. 하지만 일부 새로운 리더십 능력이 기존의 조직 문화와 강하게 대립하는 바람에 사람들이 그러한 리더십 능력을 사용하려고 할 경우 문제가 발생했다.

예를 들어 새로운 리더십 능력 중에는 회사를 위해 올바른 일을 하고자 할 때 그것이 비록 고위 간부들의 뜻에 어긋나는 것이라 해도 과감하게 그에 맞설 수 있는 용기를 내는 것도 있었다. 실제로 어느 중간 관리자가 사업 경영상 — 그리고 사업 윤리상 — 의 문제라고 생각하는 것을 과감하게 지적했다. 그는 그것이야말로 새로운 행동방식을 시도해보고 회사가 옳은 방향으로 나아가는 데 이바지할 수 있는 기회라고 생각했다. 그에 대한 사장의 반응은 경영진의 속성을 감안할 때 사실 그리 놀라운 것은 아니었다. 그저 매우 '실망스러울' 뿐이었다. 처음에 관리자가 사장에게 조목조목 따지고들자 사장은 그럴 경우를 대비해 훈련받은 대로 반응하면서 소신껏 당당히 맞선 관리자의 용기를 칭찬해주었다. 그러나 잠시 후 관리자가 방을 나가자 사장은 당장 그를 해고할 궁리를 하기 시작했다. 그는 요주의 인물이 되었던 것이다.

우리는 이런 시나리오가 조직체 내에서 수없이 반복되는 것을 보아왔다. 제아무리 리더십 행동방식에 변화를 주어야 하는 것이 자명하다 해도, 그리고 그래야만 한다는 것을 사람들이 잘 알고 있다 해도 사람들은 새로운 방식으로 행동할 수 없었다. 곳곳에 저항이 있었고 조직 문화에 스며 있는 관성이 너무도 강력했다. 개개의 리더들만의 힘으로는 조직의 문화를 바꿀 수 없다. 새로운 전망이 자리잡기 위해서는 그것이 조직 내 모든 계층에 스며들어야만 한다.

여기서 우리가 명심해야 할 사실은 조직의 문화를 무시할 수 없다는 것과 한 사람의 리더가 단번에 조직의 문화를 바꿀 수 있으리라고 생각해서는 안 된다는 것이다. 위의 서비스 회사는 전체의 상황을 염두에 두지 않고 리더들 한 사람 한 사람의 리더십 계발에만 초점을 맞췄던 까닭에 회사를 성공적으로 이끌어나갈 수 있는 중요한 변화를 이룩할 수 없었다. 비록 사람들이 새로운 방식으로 일을 처리하려고 애쓰기는 했지만 행동방식의 기본적인 내용에는 변함이 없었다. 그런 까닭에 개개인의 리더들도 스스로 세운 중요한 학습 목표를 성취할 수 없었다. 변화된 행동을 이끌어낼 수 있는 강력한 동인도 제시되지 않았다. 결국 그들의 모든 변화 프로그램은 정체 상태에 빠지고 말았다.

연구에 의하면 리더십 계발 계획이 실패하는 데는 여러 가지 이유가 있다. 그 중에서 가장 중요한 이유는 우리가 6장에서 살펴보았듯이 대부분의 리더십 계발 프로그램들이 리더의 전인적 상태나 변화를 지속시킬 수 있는 요인들 — 가령 자신의 꿈을 찾고 그것을 키우기 위한 노력 — 에 초점을 맞추지 않는다는 것이다. 그밖에 다음과 같은 경우에도 리더십 훈련 프로그램은 실패할 수밖에 없다.

- 조직의 실상을 간과한 경우. 이는 조직 구성원들이 자신들이 해야 할 바와 되고 싶은 바를 이루고자 할 때 조직 체계와 문화가 자동적으로 그들의 변화에 도움이 되리라고 생각하는 것이다.
- 사람만 변화시키려고 할 뿐 그들이 몸담고 있는 집단의 규범과 그 집단을 지배하고 있는 문화를 무시하는 경우.
- 엉뚱한 곳에서 변화 프로그램을 시작하는 경우. 사람과 조직을 변화시키고자 하는 리더십 계발 프로그램은 반드시 조직의 상부에서부터 시작되어야 하며 그것을 전략적 차원에서의 최우선 과제로 삼아야 한다.
- 리더십의 언어를 개발하지 못한 경우. 여기서 리더십 언어란

아이디어, 이상, 그리고 감성지능의 리더십 행위를 상징적으로 표현함으로써 리더십의 참뜻을 드러낼 수 있는 말을 가리킨다.

이러한 문제들을 고려하지 않은 리더십 훈련 프로그램은 각 구성원들에게 분노와 냉소만 불러일으키고 시간과 정력과 돈만 낭비하게 된다.

감성적이고 지적인 리더십 계발의 과정

리더의 한 사람인 당신이 다음과 같이 했다고 생각해보자. 당신은 조직의 실상과 이상을 자세히 검토해보는 조직 문화에 대한 평가를 통해 리더십 계발 프로그램의 기반을 마련했다. 당신은 변화에 대한 공감대를 형성했다. 그리고 장차 최고의 리더가 될 만한 사람들을 눈여겨보았다. 다음 단계는 효과적인 리더십을 지속적으로 훈련할 수 있는 과정을 구상하는 것이다. 이 과정을 통해 당신은 조직의 리더들이 자신들의 꿈과 개인적 이상을 찾고 그들의 장점과 단점을 확인하며 매일매일의 일상을 학습의 장으로 만들 수 있도록 해야 한다. 그 이상 당신이 할 수 있는 것이 있을까?

우선적으로 명심해야 할 것은 우리가 앞에서 살펴보았던 것과 같은 많은 리더십 계발 프로그램의 함정을 피해야 한다는 것이다. 그런 프로그램들은 기획, 영업, 재무, 일반 경영 등의 전문가들의 가르침을 받는 경영자 수업의 형태를 띠는 경우가 많다. 그런 학술적 내용들도 리더들에게 매우 중요한 것이긴 하지만 그것에만 초점을 맞춘 프로그램은 사람이나 회사를 변화시키는 데 아무런 도움이 되지 않는다.

우리가 이 장에서 리더십 계발 '프로그램'에 대해 많은 말을 하긴 했지만 실제로 많은 조직체들이 필요로 하는 것은 일회성에 그치는 훈련 프로그램이 아니라 조직의 각 부분에 깊이 스며들 수 있는 통합적 체계로서의 과정이다. 가장 바람직한 리더십 계발 계획은 진정한 변화란 조직의 세 가지 주요 차원에까지 침투해 들어가는 다면적 과정을 통해 일어난다는 이해를 바탕으로 하는 것이다. 세 가지 주요 차원이란 조직 내 구성원들과 업무 팀, 그리고 조직의 문화를 말한다. 성인 학습의 방식과 개별적 변화의 원칙에 바탕을 둔 이러한 과정을 통해 사람들은 지적이며 감성적인 여정 — 실상을 직면하는 것에서부터 이상을 실현하는 것에 이르기까지 — 에 참여하게 된다. 이러한 종류의 리더십 계발 프로그램은 대부분의 경영대학원 혹은 경영자 훈련 센터에서 흔히 볼 수 있는 것과는 전혀 다르다.

또한 가장 바람직한 계발 과정은 다른 문제에 신경 쓰지 않고 배움에만 전념할 수 있도록 해준다. 즉 다른 위험 부담 없이 새로 배운 것을 시도해볼 수 있게 한다는 것이다. 그 밖에도 리더가 진정으로 새로운 것을 배우고자 한다면 기존의 틀을 깨는 체험을 해야 한다. 그 체험의 내용은 사람들의 상상력을 자극할 만큼 색다른 것인 동시에 자신의 배움과 관련된 익숙한 것이어야 한다. 클리블랜드 게슈탈트 연구소의 조노 하나핀(Jonno Hanafin)은 다음과 같이 주의를 주었다. "개인이나 회사 조직에 변화를 가져오려고 할 때 당신은 자신의 '괴팍함'을 잘 관리해야 합니다." 다시 말해서 기존의 규칙을 깨되 사람들로 하여금 혐오감을 갖게 하여 거리를 두게 만들어서는 안 된다는 것이다.

강력한 효과를 거둘 수 있는 리더십 계발 과정들은 감성적이며 지적인 학습에 초점이 맞춰져 있다. 그리고 적극적인 참여를 바탕으로 한다. 사람들은 자신이 몸담고 있는 조직의 실제 문제를 진단하고 그것을 해결하고자 하면서 자신이 배운 것을 활용하게 된다. 그것은 경험에 기초한 학습과 팀 단위의 연습으로 이루어져 있다. 그럼으로써 사람들은 자신과 타인들의 행위를 면밀히 살펴볼 수 있는 조직화된 활동에 참여하게 되는 것이다. 모범적 사례가 증명된 리더십 계발 과정들은 과감하게 여러 가지 학습 방법을 사용하는데 그 형태는 매우 다양하다. 그것들은 일정 기간 동안 진행되고 조직의 문화를 가장 우선적으로 다룬다.

감성적으로 하나가 되는 변화의 과정

최고경영진을 위한 새로운 리더십 계발 계획을 구상하기 시작한 유니레버의 직원들은 매우 조심스럽게 행동했다. 그들은 자신들의 최고경영진이 좀더 진취적이고 경쟁력 있는 리더가 되기 위해서는 회사 전체의 차원에서 무언가가 필요하다는 것을 알았다. 그들의 주장은 우선 리더십 행위에 근본적인 변화가 있어야 하며 완전히 새롭고 진취적인 기업 문화를 만들어야 한다는 것이었다. 전체적으로 그들이 추진하는 리더십 계발 과정은 오랜 시간을 들여 조직 내 여러 계층과 부서, 그리고 사업 내용에 이르기까지 모든 것을 망라해야만 했다. 그들은 리더로 하여금 개인의 꿈에서부터 사업과 리더십 유형에 관한 전망에 이르기까지 모든 것을 재고해보도록 하였다. 그것은 참으로 방대하고도 과감한 주장이었다.

유니레버의 직원들은 몇 달 동안 많은 대화를 나누고 사람들의 얼굴에 나타나는 반응을 관찰하면서 그 과정을 진행해나갔다. 개인과 조직의 변화를 위해 그들이 짜맞춘 틀은 훌륭했다. 그들은 경영진이 리더십 계발 과정에 감성적으로 흡입되어야 한다는 것을 확신했다.

그들의 계획은 다음과 같았다. 우선 서열상으로 100위의 범위 안에 드는 고위 간부들을 닐 피츠제럴드와 안토니 버그만스가 공동으로 주재하는 연수에 참석하게 한다. 그 자리에서 그들은 각자의 방식대로 과거의 습관과 개인적 믿음, 그리고 미래의 꿈에 대해 살펴보게 된다. 그러한 모임을 갖는 공간은 사람들에게 영감을 불러일으킬 수 있는 곳인 동시에 최고경영진을 일상의 안이함에서 벗어나게 해주는 곳이어야 한다. 그리고 그 모임은 사람들을 감성적으로 함께 묶어주는 동시에 육체적으로도 함께 할 수 있도록 해주어야 한다. 그럼으로써 그들은 서로에 대해 잘 알 수 있고 그동안 엄두도 내지 못했던 차원으로까지 신뢰와 열린 마음을 가질 수 있다. 다시 말해서 그것은 서로에게 솔직해질 수 있는 기회인 것이다. 그것은 사람들의 마음을 움직일 수 있는 경험을 제공하며 그들이 일상으로 다시 복귀했을 때도 영향을 미칠 수 있는 것이었다. 그 계획의 궁극적 목표는 새로운 행동과 사고방식, 그리고 서로 도와가며 일하는 새로운 방식을 사업에 적용하는 것이었다.

그런 식으로 첫번째 단계를 마치면 두번째 단계로 들어가게 되는데, 그것은 회사 전체에서 서열 500위 안에 드는 리더들을 조직 문화의 새로운 규범과 전망을 실천에 옮기고 사업 형태의 변화를 도모하도록 의도된 일련의 세미나에 참석하게 하는 것이다. 그런 식으로 몇 년이 흐르면 결국 최고경영진 바로 밑의 관리자들 역시 사람들의 꿈과 열정을 이끌어낸 후 그것을 사업적인 면으로 전환시킬 수 있게 된다.

아이디어가 떠오르고 앞으로의 전망에 대해 관심을 갖기 시작하면 대화는 더욱 구체적이 되고 사람들이 실제로 하는 일에 초점을 맞추게 된다. 예를 들어 간부들은 사생활과 직장 생활을 통틀어 자신에게 중요하고 의미 있었던 부분 — 가치관, 인간관계, 미래에 대한 전망과 희망, 회한, 그리고 화려했던 지난날 — 을 깊이 되새기며 서로 진솔한 대화를 나누게 된다. 그들은 앞으로의 새로운 시도에 대해 나름대로 기여하고자 하는 부분에 초점을 맞추면서 지난날의 성공과 실패를 나열하게 된다. 그들은 개인적 차원과 조직의 차원에서 보여지는 결점들을 해결하고 미래의 전망을 세우기 위한 방법에 골몰할 것이다. 이처럼 그들은 감정을 동반한 학습 공동체를 형성한다. 공동체란 다름 아닌 계발 과정과 사업 성장의 목표를 진지하게 받아들이고 다른 사람에게 변화를 권하는 사람들로 이루어진 팀을 의미한다.

간부들로 하여금 그들이 장차 되고 싶고 하고 싶어 하는 것에 대해 긴밀하고도 일관된 대화를 나누게 한다는 발상은 호소력 있고 용기를 북돋는 것이었다. 대화를 통해 사람들이 여러모로 일치된 모습을 보이게 되자 그것에 스스로 고무된 간부들은 삶과 변화와 사업에 대해 더욱 깊이 생각하고 구태의연함에서 벗어나 서로

실천학습

유에스텔레콤(U.S. telecom)의 수석 부사장은 1년 동안의 전인적 경영자 계발 과정을 마친 직원들이 자신들이 경험했던 실천학습에 대해 이야기하는 것을 귀 기울여 듣고 있었다. 그들의 말을 다 듣고 난 뒤 수석 부사장은 믿을 수 없다는 듯이 이렇게 말했다. "이 사람들은 진짜 리더군요. 우리 회사에서 이런 사람들을 찾을 수 있으리라곤 꿈에도 생각하지 못했습니다. 그동안 우리는 회사에서 핵심적 역할을 담당할 리더들을 찾기 위해 애써왔습니다. 그런데 오늘 여기서 20명의 진짜 리더를 찾았습니다. 무려 20명이나 됩니다! 저는 직원들이 앞으로 열릴 모든 회의에서 오늘처럼 말해주기를 바랍니다. 그들은 나에게 리더십과 용기가 무엇인지를 보여주었습니다."

그는 도대체 왜 그렇게 놀랐던 걸까? 그는 사실 그보다 더 엄청난 것을 기대할 수도 있었다. 왜냐하면 그는 뛰어난 잠재력을 지닌 여성과 유색 인종들을 위한 리더십 계발 계획에 수십만 달러의 비용을 지출했기 때문이다. 그는 과정 이수를 보고하는 자리에서 탁월한 인재 몇 사람을 만날 수도 있고 회사에서 시행한 교육 프로젝트를 칭송하는 말을 기대할 수도 있었다. 하지만 그는 그보다는 네 그룹으로 이루어진 총 20명의 직원들이 회사의 전략적 문제점과 그것을 해결하기 위한 방법에 관해 이야기하는 것을 듣는 쪽을 택했다. 그는 그들이 창의적이고 강력한 동시에 시장에서 살아남을 수 있는 계획들을 이야기하는 것을 귀 기울여 들었다. 그들이 지적한 문제들 중에는 그로 하여금 밤새 머리를 감싸쥐게 만들고 회사 간부들에게 끝없는 고민거리를 안겨주는 것들도 있었다. 그리고 그는 프로그램 참가자들이 그동안 회사 내에서 '금기시' 되었던 것, 즉 너무나 예민한 사안이어서 사람들이 쉽게 언급하지 않는 문제들을 노골적으로 이야기하는 것을 들었다.

그 회사에서 경영자 계발 과정의 일환으로 실시한 실천학습 프로젝트는 마치 의도된 실험과도 같았다. 그것을 통해 참가자들은 자신들이 배우는 내용을 바로바로 실천에 옮길 수 있었다. 즉 참가자들은 회사의 사업 활동에 대한 실제적 문제 제기를 팀 프로젝트의 출발점으로 삼았던 것이다. 배우는 것이 첫번째 목적이고, 그것을 적용하여 실제적인 성과를 얻는 것을 두번째 목적으로 삼으면서 각 팀은 프로그램이 진행되는 동안 구체적인 문제 제기를 실시했다. 실천학습을 할 때는 다음과 같이 고려해야 할 몇 가지 원칙이 있다.

♦ 프로젝트는 전략적 성격을 띠어야 하며 다차원적이고 다의적이어야 한다. 다시 말해서 한 가지 해결 방법만 있는 것은 아니라는 뜻이다. 그리고 그것은 새로운 것이어야 한다. 즉 현재 조직 내부에서 아무도 문제의식을 느끼지 않는 그런 부분을 건드려야 한다는 것이다.
♦ 프로젝트를 결정하고 팀 단위로 활동을 할 때는 경영진의 적극적인 후원이 있어야 한다.
♦ 팀은 개인을 좇아 움직이는 것이 아니라 프로젝트를 따라 움직여야 한다. 프로젝트를 수행하는 동안 팀은 건전한 분위기 속에서 역할 규범과 감성지능을 유지하면서 갈등을 처리하고 성과보다는 학습 그 자체에 초점을 맞춰야 한다.
♦ 학습 과정은 반드시 피드백을 받아야 하며, 평가 자체를 프로젝트의 결과물로 생각해야 한다.

◆ 프로젝트를 수행하는 팀에 대한 지원이 있어야 한다. 특히 프로젝트를 수행하는 동안 기존 업무에 대한 책임에서 벗어날 수 있어야 한다.

허심탄회하게 속내를 털어놓게 되었다. 그들은 그 과정을 통해 품게 될 열정을 앞으로 어떻게 활용할 것인지, 그리고 새롭게 얻은 에너지를 유니레버의 희망찬 미래를 위해 어떻게 쏟아 부을지에 대해 의견을 나누었다.

 리더들이 반드시 해야 할 일은 간부들을 감성적인 차원에서 서로 결속시키고 조직의 전망과 하나가 될 수 있는 길을 찾아 그것을 바탕으로 행동할 수 있도록 만드는 것이다. 사람들은 감성적인 차원에서 하나가 되고 거기에 자신의 모든 것을 던질 때 변화한다. 다행히도 유니레버는 리더십 계발 계획을 수립하는 과정에서 성공적인 변화와 계발을 이끌어낼 수 있는 열쇠를 찾아냈다. 계획 수립 팀에서는 사람들의 열정에 초점을 맞췄고 그 열정을 사업상의 실제 행동으로 옮길 수 있는 방법을 찾아냈다. 그리고 고참 리더들이 처음부터 그 과정을 이끌고 나간다는 사실은 사람들에게 변화에 대한 책임감을 갖도록 만들었다. 이러한 과정을 통해 문화적 차원에서의 변화가 일어나게 되었다.

조직 전체의 호응을 바탕으로 한 변화

 유니레버에서 채택한 리더십 계발 과정은 의도적으로 많은 사람들로 하여금 리더십을 생각하고 자신들이 몸담고 있는 조직의 문화를 면밀히 따져보며 변화를 고려하게 만들었다. 그런데 리더십 계발 프로그램을 지속하기 위해서는 조직 전체의 호응이 있어야 한다. 그렇게 되기 위해서는 우리가 이미 살펴보았듯이 최고경영진의 지시가 선행되어야 한다. 공동의장인 닐 피츠제럴드와 안토니 버그만스가 했던 것처럼 리더들이 스스로 그 과정에 참가할 필요가 있다. 뿐만 아니라 진정으로 사람들을 변화에 끌어들이고자 한다면 그 과정에서 사람들이 감성적 보상을 받을 수도 있어야 한다.

가령 사람들로 하여금 자신들이 그 계획에 참여하는 것 자체가 이미 그들의 능력을 인정받았다는 표시라는 것을 납득하게끔 해주는 것이다. 유니레버에서는 리더십 계발 과정에 참여하는 것이 영예이자 특권으로 간주되었다. 한마디로 말해서 회사의 사업 운영에 변화를 가져올 인재로 낙점 받은 것으로 간주되었던 것이다. 프로그램에 참여하는 것이 경력에까지 도움이 되는 것으로 인정받게 되자 간부들은 프로그램에 참여할 수 있는 기회를 얻기 위해 애쓰기도 했다.

이런 분위기는 우연히 만들어진 것이 아니었다. 그것은 모두 의도된 전략이었다. 바람잡이를 할 사람들의 역할도 미리 정해졌고, 사내 통신문도 만들어졌으며 사람들의 잡담 속에도 그 씨가 뿌려졌다. 이 모든 것이 리더십 능력을 개발하고 회사의 문화를 바꾸는 것에 관한 입소문을 만들어내기 위해 계획된 것이었다. 핵심적 역할을 맡은 리더들은 사적인 자리를 통해 동료들에게 자신이 이번 프로그램에 참여할 사람으로 뽑혔으며 그들이 만들게 될 새로운 조직체에서 리더가 된다는 것이 어떤 의미가 있는지를 이야기했다.

하지만 유니레버는 후보 선정에 있어 한 점의 의혹도 없어야 한다는 것도 알고 있었다. 거기에 정치성이 개입되기 시작하면 안 좋은 소문이 꼬리를 물고 이어질 것이고 결국 그 계획은 신뢰를 잃고 말 것이다. 우리는 이런 예를 유럽의 한 제조 업체에서 목격한 적이 있다. 그 회사에서는 잠재력 계발 프로그램에 참여할 세 부류의 사람들을 최종적으로 선정했다. 첫번째 부류는 그 회사에 없어서는 안 될 사람들이었고, 두번째 부류는 나이 어린 리더들에게 뒤처지지 않기 위해 교육을 받아야 할 필요가 있는 사람들이었다. 그리고 세번째 부류는 오래 근속했다는 이유로 최고경영진에서 추천한 사람들이었다. 여기서 어떤 정치적 움직임이 있었는지 상상해보라. 그 중의 어느 부류가 문제였는지 모르는 사람은 아무도 없었다.

조직의 리더들은 다소 역설적으로 보일 수도 있는 선발 과정을 만들 필요가 있다. 가장 유능한 리더들을 선발하되 기회는 모두에게 주어져야 한다는 것이다. 이는 진정한 대화가 이루어지도록 하기 위해서다. 단순히 이메일이나 보이스메일을 통해 언제 어디로 와서 새로운 리더십 프로그램에 참석하라고 일방적으로 통보해서는 안 된다는 것이다. 선발 과정에 얼마나 주의를 기울이느냐에 따라 전체 계획의 성패가 좌우될 수도 있다. 그러려면 품이 좀더 드는 것은 사실이지만 분명 그럴 만한 값어치가 있다.

일단 리더십 계발 과정이 시작되면 리더십 언어를 만들어서 사용하는 것은 소문을 퍼뜨리는 데 큰 도움이 된다. 그것은 사람들의 지속적인 참여를 이끌어내는 데 아주 적절한 방법이다. 한번은 유니레버의 간부들이 코스타리카에 가서 연수를 받은 적이 있었다. 코스타리카 관광과 함께 집중적인 일대일 대화 및 집단 대화 등의 프로그램이 포함되어 있었던 이 연수를 통해 그들은 자신과 동료, 그리고 회사에 대한 사고방식의 총체적인 변화를 체험할 수 있었다. 그리고 아름답고 편안한 분위기를 가진 곳에서 심오하고 진솔한 대화를 나눈 사람들은 의사소통의 새로운 방법을 배울 수 있었다. 그들은 결국 사업을 같이 해나가기 위한 새로운 방법을 배운 것이다.

본사로 돌아온 그들이 연수를 통해 배운 것을 자신과 회사에 적용하기 시작했을 때 '코스타리카'라는 말은 그들이 경험했던 진짜배기 대화와 끈끈한 감정의 유대를 의미하는 말이 되었다. 그리고 회사로 돌아와서도 계속 그런 상태를 유지하고 싶은 마음이 들게 만들었다. 그리고 변화의 과정을 처음 시작한 지 일 년하고도 반이 지났을 때 참된 인간관계, 성실성, 책임감, 권한부여와 같은 말들은 그들에게 새로운 리더십 행위를 상징하는 말이 되었다. 그 단어들 자체는 비록 평범한 일상적 어휘에 불과했지만 유니레버에서는 아주 특별한 의미를 가지게 된 것이다. 그 의미는 그들이 참가한 리더십 계발 과정을 통해 얻은 것이었다.

변화의 과정을 시작한 지 몇 년이 지난 지금 유니레버의 리더십 계발 프로그램은 그들의 사업 수행과 인간관계 관리에 아주 큰 긍정적 영향을 미치고 있다. 유니레버의 리더들은 사업 결과에 대한 책임과 더불어 스스로 새로운 사고방식과 감성적 현실을 유지하는 책임을 지고 있다.

리더를 키운다는 것이 단순히 사람과 관련된 문제만은 아니다.

우리가 이미 살펴본 바대로 그것은 사람들의 행동을 유발하거나 제한하는 조직의 문화 체계와도 결부되어 있고, 사람들이 그 안에서 시간을 보내는 집단 및 팀과도 관계가 있다. 그리고 조직의 현 상태와 조직이 직면한 외적 상황과 같은 보다 확실한 사안들과도 결부되어 있다.

이에 대한 좋은 예로 메릴린치(Merrill Lynch)에서 리더십 계발을 위해 실시한 다양한 차원의 노력을 들 수 있다.

변화에 발맞추는 리더십 계발

오랜 역사의 탄탄하고 노련한 리더십으로 이미 엄청난 사업적 성공을 거머쥔 메릴린치는 새로운 도전에 직면하게 되었다. 점점 까다로워진 고객의 서비스 요구, 가시화된 세계시장 판도, 그리고 그들의 사업기반을 뒤흔드는 전자상거래 혁명 등이 바로 새로운 도전의 내용이었다. 리더십을 강화시키기 위해서는 변화 요구에 발을 맞추는 수밖에 없었다. 메릴린치의 수석 부사장인 린다 피타리(Linda Pittari)는 리더십 계발 및 훈련 책임자인 팀 맥매너스(Tim McManus)와 함께 감성지능의 능력들을 갖춘 리더를 키우기 위한 보다 체계적인 방법을 고안해냈다.

피타리는 우리에게 이렇게 말했다. "앞으로 몇 년 안에 우리에게 닥칠 도전은 과거에 직면했던 것과는 질적으로 다르리라는 것을 알고 있습니다. 우리는 우리 회사의 리더들이 그런 새로운 환경에 대처하는 법을 배우도록 하고 싶어요."

그 과정은 우선 관리자로서의 잠재력을 갖고 있는 현장과 본사의 직원들을 찾는 일에서부터 시작됐다. 시간이 흘러 계획이 한 단계씩 진행되는 동안 피타리와 그녀의 팀은 관리직에 올라선 지 얼마 되지 않은 초보 관리자들을 주 대상으로 하여 상담을 해주었다. 결국 메릴린치의 초보 관리자들은 그들로부터 질 높은 상담을 받으면서 리더십이라는 새로운 분야를 체험할 수 있었던 덕에 뛰어난 리더로 성장하게 되었다. 피타리의 리더십 계발 계획이 그처럼 성공적일 수 있었던 주된 이유 가운데 하나는 그녀가 단순히 사람에만 초점을 맞추지 않은 것에 있다. 그녀는 사업의 이면에 깔려 있는 문화와 그것이 리더십에 미치는 영향을 폭넓게 바라봐야 한다는 것을 알았다. 이것은 개인의 문제에서 출발해서 개인의 문제로 끝나는 경우가 태반인 일반적인 리더십 계발 프로그램과는 근본적으로 다른 것이었다.

피타리는 그녀의 예리한 감각으로 메릴린치의 사내 문화 속에 스며들어 있는 중요한 규범들을 찾아내는 일부터 시작했다. 그리고 그것들 중에서 새로운 리더십에 도움이 될 만한 것과 아닌 것을 가려냈다. 그녀와 그녀의 팀은 핵심적 리더들과 면담을 하면서 우리가 10장에서 언급했던 역동적 물음의 방법을 사용하여 그들이 몸담고 있는 문화적 틀의 성격을 간파했다.

하지만 이것은 시작에 불과했다. 피타리와 그녀의 팀은 양파 껍질 벗기듯 메릴린치의 리더들이 성공하거나 실패하게 된 근본적 문제와 이유를 찾는 작업도 실시했다. 그들은 핵심적 원칙들이 그들 사이에서 얼마나 깊이 뿌리를 내리고 있으며 왜 리더들이 그런 식으로 행동했는지를 살펴보았다. 그리고 그들은 사람들에게 회사의 리더십과 더불어 제대로 돌아가고 있는 것과 그렇지 않은 것에 대한 질문을 했다. 그와 같은 결정적인 정보와 자료를 통해 리더십 계발 팀은 조직 문화의 어떤 부분이 효과적인 리더십을 발휘하는 데 방해가 되는지를 알 수 있었으며 습관적인 리더들의 행위 중에서 어떤 것을 변화시켜야 할지를 알 수 있었다. 그들은 또한 보존해야 할 필요가 있는 것이 무엇인지도 알 수 있었다.

가령 고객과의 관계 형성에 바탕을 두고 있는 이 회사에서는 간부들이 주로 관계중시형 리더십 유형을 취하고 있었다. 관리자들이 직속 부하들과 맺고 있는 친밀한 관계는 충성과 복종에 대한 강한 동기를 부여했다. 그것은 결국 그들로 하여금 평생에 걸쳐 헌신하고 부지런히 일하도록 만들었으며, 신뢰를 바탕으로 한 견고한 인간관계를 형성하는 근간이 되었다. 하지만 관계중시형 리더십에도 문제가 있었다. 그것은 대부분의 사람들은 개선시키고 싶어 하지만 관리자들은 드러내고자 하지 않는 상황을 초래할 때가 있다. 그것을 드러내도록 하는 것은 매우 힘든 일이었다. 관리자들이 제아무리 세련된 업무 관리 체계를 사용하고 사람들로 하여금 스스로 책임지게 하는 방식으로 그러한 문제를 보완하려 해도 그들은 여전히 다음 단계로 나아가기 위한 직접적인 피드백을 받아보지도 못한 채 엉뚱한 일로 에너지를 낭비했다.

피타리의 팀은 역동적 물음을 기초로 삼고 새로운 환경에 잘 대처할 것 같은 직원들을 철저하게 살펴보면서 리더십 계발 계획을 세웠다. 그 계획은 햇병아리 리더들에게 긍정적인 도움이 되는 가치관, 규범, 체계를 제공하는 한편, 몇몇 낡은 문화를 제거하기 위한 목적으로 만들어졌다. 그들은 사람들이 개발하고자 하는 기술과 능력이 무엇인지 알아냈다. 거기에는 예를 들어 계발을 위한 피드백을 주고받는 법, 올바른 판단과 위험 감수 사이에서 제대로 균형을 잡는 법, 분산되는 노동력을 관리하는 법 등이 포함되어 있었다.

피타리와 그녀의 팀이 이와 같은 리더십 계발 과정을 시작한 지 몇 년이 지난 오늘날 이 과정에 참여했던 사람들 가운데 40퍼센트가 훨씬 높은 자리로 승진했다. 중요한 것은 변화를 위한 그들의 노력이 변화를 필요로 했던 경영과 리더십 및 문화적 습관에 대한 최고경영진의 관심에 초점을 맞췄다는 것이며, 그리고 그들이 그 작업을 꾸준히 계속했다는 것이다.

그들의 계획이 두 가지 의무 — 문화의 문제를 다루는 동시에 개인의 변화 모델을 제시해야 한다 — 를 수행해야 한다는 것을 깨달은 피타리의 팀은 조직의 문화와 그 조직 안에서 일하고 있는 구성원들의 삶을 변화시킬 방법을 강구해냈다.

감성지능, 새로운 리더십의 조건

이제 우리의 여정이 끝나가고 있다. 여기서는 그동안 우리가 해왔던 이야기의 핵심을 정리해보자.

우선 우리가 주장하는 바를 짚고 넘어가야 한다. 우리는 감성이 리더십에 있어서 아주 중요하다는 이야기를 하고 있다. 그에 대한 이해를 돕기 위해 우리는 신경학의 내용 — 특히 감정의 열린 구조 — 을 살펴보았다. 그것을 통해 공감의 분위기를 조성하는 것이 모든 리더들의 첫번째 과제라는 것을 알 수 있었다.

우리는 감성지능이 공감을 불러일으키는 리더십을 위해 아주 중요한 능력들을 제공해주며, 그러한 능력들은 개인이나 팀에게 충분히 가르칠 수 있고 강화시킬 수도 있다는 것을 보여주었다. 공감을 불러일으키는 리더십은 조직 전체로 퍼져나갈 수 있다. 그리고 많은 사례를 통해 보았듯이 조직의 효율성과 업무 수행 능력에 있어서도 결정적인 역할을 해낸다.

우리는 이 책을 통해 새로운 리더십 이론을 소개하는 것에서 그치지 않고 다음과 같은 질문을 던지려고 한다. 리더로서 나는 오늘 하루 어떻게 행동할 것인가? 첫번째 할 일은 감성지능 능력을 향상시키는 것이다. 우리는 우리의 연구로 밝혀낸, 감성지능 능력들을 지속적으로 향상시키기 위한 방법과 단계를 대략적으로 소개하였다.

그리고 나서 우리는 집단, 팀, 그리고 조직 전체를 서로 공감하는 분위기로 만들 수 있는 방법을 생각해보았다. 조직의 집단적 감성지능을 향상시키는 것이 특정 구성원의 감성지능을 향상시키는 것보다 사업적인 면에서 훨씬 더 큰 영향을 미친다. 그렇게 하기 위해서는 집단의 감성적 충동을 이끌어내고 규범 혹은 문화를 올바른 방향으로 변모시킬 수 있는 방법을 알아내는 눈치 빠른 리더가 필요하다. 이는 그 집단에서 일을 하는 사람들에게 중요한 문제일 뿐 아니라 궁극적으로는 집단의 손익을 좌우하기도 하는 결정적인 요소다.

과거보다 나은 현재

이 모든 것이 현재뿐 아니라 미래에도 중요한 이유는 무엇일까? 세상의 모든 리더는 사회적, 정치적, 경제적, 기술적 변화의 소용

돌이 속에서 피할 수 없는 사명에 직면한다. 그리고 우리가 사는 이 세상은 지금 새로운 리더십을 간절히 요구하는 변화의 소용돌이 한가운데에 있다. 이는 비단 사업의 세계에만 국한된 이야기는 아니다.

가령 오늘날 통용되고 있는 수많은 사업 전략이 내일 당장 아무 짝에도 쓸모 없는 무용지물이 될 수도 있다는 사실에는 과연 어떤 의미가 함축되어 있는지 생각해보자. 어느 통신 서비스 업체의 최고경영자는 이렇게 탄식했다. "사업 모델의 절반 이상이 2년에서 5년 사이에 더 이상 현실에 맞지 않는 쓰레기가 될 겁니다. 우리 회사의 경우만 보더라도 우리가 현재 고객들에게 팔고 있는 정보를 인터넷상에서 무료로 이용하게 될 날이 조만간 올지도 몰라요." 그리고 투자 은행에서 일하는 한 사람은 이렇게 말했다. "경영자들은 두려움에 얼어붙을 것이고 그러면 대부분의 회사는 문을 닫을 수밖에 없습니다."

회사가 내일 당장 밀어닥칠지 모르는 예기치 않은 일에도 끄떡 않고 살아남을 수 있을 만큼 기민함을 갖추고 있는지를 알아보려면 주로 그 회사의 리더 — 특히 최고경영진 — 가 그처럼 격렬한 변화 속에서도 자신의 감정을 잘 다스릴 수 있는 능력을 지닌 사람인지를 보면 된다. 시장점유율이 하락하거나 수익률이 곤두박질치게 되면 리더는 당황해서 우왕좌왕한다. 그는 두려움 때문에 사실을 부정하려고 들거나 아니면 "다 괜찮을 거야."라는 식의 헛된 바람만 되뇌거나 아니면 실현성 없는 허황한 대책을 제시한다. 가령 그들은 회사에 무슨 일만 생기면 비용 삭감과 같은 조치에 우선적으로 시선을 돌리곤 하는데 그것은 저임금 직원들의 사기를 끌어올리는 것이 아닌 오히려 그들을 해고하려는 것이다. 불안감은 뇌의 이해력과 반응력을 떨어뜨린다. 두려움으로 인해 리더의 의사결정에 문제가 생기면 결국 조직 전체가 붕괴될 수 있다.

    감성지능이 높은 리더는 압박을 받는 상황에서도 이내 현실을 직시하면서 명료한 판단을 내리기 위해 혼란한 자신의 마음을 다스릴 줄 안다. 그들은 가만히 앉아서 위기 상황이 닥치기만을 기다리지 않고 조직이 요구하는 변화를 이끌어낸다. 그들은 위기를 맞아 수동적인 자세로 그에 반응하기보다는 새로운 현실에 적응하기 위해 유연하게 대처한다. 거대한 변화가 일어나고 있는 와중에도 그들은 밝은 미래를 향해 난 길을 볼 수 있으며 사람들의 공감을 불러일으킬 수 있는 전망을 이야기하고 그 길을 향해 선구적으로 나아간다.

탁월한 리더십에 대한 새로운 정의

감성을 중시하는 리더십이 앞으로 점점 더 중요해질 것이라는 예측을 하는 데는 또 다른 이유가 있다. 낡은 형태의 리더십은 기능적인 부분에만 초점이 맞춰져 있을 뿐 감성적이거나 개인적인 차원에 대해서는 별로 관심을 갖지 않는다. 그와 같은 비인간적인 리더십은 오늘날 점점 그 설자리를 잃고 있다. 반면 공감의 분위기를 조성할 줄 아는 리더는 업체의 우두머리라는 이미지 속에 스며 있던 낡은 리더십의 틀을 깨부수고 있다. 이때 낡은 리더십의 틀이란 오로지 자신이 가진 지위의 힘으로만 조직을 이끌려고 하는 우두머리의 구시대적인 모습을 가리킨다.

권력이 아닌 인간관계를 조정하는 탁월한 능력으로 조직을 이끌어가는 우수한 리더가 속속 출현하고 있다. 인간관계를 조정하는 능력이란 업체의 분위기를 바꿀 수 있는 남다른 능력을 말하는 것으로 그것은 이제 리더의 필수적인 능력 가운데 하나가 되었다. 탁월한 리더십에 대한 정의가 인간 대 인간이라는 맥락에서 다시 규정되고 있는 것이다. 회사의 차원에서는 관리자 계층을 따로 두지 않고 국경을 초월한 조직체가 만들어지고 있다. 그리고 고객과 업자들은 상호 연결의 망을 다시 짜고 있다.

감성지능을 갖춘 리더는 언제 사람들과 같이 협력해야 할지, 언제 전망형 리더십을 발휘해야 할지, 언제 귀를 기울이고 언제 명령을 내려야 할지를 잘 알고 있다. 그는 중요한 사안에 대한 나름의 감각에 귀를 기울일 줄도 알고 자신이 이끌고 있는 사람들이 갖고 있는 가치관에 부응할 수 있는 사명을 이야기할 줄도 안다. 그는 자연스럽게 인간관계를 중시하며 도저히 참을 수 없는 사안은 표면화시켜 개혁할 줄 알고, 서로 조화를 이루는 집단 안에서 인간적인 시너지 효과를 창출할 줄도 안다. 그는 자신을 위해 일하는 사람들의 경력을 소중히 여김으로써 흔들리지 않는 충성심을 이끌어낼 수 있다. 그리고 공동의 가치관에 호소하는 사명을 제시함으로써 사람들이 최선을 다할 수 있도록 고무시킬 수 있다.

감성지능을 갖춘 리더는 적절한 사람을 대상으로 적절한 방법을 가지고 적절한 시간에 위와 같은 능력을 발휘할 줄 아는 사람이다. 그러한 리더십을 통해 열정적이고 유연한 분위기가 만들어지는데 그러한 분위기에서 일하는 사람들은 자신들이 최고의 능력을 발휘할 수 있는 가장 혁신적인 공간에 있는 듯한 느낌을 받는다. 오늘날의 업무 현실을 고려해볼 때 그러한 업무 환경은 조직의 효율적인 업무 수행에 없어서는 안 될 인간적 요소라는 새로운 가치를 만들어낸다.

그러한 리더들은 낡은 모습을 고집하는 리더들에 비해 훨씬 가치지향적이고 유연하며 어깨에 힘이 들어가 있지 않고 개방적이며 솔직하다. 그들은 사람들과 그 인맥에 깊게 결속되어 있다. 특히 가장 중요한 것은 그들이 공감대를 형성한다는 것이다. 그들은 자신들이 맡은 바 사명에 진정한 열정을 가지고 있으며 그들의 그러한 열정은 전염성을 가지고 있다. 그들의 의욕과 설렘은 순식간에 퍼져 그들이 이끄는 사람들에게 생기를 불어넣는다. 이렇게 감성지능이라는 것은 리더십에 있어서 가장 중요한 요소다.

부록A | 감성지능 vs IQ

최근 몇 년 동안 우리는 전세계 여러 기업 및 단체에서 얻은 500여 개의 능력 모델을 바탕으로 추출한 자료를 분석했다. 거기에는 IBM, 루슨트, 펩시콜라, 브리티시 항공(British Airways)과 같은 세계적인 기업들과 보건 관련 단체, 학술기관, 정부기관, 종교 조직까지 포함되어 있었다. 이들 조직에서 개인이 지닌 능력들 가운데 과연 어떤 것이 뛰어난 업무 수행을 가능하게 하는지를 가려내기 위해 우리는 그것을 세 부류로 나누었다. 우선 회계 및 기획과 같은 순전히 기술적인 능력들이 있고, 분석적 추론과 같은 인지적 능력이 있으며 자기인식 및 관계인식 능력을 포괄하는 감성지능의 능력들이 있다.

그 중 몇 가지 능력 모델은 심리학자들이 회사 내 고위 관리자들을 대상으로 설문 조사를 실시하면서 이른바 '전문 심사위원단'의 동의를 구해서 만들었으며 그 외 다른 능력 모델의 경우에는 그보다 좀더 엄밀한 방법을 썼다. 즉 분석가들은 고위 관리자들을 대상으로 그들이 조직 내 고위 관리자급에서 보통의 능력을 가진 사람들과 뛰어난 업무 수행 능력을 가진 사람들을 구분하는데 사용하는 객관적 기준 — 수익율과 같은 — 이 무엇인지를 물었다.

어떤 방법을 사용했든 간에 우리는 이 과정을 통해 유능한 리더로서 갖춰야 할 요소들을 알 수 있었다. 진취적인 태도, 협동심, 감정이입의 능력 등 열대여섯 개가 넘는 다양한 요소들이 나왔다.

수백 가지의 능력 모델에서 얻은 자료들을 모두 분석한 결과는 놀라웠다. 말할 것도 없이 지적 능력은 탁월한 업무 수행 능력을 발휘하는 데 있어 중요한 요소였다. 가령 상황을 읽을 수 있고 멀리 내다볼 수 있는 인지적 능력이 그에 속한다. 그런데 뛰어난 리더를 특징짓는 요소들 가운데서 기술적 능력 및 인지적 능력(지능지수, 즉 IQ라고 하는 것은 바로 이 능력들 가운데 일부를 기초로 해서 만들어진 것이다)과 감성지능 능력의 비율을 따져 보면 감성지능에 바탕을 둔 능력들이 조직체의 상부로 올라갈수록 점점 더 중요한 비중을 차지하고 있었고 기술적 능력은 그다지 중요하지 않았다.

다시 말해서 탁월한 업무 수행 능력을 가진 사람들의 지위가 높을수록 감성지능 능력이 점점 더 큰 비중을 차지한다는 것이었다. 고위직의 리더들 중 뛰어난 능력을 가진 사람들을 보통의 능력을 가진 사람들과 비교해보면 뛰어난 능력을 가진 사람들을 특징짓는 것 가운데 85퍼센트는 기술적이고 인지적인 능력들이 아닌 감성적 능력들이었다.

이유는 고위 간부들이 현재의 자리에 오르기 위해 통과해야 했던 지적인 기준과도 관련이 있다. MBA와 같은 고급 학위를 따려면 적어도 IQ가 110에서 120 정도는 되어야 한다. 따라서 간부의 지위에 오르기 위해서는 일단 IQ가 우선적인 선발 기준이 되는데 그렇게 되면 같은 지위에 있는 사람들 사이에서 그것은 그다지 큰 변별력을 갖지 못하게 된다. 한편 감성지능에 있어서는 그에 대한 체계적인 선발 기준 같은 것이 거의 없다. 그러니 같은 지위에 있는 간부들 사이에서도 감성지능은 천차만별일 수밖에 없다. 그 때문에 뛰어난 리더십의 조건으로 IQ보다는 감성지능 능력이 더 중요한 요소가 되는 것이다.

인지적 능력과 감성지능 능력이 각각 차지하는 비중은 그것을 측정하는 방법에 따라, 그리고 상황이 요구하는 바에 따라 달라지는 것이긴 하지만 우리가 어림잡아본 결과 감성지능은 보통의 리더와 뛰어난 리더를 구분해주는 능력 가운데 80퍼센트 내지 90퍼센트의 비율을 차지한다. 그보다 더 되는 경우도 있다. 물론 기술적 능력과 인지적인 능력들도 아주 중요하다. 하지만 그것은 주로 어떤 일을 처음 시작할 때 요구되는 능력이며 보통 수준의 일을 할 때 필요한 능력이다.

이와 같은 사실이 실제 사업에서는 어떻게 드러나는지 알고 싶다면 규모가 큰 어느 회계법인의 총 수익에 대한 동업자들의 기여도를 분석한 다음의 자료를 보자. 자기관리 능력이 아주 뛰어난 동업자는 그런 능력을 갖지 못한 다른 동업자들에 비해 78퍼센트나 더 많은 수익을 올릴 수 있었다. 그리고 사회적인식 능력을 가진 동업자가 올린 수익은 110퍼센트나 많았다.

그와는 대조적으로 분석적 추론 능력이 아주 뛰어난 동업자는 겨우 50퍼센트의 수익률을 기록했을 뿐이었다. 인지적 능력은 분명 업무 수행에 큰 도움이 되긴 하지만 감성지능 능력을 따라갈 수는 없었던 것이다.

부록B | 감성지능 능력

자기인식 능력

- *감성적 자기인식 능력:* 감성적 자기인식에 깊이가 있는 리더는 자신의 감정이 어떤 식으로 사람들과 자신의 일에 영향을 미치는지 파악하고 있으며 자기 내면의 신호에 귀를 기울일 줄 아는 사람이다. 그런 리더는 자신이 지침으로 삼는 가치관에 충실하며 복잡한 상황 속에서도 자신이 취해야 할 최선의 행동을 직관적으로 알 수 있다. 감성적 자기인식 능력을 갖춘 리더는 숨김이 없으며 믿을 수 있고 자신의 감정을 솔직히 털어놓을 줄 알며 리더로서 앞을 내다보는 확신을 갖고 이야기한다.

- *정확한 자기평가 능력:* 자기평가 능력이 있는 리더는 자신의 한계와 장점을 알고 있으며 자신을 희화할 줄도 안다. 그는 자신에게 부족한 것을 배움에 있어 겸허하며 건설적인 비판과 의견도 기꺼이 받아들인다. 정확한 자기평가를 통해 그는 도움을 구해야 할 때와 새로운 리더십 능력을 키우는 데 온 힘을 기울여야 할 때를 안다.

- *자기확신 능력:* 자신의 능력을 정확히 알고 있는 리더는 자신

의 장점을 발휘할 수 있다. 리더는 자신감이 넘치면 어려운 과업도 기꺼이 받아들인다. 그러한 리더는 다른 사람들 가운데서 자신을 유독 두드러져 보이게 하는 존재감과 자기확신을 갖추고 있다.

자기관리 능력
- *감정적 자기제어 능력:* 감성적인 차원에서 자기제어 능력이 있는 리더는 자신을 혼란하게 만드는 감정이나 충동을 다스릴 줄 알고 그것을 유용한 형태로 바꿀 줄도 안다. 자기제어 능력을 제대로 발휘하는 예는 리더가 과도한 압박을 받는 위기의 상황에서도 차분하게 정신을 바짝 차리고 있거나 힘든 상황에 직면해도 일체의 동요가 없는 경우다.
- *솔직할 수 있는 능력:* 솔직한 리더는 자신의 가치관에 따라 살 수 있다. 솔직함 — 자신의 감정과 믿음과 행동에 대해 다른 사람에게 숨기지 않는 것 — 은 성실함을 낳는다. 그러한 리더는 자신의 실수와 오류를 솔직히 인정하며 다른 사람의 비도덕적 행위를 외면하지 않고 정면에서 따지고 든다.
- *적응력:* 적응력이 있는 리더는 사방에서 밀어닥치는 요구들을 힘과 집중력을 흐트러뜨리지 않고서도 처리할 줄 안다. 그리고 조직의 생리상 불가피하게 생겨나는 여러 가지 애매한 상황들에 대해서도 조바심을 내지 않는다. 이런 리더는 새로운 도전에 매우 유연하게 적응하며 유동적 변화에도 순발력 있게 대처한다. 그리고 새로운 자료 혹은 사실을 접할 때도 사고가 경직되지 않는다.

- *성취력:* 성취력이 뛰어난 리더는 — 자신과 자신이 이끄는 사람들에게 — 업무 수행 능력을 끊임없이 배가시키는 데 있어서 개인적 기준이 높은 사람이다. 이런 리더들은 허황하지 않으며 사람들의 능력에 맞추되 그보다 좀더 높은 목표를 잡는다. 그리고 위험에도 불구하고 그것이 충분히 도전해볼 만한 가치가 있는 목표인지를 따져볼 수 있는 사람이다. 성취력이 있는 리더는 일을 좀더 잘 해내기 위한 방법을 꾸준히 배우고 가르친다.
- *진취성:* 자신의 운명을 이끌고 나가는 데 필요한 것을 갖출 줄 아는 리더는 진취적인 태도를 가지고 있다. 이런 리더는 가만히 앉아 기회를 기다리지 않고 적극적으로 그것을 쟁취하거나 아예 새로운 기회를 창출한다. 또한 그는 미래를 위한 더 나은 가능성을 찾을 수만 있다면 과감히 형식을 타파하거나 규칙을 바꾸기도 한다.
- *낙천성:* 낙천적인 리더는 힘든 상황에서도 절망하지 않고 오히려 기회를 엿보면서 유연하게 대처할 줄 안다. 이런 리더들은 다른 사람들을 긍정적인 시각으로 바라봄으로써 그들에게서 최선의 것을 유도해낸다. 그들은 "아직도 물이 반이나 남았네."라는 식의 시각을 갖고 있기 때문에 앞으로 더 나아질 것이라는 기대를 하게 된다.

사회적 인식 능력
- *감정이입의 능력:* 감정이입을 하는 리더들은 다양한 감정의 신호에 자신의 주파수를 맞출 줄 알며 말을 하지 않아도 다른

사람이나 집단의 감정을 감지할 수 있다. 이런 리더들은 다른 사람의 말에 귀를 기울일 줄 알며 다른 사람의 견해를 받아들일 줄 안다. 감정이입은 다양한 환경 혹은 다른 문화권의 사람들과 잘 지낼 수 있도록 만들어준다.

- *조직적인식 능력:* 예리한 사회적인식 능력을 갖고 있는 리더들은 정치적으로 기민하며 중요한 사회적 연결 망을 잘 간파하는 한편 핵심적인 권력 관계를 제대로 읽어낼 줄 안다. 이런 리더들은 조직 내에서 돌아가는 정치적 역학 관계뿐 아니라 그 안의 구성원들을 움직이는 지도적 가치관과 무언의 원칙들을 제대로 이해한다.
- *서비스 능력:* 서비스 능력이 뛰어난 리더들은 부하직원들이 고객 혹은 손님들과의 관계를 제대로 끌고 나갈 수 있는 정서적인 분위기를 만들어낸다. 이런 리더들은 고객 혹은 손님들이 원하는 것을 얻었는지를 확인하기 위해 그들의 만족도를 주의 깊게 살핀다.

관계관리 능력

- *영감을 불어넣는 능력:* 이것은 공감대를 형성하고 확고한 전망이나 공동의 목표를 향해 사람들을 이끄는 능력이다. 이런 리더들은 자신이 다른 사람에게 요구하는 바를 스스로 직접 보여주며 다른 사람들이 기꺼이 따르는 공동의 사명을 제시할 줄 안다.
- *영향력:* 영향력 있는 리더는 듣는 이에게 즉각적인 호소를 할

줄 알며 일을 꾀하는 데 도움을 줄 수 있는 중요한 사람과 조직으로부터 적극적인 참여를 이끌어낼 줄도 안다. 영향력을 미치는 데 능숙한 리더는 집단을 대상으로 이야기를 할 때 설득력 있게 사람의 마음을 잡아끄는 힘이 있다.

- *다른 사람들을 이끌어주는 능력*: 사람들의 능력을 잘 길러주는 리더는 진정한 관심을 갖고 그들을 도와주려 하고 그들이 하고자 하는 것과 그 장단점을 잘 이해한다. 이런 리더는 적절하고도 건설적인 피드백을 해주고 자연스럽게 삶의 조언자나 코치의 역할을 한다.

- *변화를 촉진하는 능력*: 변화를 촉진할 수 있는 리더는 변화의 필요성을 간파하고 현 상태를 타파하고자 하며 새로운 질서에 긍정적이다. 그들은 반대가 있더라도 변화를 옹호하면서 꿋꿋하게 자신의 주장을 펼친다. 또한 그들은 변화에 장애가 되는 것들을 극복하기 위한 실천적인 방법도 찾아낼 수 있다.

- *갈등관리 능력*: 갈등을 제대로 관리할 줄 아는 능력을 가진 리더는 이해관계의 모든 당사자들이 허심탄회하게 이야기할 수 있도록 분위기를 조성하며 서로 다른 입장들을 잘 헤아린다. 그러고 나서 그는 모든 이들이 인정하는 공통의 목표를 찾아낸다. 그는 숨겨져 있는 갈등을 표면에 드러낸 뒤 모든 사람들의 느낌과 입장을 파악하고 그 에너지가 공동의 목표를 위해 쓰일 수 있도록 만든다.

- *팀워크와 협동을 이끌어내는 능력*: 사람들과 함께 일을 할 수 있는 리더는 동등한 동지애의 분위기를 이끌어낸다. 그리고 솔선수범해서 다른 사람을 존중하고 도와주고 협조한다. 그

는 힘을 합해야 할 일이 있을 때 사람들의 열정적 참여를 이끌어낸다. 그러면서 공동체 의식과 사기를 북돋운다. 그는 일에 대한 의무감을 넘어선 친밀한 인간관계를 만들고 그것을 유지하기 위해 많은 노력을 기울인다.